러시아와 그 적들 그리고 거짓말

-러시아에 관한 오해와 진실-

Владимир Мединский 지음
방교영 옮김

HUFS BOOKS

옮긴이 머리말

러시아는 멀고도 먼 나라, 너무도 추운 동토의 나라…, 과연 그럴까? 그렇지 않다. 한반도와 국경을 맞대고 있으니 아주 가까운 이웃국가이고, 여름엔 우리나라 못지않게 무더운 나라이다. 일제 강점기 이전부터 우리와 깊은 관계를 지녔던 나라다.

러시아 땅의 2/3가 아시아에 걸쳐 있다. 유라시아 대륙이라는 단어는 지리적으로만 통하는 것이 아니다. 의식과 정서도 그렇다. 러시아 사람들은 서유럽의 다른 나라 사람들과 달리 동양적인 의식과 정서를 갖고 있다. 자연에 순종적이며, 공동체를 중시한다. 말과 행동을 통일하려하고, 분석하기보다는 종합적인 사유에 익숙하다. 깊은 모성애와 사람들 사이의 우정의 연대감도 크다. 우리 한국인들이 잃어버렸거나 잊어버린 정서의 많은 부분을 러시아인들의 마음속에서 발견한다. 러시아의 민속음악을 듣노라면 우리의 옛 음악을 듣고 있다는 착각을 할 정도로 애절하고 구슬프다.

지난 70년 혹은 100년 가까이 한국인에게 러시아, 러시아인은 정치적으로 가까이 할 수 없는 국가요 국민이었다. 오히려 우리들에게 그들은 적성국으로서 공포의 대상이기도 했으며, 그에 대한 말만 꺼내도 정치적 의심을 받는 지경이었다. 러시아는 서방을 통해야만 자그나마한 정보라도 얻을 수 있었던 그런 나라였다. 그 결과, 러시아를 제대로 아는 한국의 전문가나 지식인이 거의 없었으며, 한국인 대다수가 미국을 통해 러시아를 이해했다. 그것도 할리우드 영화, 편향적인 정치잡지, 반소련 정치인과 역사적인 낭설을 통해서 말이다.

세계화의 의미를 정보적인 입장에서 생각한다면, 이는 매우 부당한 일이다. 이제는 부당했던 역사를 끝내야 한다. 남의 말만 듣고 이웃을 판단할 수 없듯이, 미국과 서방의 말만 듣고 러시아를 판단 할 수는 없다. 이는 러시아와 러시아인에게 부당한 일일 뿐만 아니라 한국인의 미래를 위해서도 치명적인 실수로 남을 것이다. 실수는 개인적일 수도, 외교적일 수도, 경제적일 수도, 세계 정치적일 수도 있다.

메진스키 교수는 러시아에 관한 제반 낭설이 어떤 방식으로 만들어 졌으며, 어떤 정치적 관계 속에서 탄생했는지, 그리고 러시아와 러시아인을 얼마나 괴롭혀 왔는지를 이야기한다. 지금 우리가 생각하는 러시아에 관한 여러 이미지들, 세계 여러나라에 있는 러시아에 관한 온갖 정보들이 근거없는 낭설을 토대로 하고 있다고 저자 메진스키는 목소리 높여 강조한다. 러시아를 위한, 러시아에 관한, 러시아인의 항변인 셈이다.

그럼에도 불구하고 서방을 직접 비난하기보다, 러시아인 자신을 향해 성찰을 구한다. 그의 이야기가 과연 객관적인 판단에서 나온 것인지, 그만의 생각에서 나온 것인지 독자가 알아서 판단할 일이다. 그러나 지난 시절 우리는 러시아에 대하여 매우 왜곡되고 부당하기 이를 데 없는 생각을 하고 살았다는 것을 기억할 필요가 있다. 이 책의 많은 내용이 우리에게는 충격적이고 아, 속고 살았구나 하는 반성을 유발할 것이라 믿는다. 역사를 통해 왜곡된 러시아의 기억을 메진스키 교수의 이야기에 덧씌우지 말고, 차분한 마음으로 읽어 주길 바란다.

한국외국어대학교 박철 총장님의 권유가 없었다면 이 책을 번역하지 못했을 것이다. 이 좋은 책을 추천해 주신 총장님께 고마움을 전한다. 아울러, 세 권의 방대한 책을 함께 읽고 발췌할 수 있도록 조언을 해주신 타마라 카플란 교수님, 초벌 번역에 참여해 준 한노과 나의 제자들 김규형, 김은혜, 김자영, 류경희, 송선희, 신유경, 안혜령, 정보나,

유명화, 꼼꼼하게 원고를 정리해 준 이지은에게 감사의 말을 전한다. 마지막 순간까지 최선을 다해 도와주신 한국외국어대학교 출판부 선생님들께도 감사드린다.

이 책은 라디오 방송을 위해 자연스러운 구두체로 쓰여졌다. 학술적으로 추가해서 설명할 내용이 아니라서 본 머리말에서는 본문 내용을 인용하지 않는다. 독자들이 직접 보물을 건져 올리시기 바란다. 번역의 오류가 있다면 당연히 본인 책임이니 독자의 질책을 바란다.

2011년

모스크바보다 추운 서울에서

방교영

한국 독자에게 보내는 글

저의 저서 '러시아와 그 적들 그리고 거짓말'을 한국에 처음으로 소개하게 되었습니다. 러시아가 아닌 외국에서 저의 저서가 소개되는 것도 처음입니다. '러시아와 그 적들 그리고 거짓말'이 처음으로 소개되는 외국이 한국이라는 것은 매우 특별한 의미가 있다고 생각합니다.

한국 출판사에서 보여주신 관심 덕분에 '러시아와 그 적들 그리고 거짓말'을 한국에서 출간하게 되었습니다. 지금 제 책을 읽고 계실 모든 한국 독자 여러분께도 감사의 인사를 전합니다.

한국인과 러시아인만큼 서로 다른 사람들을 찾기란 쉽지 않은 일일 것 같습니다. 제가 말한 다름은 겉모습을 의미하는 것이 아닙니다. 겉모습으로 보자면 양국 국민은 어느 정도 닮은 점이 있습니다. 한국인, 러시아인 모두 미국에서 입기 시작한 청바지를 입고, 러시아 과학자 즈보르킨이 발명한 텔레비전을 보며, 한국산 자동차를 타고 다닙니다. 한 가지 더 말씀 드리자면, 양국 국민 모두 러시아 과학자가 개발한 소프트웨어를 사용하여 만든 한국산 휴대폰으로 대화를 나눕니다. 이렇듯 겉모습은 닮았지만, 내면을 보면 꼭 그렇다고 할 수 없을 것 같습니다.

양국 사이에는 굉장히 큰 문화적 간극이 존재합니다. 그 때문에 한국에서 제 저서 '러시아와 그 적들 그리고 거짓말'이 큰 관심을 받고 있는 것 같습니다. 러시아는 정교(正敎)의 종주국입니다. 또한 몇 십

년 동안 공산주의는 러시아인의 정신세계에 큰 영향을 주었습니다. 이 부분에 대해서는 한국인에게 잘 알려지지 않은 것 같습니다.

다른 측면을 보자면, 현재 러시아에 거주하는 고려인의 수는 약 50만 명입니다. 이처럼, 한민족은 러시아의 일원이 되었습니다. 고려인식 매운 당근 요리는 러시아인의 일상적인 음식이 되었습니다. 한국 문화가 러시아인의 일상에 스며들었다고 이야기할 수 있겠습니다.

저는 고려인들과 함께 일할 기회가 많이 있었습니다. 저는 항상 그들의 책임감과 조직력을 높이 평가해 왔습니다. 저의 절친한 친구 중에 러시아 한인도 있습니다. 저는 현재 러시아 하원에서 한·러 의원 친선 협회 회장직을 맡고 있는데, 한국과 우호적인 관계를 갖는 것은 그리 어려운 일이 아니었습니다.

저는 저의 저서 '러시아와 그 적들 그리고 거짓말'을 통해 한국인들이 러시아인에 대한 부정적인 고정관념을 깨고, 러시아인들을 보다 가까이 이해할 수 있기를 바랍니다. 독자 여러분이 이 책을 읽으신다면, 러시아인은 여러분께 더 이상 수수께끼 같은 존재가 아닐 것입니다.

2010년 11월

Владимир Мединский 블라지미르 메진스키

러시아만큼
온갖 거짓말과 부당함, 비방에 시달린 민족은 없다.
-독일 출신 예카테리나 여제-

시베리아 강에는 수많은 하마들이 서식한다.
시베리아인은 겨울잠에서 깬 하마들이 쏟아져 나오면
이를 사냥하여 내다 판다.
-1742년 미국 페리 제독의 의회보고서 중에서-

머리말

〈A.S. 푸시킨〉 V.A. 트로피닌
문학의 영웅 푸시킨과 니꼴라이 1세와의 관계는 러시아 역사의 수수께끼 중의 하나이다.

이 책은 아마도 온갖 낭설에 근거해 우리 러시아를 바라보는 외국인들에게 가장 필요할 것이다. 낭설은 이미 오래 전에 만들어져 고정관념으로 자리잡고 있다. 그러나 미국 로스엔젤레스나 영국 브리스톨, 스위스 제네바 사람들이 서점으로 달려가 이 책을 넘겨보며, "맙소사! 러시아인들이 보드카를 차주전자에 따라 마시고, 아침에만 이를 닦고, 'KGB'라는 무시무시한 단어에 식은 땀을 줄줄 흘리는 게 아니었구나!" 라며 지적 호기심을 충족시킬 리 없을 거라는 게 내 생각이다. 이 책에 나오는 반박의 내용을 읽어 볼지도 의문이다. 한 마디로, 이 책이 출간되었다고 프랑스나 미국 아니면 스웨덴 사람들에게 러시아에 대한 존경이나 따뜻한 감정이 생길 것이라고는 생각하지 않는다는 말이다.

이 책은 누구보다도 우리 러시아인을 위한 것이다. 실제로 우리는 러시아 역사 속의 거짓을 구분해 낼 줄 모른다. 우리 민족의 음주, 도적질, 잔인성, 폭정자에 대한 매조키즘적인 사랑같은 성향을 관찰한 남의 이야기를 대충 듣고, 우리 스스로 서서히 이를 기정 사실로 받아들이기 시작했으니 말이다. 대문호 푸시킨의 시는 우리의 이런 성향을 잘 묘사하고 있다.

> **그대, 계몽의 힘으로 자신의 이성을 연마해**
> **그대는 그대의 본 모습을 보았네**
> **그대는 외국 민족을 그토록 아끼고 사랑해**
> **이토록 지혜롭게 조국을 증오하였네.**
> **(중략)**
> **그대 조국의 불운에 만족스레 양손을 비비며**
> **패전한 부대가 흩어져 도망갈 때**
> **교활한 미소를 지으며 이 소식을 접했네**
> **그리고 조국의 명예로운 가치는 파멸했다네.**

지난 수세기 동안 우리는 역사학자들이 정권의 입맛에 따라 기록한 역사적 사실과 사건만을 접했고, 학교에서 가르치는 그대로의 역사를 진실로 받아들여 왔다.

나는 이 책을 통해 러시아연방을 포함한 전세계 사람들이 러시아에 대해 생각하는 것을 모두 보여준다거나, 러시아인[1] 한사람 한사람이 술을 절제하는 사람이라거나, 지구상에서 가장 정직하다거나, 정치적 신념에 찬 민주주의자라고 이야기를 할 생각은 추호도 없다. 1억 5천만 명에 달하는 우리 민족 가운데에는 베르나드스키 같

1 나는 민족적 소속에 상관없이 러시아에 거주하며, 러시아어가 모국어이며, 러시아 문화를 공유하는 이들을 '러시아인'과 '러시아인들'이라고 표기할 것이다. 보리스 옐친 전 대통령이 특유의 억양으로 사용하기 시작했던 '러시아국민'이라는 말을 나는 좋아하지 않는데, 이 말이 러시아인을 표현하기엔 진실성이 부족한 탓이다

은 학자, 로모노소프 같은 석학에서부터, 세기의 살인마 말류타 스쿠라토프[2] 같은 부류의 인간도 있다. 온갖 종류의 극단적 사람들까지 포함시키는 것이 내 임무는 아니다. 나의 임무는 실제 역사와 통계에 근거하여 러시아 민족사가 유럽이나 아시아, 아프리카보다 더 피로 물든 것이 아니며, 러시아 민족이 한평생 술에 취한 괴물이 아니라 근면하고 창의적이라는 것을 보여주는 것이다.

나는 러시아의 역사와 업적을 자랑스럽게 여길 충분한 근거가 있다고 확신한다. 그렇지 않다면, 현대적이며, 강력하고도 자랑스러우며, 산업선진국의 면모를 갖춘 현대의 러시아, 문화적으로 융성하고 민주적인 오늘날의 러시아가 존재할 수 없고, 또 앞으로도 존재할 수 없을 것이기 때문이다. 한편, '통일된' 러시아라는 표현은 쓰려다 말았다. 정치에 관심이 많은 독자는 부디 용서하시길 바란다. 모든 단어 속에서 일일이 정치적 의미를 찾을 필요는 없다고 본다. 일찍이 대문호 푸시킨도 '러시아의 역사 전체가 바로 통일을 위한 노력'이라고 하지 않았던가?

서구 사상의 범람은 군사적 침입보다 훨씬 위험하다. 이는 독자 스스로 판단해 보시기 바란다. 나폴레옹을 상대로 우리는 1799년부터 1815년까지 16년을, 그것도 사이사이 휴전기간을 거치며 싸웠다. 가장 치열했던 1812년 프랑스의 침입도 채 반년이 되지 않아 프랑스군을 무력화시켰다. 히틀러와의 끔찍한 전쟁도 4년 만에 완승을 거두었다. 그러나 술주정과 유혈사태와 더러움으로 점철된 러시아의 역사에 관한 낭설에서는 5백여 년이 지나도록 헤어나지 못하고 있다.

---

2 살인마 '그레고리 루키야노비치 스쿠라토프-벨스키'가 단지 신성한 황제의 충직한 신하였을 뿐이라고 생각하는 이반 뇌제 지지자들도 있다. 이들을 만나보고 싶다면, 모스크바 시 남쪽에 위치한 '오프리치닉('이반 뇌제의 친위대원'이라는 뜻)'이라는 식당을 방문하면 된다. 이곳을 방문하면 미하일 레온티예프와 옆 테이블에서 식사할 기회를 맛볼 수 있을 것이다.

우리가 정치적 음해의 낭설을 잘 가려내어 올바로 판단해 나가는 법을 배우기 시작한다면, 조국과 조국의 역사에 대한 우리 러시아인의 자긍심은 더욱 커질 것이라고 확신한다. 이는 숨겨진 지뢰를 식별해서 제거하는 작업과 마찬가지라고 할 수 있다. 러사아에 대한 거짓된 이야기들은 향후 우리가 맞이할 모든 문명사회를 가로막는 사상적 지뢰인 것이다.

이러한 사상적 지뢰를 제거하기 위해서 우리는 거짓 이야기의 기원과 발생원인을 제대로 파악해야 하며, 서구의 역사학자들이 아직까지도 악용하고 또 그것을 그대로 이어받아 러시아의 일부 정치가들이 유포하는 거짓 이야기들을 식별해낼 수 있어야 한다.

자, 이제 도대체 역사적 낭설이 무엇이며 이것들이 어떻게 '약발을 받고' 있으며, 무엇을 의미하는지 분석해 보기로 하자. 낭설은 어디서 생겨났으며, 누구에게 득이 되는가. 러시아 내부에서 누가, 그리고 왜 낭설을 지지하고, 이것이 갖는 파괴력은 얼마나 되는가. 이 책은 바로 이런 이야기를 담고 있다.

| 목 차 |

제1부 러시아에 관한 낭설의 기원과 그 영향

1장 서구사회는 러시아에 관한 낭설이 왜 필요했을까

2장 러시아에 관한 정치적 낭설

3장 러시아가 직면한 위험

4장 소비에트 시대의 낭설

5장 내전에 관한 낭설

6장 러시아에 관한 정치적 낭설: 영국과 독일

7장 러시아에 관한 정치적 낭설: 미국

8장 소비에트 연방공화국 붕괴 후

9장 소비에트의 지성인 계급

10장 낭설과 현대화

1장. 서구사회는 러시아에 관한 낭설이 왜 필요했을까

흑인을 온전한 인격체로 여긴다면
그들을 그토록 잔인하게 다룰 수는 없을 것이다.
-데이비드 리빙스턴, 〈아프리카 기행〉 중에서-

모든 민족에게는 그들만의 이야기가 존재하며 이는 실제보다 미화되는 것이 보통이다. 영국인들은 스스로 솜씨 좋고 정직하며 자유를 사랑하며, 왕정은 영국의 운명이라고 생각한다. 미국인들은 자신이 진정한 민주주의자이며, 인간관계에 있어 그 어떤 불평등과 부당함도 참지 못하는 부류라고 여긴다. 한편, 독일인들은 스스로 감수성이 예민하고 낭만적이며(농담이 아니다!) 근면하고 선량하다고 생각한다. 모든 민족의 역사에서 어두운 면이나 치명적 오점은 생략하는 긍정적 단순화 과정을 거친다.

한편, 대부분의 나라에는 이웃 나라에 대한 나름의 이야기가 있다. 긍정적인 것도 부정적인 것도 있고, 더러는 비방에 가까운 것도 있다. 이를 좋아하는 사람도 있고 좋아하지 않는 사람도 있을 것이다. 예를 들어, 우리는 아직까지도 스코틀랜드 사람을 구두쇠라고 생각한다. 이 이야기의 기원을 살펴보자. 스코틀랜드인은 실제로 영국인보다 씀씀이가 깐깐했다. 영국인보다 더 가난했기에 스스로 절제하며 금욕 생활을 했다. 조국의 새로운 영주가 된 영국 황실을 방문하기 위해 스코틀랜드 귀족들이 런던에 도착했을 때, 영국 귀족들은 그들의 검소한 옷차림과 허세없는 행동을 비웃었다. 스코틀랜드 귀족은 팁을 낭비하지 않았고 하루에 다섯 번씩 옷을 갈아입지도 않았으며 많은 수의 하인을 데리고 다니지도 않았다. 교역과 식민지 약탈을 통해 부를 축적한 영국 귀족들은 바로 이 때문에 스코틀랜드인이 구두쇠, 노랭이라고 소문을 퍼뜨리고 다녔다. 다른 나라 사람들은 이러한 영국인들의 말을 그대로 믿게 된 것이다.

실제로 스코틀랜드를 단 한 번이라도 방문한 경험이 있는 러시아인이라면 실생활 속에서 스코트랜드인이 영국인보다 훨씬 관대하고 씀씀이가 넉넉하다는 것을 알게 될 것이다. 내 개인적인 경험으로도 영국보다 스코틀랜드의 일반 가정에서 손님으로 머무는 것이 훨씬 더 편했다. 스코트랜드인은 손님을 따뜻하게 대접할 줄 알며 진솔하고 상냥하다.

일본인은 아직까지도 유럽인이 야만적이고 청결하지 못하다고 여긴다. 실제로 일본인은 예로부터 청결함을 미덕으로 여겨 일주일에 세 번씩 목욕하고, 외출했다가 집에 돌아오면 신발을 벗는다. 일본인은 16-19세기에 유럽인의 불결함과 우매함에 대한 이야기들을 과장해 퍼뜨렸다. 그럼으로써 일본을 외부 세계로부터 정치적으로 고립, 단절시키고자 했던 쇼군의 정책을 사상적으로 정당화할 수 있었다. 일본인은 당시 '유럽 야만인이 벼룩이나 옮겨오지 뭘 가져다 주겠나'라고 했다. 반대로, 작가 제임스 클라벨은 자신의 저서 쇼군에서 유럽인의 일본인에 대한 부정적인 소문을 상세하게 적고 있다.[3]

다른 한편, 자민족에 대한 부정적인 이야기를 곧이 곧대로 받아들이는 민족도 있다. 핀란드인이 대표적인데, 이들은 스스로 과묵하고 고집이 세다고 여긴다. 그들이 스스로 그렇게 생각하는 까닭에

3 제임스 클라벨. 쇼군. 상트-페테르부르그. 2005년

인근 주변국 사람들도 이제는 그렇게 생각하고 있다.

좋은 이야기든 나쁜 이야기든, 이러한 이야기들은 민족의 의식 속에서 태어나며 정치적으로 이용되기도 한다. 쿠데타나 혁명을 통해 얻은 정권의 정당성을 확보하려고 루머를 만들어낸다. 새 정권이 창출되는 순간, 자신에 대한 긍정적 이야기와 동시에 구 정권에 대한 온갖 음해성 소문이 만들어지는 것이다.

정치적 음해는 민족 전체를 표적으로 삼기도 하는데, 영국은 17-19세기 아일랜드에 대한 방대한 양의 음해성 소문을 만들어냈다. 신문마다 '가는 목을 가진 아아론'이나 '러시아 돼지 이반'과 유사한 아일랜드인 '페기' 이야기가 가득했다. 늘 술에 취해있고 무책임한 페기는 멍청하고 게으르며 사리분별 못하는 인물로 묘사되었다. 페기는 열 명의 자식을 제대로 거둬 먹이지도 못했고 늘 쓸데없는 사건사고에 휘말렸으며, 음주에 재산을 탕진했다. 페기가 굶주림에 시달렸던 것은 태생적으로 짐승같은 본성을 소유했고 무책임하며 일할 능력이 없는 탓이었다. 아일랜드 출신인 버나드 쇼조차도 "아일랜드인과 부산스러움은 따로 떼놓고 생각할 수 없다"고 지적한 바 있다.

1848년 아일랜드에 흉년이 들었다. 혹독한 굶주림에 시달리던 백만 명 이상의 사람들이 죽었으며 백오십만 명이 새 삶을 찾아 미국으로 건너갔다. 당시 아일랜드의 어리석고 무능한 '페기'에 관한 낭설들이 없었다면 영국인들은 어려운 상황에 처한 아일랜드를 지켜보기가 불편했을 것이다. 다행히도 이 음해성 소문이 상황의 책임을 아일랜드인의 '무능'에 전가시키며, 영국인의 죄책감을 말끔히 씻어내 주었다.[4]

4 잭슨 T.A. 아일랜드 독립투쟁. 1949년, 케르젠체프 P.M. 독립투쟁 중인 아일랜드. 모스크바. 1936년

식민민족에 대한 낭설도 많이 등장했다. 실제로 인도와 미주 대륙 원주민들은 스스로 민족을 이끌어갈 능력이 없어 그들을 계몽해 줄 누군가가 필요했던 것으로 '잘 알려져 있다'. 앞서 언급한 아일랜드보다 인도의 통계수치는 우리에게 훨씬 강렬한 인상을 심어준다. 1848년 한 해뿐만 아니라 1840년부터 1900년까지 '해마다' 대략 백만 명의 인도인이 아사했다는 것이다.[5] 왜 '대략'이냐 하면 아무도 이것을 집계한 적이 없기 때문이다. 해마다 이백만 명이었을 수도 있고 어쩌면 오백만 명이었을 수도 있다. 모스크바 사람들은 "과연 누가 인도나 타지크스탄에서 죽은 사람 수를 세겠느냐"고 우스개소리를 하곤 한다.

왜 인도에 기근이 닥쳤을까?! 인도에는 '제대로 된' 농경시스템이 없기 때문이다. 이같은 이유로 인도인은 무능하고 게으르며 어리석은 민족이 된 것이다. 이들은 농경 교육을 제대로 받지 못했을 뿐 아니라 배우려하지도 않았다면서 식민 행정부는 자기들 마음대로 이를 바로 잡으려 했다. 영국인이 보기에, 인도인은 손이 여러 개 달리고 코끼리의 머리를 가진 괴상한 신을 숭배했다. 인도인이 기독교인이었다면 인도에 기근이 들지는 않았을 것이다. 영국 선교사들은 이들을 계몽시키고자 했으나 정작 인도인들은 그것을 원치 않았다. 득이 될 것이 없었던 것이다. 이것이 바로 인도에 관한 낭설의 일부다.

땅을 경작하고 수확할 줄 모르는 괴팍한 인도인에 관한 이러한 정치적 낭설은 영국인들이 국가적 선전수단으로 동원한 학교와, P. 키플링[6], A. 코난 도일[7] 같은 작가들에 의해 민족의 의식 속에 자리 잡았다.

---

5 네루 D. 세계사에 관한 시선. 1964년, 알라예프 L.B. 내가 본 인도. 모스크바. 1968년
6 키플링 P. 백인의 짐; 시와 소설. 모스크바. 1994년
7 코난 도일 A. 4가지 신호. 모스크바. 1964년

미국에도 흑인에 관한 유사한 낭설이 존재한다. 흑인들이 왜 노예 신세로 전락했을까? 이들은 스스로 살아갈 수 없는 순진한 아이와 같으며, 가장 멍청한 백인보다도 훨씬 지적 수준이 떨어지고 더러운 환경 속에서 성장해 덧셈 뺄셈도 배울 능력이 안되기 때문이다. 흑인을 자유로이 풀어주면 최악의 상황으로 치닫고 말 것이다. 흑인은 범죄자 유형이다. 누가 전체 범죄사건의 80%를 저질렀는가? 흑인들 아닌가! 누가 백인 여성들을 강간하는가? 바로 망나니 흑인들이다. 흑인에 대한 낭설은 이러한 내용을 담고 있다.

영국의 역사학자 콜링우드[8]는 조물주의 지혜로움을 찬양했는데, 그 이유는 신께서 각각의 인종을 정해진 쓰임에 맞게 창조하신 까닭이다. 백인은 싸우고 다스리고, 황인은 근면하게 그저 묵묵히 일만 하고, 흑인은 농사짓는 데 적합하도록 창조하셨다는 것이 그의 주장이다. 흑인은 둔해서 황인처럼 공장에서 일하기는 적합치 않고 그저 뜨거운 햇볕 아래에서 육체적인 고된 노동을 견뎌내기에 적합하다는 것이다.[9] 반면에 셈 족*은 타고난 장사꾼이라고 그는 주장했다.

미국 인디언에 대한 나쁜 소문도 퍼졌다. 낭설에 따르면, 그들은 적을 도륙해 머리가죽을 벗겨내고 들소와 태양을 숭배하며 '애 어른'들이 초원을 휘젓고 다니면서 소리나 질러대는 잔인한 무뢰한들이다. 미서부 개척 문학 같은 문학장르의 선전효과를 과소평가할 수 없다. 세대를 이어 오랫동안 미국인들은 정직하고 매력적인 백인 카우보이가 '서부 황야'를 개척하고, 더럽고 잔인한 원주민이 그

8 콜링우드 R.D. 역사 속 사상. 모스크바. 1991년

9 이 같은 인종차별이 17-19세기 대다수의 유럽 역사학자들 사이에 팽배했다. 역사학자 클라렌든(폭동과 시민전쟁의 영국 역사. 1992년)과 뷰폰(뷰폰백작의 전체와 개인의 역사. 10장. 상트-페테르부르크. 1789-1808년), 미라보(바실리예프 V. 미라보; 미라보. 메테르니흐. 프랭클린. 워싱톤. 링컨. 첼랴빈스크. 1998년) 그리고 스텐리(아프리카 정글 속에서. 모스크바. 1948년)에게서도 확인된다.

* 햄 족, 아리안 족과 함께 유럽 3대 인종의 하나. 기독교의 성경에 나오는 노아의 맏아들인 셈의 자손이라 전하여지며 아시리아 인, 아라비아 인, 바빌로니아 인, 페니키아 인, 유대 인 등이 이에 속한다. 머리털과 눈동자가 검은색이고 중간 키에 셈어를 사용한다.

들을 공격하고 살해하며 약탈하는 내용이 담긴 여러 책을 읽어왔던 것이다.

영화가 등장하면서 인디언에 관한 음해성 이야기들은 이제 인쇄물을 통해서 뿐 아니라 화려한 속임수와 특수효과, 선명한 색감, 뛰어난 기술력을 갖춘 세계 최고의 미국영화를 통해서도 널리 알려지게 되었다. 영화가 만들어낸 환상이나 이미지는 너무도 강렬해서 '인디언'이라는 말만 들어도 도끼를 들고 말에 올라탄 채 전장을 가로지르는 모습을 떠올리게 한다. 이러한 이야기들은 이전에 유럽 식민국가에 의해 멸망한 잉카, 아즈텍, 마야 문명에 대한 우리의 기억을 단숨에 삼켜 버린다. 착취당하고 가난에 시달려야만 했던 민족에 관한 낭설은 한 민족이 스스로 일어설 기회마저 앗아가 버린다. 식민을 자행한 나라의 명분과 강압, 약탈을 위해서 말이다. 극단적인 낭설들은 지정학적으로 중요한 위치에 있는 적과 이념적으로 대립할 때 생겨나기도 한다. 19-20세기에 독일인에 관한 대부분의 낭설이 그렇다. 독일인은 새디스트이며, 행군을 좋아하고, 정신적으로 문제가 있는 범죄자라는 것이었다. 독일에 대항하는 그 어떤 범죄도 지극히 정상적인 행위로 보일만큼 거짓 소문이 많았다. 심지어 독일에 관련된 정책을 논의하는 것조차 불가능했고, 독일이나 독일인에 관한 단 한 줄의 언급만으로도 곧장 격한 감정적 반응이 나올 정도였다. 이 상황에서 이성적 반박은 전혀 통하지 않았다.

독일인에 대한 이러한 정치적 음해는 독일이 영국, 프랑스와 대치하던 19세기에 생겨났다. 20세기 중반, 독일이 더 이상 영국, 프랑스의 적이 아닌 전략적 동맹국이 되자, 정치적 낭설은 자취를 감추었다. 한때 멍청한 새디스트였던 독일인은 근면하고 '선량한' 민족

으로 '변모했다'.[10]

러시아에 대한 정치적 낭설은 너무 많아 일일이 열거하기 어려울 지경이다. 낙후된 자동차 도로와 엉망진창인 도로사정, 음주, 피로 얼룩진 역사, 그리고 (역시나 예상했듯이!) 무능력과 잔인성, 세계를 잠식하려는 야욕, 노예 근성 등 내용마저 헤아릴 수 없이 다양하다. 이는 비단 정치적 목적으로 생겨난 것은 아니다. 문학이나 일상 속의 러시아에 관한 이야기들이 이후 정치적으로 변질된 것이다.

문학이나 일상 속 러시아에 관한 이야기들은 시간이 흐르면서 조금씩 변해갈 수 있다. 그중 일부는 정반대의 이야기로 재탄생하기도 했다. 토마스 만[11]과 에릭 마리아 레마르크[12]의 작품을 읽어보면 좀 더 자세히 알 수 있다. 20세기 초 독일인은 러시아인이 선량하고 유쾌하다고 여겼다. 그러나 1930년대 말에 이르러서는 독일 내에서 러시아인은 암울하고 잔인하다는 의견이 설득력을 갖게되었다. 요즘 독일인은, 부헨발드 강제수용소에서의 슬라브인에 대한 학대와 만행, 그리고 하인리 히믈러, 히틀러, 괴벨스, 헤링과 그 수하의 폭정에 의한 러시아인에 대한 죄책감, 그리고 러시아 미개인은 전화와 수세식변기 사용법부터 배워야 한다는 생각 사이를 왔다갔다 하고 있다.

10 J. 베른은 자신의 저서에서 독일인들을 괴물집단이라고 강하게 비판한 바 있다. A. 코난 도일도 독일 스파이에 대한 부정적 묘사를 다뤘었다. 골수오르시는 1차 세계대전 당시 영국에 살면서 독일의 차별정책을 반대했다. 그러나 어느 순간 그의 작품 속에서 독일을 비난하던 독일 여성은 독일의 국가를 흥얼거리기 시작한다. 훗날 대통령이 된 아이젠하워 장군은 "우리 모두는 독일인들에게 실수를 했다"고 고민 끝에 말한 바 있다(아이젠하워 D. 유럽십자군. 모스크바. 1980년)

11 만 T. 부덴브로크가의 사람들. 모스크바. 1969년

12 레마르크 E. M. 서부전선 이상 없다. 모스크바. 2001년

2장. 러시아에 관한 정치적 낭설

거짓을 미끼로 진실의 잉어를 낚다.

-윌리엄 셰익스피어-

러시아에 관한 낭설은 줄거리가 탄탄하다. 아일랜드의 '페기', 멍청한 흑인들, 잔인한 인디언에 관한 음해가 그러하듯 러시아에 관한 낭설도 러시아 민족과 생활에 관한 다양한 내용을 담아 러시아에 대한 그럴듯한 하나의 그림을 제공한다. 내용을 살펴보면 대략 이렇다.

1. 러시아인은 주어진 일만 하고 업무를 조율하지 못한다. 때문에 러시아에는 잘 포장된 도로를 찾아볼 수 없고, 여전히 가난에 허덕인다. 과거에도 지금도, 앞으로도 그럴 것이다. 러시아인은 가난한 삶에 만족하며 살아간다.
2. 러시아인은 아이나 원시부족이 그렇듯 즉흥적이고 방탕하다. 잘 놀다가도 거칠고 난폭해진다. 스스로를 절제하거나 다스릴 줄 모르기 때문에 지시하고 통제하며 처벌을 내리는 엄하고 공정한 집단 '우두머리'가 필요하다.

이러한 맥락에서 류리크*에 관한 러시아 연대기 신화가 이용된다. 기껏해야 독일인이나 수용할만한 러시아의 국가 체제의 예라고 할 수 있다. 역사적으로 그가 실존했는지는 확실하지 않다. 그가 라도가 호수 인근 공국의 영주였는지 그저 권력을 찬탈한 용병이었는지도 확실히 알려진 바 없다. 실제로 노르만인으로서의 사명이 있었는지, 어디서 왔는지 제대로 알고 정확히 이야기해 줄 사람도 없다. 클류쳅스키는 연대기 편찬자가 '권력찬탈과 약탈의 역사를 덮으려는 사명에 관해 쓴 것'이라고 여기고 있다.[13] 그러나 공국의 창시자 류리크에 관한 낭설은 아직도 전해지고 있으며, 러시아를 음해하는 제 역할을 성실히 수행 중이다! 스톡홀름 인근에는 '루시**를 정복하고 개척한' 류리크 기념비가 세워지기까지 했다.[14]

3. 뼛속까지 노예근성이 가득한 러시아인은 폭정을 일삼는 권력을 숭배한다. 그들에게는 자연스럽다. 권위를 내세우고 전제주의 성향이 강한 권력만 우러러 본다. 권력을 진심으로 받아들인다. 러시아인들에게 민주주의는 꿈 같은 이야기일 뿐이다.
4. 러시아 왕국은 제국적 발전과 통치라는 과제를 해결할 능력이 없다. 아시아식의 전제정치와 기질적 전횡과 횡포가 지배적이다. 러시아 왕국의 유일한 목표는 넓은 영토를 최대한으로 확보하고 이웃 국가와 민족을 복속시켜 착취하는 것이다. 이것이 바로 러시아 제국의 감춰진 목표이다. 러시아인이 직접 무슨 말을 하든지 그들에게 다른 것을 기대해서는 안된다.

바로 이런 식이다. 일상이나 문학과 관련된 거짓 이야기들은 정치적 낭설만큼 수명이 길지 않다. 이유는 간단하다. 사람은 생각하고 싶은대로 생각하고, 믿고 싶은대로 믿을 수 있다. 멍청한 생각을 한다거나 터무니 없는 일을 믿는다한들 그 사람에게 잘못은 없다. 그저 그렇게 교육받았을 뿐이다. 카를로 바르톨로메오 라스트렐리

* 러시아의 건국자. 노르만인 출신의 노브고로트의 지배자이며 그의 자손은 1598년까지 러시아에서 군림하여 류리크왕조라고 불렸다.

13 클류쳅스키 V. O. 모스크바. 1958년

** 러시아의 옛 이름

14 학자들이 모일 때마다 류리크와 노르만 정복의 성격에 관한 논쟁은 계속되고 있다. 2007년 5월 14-18일에 에르미타쥐 박물관에서 열린 '유럽역사의 중세 초기 맥락에서의 러시아 국가 구성' 컨퍼런스에는 이에 대한 격렬한 논쟁이 벌어졌다. 그러나 분명히 해둘 것은, 그가 누구였든지 간에 역사 속의 류리크와 루시 공국 창시자로서의 류리크는 공통점이 없다는 것이다. 메진스키는 또한 매우 정중하게 망상이라고 할 만한 거짓 소문이라고 일축했다. 그러나 바로 이러한 망상을 누군가가 필요로한다는 점은 분명해 보인다

는 훗날 스몰니 수도원과 겨울궁전을 건축하게 될 그의 아들과 함께 1716년 6월 여름에 두툼한 모피외투를 걸치고 러시아에 도착했다. 도착하자마자 유명해졌는데, 가는 마을마다 소년들이 그들 부자 뒤를 쫓아왔고, 어른들은 큰 소리로 웃으며 손가락으로 그들을 가리키고 있었기 때문이다![15] 사람들은 일상 속에서 자신의 잘못된 생각을 너무도 쉽게 믿어버리곤 한다. 라스트렐리 부자도 마찬가지였다. 그들은 재빨리 모피외투를 벗었다. 시간이 흘러 자신들이 러시아의 날씨에 대해 편견을 가지고 있었다는 사실을 떠올리며 웃음 짓곤 했다.

수세기에 걸친 국가 간 개방정책과 활발한 문화 교류, 교육, 여행 의 결과로 고정관념이 서서히 사라진다. 국가는 꾸준히 개방되고 있다. 비례해서 정치적 낭설도 놀랍도록 지속적으로 나타난다. 20세기 중후반에 등장한 러시아에 관한 '새로운' 낭설은 그다지 새로운 것이 아니었다. 소비에트 시대의 공격성에 관한 것도 있고 바지 지퍼를 채울 줄도 모르고 수세식 화장실도 사용할 줄 모르는 바보 같은 러시아인 이야기도 있으며, 러시아가 '꽤 추워서 사람이 살기에 적합하지 않다'는 이야기도 포함되어 있다. 이 모든 이야기들은 이미 16-19세기에 생겨난 '오래된' 낭설로부터 나온 것인데, '운좋게도' 오늘날까지 살아남은 것들이다.

'표트르 대제의 유언'에 관한 낭설도 그렇다. 18세기 중반에 이에 관련된 낭설은 잠시 유행하다 자취를 감췄다. 프랑스 첩자이자 세기의 바람둥이였던 데옹의 기록에 따르면, 1757년 러시아 황녀 엘리자베타 페트로브나와의 긴밀한 우정 덕분에 왕실 고문서실에 들어가 '표트르 대제의 유언'을 필사했다. 유럽 열강 간의 싸움을 부추기고 러시아 제국의 영토를 확장해 세계를 정복하라고 후손들에게

15 필랴예프 M. I. 예전의 페테르부르크. 상트-페테르부르크. 1993년

표트르 1세, 1723년
좋지 않은 주변 환경과 제대로 된 교육을 받지 못하면 천부적인 재능을 지닌 사람조차 삶을 망칠 수 있다는 좋은 예이다. 또한, 선한 의도마저도 지옥으로 향하게 한다.

전하는 당부였다. 그는 이 '유서'를 파리[16]의 루이 15세에게 전달했다.

그리고 나서 1763년 폴란드왕이 서거하자 프랑스 외교관들은 폴란드와 러시아, 프러시아를 분리시키려 했으며 이윽고 1772년 분할에 성공했다. 1778년 왕궁에서 밀려나 이전의 권세를 잃은 데옹은 대제가 특별한 애착을 갖고 있던 계획, 즉 러시아 제국의 국경을 독일까지 넓혀 유럽에서 중요한 입지를 점하는 거사를 실현하라는 것으로 표트르 대제의 유언을 다시 해석했다. 데옹의 목적은 오로지 자신의 몸값을 높이는 것이었다. 실제로 데옹은 1757년에 이미 왕에게 바치는 보고서에 폴란드 분할을 예측한 바 있었다! 그러나 '표트르 대제의 유언'은 정치판으로 복귀하고 싶은 정치적 야심가가 퍼뜨린 소문일 뿐이었다.

1807-1811년 러시아로 출정하기 전, 나폴레옹은 '유언' 형식을 담은 두 개의 전단을 파리 시내에 유포했다. 전단의 형식은 폴란드 출신 이민자 M. 소콜니츠키가 1797년에 쓴 글을 따르고 있었다. 그 후 프랑스 교육역사학자이자 관료인 미쉘 레쥬르는 나폴레옹의 특명을 받고 *"러시아 세력의 부흥, 그 시작부터 19세기까지"* 라는 책

16 '파리'라는 단어의 어원은 어디서 왔는가? 이 옛 갈리아인들의 도시는 파리제 일족의 중심지였다. 당시에는 류텐치아라고 불렸다. 파리제라는 명칭으로부터 파리라는 말이 생겨났다. 그리고 '프랑스'라는 단어는 갈리아인, 프랑크인과 그 밖의 민족들의 공동 주거지를 의미한다. 애초에는 현재 프랑스 영토나 프랑스 내의 갈리아인들의 영토를 지칭한 것이 아니라 독일에 인접한 고대 프랑크 이주민들의 작은 영역을 지칭했다. 나중에서야 명칭의 의미가 확대되어 독일의 라인강과 프랑스 누아르강 사이의 전체 영토를 포함하게 됐다.

을 집필했다. 다음 구절이 눈길을 끈다.

"확신하건대, 러시아 황제의 개인 서고에는 표트르 대제가 직접 쓴 비밀 유서가 있을 것이다. 그 유서에는 그의 모든 계획이 망라되어 있을 것이다."

'유서'의 내용에 근거한 레쥬르는 유럽인들이 러시아 대외정책의 실체를 확신할 수 있도록 소문을 이용할 수 있었다. 표트르 대제가 유럽과 페르시아, 인도의 상당부분을 정복할 때까지 북진, 남진, 서진하도록 영토 확장을 세밀하게 추진했다는 것이다. 이게 사실이라면 어찌 이런 나라와 싸우지 않을 수 있었겠는가?!

1836년에는 한편 "우리는 유럽을 정복할 능력이 있고 반드시 정복할 것이다"라는 '말도 안되는' 위조문서가 등장했다. 전문가들이 오랜 기간에 걸쳐 '표트르 대제의 유서'가 위조에 불과하다는 것을 밝혀냈지만 많은 이들이 이를 진짜라고 믿었다! 유럽 뿐만 아니라, 러시아 제국과 소비에트 역사학자들이 수십 년에 걸쳐 이 '유서'를 찾으려 애쓰는 동안 거짓 소문들은 그 생명력을 이어갔다.

유럽인들은 누구보다도 이것이 위조라는 것을 잘 알고 있음을 여기서 밝혀 둔다. 실제로 데옹은 원본은 고사하고 필사본조차 프랑스로 가져오지 못했다. 그는 러시아 제국의 황제 표트르 대제의 대외정책에 대한 간단한 보고문건을 작성해 자신의 왕에게 고하려 한 것 뿐이다. 데옹의 문건은 현재 프랑스 외무부의 문서보관실에 소장되어 있으며, 프랑스인들은 그 내용을 잘 알고 있다. 그럼에도 러시아와 사이가 좋지 않은 국가들이 자신의 공격의도와 행위를 정당화시킬 필요가 있을 때마다 이 낭설은 세상에 다시 등장하곤 했다. 1854-1855년 영국과 프랑스 언론은 표트르 대제의 침략의도를 막기 위해 크림반도로 동맹군을 출격시킨다고 보도했다.

1876년 발칸반도 민족 해방운동이 시작되었을 때도 '유서' 이야기가 회자되었다. 러시아가 다시 한 번 세력을 확장해 세계를 지배하려 든다는 것이다. 1915년에도 그랬다. 독일은 이란 신문에 '유언'이 게재되도록 선동했다. 러시아의 이웃 국가와 우호국에게 러시아에 대한 공포와 불신을 조장하려는 단순한 목적이었다. "조심하십시오! 곧 러시아 카자크인들이 쳐들어옵니다! 봉변을 당하게 될 거라구요!" 이런 내용이었다.

1941년 11월 '전면전'의 패배가 분명해지자 독일 파시스트 신문들은 다시 한 번 '유서'를 여기저기 싣기 시작했다. 독자의 시선을 사로잡기 위해 '볼셰비키가 세계를 정복하라는 대제의 유언을 실행에 옮기고 있다'라는 제목도 붙였다.

표트르 대제의 '유언'을 이행하고자 '세계정복'의 야욕을 품은 소련에 대한 비난은 '냉전시대'에도 널리 퍼져 나갔다. 이미 21세기 도날드 럼스펠드 전 미국 국방부 장관은 '유언'을 언급하며, '러시아가 새로운 위협요인'이라고 발표한 바 있다.

푸틴 대통령 집권 2기에 이르러서야 미국은 러시아의 '제국주의 정책'에 관해 온 사방에 불량한 어조로 떠들어대는 것을 멈췄다. 하지만 여전히 사람들은 한 가지를 유독 강조한다. 페테르부르크 출신인 푸틴이 표트르 대제와 관련된 기념물에 애착을 가지고 심지어 대통령 집무실에도 표트르 대제의 초상화를 걸어 놓았다는 것이다.

푸틴이 표트르 대제의 초상화를 벽에 걸었다는 것은 표트르 대제의 침략 정책 사상을 옳다고 여기는 것을 의미한다는 것이다. 법률가들은 이것을 '유죄 추정'이라 일컫는다. 러시아 대통령으로서 하지 말아야 할 것은 나라에 해가 되는 일일 것이다.

'유언'의 사례는 얼마나 지속적으로 낭설들이 이용되어 왔는지 잘 보여준다. 200년에 걸쳐서 말이다. 국가가 흥망하고 전쟁과 혁명이 일어나고 세상이 변해감에도 이러한 낭설은 '잘' 살아남아 계속해서 이용된다. 낭설과 고정관념은 새로운 것으로 변환된다. 그러나 새로운 것들은 기존의 그것과 대체로 비슷하다. '민중의 감옥'이나 '악의 제국'에 관한 낭설들을 살펴보면, 새로운 해석과정을 거쳐 우리의 이전 동맹공화국들로 퍼져 나간다.

2006년 나는 러시아 국가두마 사절단과 함께 라트비아를 방문했다. 양국 국회의원 간의 공식(!) 미팅 직전에 우리는 라트비아 점령이라는 책을 한 권씩 선물받았다. 책의 표지는 검정, 빨강, 흰색이었다(누가 보아도 분명 파시스트를 암시하는 색상이다). 이 책의 출판은 국가 정책의 일환으로, 상대국의 감정을 고려하지 않는 외교와 예절의 실례라 할 만하다. 세 차례에 걸친 점령은 1939년 소련의 점령, 1941-1944년 나치 점령, 그리고 1944-1991년의 소련 점령을 일컫는다. 첫 번째 점령 부분은 10페이지에 걸쳐 다루고, 두 번째 독일 점령은 2-3페이지, 그리고 책의 나머지 부분은 100 페이지 이상을 '세 번째 점령'에 할애하고 있다.

재미있는 사실은, 13세기 이후 독일 기사에 의한 점령에 관해서는 일절 다루고 있지 않다는 점이다. 라트비아가 영국 기사단과 리투아니아 중세 기사단 그리고 리보니아 기사단의 식민지로 전락했던 것은 점령으로 치지 않는 모양이다. 유럽식 선동과 선전이 가득한 라트비아의 책을 넘겨보며 대다수 러시아 일반인들이 어떤 느낌을 받게 될지 독자는 상상할 수 있을 것이다. 부글부글 끓어오르지 않겠는가. 여러분들이 예상하듯, 당시 양국 의원 간 협의는 불가능했다.

라트비아는 다큐멘터리 영화 *러시아 이야기*를 제작하면서 국가 및 유럽의회의 예산까지 투입했다. 시나리오의 주된 임무는 소비에트 군대에 대한 유럽 청년과 발트해연안 민족의 생각을 바꾸는 것이었다. 유럽을 독일 파시즘으로부터 해방시켰던 소비에트 군대는 점령군으로 각색되었다. 라트비아 정부 입장에서는 이 영화가 너무도 중요한 나머지 제작비 따위야 얼마가 들든 상관 없었던 듯하다.

이처럼 러시아만큼 정치적 낭설이 많이 유포된 나라도 없다. 전 세계 역사를 통틀어 주목할만한 기이한 현상이다. 낭설은 생명력도 강해서 등장과 더불어 기나긴 생존력을 지닌다. 사실 여부와 상관없이 낭설은 존재만으로도 국제 정치의 주요한 요소로 자리잡았다. 18세기 중반부터 250년간 러시아는 이미 서구의 주요 지정학적 '경쟁자'였으며, 그런 이유로 그토록 빠르게 다양한 정치적 낭설이 등장하기 시작한 것이다. 러시아는 여전히 서구의 경쟁자이자 적국인 까닭에 낭설은 여전히 사라지지 않고 있다.

3장. 러시아가 직면한 위험

힘이란 잠재적 가능성이 아니라 행동이다

-클류쳅스키-

다른 나라를 대할 때 정중하고 상냥하되 그들의 술수에 빠지지는 말라.
그들은 모두 너의 국민과 국가안녕을 질투하는 은밀한 악의 무리이다.

-예카테리나 2세, 알렉산드르 1세에게 남긴 정치유언 중에서(1796년)-

잔혹했든 평화로웠든 러시아 역사는 유럽의 역사와 맥을 함께 해왔다. 러시아 천 년의 역사 속에는 좋은 일도 나쁜 일도 있었다. 치욕이나 오점이 다른 나라보다 많았다고 볼 수도 없다. 오히려 유럽이나 아시아보다도 적었다고 할 수 있겠다. 우리에게는 오점과 피로 얼룩진 역사만 있었던 게 아니라 영광의 역사도, 성공의 역사도 있었다. 수치를 보더라도 다른 나라에 뒤지지 않는다. 그러나 스스로 악의적인 낭설에 혹해 우리의 영광스런 역사를 기억하지 못할뿐더러 성취와 성공의 역사를 점차 잊고 있다. 러시아와 러시아 국민에 대한 의도적이며 이념적인 소문, 조작 · 유포에는 신중하게 접근해야 한다. 그럼에도 러시아인은 이러한 헛소문을 듣고는 거기에 살을 붙여 퍼뜨리는 데 기꺼이 동참한다.

러시아인이라면 누구나 말류타 스쿠라토프나 반카 카인을 안다. 그러나 이반 보카레프나 표도르 란드린이 누구냐고 묻는다면? 아니면 질문을 바꿔서, 대다수 러시아인이 해바라기 오일의 원산지가 러시아라는 걸 알까? 17세기 처음으로 유럽과 러시아에 전해진 해바라기의 꽃은 장식용–산해진미에 곁들이는 보기 좋은 꽃처럼–으로 쓰였고 씨앗은 까서 먹었다. 1830년대 보로네쥐의 비류친스키에 거주하던 농노들이 해바라기 오일을 짜내기 시작했다. 그들은 해바라기 오일을 짜기 좋게 카멜리나 오일(지금까지도 버섯이 아닌 카멜리나 씨앗에서 오일을 짜내고 있다) 틀을 개조해 사용했다. 나중에는 이렇게 짜낸 오일을 시장에 내다 팔기도 했다. 해바라기는 경작 초기에 사라토프와 보로네쥐에서 재배되다가 점차 남부 러시아 전역으로 재배지가 확대되었고 나중에는 유럽에도 전파되었다.

유명한 볼고그라드 오일(우유지방을 한 번 끓여 만든 오일로, 러시아에서 처음 만들어짐)과 러시아산 일품 치즈 이야기도 빼놓을 수 없다. 뛰어난 사업가이자 학자인 동시에 생산관리자였던 니콜라이 베르샤긴(화가 베르샤긴의 형제)의 은혜다. 그는 오일 제조 기술을 고안해냈을 뿐만 아니라 제조법을 러시아 전역에 배포할 학교를 설립했다. 그는 러시아의 오일로 유럽시장을 장악했다. 당시 러시아의 금 채굴량이 엄청나서 미국 다음으로 2위 자리를 차지하고 있었음에도 불구하고 오일 수출은 러시아의 금 수출보다 더 많은 이익을 냈다.

알사탕 창시자 표도르 란드린에 얽힌 이야기도 흥미롭다. 얇은 금속재질의 동그란 상자에 사탕을 단단하게 밀봉해 판매했다. 그의 이름을 따서 '란–드린'이라고 표기했는데 점차 프랑스어 억양처럼 두 번째 음절에 강세를 두어 '란드–린'이라 불렀다. 그러다가 '란드–린'이라는 이름조차도 차츰 잊혀지더니, 프랑스어로 알사탕을 뜻하는 '몽팡세'로 불리게 되었다.

러시아가 오래된 경제 · 기술의 낙후국이라는 소문이 사실이라면 이런 나라에서 멘델레예프의 주기율표는 어떻게 나왔을까? 토양학, 자연과학, 생태학, 자연지리학과 경제지리학의 접점에 대한 체계적 연구가 다른 나라도 아닌 러시아에서 어떻게 처음으로 시작될 수 있었을까? 기술은 또 어떤가? 러시아 비행기 일리야 무로메츠가 세계 1차 대전 당시 월등한 군용기였다는 사실을 사람들이 알까? 전쟁 동안 피격 당한 일리야 무로메츠는 단 한 대였다. 그것조차도 임무를 수행하고 돌아오는 길에 비행기 조종사가 카드놀이를 하러 중간 착륙했기 때문이었다. 반면 영국제 비행기는 수없이 피격 당해 추락했다.

1960-1970년대 이전까지 러시아 철로가 세계 최고 수준이었다는 것은 부정할 수 없다. 이후에 유럽 철로의 현대화가 진행되었지만, 당시 남미를 다녀온 사람 대부분이 뱀처럼 구불구불한 철로 상태에 경악했고 그런 철로 위를 달리는 기차를 타고서도 살아남았다는 사실에 또 한 번 놀랐었다.

흥미롭고도 중요한 사실이 하나 있다. 논쟁의 여지가 있는 사안에 대해 러시아인은 다른 나라 사람에게 기꺼이 1위 자리를 양보한다는 점이다. 다른나라 사람들이라면 결코 자리를 양보하려 들지 않는데 말이다. 일례로 라디오를 발명한 이가 누구인지를 두고 이탈리아인 마르코니와 러시아인 포포프 사이에서 '의견이 분분하다'. 그러나 이 질문을 '양보심 많은' 러시아인들에게 던진다면? 절반 이상이 마르코니라고 대답할 것이다. 에디슨과 야블로치코프의 관계도 마찬가지이다. 과연 누가 전구를 발명했을까? 민감한 질문이다. 하지만 유럽에서 과연 누가 야블로치코프를 알며, 러시아에서 과연 누가 에디슨을 모르겠는가?

석유 증류법과 관련한 예도 있다. 멘델레예프가 '열이 중유에 미치는 영향'에 대한 몇 가지 연구를 마치고 1891년에 기술자 슈호

브이가 열을 이용한 석유 증류 특허를 획득했다. 그러자 미국인들은 자기네 식으로 이름을 붙여 기법을 도용했다(쉽게 말해 훔쳤다). 1915년부터는 '러시아 기법'으로 생산공장을 짓기 시작했음에도 러시아인들은 지금까지 석유 증류법을 미국이 고안해냈다고 굳게 믿고 있다. 덧붙여 말하자면, 세계 최초의 석유 생산 유정은 19세기 중반 러시아제국에서 시추되었는데, 이는 미국보다 15년이 앞선 것이다. 1905년 혁명 이전까지 러시아는 석유채굴 분야에서 1위를 달렸고, 2006-2007년에 1위 자리를 탈환했다.

자동차 내부 연소 엔진이 발명되었을 때 러시아인의 방화석유램프는 전세계 석유산업 발전에 커다란 자극제가 되었다. 러시아는 19세기 후반 석유채굴뿐 아니라 중유, 등유(당시 휘발유는 없었음)와 같은 석유가공 제품의 생산과 수출에 있어서도 1위 자리를 점하고 있었다. 현재로서는 실현불가능한 꿈이지만 말이다.

우리가 베르당이라고 부르는 소총을 발명한 것도 러시아화포위원회 회원이었던 고를로프와 그의 동료 군니우스 대위였다. 러시아군은 1868년에 이들의 '소구경 저격용 소총 제1호'를 군비목록에 추가했다. 미국은 이것을 '러시아식 소총'이라고 불렀다. 그 후 미군소속 베르당 대위는 소총의 몇몇 부속품을 개선했고, 러시아군도 나중에는 '베르당식 소구경 저격용 소총 제2호'를 무기로 사용했다. 이렇게 해서 고를로프의 발명품 역시 베르당 소총으로 세계에 알려지게 되었다.

소비에트 시대의 과학기술은 너무나도 방대해서 일일이 열거하기 어려울 정도다. 그중 일부가 시베리아의 얼음에 덮힌 광활한 땅 위에 세운 산업기지, 1930-1940년대의 생산과 발명의 거대한 흐름, 순수질량, 우주정책 등이다.

러시아가 사회적 관계에 있어서도 전혀 후진국이 아니었다는 점을 우리는 제대로 기억하고 있지 않다. 1861년 해방된 농노 수가 러시아 전체 인구의 고작 34% 수준이었다는 것을 사람들은 알까? 당시 해방농노를 제외한 농민들은 이미 니콜라이 1세와 그 이전 시대부터 자유를 확보한 상태였다. 반면 1865년 이전까지 미국남부 전체 인구의 60%가 노예였는데, 노예와 그들의 가족은 비참하게 사고 팔렸다.

이 뿐만 아니다. 사회주의 시대 사람들은 다른 어떤 '민주주의' 국가의 국민보다 더 많은 자유를 누렸고, 스스로 권리의 주체로서 확실하게 인식하고 있었다. 당시 민주정치의 확대와 강화를 위해 시행한 많은 개혁정책은 자신의 번영을 위해 전세계를 약탈하고 살육한 제국주의의 정치 · 군사적 억압 하에 쇠퇴의 길을 걸을 수밖에 없었다.

결국 우리 러시아인은 스스로에 대해 안 좋은 것만을 '알고 있는' 셈이다. 심지어는 존재하지도 않았던 것이 대부분이고, 우리의 역사적인 적들이 꾸며낸 낭설을 알고있을 따름이다. 반면에 좋은 것들에 대해서는 그것이 사실이라는 것을 기억하지 못하거나 알지 못한다.

망각은 우리의 정신을 나약하게 만들고, 낭설에 비판적인 자세를 취하지 못하게 만든다. 러시아에 대한 거짓 소문들을 신중하게 받아들이고, 그것들을 말그대로 떨쳐내야 한다. 이러한 거짓 소문들은 그 어떤 지각있는 행동도 할 수 없게 만든다. 이에 대해 푸틴 대통령도 국정연설에서 언급한 바 있다. 국정연설 중에서 지나치게 국가와 국민에 대한 찬양을 담은 내용은 빼고 신뢰할 만한 부분만 인용한다.

"민족정신 통일과 우리를 단결시키는 윤리적 가치–이 두 가지는 정치적·경제적 안정만큼이나 국가발전에 있어 중요한 요소입니다. 윤리적 지침에 관한 종합적인 시스템이 갖춰지고, 모국어, 민족고유의 문화유산, 우리의 선조를 기리는 기념관, 조국 역사가 제대로 존중될 때에야 비로소 그 사회는 무수한 국가적 과제를 설정하고 해결해 나갈 수 있습니다. 바로 이러한 국가적 자산이 국가의 단결성과 주권을 공고히하는 기초이자, 우리의 일상생활의 토대이며 정치·경제관계의 근간인 것입니다."

잘 포장된 러시아 도로가 있을 수 없다고 부정적으로 생각하면서 도로를 건설해 보라! 당신이 최고의 기술자이고 휘하에 전문 일꾼들과 최첨단 기술력이 갖춰져 있다해도, 부정적 사고방식은 당신을 무력하게 만들고 당신에게 엄청난 방해물이 되고 말 것이다. 설사 성공한다 해도 이러한 사고방식은 당신이 이뤄낸 결과물의 가치를 떨어뜨리고 불만족스럽게 만들 것이다. 그러거나 말거나 어떤 이들은 잘 포장된 도로가 러시아에는 그저 우연의 일치라고 말하겠지만 말이다.

러시아는 항상 지기만 했다고 생각하면서 적과 싸워보라. 모든 러시아 여자가 창녀라는 것을 당신이 그렇게도 확신한다면 가정을 한번 꾸려 보라. 러시아로 아이들을 데려오는 것은 정신나간 짓임을 명심해야 한다. 왜냐하면 러시아에 미래란 있을 수 없을 테니 말이다. 러시아에는 방사능과 화학물질에 오염된 식품만 있다고 생각하면서 기꺼운 마음으로 식사를 어디 한번 즐겨보시라.

그리고 어디 한번 다른 이의 존경을 이끌어내 보시라. 당신조차도 스스로를 존경하지 않으면서 말이다. 지금까지의 온갖 낭설은 매우 위험하고, 권총보다 더 끔찍하다. 이것은 우리의 이성, 미래에 대한 신념, 행동의지를 파괴하는 진정한 대량 살상 무기다.

4장. 소비에트 시대의 낭설

16세기 네덜란드에서 로마교황이 적그리스도라는 소문이 돌았다.
네덜란드인들은 교황을 비난하고 교회를 공격하기 시작했다.
많은 이들이 이성을 잃고, 이교도들을 잡아 죽이기도 했다.
-*네덜란드역사* 서문. 레프 구밀레프 역-

새롭게 등장한 낭설

1917년 볼셰비키가 집권했다. 1920년대 초부터 그들은 조직적으로 이전 시대의 역사를 새로 쓰는 작업에 착수했다. 역사를 다시 쓴다는 것 자체가 끔찍한 일이다. '표트르 대제 집권 이전의 루시'의 끔찍함에 관한 거짓 소문을 볼셰비키는 부정하지 않았을 뿐더러, 러시아 공국과 제국 시절의 낭설들을 덧붙이기까지 했다. 볼셰비키는 러시아 제국 시대를 어두움과 야만, 무모함이 가득했던 표트르 대제 이전 시기와 동일시했다. 황제에 의한 통치는 항상 반민중적, 범죄적, 전제적이었다는 것이 볼셰비키의 주장이다. '폭정을 일삼는 황제'와 '반동분자 귀족'이 민중의 삶을 짓누르고, 자유로운 생각과 정치적 자유, 모든 '진보적인' 사상의 싹조차 잘라버렸다는 것이다.

'좀 심한' 낭설은 16-17세기뿐 아니라, 몽고-타타르족의 압제 시기부터 니콜라이 2세까지 러시아 역사 전체로 이어진다. "군복을 입고 도열한 수백 명의 농민군을 벽에 세워둔 채, 장군은 렌코란을 데려 왔다"[17] 따위의 미사여구와 전쟁 묘사를 볼 수 있다. 이러한 묘사 속에서 독자는 영웅주의를 느끼는 것이 아니라 외국인에 대한 연민과 러시아 군인의 무자비함, 간악함과 잔인성에 대한 분노를 경험한다. 과연 어느 나라에서 자국의 군대와 업적에 대해 이런 감정을 가질 수 있겠는가?! 있을 수 없다.

여기서 끝이 아니다. 포크롭스키는 저서 *러시아 역사 입문*에서 황제와 장군을 '비열한 악당', '멍청이', '짐승', '괴물'이라고 부르기를 주저하지 않았다. '지옥에나 떨어질 인간'의 수하들에 대해서는 좋게 칭해야 겨우 '공갈을 일삼는 짐승'이라 불렀다.[18] 그는 니콜라이 1세가 무식하면서 규율만 강조하는 사람이라고 했다. 황제가 글자도 분간할 줄 모르고, 북치고 호통치는 것이나 즐기는 것 외에는 관심도 없었던 것처럼 말이다.

볼셰비키는 알렉산드르 3세가 알코올중독자였다고 공공연히 선전했으며 니콜라이 2세에게 '피로 얼룩진 인간'이라는 오명을 붙였다. 심지어 1812년 조국전쟁의 승리조차 실수였을 뿐이라고 폄하했다. 어리석은 민중이 특정 지도층의 권력 강화를 위해 싸운 것에 지나지 않는다는 것이었다. 프롤레타리아 시인이었던 잭 알타우젠은 "서시"의 한 부분에서 민족 역사의 중요한 사건에 대한 입장을 이렇게 표현했다.

미닌과 포자르스키 동상은 녹여버리자..
저 인간들에게 동상이 웬 말인가?
가게에 하나씩 팔아버리자.
다 팔아치우고 10월을 맞이하자.
어쩌다보니 동상의 목을 부러뜨렸네.
상대나 됐으면 좋으련만.

17 소콜로프-미키토프 I. C. 렌코란. 모스크바. 1935년
18 포크롭스키 M. X. 간략하게 정리한 러시아사. 모스크바. 1922년

저들이 '러시아를 구했다'고 생각하는가!
어쩌면 그러지 않는 편이 나았을지도?![19]

이반 수사닌을 묘사한 자유주의 인텔리겐치야의 대표주자 다니일 함스의 글도 유익함과는 거리가 멀다. 어리석은 이반 수사닌이 흩어진 자기의 수염은 생각하지 않고, "콥세구비 대귀족 나으리! 당신 수염이 흐트러졌소"[20] 하며 소리친다는데, 이 무슨 귀족에 대한 오만하고 혐오스런 표현이란 말인가. 다니일 함스에게는 수사닌과 대귀족 모두가 우스워보였다. 두 사람 모두가 17세기 러시아를 '대표하는' 사람들이기 때문이었다. 화가 자고스킨이나 카람진에게는 흥미롭고 낭만적인 기간이었을지 몰라도, 함스에게는 그저 우습고 어리석으며 야만적인 시대일 뿐이었다.

1930년대 말까지 러시아 혐오는 소련의 공식정책 중 하나였다. 루나짜르스키는 인민교육위원부에 보내는 회람에 이에 대해 분명하게 언급했다.

"러시아 단어, 러시아의 전형적인 이목구비, 러시아적 사고를 선호하는 습관과 우리는 싸워야 합니다."

지토미르* 출신인 알렉산드르 일리이치 베지멘스키의 시에도 이러한 생각이 잘 나타나 있다.

러시아-루시, 다시 한번 불러본다
이제 다시는 이 단어를 입에 담지 않기 위해서.
러시아-루시, 저주받은 이름이여
3년 윤작과 습지, 그리고 죽어가는 강들이여.

19 알타우젠 J. 시집. 페테르부르크. 1922년
20 함스 D. 역사 속 에피소드. 소설과 수필들. 모스크바. 1987년

그리고 다음의 시도 그렇다.

죽었어? 죽었냐구? 죽었냐니까?
그렇다면 좋다! 너를 영원히 기억하마!
넌 살았던게 아니야, 그저 한숨짓고 있었을 뿐..[21]

소련 형성 및 발전 기간 동안 볼셰비키는 러시아 인민이 제국의 인민이라고 강조했다. 투쟁의 민족이며 역설적이게도 사악하다는 것이다. 볼셰비키는 국제주의자였으며, 압제없는 사회를 건설했다. 그러나 큐스틴이 만든 규정은 죄책감처럼 그들을 옥죄었다. "국가 내의 소수집단에게 다소 과하더라도 유순하고 부드럽게 대처하는 것이 강하게 나가는 것보다 낫다"는 규정 말이다.[22]

한 가지 짚고 넘어가자면, 소련이 해체된 근본 이유에는 이미 '민족 자결권' 원칙이 있었다는 점이다. 총 15개 소비에트 공화국 중, 14개가 학술 연구소를 독자적으로 보유하고 있었다. 여기서 제외된 1개의 공화국이 바로 러시아 소비에트연방이었다. 모든 공화국의 공동수도였던 모스크바의 러시아 소비에트연방을 제외한 다른 모든 공화국들은 그들만의 수도를 갖고 있었다. 당시 소련에 거주했던 사람들은 특히 그루지아나 아르메니아, 발트해 연안 공화국과 같은 '변방국' 사람들이 얼마나 복잡한 심경이었는지 잘 알고 있다. 러시아 소비에트연방 공화국의 브리안스키에서 길을 따라 우크라이나의 숨스키까지 여행하는 이들은 놀라운 광경을 목격할 수 있었다. '우크라이나 소비에트 사회주의 공화국'이라는 작은 표지판 주변에서 황량한 시골길 대신 멋지고 커다란 토플러나무가 심어진 잘 포장된 아스팔트길이 시작되었던 것이다.

* 우크라이나 공화국의 도시 이름
21 베지멘스키 A. I. 도시. 모스크바. 소비에트 작가. 1925년
22 레닌 V. I. 민족자결권.

이유는 간단하다. 당시 러시아는 자국 경제가 손해날 때까지 세계적으로 소외된 변방국가들에 대한 원조를 감행했다. 나는 속좁은 국수주의자는 아니지만, 실제 경제 통계수치들을 살펴보면 중앙아시아나 코카서스 지역, 카자흐스탄의 탄탄한 산업지구는 당시 '중앙정부' 즉, 러시아의 자금으로 완성된 것임은 자명하다. 그것은 바로 우리 러시아 노동자의 손으로 완성된 것들이다.

5장. 내전(內戰)에 관한 낭설

나는 언젠가, 어떻게 그가 알렉산드르 마케돈스키에게 갔었는지 이야기를 들은 적이 있다.
그러나 그들 사이에 무슨 일이 있었는지는 말할 수 없다.
내 생각엔 불이 났던 게 아닌가 싶다, 맙소사!
그는 방에서 달려나와 있는 힘껏 바닥에 있는 의자를 잡았다.
그는 물론 알렉산드르 마케돈스키였다. 하지만 왜 의자를 망가뜨렸던 걸까?
-니콜라이 고골. "검찰관"-

1930년대부터 소비에트의 역사학자들은 볼셰비키당과 내전사를 '너무도 쉽게' 수정하곤 했다. 역사의 '불편한' 진실은 삭제되었다. 독일 자금 문제, 인질 문제, 러시아가 그저 '기폭제'라는 미미한 역할만을 담당했던 세계 혁명의 슬로건이 그것이다. 내전에 관한 공식기록 중에서 러시아의 약탈과 극악무도한 총살형, 인질, 연대책임에 관한 내용은 완전히 삭제되었다. 심지어는 붉은 군대의 지도자 트로츠키 조차 공식 기록에서 사라졌다. 반면, 쇼르스나 차파예프 같은 인민 지도자들은 추앙을 받았으며 '유능한' 지휘관으로 알려지게 되었다. 두 사람은 이미 고인이 된 까닭에 멍청한 우상이 된 것에 화를 낼 수도 없었다.

영화 *차파예프*는 정치선전의 탁월한 사례다. 하지만 이 영화가 상영된 후 역사학에서 내전에 대해 말하는 것은 불가능해졌다. 이때부터 소비에트 시대의 허황된 이야기들이 새로운 전기를 맞게 되었다. 낭설이긴 했지만 상당히 긍정적인 내용으로 피와 오욕의 역사를 씻어내면서 소비에트 역사가들은 소비에트 수립이 루시-러시아로 이어지는 수천 년 역사의 종말을 의미하는 것이 아니라, '단지' 역사 속에서 과감한 변화를 꾀한 것이라는 이야기를 만들어냈다. 영화 *볼가-볼가*와 *코카서스의 코사크인*은 조국에 대한 긍정적 이미지를 만들어냈다. 아름답고 살기좋은 나라, '인민의 나라 러시아'는 소비에트 역사가의 입에서부터 '시작'되었다.

당대 최고의 러시아 역사가들은 외국의 시선으로 러시아 역사를 검토했다. 이를 통해 1917년 일반 교수가 일개 농민보다 러시아역사를 모른다는 것을 훌륭하게 증명해냈다. 물론 교수들이 역사를 더 잘 알았겠지만, 농민보다 더 역사를 이해하지는 못했다[23]는 평가는 당시 상황에 대한 명쾌한 분석이다.

스탈린 혁명

소비에트 시절에 대한 긍정적인 이야기들이 어떻게 만들어졌는지 살펴보자. '소련'의 사상을 실현하기 위해 스탈린은 인민을 국가 건설 과정에 끌어들여야 했다. 인민이 위대한 드라마의 주인공으로서 실질적인 역할을 하도록 만들어야 했으며, 이를 위해서 인민과의 관계를 재검토 해야만 했다.

스탈린의 정책은 국가 사회주의를 완성하기 위해 전세계적인 혁명 사상을 포기하는 것을 의미했다. 국제주의적 연대를 바라는 노동자의 요구를 완전히 새로운 요구로 대체할 것을 요구했다. 새로운 요구란 역사, 국가, 종교적 연대를 의미했다. 당시 스탈린이 얼마나 심도있게 기존의 소비에트 사상을 바꾸고 질적으로 새로운 요소들을 도입하는데 성공을 거뒀을지 현재로써는 가늠하기 어렵다.

23 솔로네비치 I. L. 인민군주제. 모스크바. 2005년

허나 1936–1937년 매우 커다란 사상적 혁명이 완성되었다고 볼 수 있다.

1936년 이전, 이맘 샤밀*이나, 러시아 제국에 맞서 투쟁한 카자흐스탄 민족 지도자 켄네사리 카시모프는 이미 '인민의 감옥'에 대항해 '진취적으로' 투쟁할 것을 공표했다. 볼셰비키 역사학교의 M. N. 포크롭스키도 이슬람의 반볼셰비키 투쟁은 '진보적인 국가적 해방운동'이라고 평했다. 포크롭스키가 사용한 '군사봉건적 제국주의'라는 말을 접한 레닌과 그의 '친위대'는 이 표현을 무척 좋아했다. 포크롭스키의 저서 *러시아 역사 개론*은 레닌의 서평과 함께 출판되었다. 레닌은 전세계에 이 책을 번역해 보급하고, 학교의 교과서로 써야 한다고 적었다.

1930년대 말까지는 식민주의가 절대악이었지만 점차 상대적인 개념으로 바뀌어 갔다. 좀 더 시간이 흐르자, 여러 민족과 국가들을 러시아 제국에 편입시키는 긍정적인 측면까지 언급하기 시작했다(러시아 제국이 아닌 '러시아로의' 편입이라고도 했었다). 또한 1930년대 말까지 '루시'라는 단어는 반혁명적으로 간주되어 사실상 금기시되었다. 역사와 말, 문화를 포함한 러시아 전반에 커다란 의미를 부여하는 것은 사상적으로 부적절하며 매우 의심스러운 행위로 간주되었다.

러시아 인민은 자신을 억압하고 정복했던 외세를 물리친 정복자로 알려지게 되었다. 특히, 당시에 발간된 서적을 살펴보면 부랴트인은 선량한 민족이고, 정복자 코사크인은 범죄자이자 살인자로 묘사되었다. 부랴티야 공화국이 러시아에 편입한 내용을 담은 A. P. 오클라드니코프의 저서[24]에는 코사크인이 얼마나 야만적인 '징벌자

* 종교지도자

24 오클라드니코프 A. P. 서부 부랴트–몽고 역사 개괄(17–18세기). 1937년

이자 식민 착취자'인지 묘사되어 있다. 뿐만 아니라, 당시 그루지아, 중앙아시아, 북코카서스 지역의 러시아 통합을 다루고 있는 서적 대부분이 이러한 내용을 담고 있다. 1918년부터 1930년대 말까지 러시아 인민은 불완전하며 강대국의 국수주의를 따르는 개혁 대상이었다. 때문에 '편협한 애국주의'와 '견실한 루시'라는 단어는 많은 이들이 불편하게 여겼던 '국제주의'라는 뜻으로 일상화되었다'[25]고 기술한 책도 있었다.

러시아인 '재평가' 작업은 1936년에 시작되어 1940년대 말 *위대한 러시아 인민*[26]에 이르러 완성되었다. 이 저서는 민족 해방운동 지도자가 아니라 러시아 영토의 창시자를 '진보주의자'라고 이야기하기 시작한다. 지금도 알렉산드르 넵스키와 16-17세기의 러시아 황제 그리고 제정 러시아 황제의 명을 받은 지휘관들이 '진보주의자'로 알려져 있다.

표트르 대제와 이반 뇌제에 대한 '재평가' 작업은 예술품과 영화를 통해 시작되었다. 1930-1940년대에 소련의 극장에서 '갑자기' 상영된 훌륭한 예술 영화를 기억하는지 모르겠다. 알렉산드르 넵스키, 나히모프 장군, 유샤코프 장군, 쿠투조프, 수보로프 따위의 영화가 상

〈M.I. 쿠투조프〉 P. 볼코프,
1813년 (생전 최후의 초상화)
최소의 손실로 최고의 성과를 이끌어 냈던 러시아 역사상 최고의 사령관

25 부롭스키 A. M. 제국의 몰락. 모스크바. 2004년
26 판크라토바 A. 위대한 러시아 인민. 모스크바. 1952년

〈알렉산드르 바실리예비치 수보로프 초상화〉 I. 크레이친게르, 1799년
혈기왕성한 수보로프가 새벽 4시에 기상했다는 것은 널리 알려진 사실이다. 하지만, 그가 저녁 8시에 잠자리에 들었다는 점은 별로 아는 이가 없다.

영되었다. 잘 편집된 훌륭한(알렉산드르 넵스키는 가히 천재적이었다) 작품들은 혁명 이전 시대 러시아의 국가적 전쟁 영웅에 관한 긍정적인 소문을 믿게 만들었다.

제정 러시아에 대해서는 거의 언급하지 않는 대중 예술 서적이 아울러 등장하기 시작했다. 서적들은 리샨스키, 북극 개척자 크루젠시테른 이제는 미국 땅이 된 알래스카를 개척한 러시아인들, 치올콥스키, 미추린, 프르제발스키, 쿨리빈 등에 관한 내용을 담고 있다. 비슷한 류의 책을 일일이 다 열거할 생각은 없다. 그저 일부에 관해서 언급한다. 이러한 이야기들은 간헐적으로, 투박하고, 다소 개방적으로 만들어졌기 때문에 공산주의 사상에 편입되었다. 어쨌든 결과는 성공적이었다.

6장. 러시아에 관한 정치적 낭설 : 영국과 독일

소련 시절 외국의 열강이 러시아에 관한 정치적 낭설을 만들어 낸 것은 당연한 수순이었다. 당대 최초의 낭설은 1918년 윈스턴 처칠이 만들었다. 러시아의 한 예술가가 말했듯이, "모든 일은 1918년에 처칠이 꾸며낸 것"[27]이었다. 개전의 필요성을 역설하면서 처칠은 영국인 모두가 유럽과 적대관계였던 민족들과 싸워나가고 있다고 연설했다. 또한 유럽인이 선제 승리하지 못한다면 러시아가 유럽을 정복하게 될 것이라고 강조했다.

히틀러의 독일은 연이어 러시아에 관한 새로운 낭설을 만들어 냈다. 이는 유명한 '포로 증명서'에 잘 나타나 있다. "유태인 정치가들을 때려 눕혀라. 주둥이를 벽돌로 내려쳐라" 따위의 말과 함께 소비에트군의 투항을 강요했다. 살해당한 '인민위원'의 뒤통수에 공룡뿔이 달린 것처럼 묘사한 *동부 전선에서*라는 영화를 보면 그저 할 말을 잃는다. 히틀러식의 선전활동은 지나치게 직설적이고 원시적이어서 러시아가 만든 허수아비보다 우스웠다. 1945년 괴벨스식의 선전활동은 더 이상 실현되지 못했다. 이와 같이 우리가 오늘날까지도 접하고 있는 러시아와 소련에 관한 정치적 낭설은 러시아 아닌 외국에서 나름의 의도에 의해 탄생된 것이다.

27 블라디미르 비소츠키. 카나칙 별장에서 방송국 편집장에게 보낸 편지, "분명하지만 믿을 수 없는 일들," // 비소츠키 V. 시집. 크라스노야르스크. 1988년

7장. 러시아에 관한 정치적 낭설 : 미국

러시아는 1945년부터 1991년까지 전 후 세계사에서 새로운 모습으로 다뤄졌다. 2차 세계대전 이전 소련은 '세계 열강' 중 하나였다. 이후 세계는 미국과 소련을 중심으로 대치 상태를 겪었다. 러시아 제국이나 1922-1939년 사이의 소련도 냉전시대만큼의 막강한 세력을 갖지는 못했었다.[28]

러시아에 관한 정치적 낭설은 공포를 조장하면서 생겨나 점점 규모가 커지더니 더 많은 공포를 만들어냈다. 2차 세계대전 기간 동안 소련은 영미 동맹국이었다. 그러나 '냉전'이 시작되면서 옷장 속에서 해묵은 낭설이 쏟아져 나왔다. 낭설은 전세계로 퍼져나갔고 내용도 이전보다 더 황당해졌다. 당시 유럽은 체계적으로 '아름다운 유럽'의 이미지를 가꿔 나가고 있었다. 깨끗하고 아름다우며 문화적인 유럽에 대한 환상을 만들어냈고 유럽인은 교양이 풍부하고 지적인 사람들로 등장했다.

반면, 1953년 제작된 영국 영화 *잠수함*의 러시아인은 역시나 부정적으로 그려졌다. 도대체 왜 러시아 잠수함이 영국 해역을 침범하고 사라졌는지에 대한 설명이 없다. 잠수함 내부에서 옷을 반 정도 벗어 제끼고, 정신없이 술에 취한 선원들이 둔한 털조끼를 입고

28 1815-1855년 사이의 러시아 제국은 냉전시대의 소련과 비슷한 세력을 형성하기는 했었다.

있는 모습을 보여줬을 뿐이다. 야만적인 선원들은 함장의 어깨를 툭툭 칠 기세였다(이것이 사회주의에 대한 그들의 생각이었던 걸까?). 영화 속 러시아가 영국땅을 위협한 명분은 불분명했다. 중요한 것은 야만인들이 아름답고, 교양있는 영국을 위협했다는 사실이었다.

미국의 선전은 자유를 사랑하는 영웅주의나 서부 로맨스 위주로 진행되었고, 현대식 인테리어와 신기술은 반드시 등장했다. 미국에 대한 고정관념을 쌓는 데는 영화가 큰 역할을 한다. 1930년대 헐리우드 영화는 뛰어난 볼거리와 특수효과, 세밀한 표현을 자랑했다. 때문에 미국은 영화를 통해 자신이 원하는 사상을 널리 퍼뜨리고 관객을 사로잡고 모든 이들을 세뇌시킬 수 있었다. 헐리우드 영화는 한 눈에 봐도 정치적으로 정당성을 갖는 것처럼 보였다. 심지어 1950-1960년대 제작한 영화 속에서조차 공개적으로 '나쁜' 멕시코인이나 인도인에 관한 이미지는 없었다. 나치주의자조차도 제2차 세계대전을 다룬 영화 속에서 '악역'으로 등장하지 않고 '존중받을 가치가 있는 적'이나 단순히 '길을 잃은 사람들'도 묘사되었다. 인도 식민지화 전쟁에서 흘린 피와 오점은 낭만적으로 각색되었다. 미국인은 세대를 거듭하면서 이러한 사상을 감정과 본능에 따라 그대로 받아들였다. '황량한 서부', '말을 타고 질주하는 모습', '화살', '야만적인 인디언들의 항복' 따위의 이미지는 미국 역사의 한 부분으로 편입되기까지 했다. 서부 개척시대 문학을 좋아하지 않는 자는 미국인이 아니다. 미국인은 서부 문학에 열광했으며 서부 문학을 접한다는 것은 시골에 사는 할머니를 찾거나 고향을 찾아 떠나는 여행과 같았다.

1950년대 헐리우드 영화에 등장하는 러시아는 악마 그 자체였다. 1952년 *침입자*가 서막을 열었다. 어리숙해 보이는 소련 스파이들이 미국에서 쿠데타를 기도한다. 미국의 공산주의자들 심지어 미국 도시의 시장이나 성실한 기자조차 증오에 가득찬 '총구'로 그들을 돕다가 감옥 신세가 된다! 그러다가 해안가에 마치 꿈에서 본듯한 검은 잠수함이 교묘하게 출몰한다. 영화 속 러시아인은 괴상망측한 외계인을 연상시킨다. 대사도 없을 뿐더러 엄청나게 큰 얼굴은 항상 땀에 절어 있으며, 휴대용 술통을 꺼내 쉴새없이 보드카를 홀짝거린다.

1960년대에 이르러 '인민의 감옥' 따위의 러시아에 관한 낭설은 새로운 전기를 맞이했다. 1962년 카리브해의 위기가 '시작된' 것이다. 1950-1960년대는 핵폭탄과 매카시즘, 반미행위 조사위원회에 대한 공포의 시대였다. 이 시기는 '살인면허를 지닌 특수요원', 얀 플레밍과 제임스 본드의 시대였다. 제임스본드 시리즈 초기 *카지노 로얄과 007요원*에서 본드는 민주주의 수호를 위해 작전을 수행한다. 그는 독한 술을 마시고 미모의 여성들과 친밀한 관계를 맺으며 어떤 고문이나 죽음도 두려워하지 않고 '동유럽에서 온' 민주주의의 적을 기세좋게 무찌른다. 영화 *프로닌 소령*을 비판하는 이들은 제임스 본드 속의 러시아인이 어떻게 그려지고 있는지 직접 한 번 보시길 바란다!

다른 영화에서도 주요 모티브는 자유를 빼앗으려는 자들에 대항해 싸우는 주인공에 대한 열광이다. 러시아로 대표되는 공포스런 적의 이미지는 '냉전' 시기 유럽에서 시작되었다. 수많은 이들이 러시아인을 이해할 수 없는 무서운 종족, 언제든 침략을 감행할 수 있는 사람들로 생각했다. 적이 그만큼 강하고 위협적이라고 인정하는 것이기도 했다.

정치적 낭설과 함께 일상적인 낭설도 등장했다. 이 낭설은 그들의 적이 위협적이고 사악할 뿐만 아니라 약삭빠르고 우스꽝스럽다는 것을 보여준다. 적은 무섭고 혐오스럽지만 웃기는 인간이다. 1960-1970년대 둔하고 존재감없는 덩치 큰 이반과 더불어 어깨에는 카빈총, 허리춤에는 손도끼나 칼 따위 무기를 있는대로 걸치고 잔뜩 무장한 채, 활짝 웃으며 서 있는 곰의 관념이 공존했다. 1970년대 말부터 1980년대 초까지 '러시아'를 다뤘던 *록키*나 *람보*같은 영화는 이미 고전 반열에 올라있다. 또, *붉은 노을*에 등장하는 미국 전사의 강직함은 얼마나 아름답게 그려졌는지! 영화의 첫 장면부터 미국의 시골마을, 아침, 학교, 책상에 앉은 아이들이 묘사되고 창 너머 백인 낙하산요원과 청년 러시아 붉은군대 선봉단이 이끄는 낙하산부대가 무모하게 학교로 돌진한다. 러시아인이 쳐들어온다! 이 영화는 1984년 브레즈넵스키가 이끄는 중앙 정치국이 아프가니스탄을 침공한 직후에 제작되었다. 영화 속에서 소련은 누구에게도 해명하지 않고 18-20세 젊은 징집병들의 피로 세상을 물들였다. 생존장병은 수표 형태로 국가로부터 상당량의 피의 대가를 받았다. 그들은 상점에서 운동화나 비디오 플레이어를 사거나 암거래상을 만나 수표를 루블로 교환했다.

1998년 브루스 윌리스가 주연한 *아마게돈*이 개봉되었다. 과학을 가장한 이 블록버스터 영화는 지구로 다가오는 엄청난 소행성이라는 재앙을 다뤘다. 지구와 충돌해 폭발하면 모든 것이 끝이었다. 우주선을 타고 소행성으로 돌진해 그 속에 핵폭탄을 설치한 다음 지구로부터 멀리 떨어진 곳에서 폭파시키고 인류를 구하는 것이 줄거리다. 미국인들은 러시아 우주 정거장에 도킹하는데, 반쯤 부서진 우주 정거장에 한 명의 지저분하고 덥스룩한 레프 안드로포프(!)라는 러시아인이 타고 있다. 취한건지 외로움에 지쳐 바보가 되었는지는 알 수 없으나 코믹하게 다뤄진 것은 사실이다. 그가 쇠약하고 멍청한 얼굴을 한 러시아인으로 나오긴 했으나 대체로 선량한 역할이다. 그는 용감하고 영리하며 결단력있게 미국인들을 도왔으며 고장난 기기를 수리해 미국인들의 목숨을 살렸다. 그러나 남아있는 이미지는 붉은 별이 그려진 그의 귀덮개 모자와 술취한 듯한 퉁명스런 말투, 나사를 조이는 그의 팔에 난 더럽고 지저분한 털 밖에 없다. 안드로포프가 그들 여행의 임무를 도왔든 어쨌든 그 영화에서 러시아인은 한 마디로 인간말종일 뿐이었다.

서부 영화에서 활약했던 헐리우드 배우이자 미국 대통령이었던 로널드 레이건은 1980년에 "소련은 악의 제국"이라는 유명한 말을 남겼다. 이 말은 미국이 러시아에 대하여 갖고 있는 이미지의 총체다. 당시 소련이 아프가니스탄에 주둔하기 시작할 무렵에 나온 말이지만, 소련의 대외정책과 이미지를 겨냥한 발언이었다.

8장. 소비에트 연방공화국 붕괴 후

대제국은 커다란 파이와 같아서
가장자리서부터 부서지기 시작한다.
-미국 백달러권 지폐의 인물 벤자민 프랭클린

자유주의 지식인들은 소련연방 붕괴 후 서방이 러시아를 품에 안고 강대국 대우를 해 주리라 기대했다. 아주 순진한 생각이었다. 미국의 정책 결정자 중 하나인 R. 파이프스는 "소련과 러시아를 분리할 필요는 없다. 우리가 알아야 하는 것은 러시아가 냉전에서 패했다는 것이다"라고 확언 했다. "공산주의를 겨눴더니 러시아가 쓰러졌다"라는 말도 있었다. 연방 붕괴 후 낭설의 핵심 대부분은 다음과 같다. "러시아는 힘을 잃어 많이 약해졌다. 그래서 적극적으로 변했고, 현재의 정책을 잘 따라왔다. 하지만 강해지려고 독자적인 정책을 펼치기도 했다." 소련의 붕괴를 두고 세상이 떠들썩했고 마트료쉬카, 고르바초프, 콤소몰 뺏지, 러시아식 털모자, 사모바르, 망토겸 1인용 텐트 등과 같이 러시아에 관한 것이 유행하기 시작했다.

푸틴은 사무실에 표트르 대제의 초상화를 걸어 놓고, 대제의 유언을 곱씹었지만, 1991년 후 변한 것은 없다. 다만 예전에는 러시아 정부가 신격화의 대상이었다면, 이제는 모든 러시아 민족이 동등한 수준으로 자신의 정부를 신격화 시켰다. 예전의 서방국가들은 공산주의에 길들여진 민중이 머무는 일종의 수용소로 러시아를 바라보았다. 『소련 민중은 해방되야 마땅하다며 누군가 탈출한다면 동료가 많아진다고 좋아했다.』 이제 러시아는 예비 저장소다. 러시아인들은 서쪽으로 서쪽으로 떠나 서구 문화에 러시아의 가치를 주입시키며 지역 주민들과 갈등을 빚는다.

1945-1991년 미국 영화는 러시아 이민자의 생활을 거의 다루지 않았다. 미국에는 약 십만 명의 러시아 이민자들이 거주한다. 첫 번째와 두 번째 이민 열풍의 주역 및 1917-1922년 소련 내전 혹은 2차 세계대전 중에 해외로 건너간 사람들의 자손이다. 이들은 미국의 과학과 경제분야에서 아주 큰 역할을 했다. 피티림 소로킨은 세계적으로 유명한 사회학교를 설립했다. 바실리 레온티예프는 시카고 학파보다 더 유명한 경제학파를 구성했다. 레온티예프의 후계자인 가이다르와 추바이스가 시카고 식으로 학파를 개혁했다. 게오르기 베르나드스키와 게르만 푸쉬카료프는 프린스턴 대학에 러시아 학과를 세웠다.

서방의 과학과 기술 역시 러시아 이민자가 주도했다. 비행기와 헬기조립 분야(I. 시코르스키, G. 보테자트, M. 그레고르, L. 레베데프, A. 프로코피요프-세베르스키, I. 마호닌, M. 바테르, D. 랴부쉰스키), 유기화학 분야(A. 치치바빈, B. 이파티예프), 기계설계 분야(B. 즈보리킨, G. 가모프, B. 좌르데츠키, N. 안드루소프, B. 안리, B. 바브킨, P. 발리텐, S. 비노그라드스키), 물리학, 수학, 지질학, 마이크로 생물학, 생리학 및 토양학 분야에서 러시아 과학자들은 큰 성과를 거뒀다. 기술 이야기를 더하고 싶지 않지만, 태평양 건너 러시아의 두 발명가는 짚고 넘어가지 않을 수가 없다.

엔지니어인 블라지미르 즈보리킨은 1917년 군대의 잔혹한 폭력을 피해 도망쳐 1919년에 미국으로 건너갔다. 그는 광전관을 발명해 텔레비전을 탄생시켰다. 항공기 제작자인 이고르 시코르스키는 러시아에서 일리야 무로메츠 비행기를 개발해 다발식 비행기의 스타트를 끊었다. 혁명 후 시고르스키는 프랑스로 떠났고 후에 미국으로 건너갔다. 그는 제2차 세계대전에 사용된 첫 헬리콥터도 발명했다. 미국에 머물며 소비에트 정권에 충성을 다 했다는 점도 흥미롭다. 오늘날 MIT의 학생들은 '미국이 텔레비전과 헬리콥터를 발명했고, 만든 사람은 미국 시민 미스터 즈보리킨과 미스터 시보르스키다'라고 자랑스럽게 이야기한다.

또 있다. 모두들 아는 전자레인지다. 러시아 과학자의 발명품 목록은 끝이 없다. 마이크로소프트사의 임원 절반이 러시아인이라는 소문도 있다. 새로울 것 없는 사실이지만 미국 영화에는 절대 나오지 않는다. 20세기 말- 21세기 초 수만 명의 러시아 과학자들이 미국에 살고 있다. 약 2백만의 러시아 이민자들이 다양한 분야에서 일을 하고 있다. 트럭 운전수도 있고, 잘나가는 컴퓨터 기술자도 있다. 러시아에는 매년 수천 명의 임시 노동자가 미국으로 출국한다. 대부분이 학생인데, 캘리포니아에서 오렌지를 따고 작은 음식점에서 설거지를 하고 서빙을 하거나 짐꾼으로 일한다. 이렇게 일을 하면서 미국 생활자금을 마련하고, 소규모 문화 프로그램에도 참여한다.

모두 사실이다. 하지만 헐리우드 영화 어디에서도 미국 학생들에게 큰 영향을 끼친 러시아 학자들을 다루지 않는다. 가난한 이들을 위해 기부하는 낙천적인 기업인, 의욕이 넘치는 컴퓨터 기술자, 박물관 직원, 용감한 경찰 같은 러시아 인물은 그려지지 않는다. 미국의 영화산업은 겉으로만 공정하다. 착하고 솔직하고 똑똑한 흑인,[29]

29 흑인이 정치저으로 백인과 동등한 대우를 받게 된 지는 불과 20~25년밖에 되지 않는다. 70년대 후반에 제작된 유쾌한 청소년용 코미디영화 그로잉 업을 얼마 전에 다시 시청했다. 내가 대

로데오
카우보이들은 보통 영화에서 묘사되는 것과 같은 젊은이들이 아니다. 카우보이들의 절반은 … 흑인과 인디언들이었다. 이 사실을 〈콜럼비아 픽쳐스〉에서는 정확하게 〈보여주지 않는다〉.

인도인, 중국인, 폴란드인, 유대인이 스크린에 등장한다. 하지만 러시아인은 예외다. 누구도 직접적으로 러시아인이 추잡스럽고 어리석다고, 한 마디로 나쁘다고 얘기를 못한다. 어느 누구도 러시아인 중에는 강도가 많다고 부정적인 이야기를 하지 않는다. 공정하게 긍정적인 말도 하지 않을 뿐이다.

헐리우드에서 피티림 소로킨이나 전자레인지 발명가를 모델로 삼은 작품은 없다. 심지어는 러시아인 나무꾼이나 넝마주이도 없다. 오로지 러시아 마피아와 특수요원만 있을 뿐이다. 영화 속 중국여자, 베트남여자, 독일여자, 프랑스여자는 존재하지만 러시아여자는 드물다. 니콜 키드먼 주연의 *버스데이 걸*이라는 영화가 개봉했다. 러시아 국적의 이 여주인공은 모든 수단을 동원해 미국에 남기를 원한다. 이런 영화는 러시아여자에 대한 호감도만 떨어뜨릴 뿐이다. 세심하고 관대하고 깔끔한 러시아 신부의 이미지는 없다. 설거지를 꼼꼼히 한다거나 집을 깨끗이 정리하는 러시아 여주인공은 없다. 러시아 인물이 출연하는 미국영화는 아예 없는 게 나을 수도 있다.

학 다닐 때 이 영화는 하드코어 포르노로 여겨졌다. 영화에서 그려진 미국 중학교의 흑인 혹은 라틴계 여자의 모습은 놀라웠다. 이 영화가 요즘에 나왔다면 인종차별이라며 혹평을 받았을 것이다. 아예 누구도 이 영화를 제작하려하지 않았을 테고, 시나리오에 흑인 세명, 멕시코인 두 명, 귀여운 크로스 드레서 한 명, 작은 강아지 한 마리를 집어넣는 일도 없었을 것이다. 영화의 마지막 부분에서 흑백혼혈이지만 피부가 흰 매력적인 여주인공이 목숨을 걸고 강아지를 구한다. 여주인공은 지역 축구팀의 첫 남자선수인 호리호리한 흑인청년과 사랑에 빠진다

9장. 소비에트의 지성인 계급

흐루시쵸프와 브레즈네프 시절, 지성인 계급은 팔자가 편했다. 즐겨 찾는 음식점에 앉아 다양한 소문을 지어냈다. 참으로 다양해서 다 이해할 수도 없고 이해할 필요도 없다. 하지만 이 시기에 러시아에 관한 낭설이 러시아에서 생겨나고 해석되었다는 점은 짚고 넘어가야 한다. 푸시킨은 러시아에는 국가만이 유일한 유럽이라고 했는데, 그렇게 본다면 소비에트 연방에서 국가만이 유일한 애국자였다.

많은 사람들은 러시아를 욕함으로써 떨어진 위신을 회복하고자 노력했다. 사실 러시아에는 좋은 점도 없었다. 꾸며낸 말이 들통나면 자신의 초라한 처지가 드러날 수 있었다. 그래서 트집잡기 좋아하는 사람은 반소련분자가 됐다. 비난을 피하기 위해 "저주받은 러시아가 내 재능과 지능을 망가뜨리고 있다"며 반러주의자가 되는 일도 드문 일은 아니었다.

"붉은 반점을 가진 검은 나라는 지구의 동굴에 위치해 있었다. 붉은색의 복부를 가진 연기구름은 위대한 국가 위를 빙글빙글 돌았다. 고대 양치식물과 침엽수종이 우거진 동굴의 밑바닥을 따라 세련된 부츠를 신은 사람들이 지나다녔고, 굽 소리는 땅의 철제 복부를 따라 천천히 떠돌았다. 동굴의 가장자리마다 경비병들이 빽빽이 서있었다. 불처럼 붉은 노을이 날카로운 손톱을 가진 팔에 쥐어져 있던 철을 붉게 물들였다. 수증기 구름은 국가 위에서 욕망의 불길처럼 활활 타올랐다. 이건 내전에서 항복한 국가가 만들어낸 것이다. 내전 중 휴전 시기에는 부러운 눈으로 동굴의 가장자리 너머를 바라보며 남들과 같이 사악한 죄를 저지른 사냥꾼들을 뜨거운 불로 태워버렸다."[30]

이것이 페테르부르크 지식인 아르카디 빅토로비치 벨린코프가 보는 조국의 모습이다. 벨린코프는 유리 올레샤와 유리 티냐노프에 관한 책을 집필했다. 이 책은 환타지 소설일까? 아니다. 아주 구체적이다.

"해가 뜨면서 타타르인들이 동굴로 우수수 뛰어내렸다. 야생 말은 발을 굴러댔고 천천히 흐르던 강물은 탁해졌다. 해가 지면서 폴란드인들이 동굴 안으로 쏟아져 들어왔고 공간을 따라 사방으로 흩어졌다. 항복한 자들을 베어버리고 불태워버렸다. 욕하고 비웃으면서도 세련된 춤을 익혔고 서양의 와인을 배웠다. 밤에는 눈 속에서, 바람과 혹한 속에서 얼어 죽었다. 북쪽에는 노르만인들이 대포를 쏘아대며 시끄럽게 했다."

"짜르가 일출로 향하는 핏빛의 길을 따라 이동했다. 반란을 제압하며 위대한 강변의 도시를 장악했다. 또 다른 짜르는 일몰로 향하는 핏빛 길을 따라 이동했다. 반역을 응징하고 도시를 안개 속 미끄러운 땅, 질퍽거리는 연안에 두었다. 가끔 휘파람 노래를 부르고 함성을 지르며 동굴에서 충성스러운 신하들이 뛰쳐나갔다. 가죽 채찍으로 동료의 등을 때리고 이웃 여자를 가둔 이들이었다. 적의 그림 속에서 마치 웃고 있는 듯한 돌들을 얄밉다며 발톱으로 긁어낸 자들이었다."

"동굴의 가장자리를 두고 거래가 있었다. 건물을 짓는 터전이 되기도 했고, 싸움터가 되기도 했다. 우아한 춤으로 궁궐의 벽이 더럽혀졌다. 사원을 꾸미기 위해서 새로운 색깔을 만들고 뱃사람들이 한 번도 들어본 적 없는

30 벨린코프A.B. 러시아와 악마. 상트 페테르부르크: 별, 2000년

나라에서 한 번도 본 적 없는 신기한 물건들을 가져다 날랐다. 동굴 안의 생활은 훨씬 나아졌다. 진정으로 충성하는 사람들은 나아진 생활을 체감할 수 있었다. 그래서 그들은 어린아이들을 가르치기 시작했다. 충성을 다하지 않는 사람들은 동굴생활이 무엇이 더 나은지 알지 못했다. 휘파람을 불며 동료의 명령에 따라 배울 뿐이다. '우리가 있는 가장 훌륭한 동굴을 사랑하고 다른 것은 엉터리고, 죄악일 뿐임을 기억해.' 학습 후에는 축축하고 따뜻한 땅으로 가, 침을 뱉고 사시나무 십자가를 꽂아 넣었다. 그 후에는 그를 가르친 동료에게 미소를 지으며 과자, 사악한 와인, 몇 푼 안 되는 돈을 줬다. 그럼 즐겁고 만족한 기분의 그는 비틀거리며 동굴을 따라 방랑했다. 그리고 주인에게 배움의 기회를 준 것에 대한 감사를 표한다. 경비병들과 몸싸움을 벌인 끝에 피부가 벗겨진 상태로 우연히 동굴 탈출을 성공한 사람은 아주 나쁜 거짓말을 했다. 큰소리로 무자비하게 거짓을 외쳐댔고, 동쪽과 서쪽, 남쪽과 북쪽에서 모든 민족을 부르고 부르고 또 불렀다. 말을 타고 와 채찍을 휘두르고 저주받은 국가를 멸망시키라고…… "

"동굴 안에서 정치 제도는 어떻게 변했을까? 머리와 심장을 가진 사람이라면 수 세기 동안 기다려왔던 최후, 파멸, 멸망이 마침내 왔다는 사실을 아주 분명히 알 수 있었다. 동굴은 상자역할을 했고, 바닥으로 가라앉아 오래도록 살라고 했다. 그때 탈옥한 죄수 무리가 다가왔다. 우두머리는 모든 생명과 아이가 있는 동굴을 억지로 강탈했다. 동굴엔 생선, 빵, 숲의 짐승, 박물관의 우아한 춤, 참호 내의 병사, 창녀, 윤락가의 지식인, 대학교의 지식인도 살고 있었다. 바로 여기서 세계의 종말, 멸종한 인류의 마지막 몸부림이 시작된다".

"동굴의 여기저기에 걸려 넘어지며 14개국의 병사가 내려왔다. 그리고는 다시 위로 수면 위로 돌아가지 않았다. 탈옥한 죄수들이 모두 죽여버렸기 때문이다. 돌아갔다 하더라도 탈옥 죄수들에게 세뇌 당한 병사는 동굴을 만들자고 요구했다. 그때부터 동굴에는 탈옥한 죄수들과 윤락가의 창녀들, 대학의 지식인들이 우의 있게 정권을 잡았다. 민중의 덫과 민중의 정신 깊숙한 곳에서 불어오는 바람 아래서 그들은 계급 없는 사회를 향해 항해를 시작했다. 그리고는 대조국전쟁이 발발했다!"

"동굴을 메워야 살 수 있다는 이야기를 믿은 사람은 소리를 지르며, 활을 쏘며 뛰어 들었다. 그들은 굶주려 부은 상태였다. 이가 피를 빨아먹었고, 꽁꽁 언 얼음 위에서 몸이 굳어져갔다. 죽어갈 때에야 동굴로 들어오는 게 옳은 일이 아니라고 깨닫고, 적의 경멸스러운 생각을 잃어버렸다. 그들에게 빵, 수면, 난방 외에는 아무것도 필요 없었다. 그때 시체로 그득한 고대의 길을 따라 일몰을 향해 동굴 수호대가 행군했다. 동굴 가장자리에 도착해 가장자리를 뛰어넘어 굴렀다. 바닥을 기자 미지근하며 축축한 낯선 땅에 몸이 더러워졌다."

전 러시아와 소련의 역사가 1940년대 후반까지 이렇게 묘사되어 있다. 벨린코프의 말에 따르면, 당시 동굴 안에는 검은 군수 공장지대들이 지어졌고, 총은 지구의 모든 지역을 겨눴다. 냉정하고 어두운 수도에는 시인의 명성이 있었다. 동굴 속에서의 학자는 세계에서 가장 뛰어난 역사를 가르쳤다. 국가의 수장은 역사학자, 시인, 원소를 분리한 물리학자, 페스트의 폐포를 모은 세균학자 그리고 장관, 창녀, 사상가, 전례를 찾아볼 수 없이 훌륭한 사람 모두를 데리고 전세계 각지에 동굴을 파기 위해 삽을 준비했다.

물론 모든 지식인이 자신의 나라를 그런 식으로 본 건 아니다. 하지만 버려진 아이라고 생각했다. 저주받은 동굴과 차례로 싸울 준비를 끝내고 여기에 적합한 이야기를 만들 계획을 세웠을 뿐이다. 1980년대 말 페레스트로이카가 실시되고, 소련 연방이 붕괴하고 러시아 연방이라는 새로운 정부가 탄생하면서 소련시대에 있었던 장점이 사라지는 경우가 있었다. 자유주의 지식인들은 검열없이 자유롭게 의견을 표출할 수 있었다. 지식인들은 거침없이 말을 쏟아냈다. 1986-1987년 전 러시아에 걸쳐 스탈린을 비판하고 '레닌 법규'로 회귀하자는 이야기, '아무 이유없이 박해받은 선량한 민주주의

자들 - 야키르, 투하체프스키, 블류헤르'에 관한 이야기가 만들어졌다. 이 세 사람은 비범하고 능력있는 착한 사람인 듯 회자되었다. 악인 스탈린이 이들의 정신적 위대함과 능력을 질투해 제거해버린 것으로 알려졌다.

이런 이야기가 오랫동안 전해지지 않은 것은 다행이다. B. 수보로프의 최근 저서 *소탕*에 따르면,이 소문을 사장시키는 작업이 완료되었다고 했기 때문이다.[31]

레닌시대는 1990년부터 혹독한 비난을 받았다. 그 시대가 과연 좋았는지 그 누구도 궁금해하지 않는다. 로이 메드베데프, 볼코고노프, 스트렐랴니, 코로티치, 예고르 야코블레프, 체르니첸코, 카랴킨, 바클라노프 - 모두 페레스트로이카 시기의 사회평론가들이다. 이들은 누가 수다쟁이인지 경쟁하는 것 같았다. 어떻게 고용됐는지 모르겠다. 알렉산드르 야코블레프나 동료 개혁가들이 서방에서 고용된 첩보요원일지도 모른다고 의심하는 것도 이상한 일이 아니었다.

고용된 요원이건 사상가이건 사실은 사실이다. 1986년부터는 전례없이 러시아에 관한 나쁜 소문들이 일파만파 퍼지기 시작했다. 심지어는 소련시대에 달성한 명백한 성과에도 의심을 품었고, 필요치 않은 것이라 치부했다. '낮은 문맹률? 질 떨어지는 교육인 주제에', '무상 의료보험? 사실상 그런 건 존재하지 않았다', '가가린이 인류 최초의 우주인일까? 지금까지도 누가 첫 우주인인지 밝혀지지 않았다', '전쟁에서의 승리? 이기지 않는 편이 나을 뻔했다. 전쟁으로 인한 엄청난 피해가 승리의 열매보다 훨씬 컸다'. 매사를 이런 식으로 왜곡했다.

반면, 개혁가들은 역사적인 러시아를 계승하자고 했다. 이들은 알렉산드르 2세, 위테, 스톨리핀 등과 같은 19-20세기의 자유주의

31 수보로프B.B. 소탕 모스크바. 2003년

사상 개혁가와 공직자들을 지나치게 치켜세웠다. 그렇다고 해서 이들이 러시아제국이나 소련에 관한 어두운 소문을 부정한 것은 아니었다. 개혁가들에 따르면, 전 역사를 놓고 봤을때 러시아 군대는 조직되자마자 두들겨 맞았다. 표트르 대제의 집권 전까지 루시는 암흑과 타락의 공국이었다. 또한 예까쩨리나 여제의 정복활동은 러시아에게 해가 될 뿐이었다.

러시아 연방의 이런 버릇은 전혀 변하지 않았다. 2000년까지 언론은 공격적인 러시아 혐오감에 관해 앞다퉈 다루었다. TV에도 등장했다. 하루살이 소문도 하나씩 생겨나기 시작했는데 그중 하나가 '정당의 황금'이다. I. 부니치는 이와 관련한 책도 썼다.[32] 소문은 이따금 나타났다가 사라지곤 했지만 추악한 흔적을 남겼고 심지어는 일반화되기도 했다. *새 시대*지(誌)의 프랑스 특파원 A. 그라초프는 구태를 소생시켰다. 이는 '다른 민족이 납득하기 힘든 러시아인의 인내심, 노예적인 순종, 온화함'이다.[33] 다른 기사에서 그라초프는 러시아 민족이 '지구에서 가장 혹독한 곳'[34]으로 추방되면 "신이 강림하여 자연재해와 끊임없는 이민족의 침입, 가장 잔인한 지도자들이 지휘하는 내전을 선사하실 것이다"[35]라고 썼다. 줴갈로프는 "러시아인에게 무법은 숙명이다"[36]라는 말을 남겼다. 1997년 *러시아라는 이름의 재앙*이 TV에 방영된 적이 있었다. 작가가 누구였는지는 기억이 안 난다.

"굶주린 군대는 과연 누구를 쏠까?", "러시아에서 사는 것은 동물원에서 사는 것과 같다"와 같은 신문기사 헤드라인이 있다. 신문에 솔직한 의견을 쓰는 것은 일반적이다. 많은 사람이 한편으로는 자

32 부니치 I. 정당의 황금. 모스크바. 1996년
33 그라초프 A. 누가 러시아에 저주를 내렸는가?// 기자. 1997년 1호.
34 표트르 차다예프가 직접한 말. 주지도 말고 받지도 말자!
35 그라초프 A. 다른 사람들과 같지 않은가? 모스크바 일보. 1996년 10월 15일자
36 줴갈로프 L. 러시아 신문 1997년. 1월 16일자

신의 솔직한 생각을 신문에 실었지만 어떤 사람들은 다음과 같이 말하며 대중 속으로 들어가버렸다. “이런 일은 러시아에서만 가능하다!”, “더 좋아지길 바랐지만 평상시와 같다.”, “문명화된 세계와 달리....” 등. 외국인이 알고 있는 러시아에 대한 안 좋은 소문은 보통 러시아 내에서 얻은 정보를 바탕으로 한다. 로이터 통신사는 우랄 동쪽에 있는 익스공장에서 술취한 두 근로자가 핵탄두 두 개를 잡아 당겨 쌓아놨다는 사실을 어떻게 알았을까? (1997년 4월 20일자 신문). 러시아의 군용 비행기에서 훔친 소 두 마리가 추락했다. 소는 그대로 일본 고기잡이 배로 떨어져 배가 가라앉았다. (1997년 4월 30일자 신문). 신문은 대중을 공황상태로 몰아넣거나 러시아인에게 조국을 떠나라고 부추기려는 것이 아니라고 변명할 것이다. 그러나 러시아인이 다른 나라의 시민권을 받는 첫 해에 무려 2000만 명이 러시아를 빠져나갈 것이라고 보도된 적도 있다.

영화도 일조했다. 헐리우드 영화가 늙은 말과 같은 랴자노프 감독의 최근 작품을 제작한다는 것은 상상도 할 수 없다. 만약 제작된다 해도 감독은 파산할 것이고 촬영 스튜디오에서 배우들은 맹렬한 비난을 받게 될 것이다. 현재 러시아 영화는 고전영화의 한 가지 특징을 여전히 지니고 있다. 착한 이야기보다는 나쁜 이야기를 선호한다는 것이다. 러시아에는 부족한 점만 있기 때문에 매조키즘적으로 ‘나쁜’ 러시아와 ‘착한’ 서방이 대립한다. 어떤 코미디 영화는 페테르부르크의 한 아파트에 파리로 갈 수 있는 창문이 생겨 러시아인들이 파리에서 산책할 수 있고 파리 시민들 역시 미스테리한 방법으로 페테르부르크에 드나드는 내용을 담는다. 말도 안 되는 이야기다. 유리 마민 감독의 영화 *파리로 향하는 창문*이 그런 것이다. 세련된 파리 시민과 우아한 파리 여자가 어리석고 욕심만 가득하며 가난한 페테르부르크 시민과 극명히 대비되고 있다. 파리는 얼마나 좋은 곳인가! 여기는 아주 끔찍한 곳이지 않는가! 이렇게 보여주고 있다.

영화는 아주 힘든 시기에도 사랑에 대해 이야기 한다. A. 콘찰롭프스키 감독은 얼룩덜룩한 암탉이 떠나버린 가난한 술주정뱅이를 그리워하는 것이 러시아식 사랑이라고 이야기한다. '암탉'의 역사는 오래된 것이다. 감독은 주관이 뚜렷하고 많은 작품을 제작했다. 그는 신작을 발표할 때마다 무언가를 폭로하듯 날카롭고 충격적인 인터뷰를 한다. 그의 영화를 일일이 나열하지 않겠다. 다음은 지난 몇 년간 그의 영화를 두고 나온 이야기들이다.

"현재 러시아에서 살고 있다는 것은 좋은 일이다. 언제든지 러시아를 떠날 수 있으니까......" (타임아웃)

"우리는 자유, 민주주의를 원하지 않는다. 우리에겐 영웅이 없기 때문이다." (이즈베스티야)
"러시아에서 살아남을 수 있을 지는 불확실하다. 많은 학자들이 러시아는 2040년경 사라져 버릴 수 있다고 말하기 때문이다." (독립신문)

"오늘날 러시아 사회에서 빈부격차가 수십 배 증가했다. 백만장자로 불리는 상류층 역시 품위없는 행동을 하고 개인을 전혀 존중하지 않는다. 여기서 알 수 있는 것은 돈이 더 나은 사람을 만들지는 못한다는 것이다." (모스크바 일보 2007년 8월 31일)

"러시아 여자는 유럽 여자와 다르다. 유럽 여자들이 15세기의 유럽 여자들과 다르듯이...... 러시아 여자는 중세 유럽여자와 같다. 물론, 나쁘다는 것은 아니다." (러시아 신문, 2008년 3월21일)

"러시아에는 항상 야비한 행동이 있었다. 우리는 강하다. 지하철에 있는 사람을 보라. 강인한 얼굴을 볼 수 있을 것이다. 바로 이 '강함'은 우리가 마치 16세기에 살고 있다고 여기는 데서 비롯된다. 16세기 영국은 지금과 거의 같았다. 다만 '칼라슈니코프'의 기관총이 없었을 뿐이다. 활, 독약, 칼은 있었지만" (타임아웃 2005년 2월호)

콘찰로프스키는 러시아인들이 조국을 탈출하는 것은 어쩔 수 없다고 생각했다. 친형제 니키타가 그와 다른 생각을 갖고 있었다는 것은 흥미롭다. 니키타의 애국심은 그를 위대한 예술가로 만든 토대였다. 얼룩덜룩한 암탉이나 파리로 향하는 창문같은 영화를 두고 니키타 미할코프는 "제정신인 사람이라면 이런 영화를 보고 러시아에 오고싶어 하겠는가?"라고 했다. *러브 오브 시베리아* 역시 이야기를 만들어냈다. 어떤 이야기인가? 영화를 보고 나면 탈출하고 싶어지는 게 아니라 러시아에 가고 싶어진다. 이런 영화는 손가락으로 꼽을 수 있을만큼 적다. 대부분 랴자노프 감독의 후기 작품이다"

모든 세대가 급격한 변화라는 독약에 중독되어 있었고, 자신의 조국은 어둡고 끔찍하다고 여겼다. 페레스트로이카 세대는 현재 30살 전후쯤으로 이미 성인이다. 이 세대는 러시아에 관한 어두운 이야기를 듣고 자란 세대다. 이 세대가 앞으로 러시아의 미래에 어떤 영향을 끼칠지는 아직 모르는 일이다. 2000-2001년에 러시아 혐오 감정, 자기비판적 성향, 자기부정이 어느 정도 잦아들었다. 하지만 완전히 없어진 게 아니라 TV와 언론에서만 조금 덜 다뤘을 뿐이다. 인터넷에는 '다행스럽게도' 아직까지 활개를 치고 있다.

10장. 낭설과 현대화

낭설은 러시아를 끊임없이 괴롭힌다. 나라 안에서 뿐만 아니라, 국제사회에도 부정적인 영향을 끼친다. 발트해 연안 국가들, 우크라이나, 그루지야는 러시아를 점령자로만 생각하지 친구라고는 생각하지 않는다. 낭설이 러시아의 의지를 약화시키고, 남들이 정치적, 경제적으로 공격할 빌미를 제공한다. 소련의 공화국들, 현재 우리 국경과 인접해 있는 독립 국가들은 러시아에게 상반된 두 가지 태도를 보인다. 낭설을 믿는 국가들은 러시아를 냉담한 시선으로 바라본다.

근거없는 소문들은 오래 전부터 정치에 큰 영향을 끼치고 있다. 러시아는 이러한 소문들이 사라지기 전에는 현대적인 부유한 국가가 될 수 없을 것이다. 러시아인은 자신을 깎아내리는 언행을 삼가고 러시아에 대한 이야기에 강력하게 대응하는 법을 익힌 후에야 다른 민족을 존중하는 법을 알 수 있을 것이다. 소문이 저절로 없어지리라 순진하게 기다리기만 해서는 안된다. 소문은 제 스스로 사라지지 않을 것이다.

러시아는 낭설이 자국의 발전을 저해하지 않도록 할 능력이 있다. 세계가 이데올로기 전쟁을 통해, 러시아가 이에는 이, 눈에는 눈으로 대응할 수 있는 국가라고 생각할 수 있도록 유도할 수 있다. 이를 위해서 모든 낭설을 분석해 결론을 도출해 내는 일이 중요하다. '다른 민족과 비교하여 러시아가 어떠한가?'에 대해 분석하고, 잔인성, 음주, 게으름 등 러시아에 대한 호감을 떨어뜨리는 소문에 어떻게 대처할 것인지를 생각해 보아야 할 것이다.

제2부 음주에 관한 낭설

1장 객관적인 지표들

2장 술을 좋아하지 않았던 루시

3장 보드카는 러시아 술이 아니다

4장 어떻게 우리에게 술을 먹여왔고 먹이는가

매 맞거나 다친 젊은이는 안쓰럽지 않아도, 숙취로 고생하는 젊은이는 안쓰럽다.

—러시아 속담

당신은 어떠한가?

모든 존재는 유사한 존재와의 비교를 통해 자신을 인식한다.

–아리스토텔레스의 원소설

1985–1986년의 '금주캠페인'을 보면 러시아의 국가적 불운이 음주와 얼마나 깊이 관련되어 있는지 알 수 있다. 당시 미하일 고르바초프 소련 서기장은 금주법을 제정해 양조 및 포도수확을 금지하였다.[37] 법이 본격 실행되면서 아주 놀랍고 인상적인 현상이 나타났는데 그 파문은 현재도 이어지고 있다. 1988년 모스크바 국립국제관계대학교(MGIMO-University) 언론학부 1학년을 마친 후, 나는 지역신문인 자바이칼레츠지의 인턴기자로 일하고 있었는데 당시 일을 절대 잊지 못할 것이다.

M.S. 고르바초프 – 최초의 소련 대통령 안타깝게도 소련의 마지막 대통령이 되었다.

국경 인접지역인 치친스카야의 자바이칼스크에서 일어났던 일이다. 자바이칼레츠 신문은 소련공산당 지역위원회 기구 및 지역 인민위원회의 소식지와 다름없었고, 편집국은 당시 자바이칼스크에 몇 개도 되지 않던 2층 석조건물을 쓰고 있었다. 공산당 지역 및 집행위원회와 걸어서 2분 거리, 16호 국경초소 및 자바이칼스크 국경부대 힌간스키 부대 소속의 16호 국경초소와 걸어서 15분 거리였다. 이 내용은 1988년 당

37 인터넷 자료에 의하면 31만 4천 헥타르의 포도밭을 갈아엎었다(выкорчевать)고 한다.

시엔 특급군사기밀이었다. 초소니 국경부대니 하는 단어를 언급하는 것만으로도 소련 KGB 부대 조직을 발설하는 것으로 간주되었다. 더욱이 지역 언론에 절대로 실어서는 안되었다. 지금은 믿기 힘들겠지만, 기자의 책상에는 국경지역의 언론에 대한 군사기술 및 조직적 성격의 금지단어, 기호, 표현 목록서가 항상 놓여 있었다. 국경수비부대의 친선 배구경기에 대한 기사를 쓸 때도 나는 권고사항에 맞추어 다음과 같이 써야 했다.

"우리 동네의 국경수비대가 이웃 동네의 국경수비대와의 준결승에서 한 점도 내주지 않고 이겼으며 내일 자보드스키 경기장에서 있을 결승전에서 우리동네 국경수비대의 다른 팀과 맞붙을 예정이다."

자바이칼레 주민은 아무 것도 보지도 듣지도, 그 누구에게도 말하지 않는 동화 속의 영악한 원숭이처럼 살았다. 자신의 집 바로 앞으로 중국 국경이 지나간다는 사실에도 전혀 개의치 않았다. 그러나 1988년 이 작은 마을은 매우 황폐한 상태였다. 이들에게 특별하고도 잔인한 충격을 준 것은 고르바초프 서기장의 '금주캠페인'이었다. 지역경찰이 벌이던 밀주양조와의 전쟁에 대한 특집기사를 쓰면서 내가 알게 된 사실은 이 도시가 장미향수, 브레이크오일, 그냥 보기 좋으라고 공업용 알코올을 부어 만든 과실밀주, 아세톤, 살충제 등으로 술을 만들었다는 것이다. 안 마시는 것이 없었다. 정말로 잊혀지지 않는 기억은, 전 년도에 수확한 토마토로 술을 담그던 20리터짜리 특대 술병이었다. 고르바초프 서기장이 이 광경을 보지 못한 것이 안타까울 뿐이었다.

고르바초프가 '물 서기장'이라는 잊지 못할 별명을 얻은 것도 이 캠페인의 공이다. 페레스트로이카, 글라스노스트, 적극적인 대외정책, 3일 천하 등 고르바초프는 많은 성공을 거두었지만 술과의 전쟁에서는 예외였다. 앞서 언급한 업적보다 국민의 기억 속에 깊은 인상을 남기지 못했다. 그에게는 아픈 기억이다. 고르바초프도 이를 맹신해서 정부가 나서서 술을 못 마시게 하면 나라가 다 잘될 것이라고 진심으로 생각했던 모양이다.

러시아에는 음주가 문제라는 믿음이 어쩌다 생겨났을까? 이는 점진적으로, 조금씩 천천히 생겨났다. 그렇게 전통 러시아식 음주에 대한 인식이 사회적으로 뿌리를 내렸다. 러시아 사람하면 보드카, 겨울부츠, 시베리아를 떠올리는 것은 마트료시카(러시아 전통 겹인형)처럼 마음을 움직이는 역사적인 특징이 되었다. 러시아인 스스로 그렇게 생각하는 듯, 러시아인을 바라보는 대다수의 외국인들도 그렇다. 여기에다 긍정적으로 세 가지 즉, 러시아식 사우나, 발레, 인류 최초의 우주인 유리 가가린을 보태기도 한다.

오명을 얻는 과정을 보면 참으로 재미있다. 이웃 독일을 보더라도 유명한 맥주축제, 큰 술통, 술배 등이 있지만 이것이 독일인들로 하여금 상습적인 술꾼이라는 인상을 준 것이 아니다. 오히려 사람들은 독일인이 꼼꼼하고, 부지런하며, 근검절약하고 정확하다고 생각한다.

1960년대 핀란드가 금주법을 도입하려 했을 때, 핀란드의 열혈청년들은 정기적으로 레닌그라드를 방문했다. 순례자를 태운 버스단은 에르미타쥬 같은 박물관을 견학하기 위해 온 것이 아니었다. 청년들은 장인정신과 끓어오르는 열정으로 모스콥스카야나 스톨리치나야 보드카를 마시기 위해 방문했다. 레닌그라드의 노련한 술고래들 마저 모자를 벗어 경의를 표하였다. 뿐만이 아니라 친절한 소련 사람들은 비보르크의 국경초소에서 금주로 고통받는 핀란드인들을 직접 만나기도 했다. 핀란드 마르크든 달러든 닥치는 대로 돈을 가지고 나왔음은 두말할 나위 없을 것이다. 이런 핀란드 철새들이 상식과 뚜렷한 기억을 가지고 북쪽의 팔미라까지 왔을까? 그들은 시끄럽게 고함치고 욕지거리를 퍼붓는 등 대담하게 굴었고, 이에 놀란 비보르크 주민들이 조용히 해달라고 할 정도였다. 그에 비하면 우리 국산 러시아 술꾼들은 아주 조용하고 얌전해 보였다.

이 몇 년간의 깽판으로 핀란드인이 자신이야 말로 세계최고의 술꾼이라는 것을 전세계에 알렸을까? 전혀 그렇지 않았다. 핀란드 노키아 휴대폰의 견고하고 신뢰있는 이미지처럼 핀란드인들도 침착하고 근면 성실하며 철저하다는 인상만이 남았다.

선입견은 언제나 자신을 돌아보게 한다. 어느 여름 에스토니아 연안의 작은 휴양도시 파르누에서 벌어졌던 짧은 일이다. 백주 대낮에 공원의 덤불아래 만취한 두 사람이 거리를 두고 누워 있었다. 에스토니아인은 두 사람을 보며 한 마디씩 하며 지나갔다. 한 사람에게는 "돌처럼 쉬는구나"라며 관대하게 이야기했다. 반면, 다른 사람에게는 신경질을 내며 "러시아 돼지가 퍼져 있구나!"라고 했다. 술꾼을 구별하는 예민한 민족관점이 있나 했더니, 2001년 파르누 주(州)의 주민 68명이 가짜 보드카를 마시고 사망한 사건이 일어났다. 에스토니아인이 별다를 것 있는가. 파르누는 여전히 에스토니아의 가장 대표적인 국제 관광지이다.

"러시아 돼지가 퍼져 있구나!"가 오래되고 뿌리 깊은 낭설인 셈이다. 러시아에는 술과 관련된 여러 농담이 있고 자아비판적인 것도 있다. 하지만 대부분 "러시아, 독일, 폴란드 사람이 한 잔하러 모였다"로 시작한다. 세계 술꾼 중 러시아인의 영광스러운 위치를 강조하는 이야기다. 이야기가 어떻게 전개되든 중요한 것은 러시아인을 술로 이긴 사람이 없다는 것이다.[38]

38 미국 위스콘신 대학교와 러시아 이바노프스키 국립대학이 공동으로 미국 대학생 그룹(위스콘신 주 거주 자발적 참여자)의 현대 러시아 이미지를 조사했다. 긍정적인 특징도, 부정적인 특징도 있었다. 유감스럽게도 후자가 더 많지만 말이다. 응답을 살펴보면, 무뚝뚝함(5명), 오만함(3명), 잔인함(5명), 완고함, 고집 센, 불행하고 우울한(각1명), 가난(4명), 유치한(1명), 보드카를 많이 마시는 것(3명), 골초(1명), 난폭하게 싸움(2명), 털모자(3명), 긴 외투가 있었다. 3명

1장. 객관적인 지표들

안드레이..
왜?
내가 술주정뱅이야?
응, 술주정뱅이, 술주정뱅이 맞어
–영화 *가을 마라톤* 중

러시아가 갑자기 세계에서 가장 술을 많이 마시는 나라가 된 것이 사실이다. 러시아의 1인당 포도주 소비량은 세계 20위다. 2006년 4월 세계와인기구(OIV) 기자회견에서 발표된 것이다. 보드카는 러시아의 국민음료지만, 포도주는 유럽국가가 러시아보다 많이 소비한다. 러시아인 1명 당 연평균 6.1리터인데 프랑스가 55.4리터로 1위, 포르투갈이 52.6리터로 2위, 이탈리아가 51.1리터로 3위다.

알코올중독과 음주과다는 전세계적인 문제이다. 음주량이 많지 않았던 동방국가들도 현재 과도한 음주문제를 겪고 있다.[39] 2007년 인도에 여러 번 갔었는데 인도인들 스스로 매우 심각하게 느끼는 문제가 놀랍게도 음주였다. 이 문제에 있어서만은 인도 대표종교

의 응답자는 전형적인 러시아인이 공산주의자라고 답했다

39 이슬람교와 힌두교는 음주를 금하며 아랍권에서 음주는 바람직하지 못한 것으로 여긴다. 일부 이슬람 국가에서 알코올중독자라는 증명서를 내보이면 술을 살 수 있다. 음성적으로 알코올중독자가 되면 이후 법적으로 인정을 받는다. 이러한 '공식적 알코올중독자'의 수는 전체 인구의 0.1-1%로 많지 않지만 중요한 것은 그런 이들이 있다는 것이다

간 입장이 같다. 이슬람교, 힌두교 모두 음주를 엄격히 금하고 있는데 말이다. 얼마 전에는 노르웨이 오슬로에서 파키스탄 항공의 지연사태가 있었다. 이슬람 출신인 A-310 여객기의 부기장이 알코올 테스트를 통과하지 않은 채 비행기에 탑승했고 노르웨이 경찰이 그를 이륙 직전에 체포했던 것이다.

세계 알코올중독의 중심에

나는 스펀지보다 술을 더 많이 마신다

-프랑수아 라블레, 프랑스 고전 작가 (1483-1553)

남부 유럽의 전통적인 포도주 양조국이라면 당연히 술을 마시기도 할 것이다. 그러나, "프랑스인은 구제불능의 알코올중독자이며 포도주에 만취해서 걷지도 못한다"는 말은 들어 본 적이 없다. 프랑스인이 포도주 애호가라지만 알코올 중독자라는 평판은 없다.

그러나 제2차 세계대전 후 프랑스는 알코올중독과 관련해 진지한 대책을 마련해야 했다. 1940년대 말 프랑스 신생아 출생률이 급격히 늘어났다. 전후 베이비붐이었다. 프랑스는 이러한 분위기를 열렬히 환영했다. 프랑스 연립정부는 "프랑스에 백만 우량아를!"이라는 구호를 내걸었다. 모든 것이 잘 되는 듯했다. 그러나 백만 신생아 중 육체 및 지적 장애를 가진 기형아 수가 정상아보다 더 많았다. 이유는 곧 밝혀졌다. 다른 나라의 여자들이 어릴 때부터 우유나 곡물발효음료는 마셨던 반면, 프랑스 여자들은 포도주를 마셨던 것이다. 어릴 때부터 술에 절은 여자가 똑같이 술에 절은 남자를 만나 결혼하는 것이다. 그들이 마신 건 독주가 아니라 포도주였다.

젊은이들은 포도주 종류에 따라 어떤 안주가 어울리며, 하루 중 특정시간에 어떤 포도주가 어떤 치즈, 과일이 어울리는 지 아주 잘 알았다. 그들은 이를 잘 모르는 북유럽 사람을 우아하지 못하고 무식하다고 무시했다. 그러나 그런 프랑스인이 바로 기형아의 부모였다. 백만 우량아 중 거의 오분의 일 이상이 유전적 결함을 가지고 태어났던 이 국가적 재앙을 극복하려고 프랑스 정부는 근본적 대책을 도입하였다. 그 대책은 지금까지도 많은 논란을 불러일으키고 있다. 14세에서 16세의 소녀들에게 음주수태로 인한 기형아가 입원한 병원을 둘러보게 한 것이다. 말만 병원이지 의사는커녕 환자도 없는 곳이었다. 세상으로 나갈 수 없는 운명을 가지고 태어난 생명이 있을 뿐이었다. 소녀들의 반응은 다양했다. 대부분 예민했고 신경질적으로 반응하거나 우울해하고 자살을 시도하기까지 했다. 물론 효과도 있어 음주행태가 크게 줄어들었다.

북부 유럽에도 음주와 관련된 전형적인 사례가 있다는 것은 흥미로운 일이다. 영국에는 맥주의 원료인 보리를 의인화시켜 'John Barleycorn'이라 표현하며, 전통 선술집인 '펍(pub)'도 있다. 얼마 전 영국왕립의료대학은 영국여성이 술로 세월을 보낸다는 연구결과를 발표했다. 불치의 간질환으로 병원을 찾는 여성의 수가 점점 늘어나고 있다는 최신 통계자료도 있다. 20세에서 30세의 젊은 여성이 간경화 및 음주로 인한 난치병 진단을 받는다. 영국여성 다섯 중 한 명 꼴로 잠재적 위험수준까지 술을 즐긴다. 영국여성들은 큰 잔에 맥주를 마신다. 이는 건강을 해칠 뿐만 아니라 행실 또한 사람들의 입에 오르내리도록 한다.

미국에도 술 하면 떠오르는 이미지가 있다. 러시아어로 번역하면 소박한 '살롱'(салон) 정도인 살룬(saloon)이다. 황량한 서부의 쓰러져가는 초가집, 화려한 무늬의 셔츠와 목스카프, 콜트 리볼버 모델 권총, 무스탕 종의 야생마, 닦이지 않는 길 등의 정신 없는 영화 배경속에 'SALOON'이라 쓰인 나무간판이 걸려있다. 살룬, 위스키,

헤밍웨이, 스콧 피츠제럴드, 얼음을 넣지 않은 더블 위스키, 이름 모를 술꾼의 클럽 등도 그런 이미지들이다. 미국심리학협회에 의하면 성인의 13.8%가 음주과다나 알코올중독을 겪고 있다고 한다. 5만 6천 명의 미국인이 10년간의 베트남 전에서 사망했는데 같은 기간, 25만 명이 음주 교통사고로 미국에서 사망했다. 전세계 여성 알코올 중독자는 남성 중독자의 5-10%를 넘지 않는다. 그러나 미국 여성 중독자는 전체의 20%이다. 나름대로 독립적이다.

알코올 중독자에 대한 규정도 나라마다 다르다. 소련 시절을 포함해 현재 러시아에서 중독자라 규정된 사람들은 미국이라면 절대 그리 분류되지 않을 사람들이 많다. 알코올 중독자로 분류되는 러시아인들 중 의학적인 관점으로 볼 때, 아직은 중독이 아닌, 즉 생화학적으로 문제가 없는 이들이 많다. 미국의 '습관적 음주자'는 알코올중독자 통계에 포함시키지 않는다. 이렇게 보면, 미국의 알코올 중독자 7백만 명은 러시아의 알코올 중독자 10만 명과 거의 같다.

그래놓고 미국인은 스스로 자국이 술을 많이 마시는 나라로 생각하는가? 그리고 미국의 평판이 나쁜가? 전혀 그렇지 않다. 오히려 반대다. 세계는 미국인을 능력 있고, 창의적이며 진취적이며 호의적이라고 생각한다. 축하할 일이다.

소련의 금주캠페인은 아주 중요한 사건이었음이 분명하다. 그러나 페레스트로이카의 전 과정이 그러했듯이 소련의 금주캠페인에는 부풀려진 점이 많았다. 반면, 유럽은 진지하게 금주캠페인을 펼쳤다. 그냥 캠페인을 벌인 것이 아니라 유럽연합 25개 국의 보건장관이 모여 유럽인의 과도한 음주를 막기 위한 최초의 구체적 대책에 나서기로 합의한 것이다. 공식통계에 의하면 매년 유럽에는 과도한 음주로 20만여 명이 사망한다고 한다.[40]

40 더 참혹한 통계결과도 있다. WHO에 의하면, 15-29세의 유럽 남성 1/4이 음주로 사망한다고

러시아는 가장 술을 많이 마시는 나라가 아니다?

술꾼은 견딜 수 없지만, 술을 마시지 않는 사람은 믿을 수 없다.

-최신 격언

나는 러시아의 음주문제가 심각하다는 것을 과소평가하지는 않는다. 보건당국 조사자료에 의하면 2004년 알코올 중독환자가 2,369,000명에 이르러 전체 인구의 1.6%에 달했다. 매우 비극적인 일이다. 이 수치를 유럽이든 동방국가의 수치와 비교해 보자. ROMIR Monitoring의 2004년 조사 결과, 러시아인 1/3 이상(37%)이 전혀 보드카를 마시지 않는다. 여성 알코올 중독 문제도 심각한 수준은 아닌 것으로 나타났다. 다행인데 갑자기 이런 생각이 든다. "러시아 여성을 신부로 맞는 유행이 아직 괜찮은 걸까?".

세계적으로 음주 문제가 개선되는 상황에서 러시아만 왜 이토록 오랫동안 주당국가 1위 이미지를 고수하게 된 것일까? 무엇 때문에 러시아는 술을 좋아하는 나라가 된 것일까? 죄 없는 자 돌을 던지라고 한다면, 과연 우리 러시아 앞마당에 돌을 던질 자 누구인가?

한다. 음주과다 및 알코올 중독 뿐 아니라 음주로 인해 악화되거나 야기된 질병으로 사망한 사람까지 포함한다.

2장. 술을 좋아하지 않았던 루시

러시아는 취한 햄릿이다.

—파질 이스칸데르

러시아인은 자민족의 역사를 제대로 알지 못한다. 어떤 사람은 "러시아 오락은 마시는 거다"[41]라고도 한다. 어찌보면, 러시아 국교를 정하는 데도 술이 영향을 끼친 것 같다. 블라디미르 대공이 이슬람교를 선택하지 않은 이유가 술을 마시지 못하게 해서라는 이야기도 있지 않은가. 게다가 역사 영화나 어린이 그림책에도 짜르와 친위대가 매일 연회를 열고, 사방에 술병과 술잔이 널려있는 장면이 나온다. '모두의 콧수염을 타고 술이 흐른다. 그런데도 신기하게도 정작 입으로는 흘러 들어가지 않는 모습으로 묘사된다. 이렇게 술은 고대러시아의 '황금시대'에 대한 개념을 잡는데 일조한다.'

아주 순진한 사람은 *아름다운 청년, 피티스트*라는 영화를 바탕으로 민족사를 연구한다. 솔로비요프, 클류체프스키, 카람진, 코스토마로프 등 비치족(族)과 크리비치족(族)에 관한 많은 저서를 남긴 역사학자들도 당시 생활에서 통속적인 쾌락이나 가벼운 생활상이 있다는 것을 깨닫지 못했다. 가혹한 노동, 혹독한 기후, 국가에 바쳐야 하는 공물, 빈번한 내란에만 초점을 맞췄다. 10세기 중반 콘

41 러시아 연대기 전집. 27권 m.-1 과학. 1962년

스탄틴 바그랴노로드니 황제는 *민족에 대하여*에서 당시 러시아 왕의 생활을 묘사[42]하는데, 루시 사람들이 짜르에게 무엇을 보냈는지 쉽게 알 수 있다. 짜르가 친위대와 함께 겨울 시찰을 하며 거둬들인 현물로서 보통 임업 생산물인 모피, 꿀, 밀랍이었다. 또한 왕이 비잔틴에서 금, 장식품, 보석, 무기, 직물 등을 수입했다는 사실도 알 수 있다.

루시가 술이나 쾌락을 위한 음료를 수입했다는 구절은 어디에도 없다. 어떤 문서에서도 술을 양조한다거나 알코올성 음료를 마셨다는 내용은 없다. 그리스정교가 루시에 확산된 후에는 술을 수입했다는 기록이 있다. 교회 성찬에 물을 올려 놓을 수 없지 않은가? 당시 성찬주는 수입품이었다. 근로자나 군인이 한가롭게 모여서 놀고, 술을 퍼마시는 일은 거의 없었다. 비잔틴, 아랍, 그리스 같은 이웃국가들은 루시인을 존중하거나 무서워하거나 싫어했지만 술 없이 못사는 민족으로 생각하지는 않았다. 게다가 당시 루시 사회 전체가 고통을 겪고 있었다. 무언가를 축하할 일도 나라가 조용한 날도 없었다. 10-14세기의 루시의 역사는 그야말로 전쟁터였다. 스뱌토폴크, 보리스와 글레프, 페체네그족(族), 끝없는 왕권 다툼, 타타르와 서방의 공격 등 전쟁이 얼마나 많이 일어났는지 정말 끔찍했던 시대였다. 정치, 행정의 격변은 상위계급의 일이고, 민중은 그저 쾌락을 위해 술을 마시고 제 필요한 것을 만들며 살지 않았겠냐고 생각할 수도 있다. 하지만 루시의 민중에게는 술을 마실 명분도 여유도 없었다.

놀라운 사실은 조상들이 전쟁 와중에도 아이를 낳아 기르는 지혜를 보였다는 것이다. 결과적으로 인구가 증가하였다. 우리가 좀 더

42 바그랴노로드니 K. 제국 통치에 관하여. 모스크바, 과학, 1991년.('민족에 대해서'는 이 책의 첫 장)

안정적인 환경에 있었더라도 그렇게는 못했으리라. 이 시기 루시 민족은 순수하고 부드러운 이미지를 갖고 있었다는 것은 확실하다. 밀주가 가장 널리 알려진 독한 술이었는데[43] 그마저 자주 마시지도 않았다. 늘 좋은 목적으로 쓰였다. 러시아를 삐딱하게 보는 다른 나라의 상황은 당시 어땠는가? 음주가 보편화되어 교양 있는 여성들도 술을 마셨다. 게다가 이미 오래 전부터 다양한 음주문화가 존재했었다.

술과 의식(儀式)

또한 새 포도주를 헌 가죽 부대에 담지 않는다.
그렇게 하면 부대가 터져 포도주는 쏟아지고 부대도 버리게 된다.
새 포도주는 새 부대에 담아야 한다. 그래야 둘 다 보존된다.
–마테복음 9장 17절

루시에는 술이 필요한 생활의식이 없었다. 영주에게 충성을 맹세하거나 자기 몫을 할당 받을 때에도 술이 필요 없었다. 종교의식을 거행하면서 놀랄만큼 많은 멧돼지를 먹어치웠을 뿐이다. '승려'라는 단어는 '먹어치우다'라는 단어에서 나왔을 것이다.[44] 의식을 거행하며 꿀이나 맥주를 마실 필요는 없었다. 슬라브인은 알코올성 음료를 신성하다고 생각하지 않았다.

반면 그리스인이나 로마인들에게 술은 신성한 것이었다. 그리스 정교가 들어오기 전후, 유럽권에서 술과 알코올성 음료 제조는 종교의식과 불과분의 관계였다. 그리스에서 술은 신의 피이며 디오니소스가 빚은 것이라고 여겼다. 성대한 디오니소스 축제가 몇 주일에 걸쳐 벌어지기도 했다. 다시 말하면, 민중이 오늘날로 치면 자주

43 알코올 도수는 맥주와 비슷하지만 간에는 더 안좋다.
44 리바코프 B.A. 고대 슬라브인들의 이교. 모스크바. 1978년 – 승려: жрец, 먹어 치우다: жрать (역주)

'만취'했다는 소리다. 로마인은 취하지 않는 술의 신 바카스를 기리는 축제를 열었다. 반면, 그리스정교인은 그리스도의 피인 술을 마신다. 술은 종교 및 생활의식에 반드시 쓰이기 때문에 서구 문명의 주요 요소 중 하나다.

이교도였던 슬라브인에게는 술의 신이나 맥주의 신, 밀주의 신이 없었다. 슬라브 신전에는 태양 및 수확의 신 다쥐보그, 번개의 신 페룬, 사랑과 번식의 신 야릴로이 등이 있었다. 신이 분야별로 나뉘어져 있다는 것을 자랑스러워 할 수는 없지만 말이다. 우슬라드 혹은 오슬라드 같은 기쁨, 즐거움의 신 역시 꿀과 연관시켜 쾌락과 연결시키곤 하지만, 원래는 예술을 좋아하고 늘 슬라브의 사랑과 미, 조화의 여신인 라다와 함께 했다. 성대한 축제 중에는 술래잡기와 비슷한 놀이를 했는데 배우자를 예상하는 사랑게임과 비슷했다. 그래서 화합의 게임이라고도 불린다.

술의 위험성

거기 내가 있었어야 했는데......

왜? 취하려고?

–영화 *다이아몬드의 손* 중에서

고대 러시아 서사시에는 블라디미르 대공의 화려한 궁궐연회 장면이 등장한다. 하지만 술을 마셨다거나 바닥을 기어다녔다거나 이성을 잃었다는 기록은 없다. 반면, 서양의 서사시에는 그런 장면이 등장한다. 고대 스칸디나비아의 산문과 시(詩), 그리고 독일의 니벨룽겐의 노래가 그 예다. 러시아 서사시에는 없다.[45]

술 취한 사람과 음주에 대해 언급은 사트코와 건달에서 뿐이다.

45 길퍼딩 A. F. 오네가의 서사시 4판, 1권, № 70, 북쪽 지방의 서사시. A.M. 아스타호바야의 기록. 1-2권. 모스크바 1938-1951년, 신화, 백과사전, 모스크바, 벨팍스출판사, 2002년, 폴리카르포프 B.C. 문화학 수업. 모스크바. 1997년.

노브고로드 서사시인데, 북쪽지방 상업도시 한자동맹의 회원으로서 루시에서 가장 유럽적인 도시였다. 그러나 사트코의 수많은 모험 중에서 술에 관한 에피소드는 단 하나뿐이다. 다른 에피소드는 음주보다 바다의 왕이 사트코가 연주하는 현악기 구슬리에 맞춰 춤을 추는 내용이나 유사 오락거리였다.

한편, 음주 제한법이나 음주자 처벌법이 러시아에 없었다는 사실이 중요하다. 블라디미르 대공의 교훈서에도, *신성한 하느님* 같은 종교 서적에도 없다. 고대 루시의 다른 책에도 음주를 비난하거나 아이에게 음주의 부정적인 면을 가르친 기록이 없다. 두 가지 가설을 꼽을 수 있다. 하나는 음주가 아주 흔했을 수 있다는 것, 음주가 생활이었다는 가설과 음주는 예외였다는 것이다. 루시인이 술을 적게 마셨고 사회적 문제로까지 발전하지 않았다는 사실을 우리는 알고 있다. 그러니 아마 두 번째 이유 때문일 확률이 크다.

양조지역에는 음주방법에 대한 전통이 있기 마련이고, 알코올이 인간의 건강과 성격에 끼치는 부정적인 영향에 대해 관심을 기울일 수 밖에 없었다. 양조문화가 발달한 국가에는 알코올 중독이 유전이 되는지, 부모의 음주가 아이의 육체적, 정신적 상태에 어떻게 영향을 끼치는지 항상 논의되었다. 이 문제는 신화 속의 영웅도 비켜갈 수 없었다. 주피터와 주노 사이에서 대장장이 절름발이 불칸이 탄생하는데, 이는 애주가들에게 이런 일이 일어날 수 있다는 경고다. 그러나 슬라브권에는 아주 오래된 신화에서조차 비슷한 이야기를 찾아볼 수 없다.

음주가 널리 용인되고 만취자를 쉽게 볼 수 있는 국가에는 이와 관련한 다양한 규칙과 제약들이 생겼다. 초기 로마의 도덕 규칙이 아주 엄했다는 것은 잘 알려진 사실이다. 금주법도 당연히 아주 엄했다. 고대 로마의 설립자 로물루스의 법에 따르면 35세 이하 남성의 음주는 불법이었고, 여성은 술을 입에도 대지 못했다. 남편이 취할 때까지 보고만 있으면 아내를 산채로 물에 빠뜨리기까지 했다.[46] 고대 그리스에는 결혼식 당일 신랑 신부의 음주를 금했다.[47] 카르타고에는 부부의 의무를 이행할 시 반드시 금주해야 했다.

고대 중국에는 턱수염과 지팡이와 함께 음주의 특권이 60세에 비로소 허가되었다. 고대 인도에는 브라만의 음주사실이 밝혀졌을 경우, 그는 불에 달구어진 통에서 꺼낸 끓는 액체를 목숨이 끊어질 때까지 마셔야 했다. 브라만 부인이 알코올에 관한 서약을 지키지 않으면 집에서 쫓아내 영혼을 개와 독수리에게 던졌다. 불에 달군 쇠로 이마에 술병모양의 표식을 만들기도 했다.[48]

중세 위대한 철학자이자 의사인 아부 알리 이븐 시나(980-1037년)는 중앙아시아의 사회 운동가이자 시인, 문예학자로 활동했다. 의학에 관한 서사시 우르주아에서 그는 음주에 관해 다뤘다.

너는 술을 찾지만 망각을 찾지는 않는다,
정신을 잃을 때까지 마시지 마라,
너의 건강과 네가 너의 적이 아니라면,
매일 공복에 술을 마시지 말라.
소량의 음주에 만족하고 과실주를 마셔라.
대추술은 몸을 해치지 않는다.
술은 마르멜로를 안주삼아 마셔라.
여름에는 술을 얼음물로 희석시켜라.
너에게 다년간 숙성시킨 술이 주어졌을 때.
탁한 술은 건강에 해롭다는 것을 기억하라
다른 때보다 머리가 더 아프다.
독주는 두 배로 위험하다.
독주는 한 시간에 한 번씩 건강을 해친다.[49]

46 고대로마역사 선집 B.I 쿠지쉬나 편집. 모스크바. 출판사 고등교육. 1987년.
47 비류코프 Y. 모스크바. 고대세계 법을 찾아서. 모스크바. 1969년.
48 마누법전. 모스크바. 1960년.
49 이븐 시나. 선별집. 타쉬켄트. 1981년.

중세 유럽에는 음주가 보편화되었고, 알코올 중독도 심해졌다. 16세기 교회개혁을 주도한 마틴 루터는 "독일은 음주에 감염됐다"[50]고 외쳤다. 과연 독일 하나뿐이었을까? 영국 목사 윌리엄 켄트는 "우리의 모든 신도들이 주말만 되면 죽도록 술만 마십니다"[51]라고 불만을 토로했다. 노르만 침입 전, 1066년 영국인 특히 색슨족은 '술고래'라는 호칭을 얻었다. 맥주소비가 많았는데, 물에서 위험 병균이 발견되었기 때문에 맥주가 음용되었다. 이렇게해서 노르만 침공 바로 전, 영국의 모든 수도원에 맥주 공장이 하나씩 있을 정도였다.

전문가들은 "러시아는 음주가 보편화되지 않은 채로 중세시대를 맞았다"[52]는데 이견이 별로 없다. 루시에는 중세가 끝날 때까지 음주가 널리 퍼지지 못했다. 러시아에서 독주가 출현한 시기는 15세기다. 유럽이 전해준 것이다. 초창기에는 약을 달이거나 약재를 만들거나 찜질하는 데에만 쓰였다. 16세기까지 러시아인은 보통 꿀[53], 맥주 가끔 수입 와인을 마셨다. 허나 와인을 얼마나 수입했으며, 사람들이 와인을 과연 구매할 수 있었을까? 유럽식 음주는 루시에 존재하지 않았다. 아무 문제가 없었고 문제에 대한 두려움도 없었다. 음주에 대한 처벌도 중독 치료도 당연히 없었다.

루시의 포도 재배

러시아 제국 동남쪽 지방과 현재 루마니아 서부 베싸라비아의 주민들은 야생 포도덩굴을 오래 전부터 알고 있었다. 부족은 포도를 수확했다. 맛있고 영양가 높은 열매를 그냥 지나칠 수 있었겠는가?

---

50 솔로비요프 E.S. 과거가 우리를 움직인다. 모스크바. 1991년.

51 마킨스키 A.B. 국가의 역사와 외국의 법. 모스크바. 1999년.

52 발렌티노프 B. 음주를 거부하라. 모스크바. 1987년. №5. C.169.

53 꿀은 수출상품이었다. 루시에서 꿀은 특별하게 여겨졌다. 네덜란드인 알베르토 캄페네제는 모스크바에 대한 정보를 간접적으로 수집한 후, "늑대나 곰이 닿지 않도록 벌통구멍을 가장 높은 곳으로 올려 놓았다"고 기록했다. 그래야만 했을 것이다. 꿀을 훔쳐 먹으려 나무를 오르는 늑대가 아주 집요했을테니 말이다. 아마 미국의 아기 곰 푸우도 이성을 잃었을 거다.

이런 상황에서 와인 양조는 어렵지 않다. 포도를 항아리에 가득 넣어 며칠 놓아두면 제 스스로 달콤한 포도즙이 발효되어 와인이 된다.

물론 이런 와인은 몰도바나 드네프르 연안지역에서 생산되는 현재의 고급포도주와 많이 다르다. 흑해연안의 초원은 야생 포도가 번식할 수 있는 북방 한계선과 가까웠지만, 비교적 서늘한 날씨와 짧은 여름 때문에 당분이 많이 쌓이지 않았다. 완전히 발효되더라도 많은 양의 알코올이 발생하지는 않았을 것이다. 이 지역에서 생산된 와인은 도수가 낮고, 신맛이 나며 탁하다. 그래도 와인은 와인이었다.

러시아 와인 제조가 공식으로 육성되기 시작한 때는 베싸라비아 지역이 러시아에 편입된 1812년부터다. 정부가 와인 제조를 공식화하면서 독일과 스위스 이민자들이 베싸라비아로 유입되었다. 와인 제조 초창기에 러시아인 와인 양조 전문가가 없었다는 사실을 지적해야 한다. 외국의 전문가를 데리고 와야만 했다.

이전에도 비록 적은 양이었지만 러시아 내에서 와인을 생산하기는 했다. 돈강 유역에서 고대 그리스 도시의 유물이 발견됨으로써 이미 오래 전부터 와인을 양조했다는 사실이 밝혀졌다. 하지만 그리스인이 떠난 후 오랫동안 생산을 하지 않았다. 카자크의 엄격한 군대식 제도 아래에서 술에 취하는 일은 없었다. 만약 카자크인이 술을 즐겼다면 크림지역이나 터키의 타타르족과 잘 지낼 수 있었을 것이다.

아스트라한에는 17세기 초에 이미 포도나무가 존재했다. 이슬람권의 페르시아 상인들이 카프카즈의 덩굴을 들여왔다. 후에 짜르 미하일 로마노프의 명령으로 한 수도사가 훌륭한 과수원을 꾸렸고 이 과수원에서 재배한 과일과 포도가 짜르의 식탁에 올라갔다. 카프카즈 지역에는 와인 양조가 널리 이루어졌다. 하지만 여기서도 19세기에 이르러서야 러시아인이 와인 생산에 참여했다. 이전까지는 그루지야인을 비롯한 지역 내 타 민족이 포도를 재배했다.

3장. 보드카는 러시아 술이 아니다!

보드카가 러시아어로 '물'의 애칭이라는 것을 알게 된 니콜라이는
아침마다 보드카를 마셔도 된다고 생각했다.
-토니노 베나퀴스타, 프랑스 현대작가

러시아와 보드카의 관계는 러시아인뿐만 아니라 세계인들도 아주 잘 알고 있다. 하지만 와인과 마찬가지로 보드카도 루시에서 처음 만들어진 게 아니라는 것을 아는 사람은 많지 않다. 걱정스러운 점이다. 포도를 짜 알코올을 만드는 방법은 로마의 갈리아인이 발견했다. 아라비아인들이 스페인을 통해 와인에서 알코올을 분리하는 증류기술을 유럽인에게 전파했다는 설도 있다.

'알코올', '알렘빅(증류기)', '알키미(연금술: 역주)' 같은 아랍어들은 유럽 언어를 풍부하게 했다. 마시고 싶은 욕구가 와인 생산의 원천이었다면, 알코올의 원천은 즐기기 위해서이다. 아랍인은 알 수 없는 검은 가루를 녹여 끓인 다음, 증기를 응축시켰다. 용액이 응고되면 화장먹 '알코올'이 만들어진다. 여자들은 이 화장먹으로 눈화장을 했다. 약 800년경 아랍 연금술사들은 알코올을 얼마든지 만들 수 있었고 포도뿐만 아니라 다양한 식품을 알코올 원료로 사용할 수 있게 되었다. 알코올 분리법을 터득한 아랍인은 제조과정이 같다는 이유로 '화장먹'이라고 이름 붙였다. 이렇게 해서 '알코올'이 된 것이다.

쌀과 채소를 증류시키는 방법은 아랍인뿐만 아니라 중국인도 알고 있었다. 하지만 중국 전통 술은 12-20도로 약했다. 일본의 사케 역시 20도로 약한 편이었다. 아랍인도 동양인도 서로 술을 공유하지 않았나 보다.

러시아가 아닌 유럽에서는 물을 반 정도 섞어야 하는 독한 술을 만들어 냈다. 위스키는 도수가 40-45도, 진은 70도, 꼬냑은 45도다. 알코올은 아주 큰 의미를 가지고 있는데, 라틴어에는 '생명의 물 aqua vitae였다. 현재 큰 인기를 끄는 스코틀랜드의 위스키, 폴란드의 아코비타, 프랑스의 로드비 등은 모두 아쿠아 비타의 어원에서 유래한 것이다. 13세기 아르노 드 빌리노프라는 아라공 영주의 연금술사는 자신의 저서 *젊음을 유지하는 법*에서 "일부 사람들이 생명의 물이라고 부르는 것은 장수에 적합한 명칭인 것 같다"고 언급했다. 빌리노프는 알코올이 아주 오래 전부터 미지의 만병 통치약이었고 불로불사의 명약이었으며 연금술사들이 꿈꿔온 존재라고 했다.

수수께끼와 같은 태생적 특성 때문에 보드카는 마법의 효력을 갖는다고 간주되었고 치료약으로 쓰였다. 보드카에 첨가되는 열매나 식물은 맛을 향상시킬 뿐 아니라 의학적 효과를 배가시키는 것으로 여겨졌다. 보드카의 맛을 더 내기 위해 다양한 식물을 이용한 실험이 이루어졌고 수도사 및 연금술사들은 14세기 초, 장수의 묘약을 찾기 위해 수도원과 실험실 구석에서 끊임없이 연구해 첫 리큐어를 만들어냈다. 증류과정을 부단히 연구하고 보드카에 다양한 식물과 열매를 넣어 실험한 결과, 수도사들은 많은 양의 장수약과 리큐어를 만들어낼 수 있었다. 비법은 수세기 동안 대대손손 전수되었다. 18세기는 리큐어를 생산하는데 새로운 전기가 마련된 시기였다. 앤

틸리스제도(카리브 해의 서인도 제도의 섬 중 바하마 섬 제외)에서 유럽으로 수크로오스가 전수되었고, 오세아니아섬에서 리큐어의 맛과 향을 좋게 하는 향료가 전해졌다.

금주캠페인

음주는 야만의 소산이며 인류를 태고적부터 야생에 옥죄고 있다.

음주는 젊음을 말살하고 기운을 잃게 하며
에너지를 빼앗고 인류의 가장 좋은 빛을 잃게 하여
사람으로부터 가장 훌륭한 빛을 잃게 한다.
사람으로부터 흉물스러운 조공을 모은다.

-잭 런던, 미국의 작가이자 애주가

음주는 러시아뿐 아니라 전세계적인 문제다. 19세기에 금주 운동이 일어나는데, 러시아의 운동은 1850년대 말에 시작되었다[54]. 수천 농촌마을과 수십만 명의 사람들이 술집을 폐쇄하라고 요구했다. 집회를 열어 한 잔의 술도 마시지 않겠다는 맹세를 했다. 맹세는 자발적이었던 만큼 엄격하게 지켜졌다. 예기치 못한 변혁에 놀란 경찰서장들은 각 마을을 열심히 찾아다니며 맹세를 철회하라고 농민을 설득하고 부농을 협박하기도 했지만 먹히지 않았다. 독점판매상인은 보드카 가격을 내리고 보드카 양동이를 선물하기도 했지만 농민은 뜻을 굽히지 않았다. 32개 현, 수만 명의 설득되지 않은 이들이 보드카를 거부했고 1859년 5월에는 술집을 대대적으로 폐쇄하기 시작했다.

러시아인의 음주가 민족적 필연성이 있다는 낭설은 이렇게 역설

54 모든 사람이 술을 마신 것은 아니지만, 19세기에 이르러 러시아 대도시의 음주는 상당한 골칫거리였다. 당시 보드카를 병에 담아 팔지 않았다. 카박이라 불렸던 술집에서 큰 통에 담긴 술을 각자 따라 마셨다. 악당 같았다. 식사는 팔지 않고 안주거리만 팔아, 조금 마셔도 술에 취하기 쉬웠다. 음주는 돈이 많이 드는 일이었다. 보드카를 사려면 양동이 대용량으로만 팔아서 대부분의 서민은 살 여력이 없었다.

적으로 생겨났다. 여러 지역에서 이 기간 동안 술을 마시지 않는 클럽문화가 형성되었다. 19세기 후반 금주 운동은 다른 나라로 퍼져갔다. 1874년 미국 여성들은 음주에 반대하며 십자가 행진을 했다. 이 운동은 오하이오 주에서 시작되었는데, 선술집 주인에게 보내는 호소문을 쓰고, 호기심에 가득 찬 군중이 모인 교회의 종 아래에서 호소문을 읽었다. 여성들은 선술집 주인들에게 사람에게 해로운 일을 그만하라고 요구했다. 선술집의 천막 아래 서서 손님들이 못 들어가도록 막았으며 금주 서약을 부탁했다. 시간이 지날수록 음주반대 행진은 큰 행렬을 이루었다. 수천 명의 아이들이 "금주를 위해 싸워주세요! 술에 취한 엄마와 아빠가 우리를 때려요!"라는 말이 쓰인 깃발과 현수막을 들고 시위에 보내졌다. 미국의 금주캠페인은 국내뿐만 아니라 다른 국가의 금주사회를 활성화시켰다. 미국의 여성들은 주당 남편에게 진저리가 났던 모양이다.

아! 그러나 어떤 주류사회도, 정부도, 재계도 여성의 이러한 금주캠페인을 지지하지 않았다. 1840년 영국의 보험회사들은 금주가 몸에 해롭다는 듯이 생명보험이나 건강보험 가입 시 금주자에게 높은 보험료를 부과했다. 논리는 명백했다. 금주는 정상이 아니라는 것이었다. 러시아에서는 애주가의 논리였지만 영국에는 보험회사와 상술이었다.

러시아의 금주캠페인에는 가장이자 사회 지도층인 성인남성도 참여했다. 부유한 상인이나 막대한 재산을 가진 자산가들도 있었다. 귀족은 금주캠페인을 민감하게 받아들였다. A. K. 톨스토이는 금주캠페인을 지지하는 내용의 시를 쓰기도 했다[55]. 러시아 정교회는 금주를 지지했다. 1859년 7월 신성종무원은 "성직자는 도시 및 농촌

55 Tolstoy A. K. Bogatuir, 1964

지역의 사람들이 금주라는 결단력을 내릴 수 있도록 도우라[56] "고 지시했다. 러시아의 금주클럽은 음주와의 전쟁에 있어 실질적인 진원지였다. 1900년에 이르러서는 15개 도시와 140개 농촌에 금주클럽이 집계되었으며, 1914년에는 400개에 달했다. 뿐만 아니라 공장 노동자, 농민, 수공업자, 의사, 승려, 교사가 참여하는 금주클럽이 에스토니아에 35개, 라트비아에 10개, 핀란드에 10개가 생겨났다.

금주와 음주 사이의 상관관계를 집어내기는 힘들지만, 멘델레예프[57]에 의하면 러시아 농민의 40%가 전혀 술을 마시지 않고 성찬 축하주만 마실 뿐이라고 한다. 20세기에 서구에서도 규모 면에서 러시아의 금주캠페인과 비슷한 운동이 일어났다. 1935년 미국에서 알코올 중독자 모임이 처음으로 생겼다. 거래소 브로커와 외과의사 등 알코올 중독자였던 사람들의 모임이다. 오하이오 주의 소도시 애크론에서의 첫 정기모임 이후, AA(Alcoholics Anonymous)라 불렸는데, 현재 150개 국가, 수천 개의 AA에 3백만 명이 참여하고 있다.

AA는 알코올 중독의 지옥에 떨어졌다가 빠져나온 이들이 또 다시 지옥에 떨어지지 않기 위해 함께 하는 운동이다. 그러나 러시아의 금주캠페인은 한 번도 술을 마시지 않은 이들에 의한 것이다. 내용면에서 다르다. 러시아의 그것은 처음부터 음주를 시작하지 않으려는 것이다.

56 Uglov F. G. 보드카에 관한 책, Sost Yu. G. Ivanov, Smolensk, 2001

57 러시아의 천재학자 드미트리 이바노비치 멘델레예프는 우리가 아는 것처럼 "진짜 러시아 보드카"의 화학공식을 만들지 않았다. 어디서 그런 미신이 생겨났는지 알 수 없는 일이다.

1913년과 그 이후

보드카는 적이고 저축은행은 친구다.

–어느 광고 현수막

20세기 초 나라가 발전하면서 많은 변화가 일어났고 새로운 '황금기'는 빠르고 예측이 가능해졌다. 러시아의 황금루블(19세기 초 사용된 황금주화)에 대해서 우리는 이미 학교에서 배웠다. 스톨리핀 수상의 개혁이나 적극적인 곡물 수출, 1913년 여타 경제적 성과에 대해서도 마찬가지이다.

이 기간의 놀라운 성과에 대해 우리는 계속 이야기하고 있다. 민관합동으로 시베리아 횡단철도를 부설하고 시베리아의 광활한 영토를 적극적으로 활용하기 시작한 것도 그렇다. 그렇다면 이 국민을 어떻게 특징지을 수 있을까? 늘 술에 취해 있고 아무것도 하지 않는 한량들을 말이다. 기업가적이고 근면하며 성실하고 양심적인 사람들도 가끔 있었다고 할 것인가? 남을 너무 쉽게 믿지 말라.

당시 국민의 자유, 자유와 뗄 수 없는 주체성, 책임감, 자긍심이 아직도 러시아인의 자연스럽고 유일한 특성으로 인정받지 못하고 있다. 노인들은 맨발의 농노로 지내던 어린 시절을 여전히 기억하고 있다. 아직 50–70년을 더 적극적으로 창조적인 노동을 해야 한다! 어쩔 수 없다. 놀라운 1913년이여! 20세기 후반 러시아는 "소련의 곡물생산은…, 1913년과 비교해서 돼지 사육 수는 증가…, 1913년과 대비해서 주철, 철강은…" 식으로 사회주의로 가난해진 학생들에게 가르쳤다. 국가의 모든 주요통계가 이런 식이다. 심지어 수년에 걸친 소련정부의 총체적인 공산주의 선전도 혁명 이전의 놀랍고 객관적인 성과의 아성을 깰 수 없었다.

우리 러시아의 모태적 심성에 대한 연구를 계속 살펴보자. 제1차 세계대전 초기인 1914년 '에피소드 4'라 부르는 주류 전매가 도입되었다. 도수 16도 이상의 술을 주조하는 것이 금지되었다. 금지라는 것에 주목하라! 실로 정당한 도덕적 수단이다. 당시는 러시아 역사 중 갑작스런 유혈의 시대로 진입했다. 사회생활의 일부분에는 필요 이상의 금욕주의가 요구되었다.

사회주의 리얼리즘 영화로 인해 많은 역사적 왜곡이 실제처럼 받아들여지게 된다. 레닌 동무가 이유없이 영화를 가장 중요하게 여겼던 것이 아니었다[58]. 볼셰비키가 정권을 잡으면서 머리부터 발끝까지 많은 것이 다시 세워졌다. 그러나 옛 러시아의 "금주법"은 철폐되지 않았다. 시골 사람들은 은밀하게 금주법에 반하는 행동을 했고 전쟁 동안 인적이 드문 시골에서의 밀주가 끊이지 않았다. 밀주가 없다면 내전이 들끓었고 신경제정책이 들끓었다.

정부도 나름대로 밀주를 근절하려 했다. 흉내가 아니라 실제로 그렇게 하려했고 열심히 빈곤을 퇴치하려 했다. 성공하지는 못했다. 그러나 금주는 미국에서도 성공을 거두지 못했다. 소련 작가 일프와 페트로프는 유명한 희극 작품에서 남자주인공 오스타프 벤더가 미국인에게 밀주 양조장비를 파는 것을 묘사하고 있다. "이 장비는 협탁 위에 놓을 정도로 작고, 효율적이라서 하루 만에 향기로운 '페르바차(갓 주조한 밀주)'를 만들 수 있다"[59]. 결과가 유쾌하지는 않았다. 밀주 유통으로 인하여 불법금융제국이 부상했고 미국 마피아의 기반이 되었다. 이에 관련해서 마리오 푸조는 자신의 작품 대부에서 매우 솔직하게 묘사하였다[60].

58 서커스 또한 그렇다고 네티즌들은 이야기한다. 그렇지만 레닌은 측근들에게 서커스에 대해서는 이야기 한 바가 없다. 아직 민중이 깨우치지 못했을 때도 그렇다. 인터넷에 떠돌고 있는 "아직 민중이 깨우치지 못했을 때, 모든 예술 중 우리에게 가장 중요한 것은 영화와 서커스이다"라는 말도 떠도는 이야기를 패러디한 누군가의 멍청한 농담일 뿐이다. 원한다면 Lenin V. I. PSS. 44를 참조하라

59 Ilf I. and Petrov A. 황금송아지, Khudlit, 1940

60 Puzo M. 대부. Krasnoyarskoe izdatelstvo, 1990

러시아에서는 비록 금주법이 성공하지 못했지만 마피아가 부상하지는 않았다. 소련시절 사람들이 러시아제국 때 보다 더 많이 술을 마셨을 것이다. 그러나 이것은 러시아에만 해당하는 이야기가 아니다. 모든 나라에서 음주량이 지속적으로 증가하는 우울한 경향이 나타난다. 1940년은 세계 모든 나라가 악명 높은 1913년보다 독주를 더 많이 마신 해이다. 이것이 러시아의 음주를 설명하는데 있어 강조할 첫 번째 사실이다.

둘째, 소련은 익숙한 제도를 무너뜨리고 새로운 사회 건설을 위한 대대적인 실험을 했다. 수천만 사람들의 생활, 주거지, 직업, 사회적 지위가 근본적으로 바뀌었다. 고정관념이 무너지고, 일상 생활이 산산조각났다. 이러한 변화는 큰 스트레스를 가져오지 않을 수 없었다.

셋째, 20세기 초중반 동안 러시아 그리고 소련은 끊임없이 전쟁을 치렀다. 재1차 세계대전 후 유럽은 세계 무대로 나가 짧은 호황, 즉 경제적 번영의 시대로 전환한다. 그러나 러시아에는 내전이 일었다. 내전이 끝나자마자 다시 유럽과 전쟁을 준비해야 했다. 1945년 이후에야 러시아에 평화가 찾아왔지만 암울해진 냉전으로 새로운 전쟁에 대한 걱정만이 이어지고 있었다. 크게 보아 러시아에서 전쟁은 1914년 8월에 시작되어 1970년대 초 해빙이 시작될 때가 되어서야 끝났다고 해도 과언이 아닐 것이다. 이런 전쟁 기간 동안 음주량이 줄어든 때가 있었던가?

넷째로 통계를 보자. 러시아 음주가는 다른 나라보다 적었다. 그럼에도 음주는 러시아 사회의 긴장과 격렬한 토론, 논쟁을 불러일으켰다. 사람들이 음주를 무엇과 비교할 수 있었을까? 무엇에 근거해서? 전에 술을 덜 마신 것에 비해 현재 더 많이 마신다는 것뿐이다. 그래서 러시아인이 나쁘고 퇴화했으며 행실이 바르지 않다는 것이다. 우리는 술꾼이라고, 그 어느 나라도 러시아만큼 술을 마시지 않는다고, 우리는 그렇게 태어났다고 하는 악의적인 낭설이 우리 머리까지 사로잡은 것이다.

다섯 번째로 짜르시대와는 달리 소련시대의 인민에게는 술을 강요하거나 술자리를 당연시하지도 않았다. 국가 예산의 일부가 음주세로 채워졌던 것은 사실이다. 그러나 알렉세이 미하일로비치 때처럼 한 손으로는 술을 따르면서 다른 손으로는 이 과정을 통제하려 했다. 즉 1953년과 1985년 사이 소련 사회는 상당히 안정되어 이 기간 동안 금주캠페인이 성공적으로 이루어졌다. 주류 가격을 몇 차례 인상했으며 주류 판매법을 개정했다. '쿠반' 보드카를 2루블 40 코페이카에 살 수 있는 곳이 어디 있는가? 이는 1960년대 중반 생산이 중단되었다. 1970년대 중반에는 3루블 12코페이카하던 '신의 음료'가 자취를 감추었다. 보드카는 3루블 62코페이카로 판매되거나 4루블 12코페이카로 판매될 때도 많았다. 브레즈네프의 보드카 가격 인상 이후 재치있는 민중시가 떠돌았다.

2루블이었다가 3루블이 되었네,
브레즈네프께 전해주시오.
우리는 8루블이어도 감당할 수 있다고.
만약 더 올라간다면,
폴란드[61] 처럼 될 것이오.
만약 25루블이 된다면,
우리는 다시 짐느이를 고를 것이라고!

---

61 레흐 바웬사가 주도한 노동조합 "연대성"의 파업을 넌지시 암시하고 있다. 부두노동자의 파업이 전 나라로 확산되었음에도 불구하고, 당시 보이치에흐 야루젤스키 대통령은 제한적으로 군사적 대응을 해, 1956년 헝가리나 1968년 프라하에서와 같은 사건이 재발하는 것을 막았다. 이에 대해 폴란드인들은 그를 재판에 회부해 그와 그의 치세를 모욕하는 대신 바르샤바에 그를 기념하는 동상을 세워야 한다. 아.. 귀족들여, 그대들의 지혜는 어디로 갔는가? 이것은 "반폴란드" 민족주의가 아니다. 나는 우리와 먼 조상이 같은 식구인 폴란드인을 평가할 권리가 있다. 어찌하랴.. 어쩌면 앞으로 깨달을 수도 있겠지, 어쩌면 아우슈비츠 수용소에서 러시아인만 풀려나고 영화 "진주만"의 벤 애플릭은 풀려나지 못한 것을 6월의 폴란드 학생들이 확신한 것처럼 인정할지도 모른다.

1981년부터는 저녁 8시부터는 술을 살 수 없었다. 지금 상점의 주류코너는 11시에 문을 연다. 그건 그렇고 러시아 민족의 자가당착이 천재적이라는 것을 조금 더 말하고자 한다. 안드로포프 시대에는 전국적으로 11시부터 술을 팔았다. (일을 시작하기 전 술을 마시지 못하도록 하기 위함이다). 사람들은 11시를 '늑대의 시간'이라 이름 붙였다. 11시가 되면 레소포발주를 사기 위해 작업장을 팽개치고 줄을 섰던 이들이나, 술에 취해 눈이 풀린 근로자에 대한 표현이 아니다. 소련의 현실을 모르는 요새 젊은이를 위해 설명하자면, 모스크바의 중앙어린이극장 건물 정면에는 동화 속 주인공의 모습을 하고 시간마다 작은 창에서 나와 춤을 추는 인형들이 있다. 아침 11시는 회색 늑대가 나와 시간을 알린다. 마치 빨간 망토 소녀의 할머니를 잡아먹은 듯 한 모습이다. 그래서 늑대의 시간인 것이다.

한편, 경제적으로 술을 마시는 것이 얼마나 힘들었는지 알면 좋을 것이다. 현재 중저가 보드카 0.5리터에 100루블까지 한다. 즉 모스크바 사람의 평균 월급(2008년 기준 2-3만 루블)을 가지고 보드카 200-300병을 살 수 있다. 1980년 소련 시절 월급이 평균 200루블이었으니 50병 밖에 사지 못했다. 소련 시절에 보드카가 4-6배 비쌌다. 당시 4루블(보드카 한 병 가격)은 모스크바 평균 월 급여의 2%였다. 오늘날 보드카 한 병 가격은 급여의 0.3% 밖에 되지 않는다.

지금은 식료품 사기가 훨씬 용이하다. 주류, 담배와 같은 유해물품 가격을 조정하고, 보드카 및 담배 생산업체가 과도한 수익을 얻는 것을 막기 위해 소비세를 부과하는 것이 우스워 보인다. 질 좋은 우유 한 팩의 가격이 보드카 한 병과 비슷하니 말이다. 쥬가노프의 말을 빌리고 싶진 않지만, "자국민을 술주정뱅이로 만드는 권력의 범죄정책"이란 말 외에 이를 다르게 표현할 말이 없다[62].

62 몇몇 정치인이 제안한 "모든 국민이 마실 수 있는 보드카" (병당 50 루블) 계획은 절대 실현되지

당시에도 모든 것이 있었다. 추가로 돈을 내지 않고 24시간 내내 보드카를 살 수 있는 마법의 아파트가 있었고 언제 어디서든 보드카를 파는 택시기사도 있었다. 저항의 표시로 보란 듯이 술에 잔뜩 취해 고함을 지르는 이교도 무리도 있었다. 여기에는 블라디미르 브이소츠키와 베니치카 에로페예프, 그리고 그의 전설적인 시 모스크바-페투시키도 포함된다. "당신은 어떤 분야의 예술가입니까?"라고 묻는다면, 소련의 창의적 지식인은 취한 채 답할 수 있다. 술이라고. 술에 취한 사람들은 주변 사람들도 마치 자신처럼 술에 취했다고 생각하지 않는가? 소련 시절 가장 술에 취한 이들이 배우, 작가, 화가 등 예술계 종사자라는 것은 비밀도 아니다. 언론인 역시 마찬가지다. 상처받기 쉬운 천성을 가진 이들은 완전한 충성을 요구하는 권력과 타협을 했고 그 대가로 계속 술을 마실 수 있었다. 정부는 이를 못 본 척 했다. 문화인과 지식인은 주로 자기네들끼리 어울렸기 때문에 자신의 좁은 엘리트 사회에서 'WTO 레스토랑'에 승복했다. 그들이 떠들어 대는 바람에 전 나라가 술을 마신 것처럼 되었다. "국민이 만취해 있다면, 작가는 자신의 운명으로부터 도망갈 권리를 갖지 못한다". 이 말은 역시 애주가인 바실리 벨로프가 한 말이다. 소심한 사람이 보통 물귀신 작전을 펴는 법이다.

오늘 우리는 옴에 걸렸다.
모든 것이 진절머리 난다.
나의 큰 친구여,
대신 우리는 마음으로 쉰다
WTO 레스토랑에서

않을 것이라 확신한다. "국민 보드카"라는 생각은 정신분열증 수준이다. 담배는 이미 국민화되었다. 러시아는 전세계에서 담배값이 가장 싸다. 담배에 중독되기 싫다. 또한 "국민 헤로인"도 약국에서 앰플 하나에 100루블에 살 수 있다. 러시아가 이런 나라라는 사실을 숨겨라

소련정부가 지식인의 문화활동을 지원해 주었더니 하는 말이란게 내내 음주다. 편집자와 영화감독을 당이 검열하긴 했으나 있으나 마나 했고, 검열할 생각조차 했는지 모르겠다. 모든 책과 영화에 끈덕지게 음주가 존재했으니 말이다. 몇 영화의 주인공은 새해 전날 사우나에서 술을 너무 많이 마셔 엉뚱한 비행기를 타기도 한다. 아니 도대체, 백만 아니 수천만 명의 사람들이 전부 술을 마시고 사회를 이끌었다는 말인가? 시베리아와 카자흐스탄의 스텝 지역과 타이가 지대에 도시를 세우고 인류 최초로 우주에 사람을 보내고 순식간에 교육 및 직업능력을 향상시켰단 말인가? 그럼 술이 참 좋은 거네?

1980년대까지만 해도 소련이 심각하게 술을 많이 마신다고 믿는 사람이 적었다. 그러나 그런 사람이 늘어나는데 어디서 이런 확신이 나온 것일까? 첫째로 다른 국가와의 비교가 불가능해서 그렇다. 우리는 소련의 음주량만 보았지, 다른 나라 것은 보지 못했다. 이렇게 안타까울 수가! 확신하는 일은 간단했지만, 우리는 진짜 문제와 거리가 멀었다. 둘째, 널리 퍼진 가난 때문이다. 우리는 삶에 신음하고 울었다. 우리의 고민과 눈물은 우리 사회가 문제를 어떻게 받아들이냐 하는 것을 보여주는 지표이다. 고통 속에서 널리 퍼져 버린 음주를 끔찍하게 생각했던 것은 우리가 이전에는 그런 일을 한 번도 겪어보지 못했기 때문이었다. 조금씩이지만 매년 술을 마시는 양이 늘었고 이는 우리가 나빠지고 있다는 것을 증명했다.

당시 영국과 미국은 우리보다 술을 더 마셨다. 하버드대학의 헨리 웩슬러 교수의 연구자료를 보면, 이 저명한 대학생 5명 중 2명은 일상적으로 술을 마셨다. 미국의 수천 명 학생이 술로 인해 벌어진 사고로 사망했다. 소련의 대학에서도 이러한 일이 있었는가? 죽을때까지 마시는 일 말이다. 소련의 음주율은 서구 국가보다 상당히 낮았다. 영국인은 이미 오래 전부터 우리라면 꿈도 꾸지 못할 광범위한 음주에 익숙해 있었다. 때문에 이들이 오히려 음주문제에 차분하게 반응한다. 반면 우리는 술을 소박하게 마시는 것에도 익숙하지 않아서 음주의 작은 결점에도 수백만 명의 사람들이 소리를 질렀다. 비교해보고 말하자. 그래도 우리에게 문제가 있으면? 고치면 된다.

러시아 역사 내내 흑색선전이 우리를 괴롭혀 왔다. 그 선전이 실제로 어디서 유래했는지 많은 사람들이 잊었다. 그래서 우리가 다른 나라 사람보다도 더 술꾼이라고 진정 생각하기 시작했다. 흑색선전은 결국 러시아의 음주를 장려했다. 러시아인이 죄다 술을 마신다고 우리 스스로 생각한다면, 왕따가 싫은 개인은 이 거대 과정에 참여하게 된다. "너 뭐야? 우리와 술을 마시지 않네, 러시아인이 아니야? 응?" 이렇게 말이다. 특히 이제 막 인생을 시작하는 젊은이에 악영향을 미친다. 젊은이는 삶의 경험도 마음이 통제력도 아직 없다. 이러지 말자. 정말 효율적이지 못하다. 낭설이란 것은 러시아에서도 그렇게 받아들여진다는 것을 우리는 이제 안다. 먼 옛날부터 블라지미르 대공 때부터 그랬다!. 낭설은 사회적 행동을 프로그래밍한다. 명심할 것이다.

4장. 어떻게 우리에게 술을 먹여왔고 먹이는가

술이 이기지 못할 만큼 강한 몸은 없다
–플루타르코스 (그리스 철학자 겸 작가)

술보다 센 젊음은 없다
–러시아 속담

변화를 향한 첫 번째 시도

공장에서도, 사무실에서도. 떠들썩한 술자리가 여기저기에서 벌어졌다.
나는 아내의 직장을 통해 이를 들었다.
–미하일 고르바초프

안드로포프 역시 인민 생활에 큰 변화가 필요하다고 생각했다. 그래서 사회의 나사를 다시 풀며 덜그럭거렸지만 풀고 나니 더 이상 조여지지 않았다. 나사 홈은 떨어져 나갔다. 안드로포프는 더 이상 나사를 조이지 못한 채 스패너를 손에서 놓아 버렸다. 신이 안드로포프의 수명을 조금만 더 연장해 주었더라면 많은 것이 변했을 것이고 포도나무가 미친 듯이 잘려나가는 일도 없었을 것이다.

고르바초프는 모스크바 국립국제관계대학교(MGIMO-University)의 체코슬로바키아 신문 *Socialism s lidskou tvari*이 주최한 한 강연에서 '페레스트로이카의 클리셰'를 언급하며 '인간의 얼굴을 한 공산주의'를 제창했다. 재미있게도 신문명을 이용한 것으로 체코슬로바키아의 운동권에 의해 문자 그대로 통역되었다. 러시아어로 옮기면, '인간의 꼴을 한 사회주의'이다. 청중은 "사회주의가 사람 꼴을 하려고? 꼴에 웃긴다"라며 강연장을 빠져나오며 복도에서 비웃었다. 냉소가들은 킥킥거렸지만 고르바초프는 다시 건설하고 고상하게 살자며 외국에서 우리를 도와줄 것이라고 말했다. 사람들에게 불쾌한 일이 흔히 그렇게 일어나듯 페레스트로이카도 이 처럼 갑작스럽게 시작되었다.

당시 술은 여러 측면에서 주요한 문제거리였고 여전히 힘겨운 삶의 이유였다. 포로스에 연금되어 있던 동안 고르바초프 또한 음주 및 알코올 중독 척결을 구상했었다. 문제는 어떻게 하느냐였다. 젊은이의 일이라면 두 팔을 걷어 붙였던 고르바초프는 국민에게 금주를 권고했고 쿠폰제도 및 엄격한 통제를 시행했다. TV 아나운서들이 케피르(우유 발효음료)만 마시면서 술이 없는 파티, 결혼 피로연과 기념일에 대해 방송했다. 음주 대신 국민체육과 헬스가 장려되었고 각종 친목모임과 "–를 사랑하는 이에게" 따위의 모임이 생겼다.

국민에게 이같은 여가놀이가 제안되었지만 여기저기 주류밀매가 생겨났다. "여기는 시카고가 아니야. 러시아에선 더 징할 걸?"이란 전 국민의 사랑을 받았던 한 드라마의 대사처럼, 실제로 러시아는 징했다. 이모를 보내 술을 사는 사람, 죽은 사람 앞으로 나오는 쿠폰을 닥치는 대로 사모으고 상식적으로 마실 수 없는 것을 마셨다. 동화에나 나올 법한 노파들은 밤의 도심공원에서 연금에 보탤 것을 찾아 모았다. 그러나 술을 마시지 않는 깐깐한 이들은 부자가 되었다.

자본주의를 향한 도약은 이와 같이 처음부터 실패한 채로 시작되었다. '인간의 얼굴을 한 공산주의'는 태어나지도 못한 채 조용히 죽었지만 아무도 안타까워하지 않았다. 그러나 여기엔 놀라운 사실이 있다. 전러여론조사센터에 의하면 1980년대 중반의 얼토당토않은 금주캠페인에 대하여 국민의 약 58%가 긍정적으로 생각한다는 것이다. 오늘날의 금주캠페인도 그 정도로 지지한다. 통계에 따르면, 금주캠페인의 결과 1985년에서 1987년 사이 소련의 실제음주량이 1/3 정도 줄었다. 알코올 중독성 사망은 56% 감소했다. 남성의 사고사, 폭력 및 전염병으로 인한 사망도 크게 감소했다. 남성의 평균 수명도 65세에 이르렀다. 이것이 오늘날 우리가 애써 이루려고 하는 목표이다. 1980년 말 남성의 사망률은 다시 높아졌다.

익숙한 세상의 붕괴

술과 아가씨는 꼭 책임질 일을 만든단 말이야
–영화 *약속장소를 바꾸지 마라* 중에서

1991년 이후 일어난 모든 일은 변화의 규모 면에서 1917년부터 1920년간 러시아 내전 이후 격변을 떠오르게 한다. 페레스트로이카 전까지, 러시아 공산주의 사회에는 '가정과 전공과 직장은 하나만 갖기'라는 관습법이 있었다. 국민은 이를 지켰다. 당위원회나 노조위원회 모임에서 사람들은 일부다처제을 비난했으며 자주 직장을 옮기는 사람을 '레튠'이라 불렀다. 안정적인 사람이 존경받았으며 공장에서 30년을 일하고 직원, 반장 혹은 공장장으로 은퇴하는 것을 자랑으로 여겼다. 물론, 그렇게 할 수만 있다면 말이다. 영화, *발전된 사회주의의 시대*, *모스크바는 눈물을 믿지 않는다*의 여주인공 베라 알렌토바가 이상적인 직장인의 모습이었다.

물론 모두가 자기 일을 맘에 들어하고 열심히 배우려 한 것은 아니었지만, 시간이 갈수록 의지와는 관계없이 경험과 지식을 쌓아갔다. "토끼에게 북 치는 것을 가르칠 수 있다"는 말처럼, 오랜 시간 한 자리에 앉아 일을 하다보면 필요한 능력을 완전히 습득할 수 있었다. 이런 사회에서 급격한 사회변화는 부정적인 것이었고 변화는 사람들의 품행에 대한 규범을 무너뜨리는 것이었다. 물론, 외과의사가 가구를 만들거나 교사가 미장일을 하는 경우는 없었지만 말이다! 원하든 원하지 않든 안정의 시대였다. 안정의 시대였으나 그 시대는 이제 끝났다.

페레스트로이카는 노아의 홍수처럼 기존 규범과 질서를 모두 쓸어버렸고 소련 이후의 인구 대이동이 시작되었다. 옛 지식과 전문성은 필요 없는 것이 되었다. 사람들은 더 이상 다른 사람을 먹여 살리려 일하지 않았다. 인생막장으로 치닫지 않기 위해, 사람들은 새 직장을 구하고 직장을 이리 저리 옮기며 한 번도 해보지 않은 일에 도전했다. 이 '도약'에 20세부터 70세까지의 다양한 세대가 참여했다는 사실이 놀라울만 하다. 그러나 나이들면 새로운 지식을 습득한다고 능력까지 보장되는 것은 아니고 일을 자주 바꾸다보면 전문성이 사라진다.

이렇게 해서 전문성 없는 시대가 시작되어 지금까지 이어져오고 있다. 원하면 누구든 뛰어들던 인문학은 특히 큰 타격을 받았다. 직업교육, 업무경험, 도덕적 소양도 없는 이들이 인기직종이라면 마다하지 않았다. 일을 복잡하게 만들거나 불쾌한 이야기는 절대 꺼내지 않았다. 일자리를 잃을까봐 그런 것이다. 오늘날 유행하는 '서구식 가치', 원래 러시아에는 없었던 것처럼 여겨졌던 자유, '반체제-무정부'적인 것이 허용되는 사회 분위기가 많은 부분 이러한 사회 흐름을 만들어 간다. 온 나라가 러시아의 문화적 근본과 상식으로부터 해방을 꿈꾸는 듯하다.

유익한 술

페트루하!
나 지금 술.. 마시..는거 아니야
옳소. 나도 아니야.
지금 이것만 다 마시고 ..
이..제.. 술 끊을거야.. 마시자!
–영화 *사막의 하얀 태양* 중에서

금주캠페인은 갑자기 사라졌다. 1992년 보리스 옐친 대통령은 보드카에 대한 국가독점을 해제했다. 주류산업 자유화의 결과로 보드카 가격이 몇 배 떨어졌다. 시장경제에 어떤 정부가 인위적 제재를 말할 수 있으랴? 술이 강이 되어 흐르기 시작했다. 장사는 가장 괜찮은 직업이었다.

이문 남지 않는 장사가 어디 있는가? 광고계로 많은 노동력과 자본이 유입되었다. 물가가 치솟고 경제파탄에 실업자가 넘쳐나는 가운데 사람들은 텔레비전에서 매일처럼 유혹적인 광고를 보았다. 다양한 위스키, 베르무트, 보드카를 알게 되었다. 매일 밤 말보로 담배곽의 카우보이가 우리에게 뛰어올라 불타올랐다. 맥주는 백과사전같다! 소매점에는 맥주잔이 크기에 따라 배열되었다. 바바리안, 체코, 영국, 프랑스 등 다양한 역사와 국적을 가진 맥주가 들어왔다.

광고는 환상적인 자동차, 호화 빌라 및 호텔이 있는 외국의 해변을 보여주었다. 광고 속의 "당신은 자격이 충분합니다. .... 천 달러밖에 하지 않습니다"라는 말은 대다수 러시아인들에게 그저 꿈일 뿐이었다. 그러나 맥주같은 유혹적인 음료를 마시는 것은 전적으로 현실적이었다. 사람들은 절제하며 맥주를 마셨다. 콧수염을 타고 흘러 입에 닿았다. 소련시절, 멋을 아는 주부들은 주방에 외국산 음료가 들었던 빈 병이나 수입음료 깡통을 인테리어 소품으로 장식하기도 했다. 외국과 관련된 것은 멋있고 센스있는 것으로 여겨졌다. 1990년대에 들어와서는 노숙자도 채 포장도 뜯지 않은 이국적인 크리스탈 제품을 쓰레기통에 버린다. '녹색 악마'는 날개를 폈고, 광고는 점점 더 자극적으로 시청자를 유혹할 때 의회에서는 법적인 소요가 더 심해져 갔다.

흡연은 해롭다. 음주도 해롭다고 말하지만 아이가 있는 러시아 가정에서 담배 광고방송을 하루종일 본다면 큰 문제다. 주류 및 담배 광고는 거의 금지되었다. 그러나 맥주는 주류 대체재로서 적극적으로 권장되어 주류광고의 빈 공간을 차지했다. 맥주는 유럽식으로도 충분히 문화적이며 도수도 높지 않았다. 맥주 축제, 맥주바, 라이프 스타일이 유행하게 되었다. "오빕 로코스 맥주 – 선의 이름으로! ", "오빕 로코스 맥주 – 내가 더 많이, 너보다 더 많이!" 남성은 남성의 취향인 '아르스날노에 맥주'를 함께 마셨다. '클린스코에 맥주'도 삶의 부분이 되었다. 맥주를 마시는 이들은 창백하고 퉁퉁 부은 얼굴, 야구모자, 초점 없는 눈빛으로 알아볼 수 있다. 젊은이들은 손에 소중한 술병을 들지 않고서는 불안해 했다.

정치적 올바름(Political Correctness)의 폐혜

제화공은 구두를 두드렸고 재봉사는 옷에 솜을 넣었다,
음악가는 바이올린을 손질하고 독일인은 휘파람을 불었다,
시종은 취했고 귀족도 취했고 군인도 취했다.
–V. I. 달, 러시아 민속속담

러시아 낭설의 몽둥이 찜질 중 하나는 인권을 모른다는 것이다. 우리는 관용적이지 못하다. 우리는 공격적이다. 우리는 타인의 권리를 존중하지 않는다. 우리는... 등등. 중요한 것은 우리가 우리 스스로 인권을 제한하고 파괴한다는 것이다. 술을 닥치는 대로 마셔대는 것도 여기 포함된다. 바람직하지 않은 일이다. 자유롭고 자주적인 개인이 술을 마시고자 한다면, 누가 막을 수 있겠는가? 누군가 대낮부터 술을 사 마시고 소리를 지르고 술 주정을 한다면 누가 이 신성한 권리를 제한한단 말인가?

유감스럽지만 이것은 농담이 아니다. 서구에는 '대마초 마피아'가 있다. 그들은 마약을 합법화하고 주류판매 제한을 철폐하려 한다. 사람이 원하는 시간에 언제든 마약과 주류를 공급하고 이용하고 마시고 피우고 부수는 것을 방해하는 모든 규제를 철폐하려는 강한 움직임을 보이고 있다. 이미 성과도 있어 많은 규제가 풀렸다. 기쁜가?[63].

크리스마스 이브, 영국 강가에 미국산 감옥선이 나타났다. 사람 구실을 못하는 국민, 알코올 중독자 요양소로 쓰기 위해 템즈강으로 가져온 것이었는데, 알고보니 경찰서 유치장이나 지역 교도소가 꽉 차서 만취한 난동꾼을 구류할 곳이 없었던 것이었다. 국가 명절을 앞두고 영국의 대도시에는 응급조치를 위한 이동병원도 돌아다닌다. 수 많은 알코올 중독자들, 나이트클럽이나 바 주변에서 피투성이 난동꾼이 발견되기 때문이다[64]. 영국 여성은 일주일에 평균 4병의 포도주를 마신다.여태껏 러시아인이 가장 술을 많이 마시는 것으로 생각하지만, 실제로 일상적인 음주는 영국뿐 아니라 전 유

63 비록 나 역시 모든 책들이 '음모론'에 점차 빠져들고 있다고 느끼지만, 우리는 '음모론'에 열중하지 않을 것이다. 물론, 실제로 꼭 그렇지도 않다. 반러시아적인 '세계비밀조직의 음모'는 존재하지 않는다. 단지, 구멍가게 주인과 상인 간의 관계처럼, 국가 및 민족 간 경제, 정치 관계에서 지난 수 세기 동안 경쟁이 가장 치열했다는 확고한 원칙이 작용할 뿐이다. 경쟁 하에는, '비밀스러운 규모의' 음모나 공모, 기타 터무니 없는 일이 아니라해도, 참가자들이 경쟁하는 와중에 그런 일들이 결과로 나타날 수 있다. 경쟁에서 이기기 위해 이데올로기와 신화를 만들어 내는 목적지향적인 행위가 나타나는 것이다.

64 런던 경찰은 시대가 바뀌어 전에는 일이 거의 없었는데, 지금은 밤 12시가 넘으면 술 취한 젊은이 무리들을 선도하는 일을 시작한다고 불평한다. 여기저기에 쥐어 터진 얼굴에, 신경질적으로 울어대는 거의 정신을 잃은 청소년들이다. 가장 바쁜 날은 금요일과 토요일이다. 술 주정뱅이로 바쁜 경찰에게 도둑이나 마약상을 잡을 시간은 없다. 그러나 개인의 권리를 침해해서는 안된다! 이 권리에는 마음껏 마실 권리도 포함된다. 주류 판매 장벽을 철폐하는 새 법안이 통과된 후, 불과 지난 몇 년 사이에 많은 변화가 있었다. 그리고 이제 제대로 서 있지도 못할 만큼 마시는 것이 더 이상 무식한 행동으로 여겨지지 않는다.

럽 대륙에 걸쳐 있다. 독일 동부지역에서도 전례없이 음주가 확산되었다. 그곳의 실업자들은 술값이 저렴하던 옛 동독시절을 그리워한다. 길거리에는 술에 취해 망가진 사람의 모습이 이전보다 훨씬 자주 보인다.

러시아에서 주류판매 규제를 없애고 음주권리를 인정하라는 요구가 있는데 이는 보드카 및 맥주 판매로 얻는 수익 때문만은 아니다. 다른 욕망이 있다는 생각을 배제하기 어렵다. 아주 중요한 두 가지 요소가 규제철폐와 권리요구에 있어서 본질적인 역할을 한다.

첫째, 국가와 민중을 보다 더 쉽게 조종하려는 욕망이다. 러시아의 음주가는 자책감을 느끼고 생각을 깊게 하지 않는다. 이런 사람들을 조종하기는 쉽다. 이들은 자신의 단순함을 장점으로 강조한다. 육체노동을 하고 정직한 땀의 냄새가 나는 사람이라서 부르주아적인 것을 무시하고 힘겨웠던 하루를 보내고 한 잔 하는 사람이다. 술마시는 사람은 꿈이 없다. 아무것도 아끼지 않으며 누구도 존경하지 않는 만큼, 누구에게도 힘이 되어 주지 않는다. 꽉 채운 잔 이외에는 아무것도 아끼지 않기 때문에 주변에서 일어나는 일에 신경을 쓰지 않는다. 이런 사람은 정부나 힘있는 국제기구 차원에서 필요하다. 서구 국가의 수천만 명의 일반시민이 러시아를 굴복시키려 하는 것은 아니지만, 그들의 무의식에서 이 요소는 분명 작용한다. 술에 절어 있어야 굴복시킬 수 있다.

두 번째, 러시아를 최고가 아닌 나라, 더 나아가 최악의 나라로 보려는 심리이다. 이는 러시아에 대한 그들의 고정관념을 유지하고 스스로 기분 상하지 않고 화내지 않기 위해서이다. 음주가 대대로 내려오는 '러시아 병'이 아니라 전세계적 문제라는 것을 인정하기 싫은 것이다. 서방에서 이 문제가 러시아만큼 심각하다는 사실 또한 인정하기 싫은 것이다.

결론

우리는 서방의 음주 문제가 러시아보다 덜하지는 않다는 것을 밝혔다. 포도농장에서 포도주를 만들고 증류하는 것은 러시아인이 생각한 게 아니다. 보드카 역시 우리의 전통주가 아니다[65]. 러시아인은 술과 분열로 인해 고통받는다. 우리는 아직 유전자가 건강하고 알코올 중독의 위험수위까지 도달하지 않은 상대적으로 건전한 나라에 살고 있다. 헌데 스스로에 대해 끔찍한 이야기를 하고 있다.

서구남성은 러시아 여성과 몹시 결혼하고 싶어 한다. 러시아 여성은 아름답고 서구 태생의 여성보다 건강하기 때문이다. 그 이유는 술을 적게 마시기 때문이다. 서구사람은 자신 주변과 자신이 속한 사회에 어떤 일이 일어나는 지 안다. 그들은 이런 사실을 잘 알고, 또 러시아 신부와 결혼했으면서도 먼 옛날부터 러시아 남성이 몰지각하게 술을 마셔왔다고 말하고 있다.

65 앞서 말했듯이, 보드카를 만든 사람이 바로 멘델레예프라고 요리사 포흘료브킨이 없는 이야기를 지어냈다. 뭐라고 할 것인가, 가져왔다면 가져온 것이지!

제3부 잔인성에 관한 이야기

붉은 들판에 흘린 피는 가치가 없다.
누구도 그 피를 사지 않을 것이다. 그 누구도.
–미하일 불가코프, 백색 근위대

러시아 역사는 피와 잔인성으로 유명하다. 알렉세이 톨스토이[66]의 소설 *표트르 1세*를 보면 프란츠 레포르트가 젊은 표트르에게 "표트르, 러시아는 무서운 나라야…"라고 말한다. 실제로 이 소설에는 친위대 고문, 남편을 죽인 아내의 생매장, 무섭고 혐오스러운 공개처형 장면 등 잔인한 장면이 많이 나온다. 러시아는 잔인하고 난폭하며 폭력과 살육의 세상으로 묘사된다. 반면, 모스크바 서부 '쿠쿠이'라는 외국인 거주지는 '웃음, 밝은 표정, 즐거운 대화' 등으로 다른 모습을 띠고 있었다. 표트르 대제의 외국인 신하 대부분이 선하고 친절하였으며 러시아인보다 훨씬 명랑하게 그려졌다.

러시아 역사의 잔인성과 러시아인의 잔인성, 러시아 삶에 대한 저평가는 반박하기 힘들 정도로 뿌리가 깊다. 그러니 내 말을 아무도 믿지 않을 것이고 터무니 없는 말이라고 치부할 것이다. 나는 러시아의 '무섭고' '피로 얼룩진' 역사를 다양한 시대를 통해 바라보고 이것이 진실인지 역사적 낭설인지 알아볼 것이다. 물론 시대 별 사실을 고려하여 – 러시아와 유럽의 상황 – 올바르게 비교할 것이다.

66 알렉세이 니콜라예비치 톨스토이 "표트르 1세" 1960년 판

1장. 러시아의 잔인성에 관한 고정관념

부활절 전야에 대공은 혼자 감옥을 돌며
수감되어 있는 죄수들에게 입을 맞추었다.
공주들이 신하들에게 그리한 것도 그날 밤이었다.
이르지 다비드, 예수회 모스크바지부 회원(1684-1689년)

광활하고 베일에 쌓인 어두운 나라의 피로 얼룩진 무시무시한 역사, 9-17세기의 러시아에 대한 무서운 이야기를 우리 스스로 상당히 신뢰하고 살았다. 조금이라도 교양 있는 서구인이나 러시아인에게 물어보라. '중세 러시아'하면 무엇이 떠오르는지. 피범벅이 된 사형대, 고문대, 붉은 광장의 형장 위를 날아다니는 까마귀, 공포영화에 나올 듯한 이반 4세의 친위대, 귀를 쫑긋 세울 '지하실이야기'들을 풀어 놓을 것이다.

러시아의 잔인성은 우리를 겁에 질리게 했다. 붉은 광장 가이드도 "붉은 광장의 연단을 고문과 사형집행장소로 이용했다"라고 설명한다. "힘껏 외치다"*라는 표현은 공개고문을 당한 이들, 태형으로 죽은 이들로부터 시작되었다고 한다[67]. 그러나 이것은 사실이 아니다. 형장은 왕이 칙령을 힘껏 외쳐 발표하기 위한 곳이었다. 14세기 붉

* "이바노프 광장에서 고함치다"에서 유래

67 나는 학생시절 국제청년관광청 '스푸트닉'에서 외국인을 대상으로 크레믈린 가이드로 일했다.

은 광장이 재건되기 전까지 대공의 칙령은 크레믈린의 이바노프 광장에서 선포되었다. 검붉은 제복과 푸른 바지, 밝은 갈색 장화, 주황색 관모를 착용한 무성한 턱수염을 가진 서기관은 허리춤에 경동과 거위깃털을 차고 이바노프 광장에 나와 국왕과 대공의 칙령을 '힘껏 외쳤다'.

당신은 러시아 선조를 가학증 환자로 생각하고 그렇게 믿었는가?! 붉은 광장의 눈처럼 하얀 형장 위로 능지처참으로 죽은 푸가초프의 빨간 피가 흘러 내렸다고 믿었는가?! 수세기 동안 누명으로 죽은 이들의 피가 흘러 내렸기 때문에 이 광장을 '붉은 광장'이라고 부르는 당신에게 묻는 말이다.

2장. 뇌제(雷帝)

16세기 이반 4세의 이콘 초상화
러시아 역사상 가장 복잡한 인물 중 하나

이반 뇌제, 즉 이반 4세(1530-1584년)의 잔인함과 엄격함에 대해서 말할 때면, 주로 그의 근위대를 통해서 예를 든다. 올바른 방법인가? 그렇다고 볼 수 있다. 16세기 러시아는 이반 뇌제의 탄압시기다. 당시 역사적인 역할을 한 것이 오프리치니나, 즉 근위대다. 7년 동안 잔인함이 불처럼 타올랐다. 7년 동안 희생된 사람은 5,000-7,000명으로 추산된다.

러시아 국민들이 인식하듯이 오프리치니나는 역사적으로 어둡고 무서운 시대에 등장했다. 하지만, 서구는 이를 러시아에서 아주 평범하고 정상적인 사건으로 바라본다. 귀스타프 도레의 판화를 보면, 천사의 미소를 띤 왕이 교수형 당한 이들을 바라보고, 기쁨에 찬 웃음을 지으며 자신의 왕관 끝을 사람의 배에 찔러 넣기도 했다.

오프리치닉. 오프리치닉 중에는 외국인이 적지 않았다.

빌링턴 또한 이반 뇌제가 러시아의 본질 그 자체라고 설명한다. 러시아인은 권력을 사랑하고 존경한다. 피로 물든 러시아사가 정상적이다. 영국인과 달리 러시아인은 이렇게 형성되었다고 말한다. 그러나 러시아 왕의 보편적인 통치법으로서 오프리치니나를 생각하는 것은 조금 이상하다. 전형적인 프랑스 왕처럼 창가에 서서 파리시민 사이를 뛰어다니는 이를 저격하려는 샤를 9세 또는 영국국민의 숨은 감정을 잘 읽어, 죄도 없는 왕비나 후궁들의 사형 집행에 서명하는 영국 왕 헨리 8세를 떠올리기 마련 아닌가. 빌링턴도 대부분의 유럽인이 인식하는 정도로 이상하게 형성되었다. 샤를 9세, 헨리 8세가 아니라 이반 4세를 전형으로 보고 있으니 말이다!

여기에 대부분의 러시아국민이 동의한다는 점이 더욱 놀랍다. 잔인성의 상징으로 오프리치니나는 러시아 역사에 큰 자리를 차지한다. 뿐만 아니라 이반 뇌제의 왕비에 대한 잔인한 태도도 비난한다. 최소 3명의 왕비가 사형당했을 뿐 아니라 연못에 빠뜨리거나 폐거생활, 그리고 강제삭발을 당하고 수녀원으로 보내졌다는 씁쓸한 비난이다.

그러나 두 가지 정황을 살펴봐야 한다.

첫째, 이반 뇌제는 아내들을 수녀원으로 귀양을 보냈지 사형시키지는 않았다. 이반 뇌제보다 39년 일찍 태어난 헨리 8세(1491-1547년)도 많은 아내를 거느렸지만 법적으로 결혼한 아내가 실증나면 합법적인 방법, 즉 사형으로 부부 관계의 끝을 맺었다. 헨리 8세는 아라공의 캐서린과 25년 동안 동거하면서 동의없이 앤 볼린과 중혼하였다. 그러나 몇 년 후 앤 볼린이 왕위 계승자를 낳지 못하자 부부불화 명목으로 재판을 통해 사형시켜 버린 것이다. 당시 이반 뇌제는 6세, 헨리 8세는 45세였다.

헨리 8세

둘째, 이반 뇌제가 봉건 상류귀족 보야르에게 노한 이유가 있다. 사적인 기억 때문이다. 3살 때부터 이반 4세는 사실상 무관심 속에 버려졌다. 그의 시중들던 부하가 신발을 벗지 않았다고 해서 선왕의 침실에서 목숨을 잃었던 것을 평생 잊지 않았듯이 이반은 옛 사건을 기억하였다. 보야르들은 벗지 않은 신발에 대가를 치뤘다.

아름다운 아내인 아나스타시아 로마노바와 17년간의 행복한 첫 결혼 생활이 비극적으로 끝나지 않았다면 이반 4세의 삶과 러시아 역사는 다른 모습으로 전개되었을 것이다. 이반 4세는 평생, 아내가 독살 당한 것이라고 굳게 믿었다. 많은 역사학자들은 이런 그의 확신을 정신병이라고 여겨왔다. 그러나 1960년대 왕릉이 발굴되었을 때 법의학자들은 왕비의 뼈와 짙은 아마색 머리카락에서 기준치의 수십 배에 달하는 수은을 발견했다. 관 바닥에 있는 수의 조각도 오염된 것으로 나타났다. 중세 유럽궁정에서 음모를 펼치려는 반대 세력을 척결하는 데 주로 쓰인 것이 수은염이다. 러시아도 예외는 아니다. 전설에서 알 수 있듯 이반 4세의 독살설은 보야르들이 모스크바 전역에 퍼뜨린 것이다.

이반이 유럽역사의 왕이었더라면 왕비를 독살하려 음모를 꾀하는 보야르들을 징벌하는 식으로 그려졌을 것이다. 그리고 유럽의 어느 왕이든 반드시 이를 정당화 시켰을 것이다. 후에는 낭만 소설과 희곡을 쓰고 영화로 제작할지도 모른다. 이러한 작품에서 이반 뇌제는 불행한 사람으로 묘사되며 잔인하고 감정이 없는 사람들이 그의 운명을 조종한 것으로 그려졌을 것이다. 그리했다면, 7천 명의 희생자들에게 백 번이고 용서를 받았을 것이다. 유럽의 왕이었다면 말이다.

그러나 러시아 왕 버전의 이야기는 다르다. 이반 4세는 불행한 사람이 아니며 어릴 적부터 연쇄 범죄의 운명이었다. 이반 4세는 7천 명을 죽인 죄인이다. 무서운 죄인이다! 그에게 무슨 일이 일어났든, 사람들이 그에게 어떠한 행동을 취하든 그는 희생자가 아니다. 이반 4세는 무뢰한, 광신자이며 괴물이요, 14세기의 연쇄살인범이다. 그의 통치가 러시아 역사의 피로 물든 잔인성을 명백히 증명하고 있다고 이야기하는 것이다.

3장. 오락으로서의 공개처형

중세시대 잔인성의 평범한 수준…

스트루츠키 형제, Hard to be a God

최근까지도 공개처형이 집행되었다. 국민은 죄인의 사형집행을 어떻게 알까? 포고자가 홍보하면 사람이 모이고 정부가 누구를 어떤 죄목으로 어떻게 처벌을 하는지 직접 본다. 잔인한가? 그렇다. 현재 미국은 증인배석 하에 전기의자로 사형을 집행한다. 정부에 의한 일종의 사회 통제다. 그렇지만 역사적으로 유럽의 공개처형과 러시아의 공개처형은 근본적으로 다르다. 규모의 차이부터 시작하자.

사형 – 규범인가, 규범의 예외인가?

발명품은 악용하지 않을 때 빛난다.

단두대 첫 실험 후, 샤를 앙리 상송. 마리 앙토와네트의 사형집행인

외국인은 러시아 마을에 사형집행인이 있다는 것, 그리고 러시아 역사 속에서 지속적으로 잔인성이 확대되었다는 점을 말하면서도 자국과 러시아 법을 서로 비교하는 것은 잊어버린다. 러시아에는 종교재판이 없었다는 것을 기억해야 한다. 없었다. 단지 그뿐이다.

이 한 가지 사실만으로도 러시아에는 수많은 생명을 살릴 수 있었다. 종교재판[68]의 예로 – 물론 끔찍하지만 – 프랑스의 유명한 여인의 운명을 들겠다.

잔 다르크를 사형시킨 이유는 영국과의 전쟁에 참여한 것도 아니요, 군범죄를 저지른 것도 아니었다. 종교재판소는 잔 다르크를 수천 명의 아름다운 유럽여인처럼 마녀죄목으로 재판하고 끌고 다닌 다음 사형을 집행했다. 당시 지극히 평범하고 전형적인 죄악이었다. 오늘날의 세금미납이나 뇌물수수와 같은 것이라고 보면 된다. 잔 다르크는 고문을 당했다. 그녀는 고문을 용감하게 참아냈으며 아무것도 시인하지 않았다. 두 가지 죄목이 있는데 첫째, 허가받지 못한 천상과의 왕래다. 분명 환영이 나타나 하느님의 이름으로 프랑스를 구해야 한다는 계시를 내렸을 것이다. 이것이 무엇인지 사제들조차 이해하기 어려웠던 것이다. 둘째, 남성복 착용이다. 첫째 항목은 당시 처벌하기 힘든 항목이다. 그러나 남성복 착용은 모든 교회의 법령으로 엄격히 금지되었다. 판결은 당시의 교회법 전통에 따라 이루어졌으며 알다시피 잔 다르크는 화형당했다. 다시 말하지만, 천상과의 허가받지 못한 왕래는 작은 죄악이다. 그러나 남성복 착용은 크나큰 범죄다. 잔 다르크는 전쟁에 참여하기 위해 갑옷을 입고 남성바지를 입었다.

종교재판관 토마스 토르케마다에 대해서도 언급을 해야겠다. 그는 1420년부터 1498년까지 살았으며 이반 뇌제보다 연배가 약간 높다. 그는 기독교의 순수한 박애를 실천한 사람이다. 순수한 종교

68 당시 로마가톨릭교회는 교회의 잔인성을 더 왜곡했다. 즉, 어떠한 죄악이든 사할 수 있는 면죄부를 돈으로 매매하는 것을 의미한다. 이로 인해 종교개혁이 일어났으며, 물론, 러시아정교에는 도무지 생각도 할 수 없는 일이다. 면죄부에는 두 개의 형태가 있다. 첫째, 이미 죄를 지은 것에 대한 면죄부, 둘째, 앞으로 죄를 지을 당신이 계획한 것에 대한 면죄부다. 누군가를 죽이고 싶은가? 면죄부를 사서 적어 넣으면 하느님 앞에 깨끗하다. 강탈이나 강간을 원하면 하라. 당시 서구에는 이 '면죄부' 단어의 의미를 볼 때 이미 소비자대출 시스템이 효율적으로 이루어졌다고 볼 수 있다.

재판관은 많았지만, 그는 최고 중의 최고였다. 그의 판결로 화형 당한 사람은 10,220명으로 추산되며, 행정재원이 좀 더 많았던 이반 뇌제의 사형수보다 훨씬 많다. 잔인성을 위한 동기로서도 말이다. 아무튼 이반 뇌제는 두 아내가 음모론자들에 의해 독살 당했다고 믿었다. 토마스 토르케마다는 종교재판의 화형 외에도 인간자원을 활용할 수 있는 합리적인 방법도 선보였다. 화형은 경제적 측면에서 비효율적인 방법이었다. 스페인 종교재판에서 그는 10만여 명의 사람들에게 뱃노역의 판결을 내렸다. 본질적으로는 사형선고나 마찬가지다. 노역 1년 안에 죄수들 중 절반 이상이 사망하며 3년이 지나지 않아 모두가 사망한다.

이제 서유럽의 민법에 대해 살펴 보자. 사형은 6-9세기 앵글로색슨법 14조항으로 규정되었다. 14-16세기에는 독일의 마그데부르크도시법 20-40개의 조항에 따라 사형을 집행했다. 15세기 영국에는 사형에 대한 80개 조항이, 17-18세기 프랑스에는 134개가 있었다. 귀족모욕, 신성모독, 소절도, 수녀유혹 그리고 궁정 야간무단침입 등이 사형의 조항이었다. 당시 영국에는 실제로 200여 개 조항에 따라 사형이 집행되었다. 무장한 사람을 낯선 숲에서 만났을 경우, 불법산림벌채 및 파괴, 가축도살, 중혼, 1실링 이상 - 만약 소매치기가 공공장소에서 이루어졌을 경우 - 소매치기를 할 때 사형을 집행할 수 있었다. 사형가능 목록은 해가 갈수록 꾸준히 늘어나고 확대되었다. 1819년에는 이미 225개에 달했다. 물가상승으로 인해 사형가능 절도 한도액이 상점의 경우 1실링에서 5실링으로 늘어났고 주택의 경우 40실링으로 책정되었다. 한편 사형을 식민지 귀양이나 징역형으로 바꾸어 나가기도 했다. 대영제국의 경우 시신이 아닌 식민지의 무료 노동력인 노예가 필요했던 것이다.

프랑스의 나폴레옹 법전은 영국에 비하여 인도주의의 대명사가 되었다. 이 법전은 불과 30개의 사형조항을 가지고 있다. 나폴레옹 법전을 시작으로 유럽법은 점차 완화되었다. 보나파르트 만세!

그러나 20세기 초까지도 스페인에는 사형 7개 조항이 남아있었으며, 이 중에는 가축절도와 이교도 축제 등이 포함되었다.

유럽과 러시아의 비교를 통해 러시아 역사가 잔인했다는 언사를 가차없이 비판할 수 있다. 러시아에는 비할 데 없이 온건한 법이 있었다. 대부분의 법학자들에 따르면 고대 러시아에는 사형이 거의 없었으며, 1397년 프스코프시(市)의 드빈스카야 헌장 국서에 사형이 러시아 법전에 도입되었다고 생각한다.

어떤 이들은 고대 러시아에 사형이 존재했다고 생각한다. 블라디미르 대공이 주교와 고행자들의 조언에 따라 996년에 사형을 도입했다는 키에프 루시의 역사서, 원초연대기의 기록이 있기 때문이다. 이로 인해 많은 논쟁이 일어났는데 다음과 같이 쓰여있다.

"강도 수가 늘어났다며 주교들이 대공에게 물었다. "대공께서는 왜 그들을 사형하지 않으십니까?". "하늘의 벌이 두렵소(!)"라고 대공은 대답했다. 이에 대하여 주교들은 "대공은 악한 이들을 사형시킬 권한을 하느님으로부터 받으셨소. 죄를 충분히 검토한 후에 강도들을 사형해야 하오"라고 언급했다. 대공은 벌금형대신 사형을 집행하기 시작했던 한편, 주교와 사도들은 "우리나라에 전쟁이 많이 일어나니 벌금형을 집행한다면 무기와 말을 구입하는데 사용하라"고 결정하였다. 대공은 그리 할 것이라 말하며 선조의 전통에 따라 살았다[69]."

사형이 지배적이었다면 무언가 이상하고 평범하지 않았을 것이다. 노브고로드와 프스코프의 형사법에는 이미 사형이 기록되어 있지만 잔인한 것만은 아니다. 죄인 대부분은 보석금을 내고 석방될

69 질초프. 고대 러시아의 사형과 대공의 사형재판권// 1997년 법률학 №4

수 있었다. 반역, 크레믈린에서의 절도, 방화[70] 및 3회 이상의 절도 등 몇 가지 범죄에 대해서만 사형이 집행되었다.

1497년 모스크바 법전에 따르면 러시아의 사형 조항은 유럽수준과 비슷한 60개 조항이었다. 한편 모스크바 법전은 타타르의 영향을 받게 되었다. 서구와는 달리 유목민족은 문명화되지 못했다. 이반 3세와 4세 사이, 러시아에는 합스부르크가(家)의 지기스문트 폰 헤르베르슈타인(Sigismund von Herberstein)이 외교관으로 와 있었다. 러시아에 대한 많은 주요 낭설을 그가 남겼다고 추측된다. 그는 자신의 책을 통해 러시아인에 대해 무식하고 냉혈하며 잔인하다는 서유럽의 세계관을 소개했다. 한 구절을 인용하면 다음과 같다.

> "민족이 무지하기 때문에 폭군이 필요한 것인지, 폭군이 있기 때문에 민족 스스로 무지해지고 냉혈해지고 잔인하게 되는지 이해하기 어렵다".

헤르베르슈타인은 모스크바 군주에 대해 "자신의 권력을 이용해 속세뿐 아니라 종교를 통치한다. 신하들의 생명과 재산을 아무런 제재없이 마음대로 이용한다"라고 했다. 사실 다른 곳에서 헤르베르슈타인은 "노예와 제3자의 사형은 군주만이 또는 군주로부터 위임을 받은 자만이 집행할 수 있다"라고 지적하고 있다. 또 "백성은 서로 고문할 수 없다"라고 언급했다. 폭정은 최고권력자가 지닌 무거운 십자가인가? 그렇다. 그러면 고문은 왜 금지된 것인가? 모스크바의 무뢰한 백성은 중세의 정신을 가지고 있지 않는 것 같다. 반면 '부패한 서구'는 경비병부터 시작해서 조금이라도 이름이 알려진 관리들이 백성을 고문하고 사형해왔다.

70 고대 러시아에서 방화는 가장 위험한 중범죄이다.

1550년 러시아 법전에는 사형집행 가능 항목이 더 많아졌다. 절도 -증거물이 있거나 고문 끝에 시인을 하면-, 죄인이 인정하는 두 번째 절도와 사기, 약탈, 살인, 악담, 영주살인, 반역, 성물(聖物) 절도, 방화, 불륜 등이다. 그러나 이것은 이반 4세 시기이다. '폭군'에게 무엇을 원하는가?

17세기 로마노프 왕조시대에 법이 완화되기 시작했다. 표트르 대제 시대에는 유럽의 영향을 받아 사형항목이 123개까지 다시 늘어났다. 지도층에 대한 저항, 이간질, 왕령무시, 사형집행방해, 위법, 고리대금, 거짓맹세, 횡령, 위조, 결투, 강간, 소매치기, 신성모독, 우상숭배, 요술, 마법, 성물모독 등이 포함되었다. 참나무 벌채도 사형항목에 들어갔다. 함대를 건설하기 위해 참나무 목재가 필요했기 때문이다.

프랑스혁명과 특히, 영국 청교도혁명 이후 서구는 동양보다 더 해로운 영향을 러시아에 끼쳤다고 볼 수 있다. 러시아가 아무것도 수입하지 않은 시절은 정말 영광스럽다. 표트르 대제 시대 이후 혁명은 수그러들었고 다양한 법개정과 사형제한을 하려는 시도가 시작되었다. 그러나 안나 이바노브나 시대에는 유럽과 비슷하게, 더 정확히 말하자면 그녀가 수 년 동안 교육받고 생활한 쿠를랜드[71]처럼 끔찍한 방법으로 사형이 집행되었다. 반면, 엘리자베타 페트로브나 시대, 즉 1741-1761년까지는 사형이 거의 없었다[72]. 예카테리나 2세, 파벨 1세, 알렉산드르 1세 시대에는 사형이 다시 나타났다.

러시아인은 사형을 정말 싫어했다! 사형제를 폐지하라는 주장이 1824년 나오기 시작했고 19세기에는 이 요구가 끊이지 않았다. 인

71 역주: 현재 라트비아 서부지역

72 근위대가 그녀를 왕좌에 앉히려고 할 때 여제가 기도하며 사형금지 서약을 한 것 같다. 여제는 약속을 지켰다. 방탕한 생활을 보내며 의상을 세지도 않았다. 20년 통치기 동안 단 하루도 사형이 집행되지 않았으며 단 하나의 사형선고에도 서명하지 않았다.

도적인 유럽에는 그런 목소리가 들리지 않았다.

런던의 미들섹스 백작령에서만 1810-1826년에 2755명이 사형당했다는 통계가 있다[73]. 당시 알렉산드르 1세 시대 즉 더 긴 25년 동안, 즉 1801-1826년에 러시아 전국에서 24명이 사형당했다. 상상이 가는가! 일 년에 한 명 꼴이다. 전국을 통틀어서 말이다. 두 군주는 수치에서 절대적으로 차이가 난다. 당시 제정러시아에는 대략 5500만 명이 살았다. 그렇다면 25년 동안 200만 명 당 한 명이 사형당한 것이다. 미들섹스 백작령과 런던 전역에는 약 800만 명이 살았다. 3000명 당 한 명이 사형당했다. 1300배의 차이가 난다. 야만적인 러시아에서 사는 것이 문명화되고 교양있는 나라 영국에서 사는 것보다 몇 배나 더 위험한가.

"엘리자베타 페트로브나 여제" 이반 비시냐코프 작. 그녀의 통치시기 20년동안 러시아에는 사형이 없었다.

73 런던의 명소 중 하나가 사형대다. 어떤 사형대에는 여러 높이의 들보와 21개의 올가미가 있었다. 20세기 초(!)까지 500년 이상 연속 사용하였다.

4장. 사형에 대한 인식

사형에 대한 인식에서 러시아와 유럽 국민들의 차이가 뚜렷하다. 중세시대에 공개처형을 관람하는 것은 성인의 놀이문화였다. 유럽의 사형관람은 오락이자 구경거리였다. 극장에 가듯 아내와 아이들을 데리고 다녔다. 사형집행인 이름과 그들이 어떻게 집행하는지 논의하며 아는 척하는 것이 에티켓으로 여겨졌다.

교수대나 사형용 도끼를 특별하게 부르는 애칭이 러시아에는 없다. 유럽에는 교수대와 사형 도구를 '마셴카 교수대', '여왼 표클라(사형용 도끼)' 같은 애칭으로 불렀지만 말이다. 영국(런던)은 마셴카를 '리틀 메리'라 불렀고, 사형용 도끼를 쾨니히스베르크에서는 '여왼 거트루트', 아우크스부르크에서는 '빠른 알베르트'라고 불렀다.

계몽사상이 뚜렷하고 3권 분립이 된 문명 국가 영국에서는 창고 2개를 방화한 죄로 8세 소년을 사형시켰다. 사람들은 이를 보고 노래 부르며 웃었다. 이런 야만행위를 어린 아이에게 조용히 익히게 한 것이다. 어린 아이가 손으로 사형수를 만지면 이는 행복을 가져다 주는 것이며 치통약으로 사용하기 위해 교수대의 나무조각을 빨거나 이쑤시개처럼 사용하는 등의 미신이 영국에서 생겨났다.

독일에는 사형수의 밧줄이 집안에 행복을 가져다 준다는 미신, 프랑스에는 사형수의 손이 은둔할 수 있게 도와준다는 미신이 등장했다. 1788년 영국에는 사형된 죄수에게 군중들이 달려들어 말 그대로 온기가 채 가시지 않은 시신을 부위별로 나눠 가진 사건이 일어났다. 운이 좋았던 지역 선술집 주인은 사형수의 머리를 가져가 썩은 냄새가 나기 직전까지 자신의 가게에 걸어놓고 손님을 끌어 모았다. 파리 그레브 광장에서의 공개처형은 사람들을 흥분시켜 이를 즐기고 노래부르며 환호성을 지르게 했다. 러시아 작가이며, '인텔리겐치아(intelligentsia)'라는 말을 고안한 표트르 드미트리예비치 보보리킨[74]은 1864년 다음과 같이 말한다. 참고로 그는 광적인 서구주의자이다.

"파리에 반 년만 살면 알 것이다. '라 코케트' 감옥 근처에서 집행된 공개처형이 얼마나 잔혹한지. 이보다 더 잔혹한 것은 상상할 수 없다. 호색가, 고급 매춘부부터 퇴물, 바람둥이, 도둑, 도망간 유형수에 이르기까지 수천 명의 사람이 주변 술집에 모여 술에 취해 조야한 노래를 불렀다. 새벽이 되어서야 사형수들이 매달려 있는 광장을 둘러싼 경비대쪽으로 다가가 이 소름끼치는 기구를 불렀다. 멀리서는 잘 보이지도 않음에도 모든 사람이 이 매혹적인 구경거리를 기다리며 사형장에 있다는 기쁨으로 환호하며 즐겁게 밤을 지세웠다. 20세기에는 사회적 도덕관념으로 공개처형은 사라졌지만 사형제는 폐지되지 않았다. 그러나 모든 나라에서 공개처형이 없어진 것은 아니다"

당시에도 그전에도 전제주의적이고 야만적인 러시아에서는 국가범죄를 저지른 이들만 사형했다. 일반적인 살인자나 강도들은 유형을 보냈다. 물론 네르친스크나 사할린은 푸른 강변은 아니지만 교수대보다는 좋은 곳이다. 중요한 것은 국민오락으로서 사형이 없었다는 점이다. 즐기자는 인식도 없었다. 광장에서 사형을 지켜보는

74 보보리킨, 반 백 년(나의 회상), 1929년

러시아인은 사형집행인의 행동과 사형수의 비명, 뼈가 갈라지는 소리같은 '구경거리'에 기뻐서 소리지르는 파리시민과는 완전히 다르다.

네덜란드에 1671년 스테판 라진의 처형 당시 기록이 남아있다. 사형집행인이 스테판 라진을 내려칠 때 사람들은 침묵하며 흐느껴 울기만 했고 여자들은 성호를 그었다. 그리고 그의 목숨이 끊어질 때까지 기다리지 않고 조용히 흩어졌다. 1775년 예멜리얀 푸가쵸프의 처형장에서도 이처럼 행동했다. 18세기의 러시아학자 안드레이 볼로토프는 예멜리얀 푸가쵸프의 처형에 대해 다음과 같은 기록을 남겼다.

"비탄에 젖은 사람들은 예멜리얀 푸가쵸프 처형 직후, 그의 동료들이 채찍으로 사정없이 맞는 것을 보지않고 바로 흩어졌다".

사형대 앞에서 야만인과 미개인은 무엇을 해야 하나. 진지하게 말하면, 무엇에 도취되야 하나. 스테판 라진은 흉악하고 혐오스러우며 저승에서 영원히 달궈진 벽돌을 물어 뜯어야만하는 죄인으로 인식된다. 사람들은 국가적 행사, 즉 사형에 참여하기 위해 왔다. 그들은 판결에 동의했고 찬성했다. 이것이 가학적인 취미인가? 세부적으로 어떤 차이가 있는가?

그보다 좀 늦은 시기에도 비슷한 사건이 있다. 1881년 인민의 의지당 테러리스트들이 처형당했다. 그들은 황제 알렉산드르 2세를 암살하고 함께 지나가던 12세 소년도 실수로 죽였다[75]. 광장의 군중은 그들 편이 아니었다. "황제에게 복수하려 했던" 그들에게 군중은 욕하고 소리질렀다. 그러나 린치를 가하기 위해 손 하나 들지 않았다. 아무도 사형수를 폐물로 몰지 않았으며 폭력을 가하기 위해 경

75 우리는 잊고 있었다. 테러리스트들이 황제뿐만 아니라 황제를 보려했던 12세 소년까지도 죽인 사실을 잊고 있었다. 부상당한 알렉산드르 2세의 첫 마디는 "소년 다치지 않았나?"이다.

비를 뚫지도 않았다. 군중은 이를 즐기지 않았다. 테러리스트의 고통과 죽음에 기뻐하지도 않았으며 서로의 느낌을 공유하지 않고, 사형대 의자가 빠질 때도 환호하지 않았다. 군중은 나라가 하는 일에 공감을 하고 정부의 입장에 서서 죄인을 비난한다. 군중은 심각하고 긴장한다. 결국 사형은 재판이기 때문이다. 법에 따라 사람을 죽이는 것이다. 볼 필요는 있겠지만 환호할 이유는 없다. 이러한 정신은 로마인의 "악법도 법이다"에서 유래된 것이리라.

프랑스 대혁명으로 인해 교수대가 기요틴(프랑스인은 리제타라고 부름)으로 대체된 후 프랑스 국민은 아무것도 보이지 않는다며 교수대로 다시 바꿀 것을 요구했다. 나폴레옹시대와 부르봉 왕조의 복위시대 후에 교수대로 다시 바뀌었다. 러시아 귀부인님들! 파리와 쿠쉬빌, 푸른 해변과 모엣 & 샹동 샴페인, 굴과 알랭 들롱을 사랑하는 여성분들! 파리에서 최후의 공개처형이 2차 세계대전 바로 전에 있었다는 사실을 아시는지!

소련의 배우, 알렉산드르 베르틴스키는 그가 사랑하는 파리의 광장에서 군중이 소리지르고 즐긴 공개처형 장소에 있었다. 야만적인 러시아 '미개인'은 본 것을 잊기 위해 술을 마실만큼 구경거리를 저평가했다. 그의 오랜 팬이었던 연미복을 말끔하게 입은 신사가 술집에서 그를 만나 같이 술을 마셨다. 이 신사는 그에게 공개처형은 예술활동에 좋은 것이 아니니 더 이상 그런 구경거리에 가지 말라고 당부했다. 알고 보니 이 신사는 파리의 공식 사형집행인이었다[76].

보보리킨과 베르틴스키의 일화를 들은 후에도 러시아인의 잔인성에 박수를 치며 대화할 수 있을까? 야만과 농노의 나라, 러시아... 왜 이 미개한 러시아인은 사형장에서 기뻐하며 소리지르지 않고, 묵묵히 우울하게 성호를 그으며 사형수의 영혼 안식을 위해 기도하

76 베르틴스키. 망명시절. 1990

는가? 아마 덜 발달된 문명 탓으로밖에 설명이 안될 것이다. 그것도 아니라면, 러시아는 자책 대신 유럽 이웃나라의 가학증을 따라 가지 못한 것에 대해 더 크게 각성해야 하나?

사형 이외의 것

러시아는 타인의 고통을 즐기는 것이 정신건강에 좋지 않다고 생각한다. 그러나 유럽은 다르다. 19세기 영국 상류사회의 신사들은 금요일이나 토요일마다 부인을 데리고 감옥으로 행차했다. 감옥의 창녀들이 서로 대결하는 것을 구경하기 위해서 였다. 미리 좋은 좌석을 사 구경거리가 잘 보이는 곳에 자리 잡아달라 감옥소에 부탁까지 했다. 영국 신사숙녀들은 이 '흥미로운' 행사에 다니면서 사형 집행인의 이름, 그들의 행동, 창녀들을 파악했다. '지난 경기' 또는 다른 창녀와 비교하거나 예전의 상처와 비교하는 일을 에티켓으로 삼았다. 경기는 1865년에만 열리지 않았다. 한 번 더 강조하건데, 이것은 서민의 문화가 아니다! 상류사회의 귀족 문화다.

서민문화는 달랐다. 가령 불독을 이용해 황소를 사냥하는 것이 있다. 투견도 있다. 영국인은 동물을 사랑하고 특히 개를 좋아한다. 그러나 투견을 확산하는데 조금도 거리낌이 없었다. '인도적 차원에서' 투견은 조직적으로 행해졌다고 잭 런던은 *늑대개*(White Fang)[77] 에서 묘사하고 있다.

누구의 잘못인가?

러시아는 유럽국가들보다 훨씬 덜 야만적이고 전혀 잔인하지 않다. 이는 위의 사실을 통해 알 수 있다. 벌써 사회 인식이 바뀌었나?! 낭설은 부분적으로는 반러시아 세력의 의식적 행동과 정치가

77 잭 런던. 늑대개. 1966년판

만든 결과다. 러시아를 수월하게 멸망시키려는 의도가 목적이었으리라.

러시아의 새로운 사회계층도 한 몫 했다. 그들은 러시아에 대한 낭설을 확인하고 선전하고 싶어했다. 그러나 많은 경우 자신에게 가장 엄격한 잣대를 대는 러시아의 특징인 정교의 마인드가 문제일 것이다. 엄격한 잣대를 댄다. 죄가 있으면 고백하고, 없어도 고백한다. 생각 속에 이미 죄가 있기 때문이다. 자랑하지 않으며 고개를 숙이고 다른 사람보다 우월하다고 생각하지 않는다. 이것이 전부다. 기독교적으로 옳을지 몰라도 수세기 동안 자기비하만 하면 위험하다.

무엇을 해야 하나?

수세기 동안 러시아인은 자신과 타인을 평가하기 위해 두 가지 잣대를 이용했다. 아주 엄격하게 자신을 비판했다. 무고한 인간을 죽이는 것은 끔찍한 범죄이며, 이를 수백 년 동안 기억했다. 그만큼 뉘우쳐야 한다고 생각하는 것이다. 수백 번이고 잘못한 비극적인 사형수라 해도 동정을 받을 권리가 있지만 웃음거리로 치부되어는 안된다고 보았다.

러시아는 유럽을 유럽법에 따라 비판했다. 시신 천 개가 있으면 이것은 범죄가 아니다. 스웨덴인 칼슨이 말했듯 "시시한 일, 진부한 일"이다. 사형수? 하하! 그 괴물이 어떤 낯짝을 찌푸리는지 봐라! 두가지 잣대를 통해 피로 물든 러시아 역사와 천사같은 유럽에 대한 이야기를 확산시킬 수 있다. 이제 여기서 비롯된 이중잣대를 없애야겠다.

어떤 경우라도 서구인을 닮아서는 안된다! 만약 러시아인이 폭력에 긴장하고 예민한 인식을 바꾸어서 이것이 정상적인 행동이라고

〈크롬웰〉 I. S. 쿠네르 작.
상인출신으로 운명처럼 영국의 최고 권좌에 올라, "러시아 차리즘의 유혈 범죄"를 우습게 만든 잔인했던 크롬웰

생각한다면 끔찍한 일이다. 내가 보기에 다른 무언가로 바꿔야 한다. 첫째, 서구의 역사를 맹목적으로 따르지 말고 동일한 잣대로 비판해야 한다. 이 역사적 비판의 결과를 유럽과 미국에 엄정하게 보여주어야 한다. 피로 물든 역사라고? 모든 역사는 피로 물들었다. 당신들의 역사가 러시아보다 더 끔찍하고 피로 물들었는지 확인하고 싶은가? 수 세기 동안 흘린 러시아의 피는 평균을 깍아 먹는 수 주 동안의 종교재판의 피와 예카테리나 여제 통치기에 흘린 피다. 러시아인을 가르치려 들지 말라.

이제 서구인의 오랜 전통을 인용해야겠다. 나쁜 것은 감추고 좋은 것은 드러내는 것이다. 이들은 전세계 구석구석을 돌아다니며 온갖 것에 참견한다. 표현의 자유, 즉 글라스노스트 –잊지 않았길– 는 아프리카에서도 통하는 것이다. 그러나 유럽인은 표현을 자유롭게 하는가? 대량 발행되는 책, 교과서, 소설에서 모든 것을 표현하지 않는다. 영국인 대부분은 올리버 크롬웰의 잔인성에 대해 듣지도 못했다. 또한 헨리 8세의 수 많은 부인에 대해서는 그의 방탕한 편력만 묘사될 뿐, 권력살인으로 묘사되지 않는다.

본 책은 유럽식 표현의 자유에 반대한다. 모든 것을 밝힌다. 앞선 이야기들을 들어 본 적이 있는가? 그 사료가 어떻게 보존되는 지에 들은 적 있었나? 이반 뇌제의 결혼을 교회가 불법으로 생각한다는 사실을 아는가? 왜 사제들이 목숨을 잃을 걸 잘 알면서 왕을 임명 하지 않았는가? 이반 뇌제의 오프리치니나 행군을 왜 축복하지 않았는가?

표도르 콜리체프는 이반 뇌제의 오프리치니나를 연구하면서 많은 범죄를 파헤쳤다. 그의 이름이 진실과 신앙의 상징이자 러시아 국민의 용맹성을 상징한다는 사실은 역사학자가 아니라도 다 알고 있다. 지식이 얕은 전문가도 알지만, 오히려 영화를 많이 본 러시아인은 제대로 모르고있다. 러시아인이 아는 건, 이반 뇌제가 강을 피로 물들이고 러시아 역사가 피로 물들여졌다는 것이다. 러시아 국민 여러분! 이것은 잘못된 것이다.

5장. 결론

애석하게도 인류의 역사는 피로 물들었다. 그러나 다른 나라와 비교한다면, 러시아 선조는 이상할 정도로 친절하고 거의 공격성이 없는 나라에서 살았다는 것을 알 수 있다. 물론 중세의 잔인성으로 점철된 전쟁, 내란, 봉기, 폭동이 러시아에도 있었다. 강조하건데 다른 나라와 비교하는 것이 중요하다. 오늘날이 아니라 당시 세계의 도덕 및 규범과 비교하는 것이다. 지금까지 러시아에서 절대 허용되지 않는 것이 유럽에서는 가능한 이중잣대가 적용되었다.

이반 뇌제와 오프리치니나 통치시기에 최대 7000명이 죽음을 당했다. 끔찍하다. 이런 이유로 그를 공포의 폭군, 병적인 살인자로 불렀다. 영국 헨리 8세 시기에 불행한 방랑자, 농토와 생활을 잃은 농민만 7만 2천 명이 교수형에 처해졌다. 오프리치니나에 의해 죽은 이들의 열 배다. 엘리자베스 1세의 명령으로 이반 뇌제의 희생자보다 더 많은 수천 명의 지배층이 목숨을 잃었다. 그러나 영국에선 그녀를 '대제'로 부른다. 이반 4세는 러시아에서 뿐만 아니라 세계적으로 '잔혹한 왕'이라고 불린다. 이런 생각이 역사에 스며들어 이반 뇌제의 통치가 마치 러시아 전 역사의 전형적 통치법이자, 원판불변의 잔인성으로 간주된다.

제4부 언제, 어디서 게을렀단 말인가

일하지 않은 자 먹지도 마라.
—러시아 속담

이제 일해야 합니다..
—영화 *붉은 칼리나* 중

러시아인의 게으름에 관한 낭설을 파헤치기 위해서는 우선 경제적, 일상적, 문화적 삶의 단면을 들여다 볼 필요가 있다. 기후적 특성이 러시아인의 삶과 국민경제에 영향을 끼쳤다는 사실은 두말할 나위가 없다. 부시맨은 평생을 팬티만 걸치고 돌아다녔다. 그에게 필요한 의상이란 더도 덜도 말고 그것으로 족해서 그렇다. 하지만 그를 그린랜드로 보내 보라. 무장을 하고 열심히 일했을 것이다. 집 짓고 밥 먹고 일상을 살아가고 계절별로 생활 방식을 맞추어갈 때에도 마찬가지다.

합리적인 인간은 어디에 있든 자신을 둘러싼 환경에 최대한 적응하기 위해 여러 방식으로 살아간다. 이러한 요령이 있어 종족이 생존, 번식하는 것이다. 환경을 거스르는 행동은 건전한 사고를 훼손하고 끝없이 문제를 야기한다. 여름에는 덥고 겨울에는 추운 대륙성 기후는 인간을 단련시킨다. 변화 무쌍한 기후에서 사는 사람은 많은 경우, 행동과 발전욕구가 더 크다. 그런 지역은 언제나 따뜻하고 입 속으로 바나나가 쏟아지는 아프리카나 아드리아해, 이집트가 아니다. 그런 곳은 팬티 한 장으로는 안 되는 곳이다. 행동욕구는 더 일해야만 하는 필연성뿐만 아니라 정신적으로도 발전코자 하는 특정 욕구와도 관련된다.

우리의 추위, 한기, 눈보라는 사우나에 있다가 눈밭으로 뛰어드는 것 같은 적응 훈련을 위한 것이 아닐까? 이것은 아마도 북방 문명에 주어진 혜택, 혹은 자연을 지배하기 위한 위대한 조건이 아닌가 말이다. 푸시킨도 "내가 건강한 것은 러시아의 추위 덕분"이라고 했다. 추위는 육체뿐 아니라 정신 건강에도 이롭다.

이제 어떠한 여건과 '지리적 상황' 속에서 선조의 생활풍습이 형성되었는지 살펴보자. 러시아의 국경은 온통 영구동토로 덮여 있는 북극지방부터 따뜻하고 건조한 기후의 초원까지 이어져 있다. 북극과 스텝지역 사이에는 끊임없이 찬 바람이 부는 툰드라 지역이 있다. 툰드라 너머에는 광활한 삼림지역이 있으며, 스텝에서 동쪽지역까지 추운 겨울과 더운 여름이 공존하는 사막지역이 있다. 산업화, 증기기관, 전기에 대해 생각도 못했던 시절부터 기술적으로 발전한 오늘날까지 영토의 상당부분은 살기에 척박했다. 하지만 불과 몇 세기 동안 러시아는 강력한 선진 중앙집권국가가 되었고 척박한 땅을 개척했다.

"러시아는 15세기 말까지 약 50,000㎢로 인구는 2백만 명이었다. 당시 전 세계에서 가장 구석진 곳에 위치하였고, 문화 중심지에서 고립되어 있었을 뿐 아니라, 북쪽(스웨덴인), 서쪽(폴란드인), 동쪽과 남쪽(타타르인과 투르크인)의 침략에 노출되어 있었다. 침략은 주기적으로 평균 50년에 한 번씩 일어났고, 침략이 있을 때마다 수도를 포함한 모든 것이 불탔다. 러시아에는 숲과 모피를 제외한 어떠한 자원도 없었고(당시 석유와 가스는 가치가 없었다. 어떻게 채굴하고 사용하는지를 몰랐다.) 빵도 충분치 않았다. 어디로도 통하지 않는 강, 모든 지정학적 요소에 비추어 볼 때 백해를 제외하고 어느 바다에도 접근할 수 없었으며 국가를 보호하기 위한 어떠한 수단도 없었다. 400년여 동안 러시아는 영토를 50,000㎢에서 20,000,000㎢까지 약 400배 확장했다[78]."

다른 외국 관광객과는 달리 국민군주제 저자 솔로네비치는 애국

78 솔로네비치. 국민의 군주제. M.,1991

제4부 언제 어디서 게을렀단 말인가

자로서의 관심과 사랑으로 러시아를 연구했다. 그는 막스 베버의 방법을 러시아에 적용하지만, 러시아사의 전개과정에 독자적인 면이 있는 것으로 보았다. 만약 베버의 말처럼 우리가 발전할 능력이 없고 정교회의 요구에 전적으로 부응하여 고통과 빈곤을 받아들이기만 했다면, 차라리 솔로네비치의 말마따나 국내 역사는 러시아 민족의 정신적 성숙을 여러 차례 보여줬을 것이다.

그에 따르면 계급적인 군주제와 달리 국민군주제는 러시아 국가체제의 이상향이다. 표트르 1세의 개혁이 있기 전까지 러시아에 존재했고 전제정치와 자치제의 결합으로 나타났던 모습이다. 책임감 있고 깨어 있는 삶의 태도도 더해졌다. 볼셰비키혁명 이후(나는 이를 매우 바라고 있었다) 국민군주제는 가장 효과적인 형태의 체제가 되어야 했다. 솔로네비치는 러시아 정치사상이란 역사적 전제에 입각했을 때에만 러시아의 것이 될 수 있다고 했다. 여기서 결론이 나온다.

"밑으로부터 러시아 민족의 정치체제는 자치정이고, 위로부터 전체국민의 체제는 전제정이다."

오직 러시아적인 현상이다. 귀족의 독재, '민주주의'의 가면을 쓴 자본의 독재, 사회주의 형태로 실현되는 관료주의의 독재도 아닌 '전제적 계몽주의'의 '양심의 독재, 정교회의 양심의 독재'인 것이다. 솔로네비치에 의해 제시된 개념인 '대사원의 군주제'는 수세기 동안 검증되고 빛나는 결과를 보여주었다. 그리고 구체적인 역사다. 이는 인류역사에 알려져 있는 국가체제의 가장 완벽한 형태였다. 유토피아이자 진실이었다. 솔로네비치의 결론처럼 짜르권력의 우월성은 논쟁의 여지가 없다.

"짜르는 무엇보다 사회적 균형이다. 이 균형이 깨질 때 산업가는 금권정치, 군인은 군국주의, 성직자는 교권주의, 지성인은 역사적 순간을 학문적으로만 접근하는 '-주의' 를 만들어 낼 것이다."

솔로네비치는 군주제 개념으로 회귀한다. 이 개념에 반대할 수도 동조할 수도 있지만 국내 자치제의 역사와 방법에 대한 그의 엄청난 연구 활동을 무시해서는 안 된다. 자치제 개념은 국민이 이를 받아들이기 위해 물질적으로나 정신적으로 준비가 되어있는 사회에서만 발생한다는 것을 명심해야 한다. 이런 통치는 국민이 움직일 때 필연적이다. 난롯가에 누워 빈둥거리는 짓은 통치자 없이도 할 수 있는 일이다.

IMF에서 말하길, 국민이 하루 2달러로 먹고 사는 나라에는 민주주의가 근원적으로 불가능하다고 한다[79]. 확인 가능한 말이다. 빈곤은 무기력함과 직결된다. 열심히 일하는 사람은 더 부유하고, 자립적이고 독립적이다. 자치능력, 즉 중요한 문제를 스스로 해결하려는 의지는 그 자체로 적극성의 결과이자 사회적 자산이다. 하지만 소말리아나 남아프리카 공화국, 혹은 인도와 쿠바에서 민주주의가 자리잡기가 그리 쉽지 않다. 역사적으로 볼 때 '일인당 하루 2달러 이상'이라고 공식화하기는 어렵지만 옛 동양국가들과 14세기 프랑스의 가난한 자, 학대 받은 자는 단순히 가난하기만 한 것이 아니었다. 그들은 자치제가 뭔지 몰랐다. 폭동을 일으켰던 사람들은 그저 '우매하고 앞뒤 모르는' 자들이었다.

러시아는 고대 베체 제도에서부터 카자크 사회, 19세기에서 20세기 초 지방자치제에 이르기까지 자치제를 추구해 왔다. 이미 주요 서적을 통해 언급되었고, 심지어는 망명 역사학자 S.G.푸시카레프

79 엔드레인. 정치시스템의 비교분석. M.,2000.

[80]의 논문에서도 주제의 일부를 다루고 있다. 독립적이고 근면하고 적극적인 사람들은 스스로 해결하고 싶어 한다. 게으름뱅이, 식객, 하인, 건달들에게 민주주의는 어디에서도 필요하지 않다.

우리 선조가 활동적이며 책임감 있고 근면한 사람들이었다는 것은 기쁜 일이다. 그들은 끊임없이 개인의 삶을 개척하고 국가 체제를 발전시켜 왔다. 러시아 농민들은 '이성적인 유럽인'이 농사짓기를 포기했던 땅을 개간했다. 러시아의 식물 성장 기간은 유럽에 비해 한 달 짧다. 이런 기후조건에서 경작–파종–수확에 이르는 주요 농사작업에 걸리는 시간은 평균 25일이다. 스웨덴과 같은 북부지역 국가에서조차 40일이 걸리는데 말이다. 오늘날 러시아 토지의 10% 미만은 천연 비옥도 면에서 미국의 경작지와 비할 만 하다. 안드레이 파르쉐프는 자신의 저서 *러시아는 왜 미국이 아닌가*에서 다음과 같은 자료를 발표했다.

"세계 200개 국 중에 우리나라만큼 혹독한 기후를 가진 나라는 몽골뿐이다. 울란바토르의 평균기온은 남극의 해변 관측소보다 더 낮다. 서부유럽에서 일시적으로 기온이 섭씨 –10도선까지 내려가는 것(20년에 한 번)은 경제활동의 엄청난 혼란을 야기한다. 하지만 러시아에서 –10도는 11월부터 3월 중순까지의 평균온도이다. 즉, 일상이다. 이것이 경제활동을 계획하는 데 있어 중요한가? 중요하다. 하지만 나는 기후의 상대적 혹독함이나 범위에 따른 지역별 지도를 혁명 전의 지도에서만 찾을 수 있었다. 러시아의 기후가 미치는 영향을 돈으로 환산하면 얼마인가? 아무도 정확히 모른다. 아무도 관심이 없으니 말이다. 하지만 매우 많을 것이다."

80 S.G.푸시카레프, 러시아에서의 자치제와 자유. 프랑크푸르트–나–마이네, 1987.
* 역주 : 첸트네르(центнер)는 10분의 1톤, 100kg의 중량을 의미한다.

이것이 전부가 아니다

"캐나다는 콩과 옥수수를 대규모로 경작한다. (아는 이는 얼마 없지만) 참고로, 모스크바 주에서 옥수수는 100년 이상의 경작 동안 1996년에 딱 한 번 풍년이었다. 콩에 대해서는 풍년이란 말을 들은 바도 없다. 이러한 작물은 우리나라에는 흑해와 가까운 최남부지역에서만 자란다. 하지만 무엇 때문인지 캐나다의 곡물수확량은 서양 기준에 따라 1헥타르에서 20첸트네르*가 조금 넘는 정도로 많지 않다. 비교하자면, 영국과 네덜란드, 스웨덴은 70-80첸트네르/헥타르다."

우리와 '그들' 경작지의 품질을 비교 할 때 매우 적절한 정보이다. 러시아 농민은 미국 경작지에 대해 아는 바가 없었다. 땅이란 원래 그러려니 여기며 온 힘을 다해 기간 내에 노동을 다하기 위해 노력했던 것이다. 끊임없이 일하는 이런 태도가 우리 속담과 격언의 대부분을 만들어 냈다.

돌보지 않고는 못 산다.
나쁜 말은 악이다.
할 일 없이 저녁을 기다리는 하루는 지겹다.
일이 없으면 수척해지고, 근심만 있을 것이다.
할 일이 많으면 걱정이 없고, 일이 없으면 걱정이 생긴다.

바쁘다는 것은 인간이 어딘가에 필요하다는 것이다. 주변환경에 있어서 인간의 의미와 필요성을 보여주는 지표이기도 한다. 일이 없으면 공동의 삶으로부터 떨어져 홀로 남는다. "일 없이 사는 것은 빈둥거리기만 하는 것이다". 러시아 농민은 일을 함으로써 후손을 양육해 왔다. 젊은이에게 근면함과 기술을 가르쳤다. 기술 없는 성인은 비웃음거리였다. 짚신도 못 엮는 사람이라며 놀렸다. 이는 실제로 심각한 모욕이었다. 짚신을 엮을 줄 모르는 농민은 최악으로 취급받았다. 중세 러시아 농민은 농사 관행에서 유럽인보다 우세했다. 그들보다 100년 먼저 써레를 사용했다. 경지를 차지하기 위해 싸우며 울창한 삼림에서 땅을 개간해야 했다. 벽지에 마을을 세웠다. 14세기까지만해도 유럽에는 '3년 윤작'이 확산되어 있었다.

쟁기를 들고 일하지 않는 자는 한 해 내내 불행할 것이다.
경작을 다 못한 경지에서, 구멍 난 외투를 입고.
일터로 갈 때는 마지막 사람 뒤에서, 먹으러 갈 때는 맨 앞 사람 앞에서.
어머니의 쟁기는 황금 뿔

오랜 옛날부터 신중하고 날카로운 우리의 선조들은 노동과 결실의 관계에 대해 관심을 기울였다. "밭에서 땀을 흘려라, 창고에서 기도하라, 굶었다고 죽진 않는다". 참혹한 사건이 수 세기 동안 많았지만 국민들은 '죽지 않았다'. '밭에서 흘리는 땀'의 양에 대한 결과는 명확하다.

게으름은 악의 근원이다.
게으름뱅이와 빈둥뱅이는 친형제다.
뭐하니? – 아무 것도 안해. –그럼 넌 뭐니? – 난 잉여인간이야.

18–19세기 시골에는 특정 나이(11살까지)에 실 잣는 법을 배우지 못한 소녀를 두고 '실도 못 잣는 놈"이라고 놀렸다. '베틀을 짜지'못하는 소녀도 놀렸다. 엄마의 도움없이 스스로 잠에서 깨지 못하는(17살) 자도 놀림을 받았다[81]. 게으름은 가난으로 이어질 뿐만이 아니라 주변의 비웃음거리가 되어 왔다. 심성이 비뚤어지거나, 주변에 문제를 일으키는 원인이 한가함이란 것을 우리 선조는 잘 이해하고 있었다.

81 A. 각스트가우젠 국민생활의 내부관계 특히 농업기관 연구, 1870

어린 시절부터 몸에 밴 근면과 끊임없는 활동은 사회적 자기방위의 한 형태가 되어왔다. 이는 또한 수백 년간 교육 근간이 되어왔다. 이러한 효율적인 기본 교육 독트린에 어떤 국가의 국민도 기꺼이 찬동할 것이다. 루시 시대의 노동은 조국의 명예 증진 및 수호 업무, 신성한 의무 수행, 청년 교육, 자비의 가치들과 항상 유기적으로 결합되어 있었다. 이러한 사회제도들이 다른 제도로 바뀔 때에도 러시아 공동체와 협동조합에서 노동은 여전히 높은 평가를 받았다[82]. 성실한 노동은 러시아 국민의 정의와 평등에 대한 전제이자 꿈의 실현이다.

루시는 노력의 열매를 고아와 빈민과 나누곤 했다. 페오도시 페체르스키(11세기)는 자신의 설교집에서 "게으름에 빠지지 말고 노동의 결실로 가난한 자들과 방랑자들을 부양하는 것이 옳다"고 말했다. 구비문학은 개인과 사회생활의 규범을 정할 뿐 아니라, 다양한 전문직업의 특징과 위험에 대해 묘사하고 있다.

물고기를 잡는 것은 죽음의 끝으로 가는 것. 어부는 쓸모없는 사람들.
산양에게서 개비린내가, 모피쟁이에게서 쉰내가.
숲에 가는 것은 눈앞의 죽음을 보는 것(나무에 맞아 죽이거나, 곰이 물어가거나).
누가 나무에서 다쳤나? -야생벌꿀 채취자요. -누가 물에 빠졌나? -어부요.
-들판에 누워 있는 죽은 자는? -관리인이요.

마르제레트의 기행소감이 마침 떠오른다.

"스털렛, 벨루가, 오세트라같은 철갑상어, 흰살연어, 연어, 곤들매기와 같은 고급 물고기가 풍부하고 다양하다... 상점에서 볼 수 있는 엄청나게 많은 빵과 꿀... 이러한 풍요를 유럽에서는 누릴 수 없다."

82 게다가, 러시아 사회 경제관계 조직은 몇몇 저명한 외국학자에 의해 다른 국가들의 본보기로써 제시되었다. 그리하여 바론 A. 각스트가우젠은 "원시시대부터 러시아의 많은 지역에는 러시아 옵시나에 근거하여 일종의 공장 협동조합으로 형성된 가내수공업이 성행했다. 실제로 이들 지역은 생시몽 사상이 유럽에 있어 본보기가 된다는 사실을 보여주고 있다."고 했다.

국민의 인상만 보아서는 이 모든 '철갑상어들'을 어획하는 것이 결코 쉬운 일이 아니었다. 상트페테르부르크의 동물 박물관에 가서 박제 물고기를 보라. 어마어마하게 커다란 물고기 콜렉션은 대부분 19세기에 만들어진 것이다. 사냥은 어업보다 더하다. 사냥용 창을 가지고 접시 크기의 발굽과 널따란 뿔, 면도칼처럼 뾰족한 앞니로 공격하는 0.5톤~1톤 무게의 맹수[83]를 찾아 떠나는 일이다. 동물을 포획하면 처리 후 잘 보존하여 집까지 수 km를 끌고 가야 한다. 짐승가죽은 나중에 다시 작업해야 했는데, 전 유럽에서 높은 가치를 인정받는 러시아 모피는 늘 쉰내를 풍기는 러시아 모피장이들이 만들어낸 것이다.

외국 손님들은 식탐이 왕성하고 입맛이 까다로웠다. 연회장에서 대접받고 집으로 돌아가서는 자신에게 음식과 선물을 접대한 사람의 뒷담화를 해댔다. 나라도 아니더라, 우둔한 게으름뱅이가 살더라, 아무것도 하지 않고 가진게 없더라, 더럽고 가난한 사람들이더라... 우리의 모피를 껴입고 손가락에 낀 우리의 천연보석을 쓰다듬으며 그렇게 우리를 비난했다.

호의적이지 못한 이웃의 불평 속에서 우리는 발전했고 강해졌다. 14-16세기에는 새로운 영토를 형성하고 국가를 확장했다. 그 와중에 28개의 국가적 사건이 일어났다. 그중 16개는 사람들의 생활여건이 악화되던 기간에 일어났다. 몇 가지를 얘기해보자. 블라디미르에서 모스크바로의 대주교 관구 이동, 마리인과 추바시인의 영토 일부 병합, 아르한스키 한국(汗國)의 러시아 병합, 카자흐스키 한국(汗國) 형성, 프스코프, 스몰렌스크, 랴잔의 러시아 병합 등이 그것이다.

83 현대 야생동물은 초대형 동물의 위협, 서식환경 변화, 불안감으로 인해 크기가 작아졌다. 오늘날 사슴은 500-600kg을 넘지 않는다. 중세 사슴의 무게는 거의 1톤을 육박해 900kg까지 나갔었다. 오늘날 20cm의 멧돼지 어금니는 기록적이다. 15세기에는 30cm에 육박한다.

기아가 만연하고, 러시아 평원 습격을 받던 14세기 말도 빼놓을 수 없다. 연대기를 보면 1350년부터 루시에는 전례없던 페스트가, 1352년과 1364년에는 역병[84]이 돌았다. 1360년과 1379년에는 가뭄이 들었다. 1380년 모스크바공(公) 드미트리 돈스코이의 쿨리코보 전투를 비롯한 몇몇 대규모 전투까지 일어났다. 문화, 기술 면에서 의미있는 사건들도 있다. 노브고로드 구원 교회 설립, 라브렌티예프스키 연대기 작성, 노브고로드의 프레스 벽화, 모스크바의 화폐 주조, 대량 총포 도입 등이 그것이다. 모든 분야의 활동이 활기를 띠고 있었다.

가혹하고 길었던 배고픔의 시간, 사람들은 완전히 지쳐있었지만 불행을 극복하고 국가를 강화시키고 정신적, 문화적으로 성숙하기 위한 힘과 용기를 찾아냈다. 하지만 러시아의 이런 노력은 연구자와 평론가들의 관심을 받지 못한 채 남아 있다. 그들은 가장 중요한 것을 보지 못했다. 19세기 세묘노프-티얀-샨스키라는 학자는 러시아 경제구역별 지도와 외국의 산업 및 경제활동에 관한 정보 수집 특별탐험 프로그램을 추진했다. 프로그램에는 의복과 소재 가공법, 주택과 주택 건설법과 관련된 내용이 들어가 있었다. 수집된 모든 정보는 세분화되었고 해외의 필수 지식들이 실생활에 유용하게 적용되었다.

끊임없이 노력하여 얻은 결실과 새로운 발명을 활용할 수 있는 적극적이고 창조적인 민족만이 이러한 성과를 낼 수 있었다. 이것이 바로 러시아인이다. 자연환경에 적응하고 기후의 어려움을 극복했던 민족의 역사를 보면 이들은 보통 제약적인 생존분포권의 경계지역에 살았다는 것을 알 수 있다. 북서 아이슬란드와 북쪽 토착 민족

84 전염병의 규모는 유럽에 비해 적았고 이로 인해 더욱 높아진 위생지식과 보다 고품질의 유전자 풀이 나타났다.

이 그 예이다. 러시아인이 게을러서 다른 민족과 달리 이 특별한 기후지역에 자리를 잡은 것이라고? 이것은 외국인들이 하는 소리일 뿐이다.

19세기 말까지 삶의 모든 영역이 기후에 의해 좌지우지되었다. 그러나 전기와 중앙난방을 이용하면서부터는 인간활동은 기후변화로부터 서서히 자유로워졌다. 그럼에도 러시아인은 자연의 무시무시함을 경험했고 스스로 혹독한 기후에 적응했으며 주변환경을 이용할 수 있었다. 이는 모스크바 에너지 대학의 연구교수, V. V. 클리멘코, A. M. 슬레프초프, V. V. 도브갈류크가 실시한 15-16세기 러시아인의 기후변화 의존성과 활동적극성에 대한 탁월한 연구를 통해 확인할 수 있다(14-16세기 러시아의 기후와 역사). 생명의 순환을 이해하기 위해 인종 전문가가 될 필요는 없지만, 합리적인 사람이라면 혹독한 기후에 적응하는 것이 생활방식에 반영되지 않을 수가 없다는 것을 알 것이다. 18세기부터 지구 온난화가 시작되었다는 것과 이 과정에 인간이 어떤 영향을 미쳤는지에 대해 생각해 보라. 네덜란드의 겨울 운하를 기억할 것이다. 16-17세기 네덜란드에서 스케이트가 생기고 널리 퍼지기 시작했다! 스포츠가 아니라 오랫동안 얼어 있는 운하의 매끈한 얼음을 따라 이동하기 위한 수단이었다. 11월 후반부터 4월 중순까지 우체부와 파발꾼이 스키를 타고 질주하였고 농민은 어깨에 소쿠리를 이고 시장에 갔다. 또한 가족끼리 서로를 방문하기도 했다. 19세기 말부터 운하는 매년 겨울마다 얼지 않더니 20세기 중반부터는 아예 얼지 않았다. 21세기 상트 페테르부르크의 수은온도계가 정기적으로 영하 30도까지 내려가고 있다. 겨울의 상트 페테르부르크를 묘사한 그림은 쌓여있는 눈더미와 옷깃으로 코를 감추게 만드는 얼음바람이 특징이다. 이틀 연속 영하 35도를 가리키던 1987년, 따뜻한 난로 옆에 앉아 텔레비전을 보던 상트 페테르부르크인들은 매우 '지쳐있었다'. 무기력했다!

이런 혹한에는 몇 년치의 장작을 미리 준비하여 살아남는 법을 터득해야만 했다. 말을 타고, 숲으로 가서 나무를 베고, 나뭇가지를 잘라내고, 통나무를 가지고 이동해서, 집 근처에서 나무를 잘게 쪼개고, 장작을 패고 보관한다. 이 엄청난 노동을 생각하면 중앙난방에 몇 번이고 감사하게 될 것이다. 길고 혹독한 겨울에는 따뜻한 농가에서 집안일을 하며 보내는 것이 현명하다. 어쩔 수가 없을 때에만 집 밖으로 나갔다. 끝없는 눈길을 걸어 어디로 가나? 부지런하고 꼼꼼한 사람이라면 미리 농작물, 염장식품, 잼, 가축용 식량, 다음 해 농사를 위한 씨앗 등 모든 것을 준비해 뒀을터다.

외국 관광객에게 러시아의 겨울은 아늑하지 못했다. 도시의 편의 시설 및 행정 업무가 둔화되고, 끝없는 평원에는 새하얀 눈 위로 가끔씩 연기가 피어 오른다. 게으른 농부들은 난롯가에서 잠을 잤다. 봄볕의 첫 빛줄기가 비치면 '밖으로' 기어나갔고 다음 겨울이 올 때까지 '별 다른 노력 없이' 먹고 살면서(바라건대, 제발!), 언 몸을 녹였고(그런 추위가 지나고 나서야!), 주변에는 다양한 농작물들이 싹을 틔우고 익어갔다. 우리의 실상은 보통 이런식으로 외국인 방문객에 의해 묘사되었다.

러시아의 게으름에 대한 낭설이 생겨나는 데는 교활한 손님들과 얼음장 같은 겨울이 반반 일조했다. 그래도 겨울은 죄가 없다. 혹독한 기후는 많은 곳에서 인간의 활동에 전혀 영향을 끼치지 않았다. 성인남자는 수확을 끝내고, 씨를 뿌린 후 겨울에는 도시로 일하러 나갔다. 도시에서 그들은 건물을 짓고 고쳤다. "쟁기의 첫 공범자는 도끼였다".

'돈벌이 출가'라는 개념이 러시아에서 생겨났다는 것은 의심의 여지가 없다. 농민은 추가적인 돈벌이를 찾아 나서야 할 만큼 '게을렀다'. 이런 농민은 한 두명이 아니었고 집단적이었다. 다음은 19세기 말 상황에 대한 분석의 일부이다.

"도시노동은 러시아농민의 주요 수입원 중 하나다. 그 수를 정확하게 파악하는 것은 불가능하다. 지방자치 통계 연구를 실시한 어느 군(郡)의 자료를 보면, 1880년 유럽과 러시아 경계지역으로 떠난 농민은 매년 5백만 명 이상이었다. 일부 지역에서는 남성 노동인구의 10%가 떠났고 다른 지역에서는 몇 중앙 지역(예컨대, 모스크바, 스몰렌스크)보다 훨씬 많은 40% 이상이었다. 트베르스키에서(1894년까지) 7년간 여권을 발급받은 사람은 16.5%이었고, 이 중 남자(군 기준)는 2.9%에서 35.3%, 여자는 69.6%까지 증가했다.

단기에 비해 장기여권의 수가 증가한 것도 눈에 띈다. 보로네즈스키에서 1891-1892년 돈을 벌기 위해 집단으로 이동한 사람은 전체 노동인구의 2/3이었다. 거의 50만 명이 그곳으로부터 빠져나갔다고 볼 수 있다(남녀 노동인구 1,000-2,000명이 감소한 읍(邑)****도 있었다). 지난 8년 동안 키예프스키를 떠나간 인구는 두 배 이상 늘었다. 45,000명에서 85,000명까지 늘어났다. 오를롭스키와 니제고롯스키에서도 같은 일이 벌어졌다. 가장 큰 이유는 농민에게 토지, 생산설비, 기초생활필수품이 부족했기 때문이다. 상황이 조금 나은 지역에는 돈벌러 나가는 인구가 적고 반대로, 어려운 지역일수록 더 많은 인구를 내보내고 있다.

돈벌이 출가 노동자의 공급을 결정짓는 가장 중요한 조건은 토지 보유 규모와 출신 지역의 수확률이다. 수요를 결정짓는 조건은 그들이 보내질 지역의 노동수요다. 이것이 농사꾼의 노동에 대한 수요를 결정짓는다. (농사작업 시 기계이용률, 그리고 중요한 것은 역시 수확규모이다). 다양한 요소들이 돈벌이 출가의 규모와 이윤에 있어 많은 변동을 야기한다.

1870년대에는 비교적 덜 풍요로운 토지(주로 중부 흑토지대)로부터 더 풍요로운 토지(자볼지에, 노보러시아, 북카프카즈)로 이동한 것이 밝혀졌다(차슬라프스키). 여러 지역의 경계에서 덜 풍요로운 농민이 더 풍요로운 농민에 비해 돈벌이를 위해 나가고 있다."[85]

여기서 유감스러운 결론이 나온다. 농민은 일 년 내내 일했다! "휴가란 직업을 바꾸는 것이다"라는 말을 여기서 확인할 수 있다. 도시생활을 접하면서 농민은 많은 것을 알게 되었다. 농촌으로 돌아가 손에 닿는 재료를 이용하여 자신의 집을 도시처럼 꾸몄다. 이렇게 해서 목재 바로크 건축의 문턱이 나타났다.

**** 역주 : 읍(邑)은 제정시대의 행정구역(일부에는 1930년까지)으로 уезд와 село의 중간이다.

85 Россія. 백과사전. 상트페테르부르크 : 브로크가우즈와 에프론, 1898.

현대인은 전기공구없이 이 양식을 재현하지 않을 것이다. 아니, 못할 것이다. 그렇게 20여 년이 지나고 나면, 이 거대한 북방 주택에는 아무것도 남아있지 않았을 것이다. 모든 것에는 때가 있다. 나무는 영원하지 않다. 주인없이 방치된 집은 빨리 훼손된다. 여기서 우리는 러시아 시골의 황폐화에 대한 또 하나의 낭설을 알 수 있다. 역시 러시아인의 태생적 게으름과 관련이 있는 것이다. 농민은 힘들고 단조롭고 희망없는 시골생활에서부터 집단으로 도주했다. 보다 편한 곳, 돈을 벌 수 있는 곳을 찾아 포화상태의 도시로 떠났다. 러시아 농민만 그랬다는 것이다.

유럽의 농촌 거주자, 농민, 대규모 농업회사 직원 또한 유럽연합의 보조금이 아니었다면 오래 전에 농촌에서 벗어났을 것이다. 공식적으로 보조금은 일 년에 수천억 달러에 이른다. 소련 정부 또한 농촌에 재정지원을 했다. 하지만 훨씬 많은 돈과 자원이 형제 공산당, 아프리카의 동지들, 경제상호지원조약과 바르샤바 조약에 따라 발틱해 연안의 공화국과 중앙아시아, 우크라이나로 갔다.

얼마 전, 전세계 모두를 위한 행복과 평등에 관한 우리 고유의 낭설과, 우리만의 피로 강조하고 반박했던 낭설들이 아니었다면, 트베르스키나 오를롭스키 어딘가로 향하는 길은 레트족과 에스토니아인의 공동생활에 대해 기억하고 있는 것보다 못할 것이 조금도 없었을 것이다.

1장. 길에 대한 낭설

아아, 길이여...

–L. 오샤닌, 전쟁 기간의 노래

러시아의 길에 대한 낭설은 항상 바보와 함께 등장한다. 두 가지 불행은 바보와 길이라고 러시아 고전작가가 말했다는데 당연히 고골일거라 생각하는가? 그렇지 않다. 러시아와 우크라이나 작가가 격언을 만들었다는 어떠한 증거도 찾아볼 수 없다. 이 끔찍한 문장을 살틱코프-쉐드린이 쓴 것이라고도 한다. 그는 떼쟁이였으나 이런 말은 하지 않았다. 사료편찬 작가 까람진을 지목하기도 한다. 그러나 까람진의 어떤 작품에서도 역시 이 문장을 찾을 수 없다. 마르키즈 드 큐스틴의 저서 *1839년의 러시아*를 읽은 니콜라이 1세가 마음속으로 "그래... 러시아에는 2가지의 불행이 있지. 바보들과 나쁜 길이야!"[86]라고 마음 속으로 소리쳤다는 귀여운 사연까지 있을 정도다. 심증은 있지만 그뿐이다. 학자들도 "출처가 확인되지 않았고 신빙성도 없다"고 말하지 않는가. 뱌젬스키가 아닐까? 물론 그의 언

86 "내가 지금까지 살면서 함부르크에서 류베크로 가던 길보다 험한 길을 가야 했던 적은 한 번도 없었다. 길이 늘어선 곳은 모래와 깊은 수레자국, 골목도로가 교차하고 있었다" 프랑스인 큐스틴이 나타나기 전 10년 동안 영국인 알렉산더는 영국에서 러시아로 오는 방법에 대해 쓰고 있다. 이미 전 러시아를 돌아다닌 후에 쓴 것이다. 아무리 험한 길이라도 독일처럼 그에게 고통스웠던 길은 없었다.

어는 독살스러웠다. 자신의 시에서 러시아의 길에 대해 극도로 냉정했다.

> 당신에게 설명이 필요한가, 러시아의 신이 무엇인지?
> 그의 천명이 여기 있으니, 내가 얼마나 알아챌 수 있겠는가.
> 눈보라의 신, 웅덩이의 신, 참을 수 없는 길의 신, 바퀴벌레 소굴인 정류장의 신,
> 여기 그가 왔다, 러시아의 신…

여기서 한 가지 질문이 있다. 우리는 이미 여러 차례 러시아 제국과 로마제국을 비교해 왔다. 로마는 몇 세기에 걸쳐 조성된 우수한 도로로 유명하다. 모스크바 대공국도 러시아도 이런 일을 해내지 못했다. 이유가 무엇일까? 답은 역사 깊은 곳에 있으며 매우 간단하다. 로마에는 돌길이 꼭 필요했지만, 러시아에는 몇 세기 동안 길이 있어야 할 군사적, 경제적 이유가 없었다는 것이다.

로마는 '예산'이 남아서 혹은 토지관리욕심 때문에 길을 만든 것이 아니다. 경제적 필요, 그리고 무엇보다도 군사적 필요에 의해 만들었다. 경제적 필요에 대해서는 모두들 이해할 것이다. 교역 촉진, 영원의 도시 로마와 대규모 지방의 중심도시로의 건설자재 및 식량 보급이다. 거대한 제국 도시는 곳곳에서 물적 자원과 식량을 마치 진공청소기처럼 끝없이 '빨아 들였다'. 셀 수도 없이(!) 수많은 시민에게 빵을 보급하는 것은 언제나 로마의 모든 지도부와 통치자의 참을 수 없는 골치거리였다. 이런 연유로 로마 황제와 제국의 주요 곡물창고라 불리는 이집트와 그토록 '각별한' 관계가 시작된 것이다.

러시아의 역사에서도 이와 같은 메가급 프로젝트-'청소기'의 한 예가 있다. 바로 표트르 대제의 상트 페테르부르크 건설이다. 대제는 도로 건설을 특별히 서두르지 않았다. 시간도 돈도 없었기 때문에 수천 명의 농군이 육로를 통해 러시아 전역에서 페트로프그라드

로 돌과 나무를 실어 날랐다. 참고로, 이렇게 상트 페테르부르크가 건설되는 동안 다른 도시의 모든(!) 석조 공사가 전면 금지되었다. 온 나라 전체에 걸쳐 말이다.

로마가 도로 공사를 적극적으로 할 수 밖에 없었던 보다 잔인한 이유는 군사적인 것이었다. 로마에서 가장 훌륭한 도로는 도시를 여러 지방과 연결시켜주는 것이 아니었다. 제국 주변을 따라 이어지는 도로가 제일 먼저 건설되었다. 로마제국의 한 국경지대에서 다른 국경지대로 군대를 신속하게 수송시키기 위해 만들어졌다. 아드리아노프 토성으로 유명한 영국뿐 아니라, 독일과 다뉴브강 유역의 다키야 등에서도 요새와 방어벽을 따라 도로가 축조되었다. 이러한 널따란 석조 도로는 군사적 기능을 수행했다.

자그마한 이탈리아, 너 정확히 로마는 1000년이 시작되기도 전에 이미 오늘날 기준으로 보아도 어마어마한 영토를 점령했다. 군대의 축을 이룬 것은 이탈리아 시민이었다. 제국시대에도 이미 후기 공화국 체제 때 '이국인'들을 군부대로 불러 오기 시작했다. 로마의 군대는 상대적으로 소규모였다. 외인부대로도 동쪽(페르시아와 인도)에서 수용할 수 있는 거대한 규모까지 군대를 키우지 못했다. 첫 번째 이유는 유럽의 인적 자원이 충분치 않았다는 현실에 있다. 두 번째 이유는 로마군인은 오늘날 미국 군인처럼 직업인이었고 복무수당이 만만치 않았다는데 있다. 로마제국 전성기에도 20-25개 이하의 부대를 동시에 운영했다. 부대의 표준 구성원수는 6,000명이고 여분의 근무원수는 2,000-4,000명이었다. 이리하여 로마에는 최대 200,000명의 직업군인이 복무했다. 대제국의 국경을 보호하기에 그리 많은 수는 아니었다.

로마에는 한 국경지역에서 다른 국경지역으로, 한 지방에서 이웃 지방으로 부대를 전격적으로 이송하기에 편리한 내부 도로가 필요했던 것이다. 도로가 없었다면 제국 주변을 둘러싼 내부 압력에 로마가 그토록 오랫동안 맞설 수 없었을 것이다.

루시에서는 달랐다. 혹독한 기후 때문에 값비싼 도로가 없어도 됐다. 도로를 건설하지 않는 것이 경제적으로 더 합리적이었다. 강이 얼어 있는 일년 중 대부분, 가을부터 봄까지의 몇 개월 동안 전국은 훌륭하고 매끄럽고 근사한 얼음도로망으로 덮여 있었다. 게다가 완전히 공짜였다.

> "무엇이 러시아인에게 더 가까웠는지, 강 자체였는지 아니면 강 주변의 땅이었는지 말하기는 어렵다. 러시아인은 자신의 강을 사랑했다. 국내의 다른 어떠한 자연환경에 대해서 노래를 부르며 그토록 애정어린 표현을 하지 않았다. 사는 곳을 옮겨야 할 때 강은 그들에게 길을 알려주었다. 그들은 머뭇거리다가 결국 강변에 자신의 집을 짓고 마을을 세웠다."

클류체프스키는 이같이 러시아인의 삶에서 강의 역할에 대해 썼다[87]. 그는 러시아 역사에 대한 자신의 첫 강의에서 중부나 서부유럽 어디에서도 찾아볼 수 없는 러시아의(그의 말을 빌자면) '환상적인' 강줄기에 대해 이야기했다. 강을 따라 크지 않은 연수육로(連水陸路)를 이용하여 발틱해에서 흑해와 카스피해까지 또는 그 반대로도 이동할 수 있는 매우 편리한 강에 대해서 말이다. 여름에는 보트로, 겨울에는 얼음위를 썰매를 탄다. 자연이 스스로 훌륭한 길을 만들어 내는 그곳에 누가 도로를 건설했겠는가? 네덜란드인들 또한 로마인들처럼 석조 포장도로를 만들지 않았다. 그들은 운하 사이 얼음판을 따라 스케이트를 타고 신나게 달렸다.

러시아의 민중달력에는 루시시대 이동의 역사가 명확하게 표시되어 있다. 10월 22일(신력 11월 4일) 마차를 타고 카잔으로 갔고,

87 클류체프스키. 러시아 역사의 노선. 1956.

이때 마차에는 반드시 미끄럼대를 부착시켰다. 코즈마와 데미얀 이후* 11월 1(14)일부터 강은 얼어 붙었고 썰매용 도로가 생겨났다. 이 썰매길을 따라 3월 말까지 오갈 수 있었다.

"도로가 눈 때문에 단단하고 미끄럽기 때문에 겨울철 러시아인은 도시에서도 시골에서도 썰매를 타고 다닌다. 모든 물과 강은 얼어붙고, 썰매에 매어 놓은 말은 사람을 태우고 3일 동안 4마일까지 달린다."

16세기 후반 젠킨스 영국대사는 놀라움을 감추지 못하며 이렇게 썼다. 게르베르슈테인은 러시아의 길과 관련된 흥미로운 연구를 했다. 그는 바실리 3세 때 모스크바대공국에서 우연한 기회에 가본 우체국에 대해 상세하게 기록했다. 우편역, 교대되는 활발한 말들과 고정 요금과 더불어 우체국이 조직적으로 훌륭하게 운영되고 있었다. 당시에는 전자우편도 일반 항공도 없었고, 우체국의 모든 업무는 도로와 연결되어 있었다.[88] 사실, 여기서도 게르베르슈테인은 명백한 실수를 한 가지 저질렀다. 말이 얼음 위를 안전하게 다닐 수 없기 때문에 러시아인은 말을 다룰 줄 모른다고 했는데, 엉터리다. 보르조이 러시아산 말이 씩씩하게 철굽 소리를 내며 어마어마한 거리를 답파할 때까지, 이러한 사실은 책에서 책으로 수십 년 심지어는 수백 년 동안 떠돌아 다녔다. 이 덕분에 러시아 공후들도 조세를 징수하러 돌아다닐 수 있었다. 이를 '공물징수를 위한 순행'이라 한다. 또한 추운 겨울에 언 강의 얼음을 따라 몽골의 수천 기병대도 쳐들어왔다. 여름에는 참호와 나무줄기, 말뚝을 쌓아 몽고의 침공을 막았다.

* 역주 : 코즈마와 데미얀은 러시아 설화 속 인물들로 늦가을에 강에 얼음다리를 놓는다.

88 알렉산더 또한 다음과 같이 썼다. "오데사에서 페테르부르크까지 2,300㎞의 거리를 파발꾼은 7일 동안 답파한다. 러시아 전역에서 우체국은 문제 없이 운영되고 있다는 사실을 말할 필요가 있다."

뭘 모르는 사람들은 러시아가 포장도로에 대해 알지 못했다고 확신하고 있다. 러시아인은 포장도로를 건설할 줄 모른다고 했다. 하지만 사실이 아니다. 러시아인은 꼭 필요한 장소 즉, 도시에는 포장도로를 건설했다. 고고학자들은 대(大)노브고로드공국에서 품질 좋은 전나무를 쪼아 만든 28(!)개 포장도로의 지층을 발견했다. 연륜연대학 -나이테를 통한- 방법으로 첫 번째 층이 953년도에, 다음 층은 29년 후에 생겼다는 것을 확인했다. 수 세기에 걸쳐 형성된 것이다.[89] 이는 부유한 노브고로드만이 아니었다. 모스크바, 블라디미르, 프스코프와 같은 도시에도 훌륭하게 포장된 거리가 있었고, 유럽 어디에서나 찾을 수 있는 것이 아니었다. 로마에서처럼 돌로 되어 있지 않고 목조로 되어 있을 뿐이었다. 러시아에는 나무가 많았고 작업하기가 더 쉬웠기 때문이다. 폴란드의 마트베이 메홉스키는 다음과 같이 썼다.

"모스크바 전체는 돌이 아닌 나무로 되어 있다. 많은 도로가 있을 뿐만 아니라, 한 거리가 끝나는 곳에서 다른 거리가 바로 시작되지 않고 그 사이에는 들판이 있다. 집도 울타리로 구분되어 있기 때문에 서로 직접 인접해 있지 않다. 귀족의 집은 크고, 평민의 집은 낮았다[90]."

모든 것이 그럴 듯하다. 하지만 이 폴란드인이 도시 한가운데서 들판 너머로 지켜본 것이 무엇인가? 그것은 경제적인 유럽인들은 본 적이 없는 광장일 뿐이다! 우리의 도시에는 거리만 있는 것이 아니라 광장도 있다.

포스콘노예 마을에서 수콘노예 마을까지 나무로 도로를 만드는 데에 국고뿐만이 아니라 나무도 부족했다. 러시아 중부 평원에는

89 N. B. 체르니, 연륜연대학과 고고학., 1996.
90메호프스키. 두 사르마티야(Сарматия)에 대한 논문., 1936

포장도로 건설에 적합한 단단한 돌도 턱없이 부족했다. 사실상 전천후 자연 교통로로서 강을 이용하는 것은 매우 기발하고 경제적이다. 대부분의 러시아 거주지나 도시들이 강이나 호숫가에 자리잡는 것은 결코 우연이 아니다. 노브고로드, 스몰렌스크, 블라디미르, 무롬과 같은 대도시들도 수로가 교차하는 지점에 위치하고 있다. 다른 예도 더 들 수 있다.

살 집에 첫 말뚝을 박아넣기 전에 이주자들은 뒤통수부터 긁었다. 어떻게 주변의 모든 기회를 보다 더 잘 이용할지, 어떻게 최소의 비용으로 최대의 결과를 낼지 생각하며 신중하게 주변을 둘러 보았다. 우리의 선조들은 현대식으로 말하자면 경제적 효율성을 추구해왔다. 이것은 사고의 정확성과 독창성의 징표이지 게으름이 아니라는 것을 유념하라. 우리의 영리함, 창조성, 근면함은 조상으로부터 물려받은 것이다. 어렵고 불안정한 시기에도 평범한 러시아 민족은 자신을 믿었다. 궁하면 통한다는 말도 있다.

수백 개의 사건 중 몇 가지 대표적인 예를 들어보겠다. 1990년대 우리의 정신나간 재건의 역사에서도 볼 수 있다. 원자력 발전소와 대규모 화학기업이 있는 발라코보 시에서 새로운 민족산업이 발생했다. 합성섬유다. 도시 전체의 수많은 시민들이 이곳에서 생산되는 합성섬유로 수세미를 엮기 시작했다. 선명하고, 다채롭고, 실용적인 수세미. 도시에는 비공식 도매센터까지 생겼다. 이른 아침 수백 대의 자동차가 각지에서 제품을 사러 몰려들었고 전국의 시장으로 퍼뜨렸다.

1,000년 전처럼 실업이 기승을 부리던 그때, 트베리와 르제프 사이에 있는 평범한 마을에서 러시아인은 아무런 조언이나 강요없이 주택 건설을 시작했다. 1,000년 전처럼 맨 손으로, 이음 못도 사용하지 않고 할아버지의 기술대로 지었다. 길을 따라 타르와 나무 땐

냄새가 나는 수십 개의 새로운 건물이 들어섰다. 러시아를 좋아하거나 싫어할 수 있을 것이다. 하지만, 유럽의 그릇된 낭설을 귀담아 들어선 안된다.

러시아의 관습과 문화에 대한 얄팍한 생각을 다시 한 번 비판할 일만 남았다. 이것은 몇몇 외국 여행자나 작가들만의 일이 아니다. 그들에게서 무엇을 얻을 수 있나? 현명치 못한 자들은 '낯선 수도원'에 와서 '수도원 규정'을 이해하거나, 러시아인의 생활 조건을 이해하고 러시아인의 높은 상황적응력을 평가하려는 노력조차 하지 않았다.

비판은 자기 스스로 할 줄 알면 된다. 우리는 아직도 선조의 진면목에 대해 평가하지 않는다. 만약 선조들이 유럽사람들이 했던 것처럼 했다면 우리는 이미 우리를 정당화시키고 해결책을 찾았을 것이다. 왜냐고?! 우리 러시아 선조들이 유럽인들에게 아무것도 양보하지 않았다는 사실을 알게될 것이기 때문이다. 우리 선조는 어마어마한 노동으로 동유럽을 정복했고 동유럽이 문명세계의 일부가 될 수 있게 했다.

2장. 도약을 위하여

강에서, 호수에서, 불도저에서 일했다,
작업복을 입고 먼지 속에서 새벽이 올 때까지 온힘을 다했다.
벌레를 으뜸으로 여기며, 땅에서 루블을 벌어냈다.
운명도 금광맥도, 나를 유혹하지 못했다,
허나 나의 광대한 뼈
그리고 타고난 나의 증오.
–V. 비소츠키, *뗏목꾼의 노래*

민족성은 오랜기간 동안 복잡하게 형성된다. 영향요인도 다양하다. '마른 찌꺼기'에도 민족의 고유성은 남아있으며, 극단적인 상황에서도 지속적이고 까다롭게 확인되는 것이다. 키예프 루시가 시작된 후 19세기 말 러시아 인구의 90%는 농민이었다. 그들의 삶은 경작, 파종, 수확이라는 자연의 주기에 엄격히 귀속되어 있었고 각자의 계획에 맞추어 정해진 리듬에 따라 활동하는 성향을 만들었다. 자신을 둘러싼 현실과 완벽한 조화를 이루었기 때문에 그 행동양식이 가장 효율적인 것으로 판명됐다.

우리의 선조는 시류에 어긋나는 생각을 하지 않았고 현상의 자연적 흐름을 훼손하는 것을 원치 않았다. 반대로, 여러 세대에 걸쳐 자연을 주의 깊게 관찰하여 정확성 면에서 놀라움을 금치 못할 '은총'의 달력을 만들었고 이를 실제 생활에서 성공적으로 활용했다.

기상학, 기후학, 우주 관찰, 기타 문명화의 성과로 무장한 우리는 다시금 민족달력을 정기적으로 편찬해 왔다. 5월 8일 비의 신 '마르크-클류치니크'와 5월 9일 완두콩 숙성의 신 '글라피라-고로쉬니짜'가 신문지상에 종종 등장했고, '예브세이가 왔으니 귀리를 심자'와 같은 유용한 충고도 등장했다. 사람들(특히 다차소유자)은 달력의 유용성을 확인했으며 매우 감사해 했다. 수세기에 걸쳐 검증된 것이 대부분 맞았던 것이다!

국가의 지리 기후적 특성은 국민의 적극성을 탁월하게 했다. 계획되고 준비된 '겨울의' 다망함 뒤에는 여름의 공동작업이 매년 뒤따랐다. 수백 년간 이러한 순환이 존재했고 자연도태를 통해 가장 우수한 인간의 품종을 개발해왔다. 그것은 짧은 기간 동안 낙오와 휴식 없이 전력을 쏟아내는 능력, '내일'로부터 에너지를 얻어 내는 것, 또 작업의 속도를 늦추며 끊임없이 다시 일어나고 확신할 수 없는 내일의 도약을 위한 잠재력을 축적하는 것이다. 우리에게 자연스러워진 이러한 리듬은 유럽국민에게 매우 낯선 것이었다. 유럽인에게는 우리와 비슷한 무엇이 형성될 수 있는 지리적 · 기후적 전제조건이 존재하지 않는 것이다. 러시아를 방문한 외국인들이 특히 '겨울'에 겉으로 드러나는 국민적 나태함에 놀랐을 법도 하다.

러시아 민족 설화에서 그 면모는 강화되었고, 러시아식 고유 방식으로 전해져 왔다. 용기를 내는 것도 일하는 것도 휴식을 취하는 것도 모두 다 때가 있다. 일리야 무로메츠, 알료샤 포포비치, 미쿨라 셀랴니노비치가 그러했다. 안정적인 상황에서 이러한 영웅들은 침체되어 있었고, 자극과 힘을 모으기 위한 시간이 필요했다. 힘을 비축한 러시아 영웅은 어려운 투쟁에서 불굴의 의지와 지혜, 기지를 발휘했다. '러시아인은 오랫동안 고생하지만 빨리 발전한다'고 하는데 정말 그러하다. 여름철 일하기 좋은 여건이 마련됐을 때 재빨리 경제활동을 해 겨울을 준비하는 것을 뜻한다. 우리는 이러한 영웅들을 좋아하고 존경한다.

우리는 설화 속 유쾌한 캐릭터를 좋아하는 동시에 재미있어 한다. 이반이 바보임은 틀림이 없지만 참으로 이상하다. 그는 부정적인 상황에서 현명함과 기발한 아이디어를 내어 놓는다. 대장 앞에서 이반은 이내 둔해지고 게을러지고 무기력해진다. '주방에는 더 가까이, 대장으로부터는 멀리'. 이것은 군대와 민족의 오래된 격언이다. 러시아 설화의 주인공은 '복'을 공짜로 받지않고 반드시 먼저 선행을 한다는 것을 잊지 말아야 한다. 이것이야 말로 필수 선행조건이다.

러시아 영웅의 겸손함에 놀라지 않을 수가 없다. 이러한 민족 우화를 부정적으로 건성건성 읽었던 사람들도 역사적 서사시의 게으른 바보들을 보면 모든 것을 이해하고 보편화시킬 수 있을 것이다. 러시아인은 이를 당연하게 영웅으로 여기며 자랑스러워 한다.

서양 신화의 주인공은 항상 뻔뻔하고, 자신에 대해 부풀려 말하며 사람들 또한 그를 떠받들어 준다. "무언가를 했으면 그것을 말하고 다니라"는 서양의 성격을 표현한다. 예를 들면 로빈 훗, 아이반호, 지크프리트 왕자, 르 시드다. *장화신은 고양이*에서도 고양이는 유공자일 뿐만 아니라 주인의 주요 '홍보전문가'이다. 젊은이는 들어주는 일만 하면 된다.

이 같은 행동이 어딘가 무례하다고 말할 수는 없다. 명예의 대가를 받는 것은 좋은 일이다. 자기자랑이 러시아의 전통이 아니긴 하지만, 영웅이 되는 것은 정말이지 대단한 것이다. 다른 사람들이 자신을 알아 보고 치켜세우도록 우리는 '대중'의 칭찬을 고대한다. 처음에는 명예는 고사하고 자신이 한 일에서 무엇도 특별한 게 없다고 손사래를 치다가, 그래도 사람들이 계속 권한다면 그들을 모욕하지 않기 위해!! 극도로 우아하게 상을 받는 것 또한 올바른 일이다.

우리에게는 전통에 따라 주기적으로, 그리고 공개적으로 권력을 거부하고, 군주의 부담을 지라고 자신을 '설득해 주기를' 기다리는 짜르들이 있었다. 공개적으로 정권을 거부했던 왕은 이반 뇌제, 그 이후에는 보리스 고두노프였다. 미하일 로마노프도 쉽게 왕위에 오르지 못했다. 그는 심각하게 거부됐던 것 같다.

시베리아의 표도르 쿠즈미치[91]라는 온화한 노인이 되기 위해 궁을 떠났던 알렉산드르 1세 이야기가 사실인지 아닌지 단정짓기는 어렵다. 표도르 쿠즈미치가 가상 인물이라는 설도 있다. 그저 짜르가 사람들의 기대 속에 비슷한 외모를 가지고 교묘하게 연기했던 것이라고 한다. 알렉산드르 1세가 엄청난 권력과 부와 사치스러운 삶으로부터 벗어나 한낱 늙은 은둔자가 되었다는 것을 믿는 사람도 있다. 많은 사람들이 이를 믿고 표도르 쿠즈미치를 보기 위해 오기도 했다. 성 알렉산드르 넵스키의 노보시비르스크 수도원장 알렉산드르 노보파신은 다음과 같이 기억했다.

"신의 뜻에 의해 나는 파리의 알렉산드르 넵스키 사원 류다류에서 두 명의 여군주를 알게 되었다. 예까제리나와 아그니야였다. 그들은 나에게 알렉산드르 황제가 나폴레옹의 승리자가 될 수 있었다는 사실에 대해 어떻게 생각하는지를 물었다. 나의 주저하는 대답을 듣고 다음과 같은 이야기를 들려주었다. 두분은 알렉산드르 3세 시절에 근무했던 니콜라이 카를로비치 키르스 외무장관의 손녀라고 했다. 할아버지는 딱 한 번 황제로부터 표도르 쿠즈미치의 소문에 대해 직접 물어본 적이 있다고 했다. 그에 대한 답으로 황제는 황제 일가의 초상화가 벽에 걸려 있는 집무실로

91 시베리아의 비밀스런 늙은이 표도로 쿠즈미치와 알렉산드르 1세. 하리코프 : 로마노프 출판물, 1913

할아버지를 초청하여 표도르 쿠즈미치를 가리키며 물었다. "이제 이해가 되는지요? 니콜라이 장관?"

이 이야기가 표도르 쿠즈미치가 '실제로' 황제였다는 사실을 증명해주지 않는 것은 당연하다. 이것은 알렉산드르 1세가 은둔자로 살았다는 '사실'을 궁궐에서도 믿었다는 것을 말해줄 뿐이다[92]. 은둔자가 되기 위해 궁을 나가버린 황제에 대한 이야기는 사람의 지성을 자극한다.

유럽에서는 자신의 국민과 노래하고 춤추기 위해 몰래 나가고 왕족 간의 혼인 외에 정부를 데리고 다녔던 왕이 사랑을 받았다. 국민의 기분을 전환시켜주고 연회를 즐겼다. 우리와는 반대이다. 자발적으로 정권을 떠난 왕의 행동은 유럽 국민의 의식으로는 도저히 이해할 수 없다. 이러한 왕의 행동은 유럽인에게 이상하고 '불가사의하고', 불쾌하기까지 하다. 유럽인은 '자격이 없는' 왕이라고 서슴없이 의심을 한다.

우리는 반대이다. 왕권을 거부하고 이것이 얼마나 큰 부담인지를 보여줄 수 있어야만 국민들의 인식 속에서 '진정한' 군주가 되는 것이다. 왕권을 거부하기 위해서 군주가 될 필요는 없다. 우리나라에는 이렇게 처신했던 독재자도 대통령도 장관도 있다. 모두는 잘 알고 있다. 누군가 직책의 후보자로 지명될 시 그를 설득해야만 한다는 것을! "나는 이 직책을 원하지 않았다." 라브르 코르닐로프가 1917년 말 백색운동을 지휘하며 말했다. 1년이 지나고 A. V. 콜착

92 또 어떻게 믿었는가! 표도르 쿠즈미치가 죽은 후 알렉산드르 3세가 자신에게 그의 물건들-모자, 지팡이, 기도서-를 가지고 오라고 명령했다고 알려져 있다. 1918년 알렉산드르 3세의 물건들을 임시 정부의 특별관리들이 가져갔다고 오래되고 명성있는 가문의 한 사람이 내게 말해주었다. 나의 지인의 할아버지가 그들 중 한 사람이었고, 그가 자신의 두 눈으로 표도르 쿠즈미치의 모자, 지팡이, 기도서를 봤다. 그들은 특수장롱에 알렉산드르 3세가 직접 한 서명과 함께 보존되어 있었다. "할아버지의 물건들".

장군이 같은 말을 했다. 그에 따르면, 권력을 쫓지 않을 것이고 승리 후 바로 다음날 독재자의 전권을 벗어버릴 준비가 되었다고 했다[93]. 스탈린이 물러나겠다고 으름장을 피우기 시작했을 때는 지도부에 남아있어 달라고 얼마나 '설득'했을까! 옐친이 후임자가 되어달라며 입에 발린 소리로 제안하는 것을 푸틴은 두 번 거절했다.

"부담스러운 것이 사실이다. 가스프롬으로 가는 것이 낫겠다."

러시아인은 명예, 금과 은 그리고 다른 혜택을 누릴 때 항상 스스로 만용에 갇혀서 거드름 피우고 다른 이들보다 자신을 높이는 것은 좋지 않다고 여긴다. 당연한 얘기인 것 같으나 어찌됐든 좋지 않은 것이다. 표정을 편안하게 하여 사람들이 당신에게 다가설 수 있도록 하는 것이 좋다. 홍보와 허풍을 배제한 겸양의 도덕성이 사회 속에 존재해 왔다.

이해를 돕기 위해 매우 중요한 사실을 얘기하자면, 러시아의 설화 속 어떤 주인공도 거저 얻은 자는 없다는 것이다. 단 한 사람도! 행복을 찾아나선 이반은 살아있든 살아있지 않든 모든 자연에 자비를 베풀었다. 그렇기 때문에 목적을 이룰 수 있도록 주위 모든 것이 그를 도운 것이다. 알료누쉬까는 사과나무와 개울, 난로를 도왔고, 정작 그녀가 어려움에 처했을 때 그들로부터 보답을 받았다. 러시아 설화에서 가장 극적인 사건조차도 호들갑 떨지 않고 단순하고 평이하게 묘사된다. 마치 마법지팡이의 신호에 따라 모든 것은 '저절로' 일어난다.

외국인 관광객과 작가들은 러시아의 모든 것들이 하늘에서 거저 떨어진 것이라 생각하기도 한다. 그들이 바라본 러시아인은 괴로워

93 스코보프 A. V. 1917-1940년 러시아의 역사. 상트페테르부르크, 2004.

하는 법이 없었고 자신의 고통으로 외국인을 귀찮게 하지 않았으며 편안한 마음으로 접대했다. 엄청나게 많은 빵과 꿀, 스털렛, 벨루가, 오세트라 철갑상어, 흰살연어, 연어, 곤들매기와 같은 고급 물고기를 내어놓는다.

이러한 풍요로움이 게르베르슈타인, 마르제레트, 올레아리이, 큐스틴과 그 이후의 많은 비평가들의 부러움 가득한 감탄을 불러왔다. 뒤늦게 온 자들이 철갑상어와 같은 물고기를 훨씬 적게 받은 것은 사실이다. 엄격한 비평가들이 너무 자주 우리를 방문했고 그들의 식성은 너무 좋았다. 손님들은 러시아의 풍요로움과 기원을 결정적으로 이해하지 못하며 혼란스러워 했다. 이 모든 것이 어떻게 이토록 게으른 놈들에게 생겼을까? 이런 것을 왜 공짜로 줄까?라고 말하기도 한다. 공짜(халява)라는 단어는 동양상인에 의해 우리에게로 흘러 들어 왔다. 아랍어로 '할랴바(халява)'–'할랴우아(халяуа)'–는 할바 꿀과자(халва), 달콤한 것을 의미한다.

3장. 꾸미지 않은 낭설

새로 알게 된 것의 의미나 주요 가치를 내면에서 더 이상 찾지 않는 민족은
스스로 더 발전할 수 있는 길을 끊은 것이다.
–에밀 초란, 현대 프랑스 철학가

세월아 네월아 게으른 사람은 고여 있는 저수지의 물과 같다.
이 물은 악취와 징그러운 파충류 외에 무엇도 만들어내지 않는다.
M. V. 로모노소프

외국의 악습이 우리나라에서 싹을 틔웠다. 우리 민족정서의 건전함을 해치는 '유랑자 시설'과 '한 손의 강도'라는 도박기계가 그것이다. 먼저, '한 손의 강도'를 보자. 이 기계는 1895년 미국의 독일 이민자 찰스 페이에 의해 발명되었다. 팔자를 바꾸려는 미국인은 라스베가스로 구름 떼처럼 몰려든다. 수천 명이 재산을 날리면서 말이다. 그럼에도 수많은 미국인의 기대는 아직 어마어마하다! 기구한 팔자들이다. 연간 수십억 유로를 유명 텔레비전 추첨쇼에 참가해 날려버리는 영국인과 독일인의 기대도 엄청나다. 무엇이 그들로 하여금 노력 없이 팔자에 기대게 한 것인가?

러시아인인가?! 그렇게 생각한다면, 전세계 글로벌 도박꾼에게 러시아인의 피가 흐르거나 아니면 이반과 같은 바보가 아니든가 둘 중 하나이다. 공짜를 꿈꾸는 자들이라는 신화가 그런 내용이다. 서양의 설화를 보자. 하늘을 따라 튀긴 거위들이 날아다니고 나무에서 흰 빵이 자라고 숲 속 곳곳에서 구운 돼지 꼬챙이 아래 모닥불이 타고 있는 이상한 나라 코칸에 가보기를 갈망하는 서유럽 설화 속 주인공이 현대 유럽인의 모델이다[94]. 많은 학자들이 믿는 것처럼 민족 설화의 주인공이 그 민족의 모델이라면서도 이런 유럽신화를 두고 그 누구도 유럽인을 게으르다고 책망하지 않는다. 거꾸로다. 독일인은 근면하고 영국인은 혁신과 개척의 민족이며 프랑스인은 진취적이고 발명에 재능이 있다. 이토록 훌륭하고 자랑스러운 국가적 특성은 의심할 여지가 없는 사실이기 때문에 설화는 이무 비판없이 그냥 전설로 남아 있는 것이다.

그러나 러시아인에게만 다르다. 러시아의 신화를 읽으면서 불미스러운 신화의 주인공을 두고 오랜동안 미심쩍게 본다. 신화란 것을 불미스런 거울에 반영시키려한다. 여기서 어쩔 수 없이 질문이 하나 생긴다. 오히려 제안이다. 러시아 국민이여! 우리 스스로 불량배나 교활한 놈이라 여길 것인가? 우리 선조가 신화에 나온 것처럼, 게으르고 불성실했다고 여길 것인가? 좋다. 그럴 바에는 바로 지금 '모든 문명화된 국가들에서' 그랬던 것처럼 신화처럼 행동하도록 하자.

94 피테르 브레이겔 스타르시에게 "코칸 나라" 그림이 있다. 자크 르 고프. 가상의 중세 세계. 모스크바, 2001.

4장. 결론

수평갱도로 내려가는 자들은 대부분 러시아인이다.
마르탱 용광로에 서 있는 사람들도 대부분 그들이다.
유감스럽지만 이것은 통계이다.
–바실리 벨로프, 1989년 소련 최고위원위원회 세션에서의 연설문

러시아인들은 남들보다 잘 살기를 좋아한다.
그들에게는 이웃 덕을 보고 살아가는 안 좋은 습관이 있다,
결과적으로 그들은 적게 일하고 적게 긴장해도 된다.
–티이트 마데, 에스토니아 소련 최고위원위원회 시민 국회의원.
1989년 스웨덴 언론의 기사

이 낭설은 서방과 러시아 내에 동시에 널리 퍼져 있다. 때로 푸시킨의 "우리는 게으르고 성실하지 않다"는 문구와 함께 인용된다. 농민적 삶의 원동력은 항상 고된 수작업이었다. 단순한 도구 하나만 있으면 그들이 살아가는데 아무런 문제가 없었다. 적게 일하고 마법의 도움을 받는 것은 언제나 모든 농민의 바람이지만 실제로는 고되게 너무 많은 일을 했다.

그러나 러시아 민족은 '잘 알려져 있듯' 공짜를 좋아하는 게으름뱅이 무리다. 공상만 하는 식객의 무리다. 하지만 '공짜'라는 단어는 러시아어가 아니다. 아랍어이다. 이상한 게으름이 러시아를 덮쳤고, 팔자 좋은 게으름과 공짜만 찾는 마음으로 우리는 세계의 여섯

번째 대륙을 점령했다. 게을렀기 때문에 도끼와 쟁기만으로 그토록 춥고 근대공업을 일으키기 불리한 땅을 점했고 그 땅을 문명화시켰다. 공짜로 말이다. 그런가?

과장하거나 거짓말하지 말자. 우리의 기후조건은 새로운 노동 윤리를 발생시켰다. '도약을 위한' 노동 습관이다. 우리가 소진한 노동의 양과 품질은 오히려 차갑고 거대한 러시아에 유리한 것이었다. 유럽인들의 낭설대로라면 매우 게으른 사람들이 북쪽지방과 시베리아를 개척하고 처녀지를 개간하여 우랄에 공장을 세웠으며 20세기에는 태평양 해안까지 시베리아 횡단열차를 부설하고 사람이 살지 않는 지역에 노릴스크, 콤소몰스크나아무레를 세우고 시베리아와 카자흐스탄에 특별산업지역을 조성했다. 도대체 우리가 어디서 언제 게을렀단 말인가?

결론을 대신하여

자유가 없는 것보다는 있는 것이 낫다.
-D. A. 메드베데프

개인적인 이야기를 한 마디 한다. 언젠가 카렐리야의 키지마을에 있는 멋진 야외 박물관을 방문한 적이 있다. 마을 건축 기념물인 300-400년 된 교회가 있었다. 5층 높이의 목조건물로서 이음못 없이 통나무로 지어졌었다. 놀라웠다. 그것이 전부가 아니었다.

1. 평범한 농민이 농사를 지으며 호밀과 귀리를 심고 수확하며 살았다. 상트페테르부르크의 북쪽으로 러시아의 어느 지역 중에서도 정말 추운 곳이다. 농민들이 곡식을 경작하기 위하여 얼마나 많은 지식과 끈기와 힘을 발휘해야 했겠는가!
2. 땅에는 돌이 섞여 있어 엉망이었다[95]. 밭을 고르며 돌을 골라 들판 가장자리에 줄

95 북쪽 사람들은 우리는 돌을 키운다고 농담을 한다. 즉 여름 동안 땅에서 돌을 골라내지 않으면 이듬해에 돌이 늘어나 있는 것이다.

을 지어 치워 놓았다. 길다란 돌 행렬이 만들어졌다. 이 땅은 결코 이탈리아의 비옥한 경지가 아니다.

3. 집은 큼지막하고 튼튼하며 덧문과 문턱에 무늬가 있었다. 19세기 말 농가의 제일 좋은 방에 거울 문을 달았다. 도시의 가정처럼 말이다. 도자기 식기세트가 놓여 있는 천연 마호가니 찬장도 있었다! 겨울이 오면 가장은 해마다 목수일을 하러 수도로 가, 겨울용 마루를 까는 방법을 배웠고, 거기서 일요 예배 후 가족과 커피를 마시는 습관을 익혔다. 도시의 차기 세트도 가져왔다. 러시아 북쪽 끝 모험의 땅 흑토지대에서 말이다.
4. 키지의 모든 농민은 자유로웠다. 13-14세기 대노브고로드 공국 변방으로부터 왔기 때문에 농노제에 대해 아는 것이 없었다. 18세기 말이 되어서야 예카테리나 2세가 역내 국영공장(군주의 '부역노동' 형태)에서 농민이 수당을 받지 말고 일하도록 강요하자 바로 폭동이 일어났다. 공짜로 일한다고? 농민들은 멋모르고 싸워야 했다.
5. 자유인의 의지와 자아의식이 어떤 결과를 내는가 보라. 관광과 유네스코 문화유산인 이음못 없는 이 유명한 교회는 '역내 농사 공동체의 고유 재원'으로 건설되었다. 어떠한 스폰서도 보조금도, 속세 및 교회 권력으로부터 어떠한 지원금도 없었다. '조야한' 농민들이 건설을 결정했고 피땀 흘려 마련한 돈을 서로서로 내놓아 교회를 지었다! 기적은 보물같은 건축양식에 있는 것이 아니다. 진짜 기적은 이 교회가 볼셰비키 혁명 전에 이미 거의 모든 마을에 세워졌다는 것이다. 수세기 동안 러시아 고유의 정신을 지켜내며 자갈밭 황무지의 영토 한 뼘 한 뼘을 되찾으며 일해왔던 시골이었다. 아시겠는가. 이곳에서 자유로운 노브고로드인의 자유로운 후손은 일요일마다 도자기 찻잔에다 커피를 마시곤 했다.

러시아식 사우나 '바냐'

기원전 5세기 헤로도토스는 흑해 스텝지역에 사는 주민에 대해 "초가집에 돌을 두고 물을 부어 증기목욕을 한다"라고 언급한 바 있다[96]. 헤로도토스는 이 스키타이 농민이 지도층에 종속하지만 오래된 농법을 지키며 살았다고 기록했다. 본인도 마찬가지지만[97], 다른 많은 학자들도 그들을 슬라브족의 선조로 보고 있다. 우리가 바냐라고 부르는 것은 이처럼 실제로 러시아민족보다 훨씬 오래되었다.

96 헤로도토스. 역사 제 9권. 2001년판
97 블록의 시 "우리는 스키타이민족이며, 아시아민족이다"를 기억하는가

슬라브-게르만족의 선조는 바냐를 알고 있었다. 고고학자들은 기원전 2-3천 년 전의 정착지에서 돌을 달구었던 바냐를 발견하고 있다. 돌을 달구는 바냐는 몸을 씻는 장소일 뿐 아니라 시원적인 사원이기도 했다. 증기욕실의 마사지용 자작나무 가지는 산림지대 축산가에서 가축의 겨울나기로 장만한 가지에서 유래되었다. 러시아 선조는 신과의 소통을 위해 몸을 깨끗이 하고 자작나무로 자신을 채찍질한 후에 소에게 여물로 주었다. 소는 농업에 있어 가장 크고 소중한 동물이기 때문이다.

바냐는 목욕재개만을 의미하지 않는다. 자신과의 조화도 의미한다. 건강회복, 질병예방을 의미한다. 러시아식 사우나는 치료요, 마사지이며, 몸을 따뜻하게 하는 것이다. 예로 블라디미르 대공은 몸이 허한 사람들[98], 즉 환자를 위한 장소로서 사우나를 건설하도록 명령하였다. 전설에 따르면 소피아 노브고로츠카야 사원의 건축가 '표트르 달인'은 사우나를 통해 완치되었다. 건설 당시 나이가 많았고 병이 들었으며 사원을 완공하기 전에 죽을 것이라고 생각했었다. 그러나 증기 사우나로 건강을 회복하고 사원도 완공했다. 1세기 슬라브민족은 러시아 땅으로 사우나하러 온 사도 안드레아를 맞이했다. 이것도 전설이라면 매우 특별하다.

슬라브족의 정신 반닉

바냐는 세계의 많은 민족에게서 볼수있다. 그러나 슬라브식 바냐는 보다 더 중요한 종교적인 의미를 가지고 있다. 로마인 조차 따뜻한 바냐와 온천을 좋아하여 독특한 모임으로 활용했다. 온천에서 동료모임을 가지고 연회를 열며 축제를 즐겼다. 온천은 모든 계층의 소통을 위한 장소, 명예가 만들어지고 사라지는 장소, 거래가 이

98 http://www.zakazdomov.ru/c248.html 참조

루어지는 장소, 친위대가 집합하는 장소, 의견을 나누는 장소였다. 마찬가지로 러시아 선조도 같은 목적을 가지고 바냐를 중심으로 모였다. 그렇다면, 사우나 후의 연회, 사우나클럽 등은 매우 오래된 전통일 것이다.

테름닉과 같은 특별한 신은 로마에는 없었다. 하지만 슬라브족에게 있었다. 러시아와 벨라루스 민족정신은 종교와 물질 문화를 반영하는 슬라브신화로부터 유래되었다. 이곳에서 러시아인은 작고 마른 벌거숭이 노인을 찾았다. 그의 이름은 반닉이다. 바냐는 특별했다. 신전을 만든 만큼 우리 선조의 중요한 문화요소다. 바냐의 신, 반닉은 20세기까지 민족 정신 안에 살았다. 바냐에 들어갈 때면, 반닉에게 우유와 음식을 대접하며 분노를 달래며 기원했다. 도모보이[99]와의 관계처럼 좋은 관계를 유지하려고 노력했다.

바냐에서는 몸을 씻고 증기목욕을 했을 뿐만 아니라 주술도 했다. 감기와 탈골 등 여러 질환을 치료하고 종종 출산도 바냐에서 했다. 바냐와 반닉은 전통 혼례식과 관련 있다. 장모는 혼례 빵을 굽고 소금을 뿌린다. 이 빵으로 신랑 신부에게 축복을 준다. 빵과 함께 구운 새고기, 두 쌍의 식기세트를 식탁보 위에 올려 놓는다. 다음날 중매인은 식탁보를 사우나 출입문 쪽으로 넓힌다. 신랑과 신부는 반드시 이를 맛봐야 한다. 성탄 전야 처녀들이 운명을 점칠 때 또다시 반닉에게 물어본다. 러시아인에게 있어서 가족을 구성하고 아이를 낳는 것은 청결의 상징이기 때문에 이러한 의식은 바냐와 반닉과 관련이 있는 것이다.

이반 쿠팔라 축일

7월 7일 이교도 축일인 '이반 쿠팔라 축일'이 여전히 존재한다. 옛

99 역주: 러시아의 집 귀신

날 같으면 강이나 물 가까운 곳으로 나갔다. 쿠팔라는 “물을 끓이다”라는 의미를 가지고 있지만 시간이 지날수록 잊혀져 갔다. 이제 쿠팔라는 구파차(목욕하다)를 연상시킨다. 축일의 의미는 목욕재개다. 현재 연구되는 이반 쿠팔라와 결혼 풍습의 관계에 따르면, 이교도 슬라브인이 아내를 얻기위해 강가 근처에서 처녀를 보쌈했다고 전한다. 쉽게 말해 납치다. 그 전까지만 해도 처녀들은 강에서 목욕하고 햇살과 긴 여름을 즐겼다.

기독교를 수용한 러시아에서 축일이 지속되자 세례자 요한 축일로 바뀌었다. 알다시피 기독교는 이교도의 축일과 신을 비난했다. 그러나 씻고 미역감는 슬라브인의 습관마저 없앨 수는 없었으며 의식도 없앨 수 없었다. 물론 이제는 더 이상 축일에 처녀를 ‘약탈하지’ 않지만 말이다.

아랍인에게 한 마디

고대 아랍세계는 청결한 신체에 큰 의미를 두었다. 흥미로운 것은 다음이다.

“슬라브 나라는 평지와 산림이 많다. 포도밭도 경작지도 없는 곳에 산다. 나무로 만든 작은 통 같은 것을 가지고 있는데 거기에 벌집과 꿀을 담아둔다. 누군가 사망하면 화장시킨다. 사람들이 다음날 화장터로 모여 재를 모아 언덕에 둔다. 그들 모두 재에 절을 올린다. 유명한 사람이 죽으면 큰 집처럼 묘를 파고 그와 옷가지, 금장신구 등의 껴묻거리를 함께 묻는다. 많은 양의 음식과 동전을 함께 묻는다. 슬라브인은 옷을 청결하게 입으며 남편은 금팔찌를 차고 다닌다. 많은 도시가 있고 그들은 자유롭게 생활한다[100]”.

100 블라디미르 미하일로비치 베일리스. 유럽국가와 유럽민족의 구성에 관한 글을 쓴 9세기-10세기 초의 아랍 작가들. 소련의 고대국가들. 1985년.

옷을 정말 청결하게 입었다. 아랍인의 입에서 입으로 전해져 온 증언이 중세 유럽인이 말한 것보다 훨씬 낫다.

루시의 도시

러시아에서는 끊임없이 청소를 했다. 공동체생활 때문이었다. 언급했다시피, 유럽의 거리에 구정물이 흘러도 개인은 오로지 자기재산에 대해서만 책임졌다. 루시인은 공동체적인 삶, 미르(러시아의 공동체)로 살아왔다. 모든 거리가 공유지라는 걸 의미한다. 그렇기 때문에 어느 누구도, 파리시민처럼 제 집만 집이고 그 외의 것은 상관하지 않는다는 식으로 오물 양동이를 거리에다 마구 내다버릴 수 없었다!

러시아인은 청결에 있어 남달랐다. 모든 집에 욕탕과 변소를 갖추고 있었다. 이 두 가지를 한데 일컬어 '누시니 출란(필수창고)', 줄여서 '누시닉'이라 하였다. 구덩이는 사람을 사서 정기적으로 비웠다. 그 예로, 14세기 노브고로트에는 구덩이 청소와 배설물 처리를 일년에 두 차례(4월과 10월) 했던 것으로 알려져 있다. 17세기에 이런 일을 하는 사람을 가리켜 우스개로 '졸로타리(금은세공사)'라 불렀다. 변소 구덩이를 채우는 내용물도 밤에는 금처럼 보이니까 말이다. 졸로타리는 밤마다 변소 구덩이를 비웠고 그것으로 돈벌이를 삼았다. '졸로타리'라든지, '누시닉'이란 말은 오래 전부터 있어 온 생활토속어다. 그에 반해, 다른 유럽언어에서 청결, 청소, 오물 처리를 표현하는 말이 생겨난 건 아주 최근 일이다.

중세 러시아 도시가 요새 장벽으로 둘러싸인 경우는 드물다. 먼저 서양식 '만인의 만인에 대한 전쟁' 이 일어나지 않았으며, 둘째 목재로 벽을 쌓는 게 더 수월하고 경제적이었기 때문이다. 루시의 가옥은 도시와 시골을 막론하고 서로 넓게 떨어져 있었다. 집 앞에는 드

넓고 쾌적한 마당이 딸려 있었다. 이에 대한 기록은 많지 않다. 그럴 필요성이 아예 없어서다. 다음은 한 고고학자가 모스크바 교회에서 기록한 내용이다.

"니콜스키 문 방향으로 가다 보면 1458년에 지어진 베데니아 교회와 망루, 시모노프 수도원교회가 나온다. 이어서 폭이 2사젠(미터의 옛 단위)에 이르는 골목이 나오는데 이 길은 지트니츠카야 거리에서 니콜스카야 거리로 이어진다. 시모노프 교회는 한쪽 면이 교회 맞은편 골목길 끝까지 뻗어있다. 브호드 브 예루살렘 교회는 25사젠에 달하는 거리를 따라 이어진다. 마당의 길이는 12사젠, 폭은 4사젠에 달하였다. 담장이 둘러져 있는 블라고베셴스키 사원 알렉세이 사제의 뜰은 교회 제단에까지 이르고, 길거리까지 16사젠, 그 반대방향으로 10사젠, 로시데스트벤스키 교회로부터 13사젠에 달한다. 그 외 나머지는 거리를 따라 니콜스키 문으로 이어진다[101]"

이는 기록상의 자료이다. 중세 고고학 자료는 상당수 남아있으며 지도, 도식, 표, 삽화도 다수 있다[102]. 18-19세기 러시아 도시계획도 잘 알려져 있으며 저택이 자리한 대지면적이나 저택이 어떻게 구성되어 있는지도 알려져 있다. 클류쳅스키는 "모스크바에선 집집마다 넓은 뜰(욕탕도 포함된다)과 정원이 갖추어져" 있으며, 뜰에는 우물이 있기 때문에 주민들은 물 귀한 줄을 몰랐다고 전한다. 러시아를 찾은 16-18세기 외부인들도 러시아 도시가 깨끗하고 정돈되어 있었음을 강조했다. 19세기 영국인 M. 월레스가 러시아 도시에 관한 글을 쓰면서 "거리는 넓고 직선으로 나 있다. 집은 나무 혹은 돌로 지어졌는데, 대다수가 일 층이며 넓은 뜰로 인해 집들이 서로 떨어져 있다"고 묘사하였다[103].

101 모스크바의 역사(История города Москвы, 이반 자벨린 저, 1905)
102 고대루시. 도시, 성, 마을(Древняя Русь. Город, замок, село., 1984)
103 러시아(Россия. 총 2권中 제1권 200-202쪽, 1880)

경사가 있을 때마다 집을 쓸고 닦았던 것으로 여겨진다. 정교 축일 가운데 기독교 수용 이전에도 존재했고 오늘날까지도 내려져 오는 '스뱌트키'라는 축제가 있다. 스뱌트키 주간이 오면 사람들은 민족 신화에 등장하는 인물과 동물로 가장하였다. 이렇게 가장한 사람들이 행했던 몇 가지 행동은 고정화되었는데 대표적인 것이 바로 집 청소와 집주인이 청소의식을 지켰는지 확인하는 것이었다. 정해진 날자에 먼지를 털었는지, 방직기 청소는 했는지, 축제 때 명절음식을 준비했는지 등을 확인하였다.

더럽고 악취가 진동하는 러시아 도시가 딱 하나 있었으니, 바로 가장 유럽적인 도시로 꼽히는 상트 페테르부르크이다. 도스토옙스키가 *죄와 벌*에서 이 도시를 묘사한 이유가 있었다. 물론 여기선 19세기의 모습이지만 말이다. 이 더러운 서방식 도시가 '러시아식 유럽'의 표본이 된 것도 우연은 아닐 것이다.

개인 위생은 어땠을까? 18세기 초반 러시아 주재 덴마크 대사 유스트 엘은 러시아인의 청결함에 감탄했다. 19세기 알렉산드르 2세 시대에 영국의 무관이었던 월레슬리 역시 매주 꼭 세탁을 하는 러시아인을 보고 혀를 내둘렀다[104]. 대영제국의 '황금시대'라 불리는 빅토리아 여왕 시대에도 청결한 일상이 신기하게 비쳐진 듯 하다. 프랑스 시인 테오필 고티에가 지적했듯이, '리베라와 무릴로'[105]의 모습과 달리 러시아인은 누더기 옷 속에 깨끗한 몸을 숨기고 있었다."

향수의 마력

우리 선조는 유럽처럼 별난 구석이 없다. 17세기 '교양 있는' 유럽에서는 접시를 따로 내놓았는데, 몸에서 잡은 이를 교양 있게

104 14-20세기 외국인이 바라본 러시아의 모습을 알고 싶다면 다음의 사이트를 들어가 보시길. (http://www.pravoslavie.ru/put/041028173051)

105 바로코 시대의 화가로서 'Voyage en Russie(1867作)'에서 러시아인을 묘사하였다.

눌러 죽이기 위함이었다. 러시아에는 그렇지 않았다. 필요성을 못 느꼈기 때문이다. 러시아에도 귀족사회의 '예절규범서'가 있었다. 그러나 데이트 도중 여성 얼굴에 이가 기어 나왔을 때 어떻게 대처하라는 법은 나와있지 않다. 불행하지만, 여성분 스스로 이를 잡을 수밖에. 빈대가 나왔다면, 이때만큼은 여성분을 도와 빈대를 잡아 죽여야 할 것이다.

유럽은 목욕을 회피하려 별별 도구를 다 만들었는데 벼룩잡는 도구, 등 긁기용 빗, 급기야는 향수를 얻게 되었다. 향수의 경우, 오물보다는 냄새와의 싸움이었다. 하지만 제 아무리 향수라 한들 씻지 않은 몸에서 나는 냄새까지 잠재울 순 없는 노릇이었다. 이 시대에 나온 모든 향수는 중세 유럽인들 저마다의 위생습관에 있어 각광받던 필수품이었다. 향수 혹은 1709년에 나온 '오데코롱(Eau de Cologne)'은 처음부터 기적의 묘약, 만병통치약인 것처럼 소개되었다. 천연두가 창궐하던 시기에 베를린의 '쾰른의 물' 제조인들은 향수병에 다음과 같은 설명서를 달았다.

"이 기적의 물은 해독제로서, 페스트 전염을 막아줍니다. 황달, 카타르, 복통, 요통, 치통, 심장통 등 모든 병을 치료해주고 쓰러진 사람을 깨어나게 하며 화상의 흔적을 사라지게 합니다. 여성이 출산할 시 힘을 북돋아주고 기침, 가래에도 효능이 있으며 귀 울림을 완화시킵니다. 끝으로, 이 화장용품을 쓰면 피부에 윤기가 나고 화색이 돌아 아름다움까지 얻을 수 있습니다."

예카테리나 대제[106]가 유년 시절을 회상한 바에 따르면, 그녀의 어머니가 지체 높은 손님의 치마자락에 절대 키스하지 못하게 했다고 한다. 치마에서 향수를 포함해 별의 별 냄새가 다 난다며 말이다. 물론, 세탁한 냄새는 나지 않았을 테니, 결코 놀랄만한 일이 아니

106 예카테리나 2세의 회고록(Записки императрицы Екатерины II, 2007)

다! 화장수든 향수든 당시에는 더러운 악취를 잠재우기 위해 쓰였을 뿐이니까 말이다.

빅토리아 여왕(1897)
대영제국의 전성기를 상징하는 인물이다. 러시아의 니콜라이 II세를 비롯하여 유럽의 거의 모든 황실과 친인척관계를 맺고 있었다. 빅토리아 시대의 영국을 떠올릴 때면 우리는 '바실리 리바노프'(1979년도 영화 '셜록 홈즈'에서 셜록 홈즈역을 맡은 배우), '비탈리 솔로민'(같은 영화에서 왓슨 박사역을 맡은 배우), 그리고 '바스커빌 가문의 개'가 제일 먼저 생각난다.

인구 변동

민족의 건강상태는 인구증가율을 통해 객관적으로 알 수 있다. 그 어느 나라도 산아제한 같은 건 실시하지도 않았을 뿐더러 출산율이 어디서나 높게 나타났다. 때문에, 인구수가 증가하고 출생률이 사망률을 상회한다는 지표를 통해 민족의 삶의 질이나 전염병 상황이 여실히 드러나게 된다.

삶의 질에 있어서 러시아가 여타 유럽국가에 뒤지지 않았다는 점은 쉽게 알 수 있다. 오히려 더 나았다고 볼 수도 있다. 오늘날에는 제일 못사는 나라에서 인구가 빨리 증가한다지만, 당시엔 정 반대상황이었다. 스스로 판단해보라. 지금의 서유럽에 거주하던 인구는 아우구스투스 로마황제가 다스리던 2,600만 명에서 15세기 말, 두 배 증가하였다. 1500-1800년까지 3세기 동안[107] 영국인구가 두 배 증가하였고, 해외식민지가 전혀 없었던 독일조차 170% 증가했는데 그렇다면 러시아에는? 세 배나 증가하였다! 인구가 1,500만 명에서 4,500만 명으로 늘어난 것이다[108]. 뿐만 아니다. 러시아에서 체계적

107 이 시기에 러시아 여행의 관심이 특히 높았던 까닭에 당시 러시아 생활상에 관한 기록이 많이 남아있다.
108 국립 학술 아카데미 산하『인구 및 인간환경 센터』자료

〈예카테리나 2세 초상화〉 F. 로코토프, 1770년
독일 혈통이지만, 예카테리나 여제는 심오한 러시아의 정신을 지닐 수 있었다.

인 인구조사가 이뤄진 것은 1897년부터이다. 당시 인구등록이 처음으로 실시되었다. 그 해 러시아 인구수는 남녀 통틀어 126,411,736명이었다[109].

이처럼 19세기(1800-1897년) 인구수는 프랑스에서 1.8배, 영국에서 1.6배 늘어났으며, 러시아에는 4,500만에서 1억2,600만으로 2.6배 증가한 것이다. 인구 증가율에서 러시아를 앞지른 국가는 엄청난 수의 이민자들을 유입한 미국뿐이었다.

1897년에서 1913년까지의 인구동향을 살펴보면, 매해 2,075,500명에서 2,754,500명을 기록했음을 알 수 있다. 1913년 즈음에는 거주인구가 135,000,000명이었다[110]. 다른 기록에 따르면 140,000,000명을 상회했다고도 한다. 이것이 의미하는 바는 러시아가 영토확장을 끝마치고 알래스카와 캘리포니아 섬 일부를 잃었던 때부터 알렉산드르 3세와 니콜라이 2세가 재위에 있었던 25-30년간의 세월 동안, 사망률을 앞지르는 출생률에 힘입어 인구

109 백과사전 로시야(Р о с с і я, 브로크라우스-에프론 저, 1898)
110 Там же 74쪽(1914)

는 세 배(!)나 증가했다는 점이다.

거의 4천만이 늘어난 셈이다. 수치를 눈 여겨 보라! 바로 이와 같은 성장률 덕분에 20세기 초 학자들로 하여금 1950년경 러시아 인구가 3억 명 이상, 1930년경에 GDP가 세계 최고수준에 이를 것이라 자신할 수 있게 되었다[111]. 반면 영국은 인구가 4,700만 명, 프랑스는 4,340만 명에 이를 것이라 보았다.

공중에 떠 있는 독일 마르부르크 성의 화장실
유럽 대부분의 성에는 화장실 조차 없었다. 윗 사진은 공중에 떠있는 화장실이다. 성주의 놀라운 청결의식을 보여주지만, 적절치 못한 시간에 시설의 아래를 지나면 낭패를 당할 수 있다.

1500년 러시아 인구는 모든 유럽국가보다 낮은 수준이었다. 그러다 1700-1800년 사이에 동일 수준을 이루었다. 19세기에는 세계최고 인구대국이 되었다. 인구수와 질병이야말로 그 나라의 위생 및 보건상태를 보여주는 진정한 지표가 아닌가.

무엇이 고정관념을 만드는가?

왜 깨끗하고 깔끔한 유럽, 추잡스러운 러시아라는 고정관념이 뿌리깊게 박힌 것인가? 차이는 자국의 문화와 역사 유산에 대한 인식에 있다. 잘못은 자신에게 있는 것이다.

111 1913년 러시아제국의 GDP는 세계 5위였다. 상위권에서도 영국과 프랑스는 식민지강국이었다. 독일은 지금보다 영토도 더 넓었고 부강했다. 한편 러시아보다 뒤처졌던 국가로는 일본, 중국, 이탈리아, 벨기에(식민지였던 콩고 포함), 스페인(식민지 포함), 오스트리아-헝가리제국(오스트리아, 헝가리, 체코, 슬로바키아, 폴란드 일부, 유고슬라비아 일부 포함)이었다. 헌데 지금은 어떠한가? G8에 들어가기 위해, 브라질과 동등한 위치에 서기 위해, 삶의 질에서 포르투갈을 앞지르기 위해 애쓰고 있지 않은가.

뉴욕 맨하탄 브로드웨이에 앉아 있는 필자
비위생적인 모스크바시를 비난할 수는 있다. 그러나 뉴욕의 쓰레기 더미는 모스크바 중심부 트베르스카야에서 절대 찾아 볼 수 없다.

유럽영화를 보면 거리와 교외의 진짜 모습을 찾아보기 힘들다. '아름다운 유럽'의 모습은 예술영화뿐만 아니라 다큐멘터리 영화에서도 볼 수 있다. 대중매체를 통해서도 볼 수 있다. 예술영화든 다큐멘터리든 파리를 찍은 영화를 보라. 있는 그대로의 모습을 절대 볼 수 없다. 클래식한 이미지의 파리를 보여 줄 뿐이다. 어떤 영화에서든 파리[112]는 깨끗하고 깔끔하게 보여져야만 했다.

러시아는 그 반대다. 각별한 열성으로 어디에서나 퇴적된 쓰레기더미를 보여주고 노출시킨다. 예술영화와 다큐멘터리 영화가 쓰레기 더미를 보여주지 않으면 견디지를 못한다. 그럴 필요가 없더라도 반드시 보여줘야 한다! 그 결과 프랑스 영화에서 파리는 실제보다 더 좋게 보인다. 모스크바는 가장 뛰어난 영화인 *모스크바는 눈물을 믿지 않는다*에서도 실제보다 나쁘고 더럽고 쓰레기투성이며 시골처럼 그려진다. *파리로 향하는 창문*에서 모스크바는 왜곡의 수준을 넘어 우스꽝스럽고 끔찍하다.

보리스 아쿠닌의 소설 *알틴 톨로바스*에서 더러운 러시아는 어리석게 묘사되며, 폰 도르노프 판도린가(家)의 두 세대가 17세기와 20세기에 이 불결하고 교활한 나라를 발전시키기 시작하는 것으로 기술된다. 아울러 프랑스의 어느 비평가도 이에 관하여 논쟁을 하지 않는다. 그러나 러시아의 비평가는 스스로를 과도하게 비난한

112 개인적으로 *향수(어느 살인자의 이야기)*, *여왕 마고*, 그리고 초현실영화인 *13구역* 정도 봤을 뿐이다.

다. 러시아인은 스스로 외국의 낭설꾼들에게 전형적인 러시아 풍경을 풍자시키도록 한다. 러시아인은 경건하게 서구를 지속적으로 갈망하며 '더 문화적이고 더 문명적인 유럽'이라는 명제에 동의하고 있다. 고전학자가 러시아의 끔찍한 특징인 외국에 대한 이상화 경향을 알아 차린 때부터 변한 것은 별로 없다.

그 방에 무의미한 만남이 있었으니
보르도 출신의 프랑스인은 가슴을 누르며
베체를 소집 했다.
러시아로, 공포와 눈물이 있는 곳으로, 야만인의 나라로 향하는
여정 준비를 말하였다.
그곳에 도착하여 친절에는 끝없음을 알았네
러시아의 소리도, 러시아인들도
만나지 못했네...[113]

시간이 흐를수록 러시아인은 나사가 빠져갔다. 자신이 정말 더럽고 무식하다고 믿기 시작했다. 허나 중요한 것은 그것이 아니다. 정말 중요한 것은 자신의 것을 부정하고 타인의 것을 이상화시키는 것이 민족의 자의식을 왜곡하고 절망의 감정, 자신에 대한 불신, '더러운 러시아'의 역사적 어두운 면을 불러일으킨다는 사실이다.

113 알렉산드르 세르게이비치 그리보예도프. 이성의 슬픔, 1974년판.

제5부 러시아제국 영토확장의 특수성

1장 과연 제국주의적이었을까

2장 러시아 제국 – 제국인가

3장 자치제의 문제점

4장 소련 시대

때로는 자신들의 민족적 과제를 잊고 사는 민족이 있다.
결국 그런 민족은 멸망하여 좀 더 강한 민족들이
자라날 수 있는 토양의 양분이 될 뿐이다.
-스톨리핀 1905년 핀란드에 관한 연설에서-

러시아제국은 불가피하게 영토를 넓혀나갈 수 밖에 없었다. 한 곳에 멈추는 것이 러시아 입장에서는 곧 죽음을 의미했다. 마치 마부가 늑대에게 물려 죽을 수 있는 여름 밤에도 그리고 눈보라가 휘날리는 추운 겨울 밤에도 드넓은 초원을 쉬지 않고 달릴 수 밖에 없는 것과 같다. 생존을 위해, 더 강해지기 위해서 인적도 드물고 끝도 보이지 않는 평지를 달릴 수 밖에 없었던 것이다.

루시인과 슬라브인이 건너왔다고 해서 토착민을 쫓아내지는 않았다. 반(半) 친족적이나 서로 친밀한 이웃이 되었다. 다시 말해, 옆 동네에서 살다가 한 마을 한 동네에 들어와 생활하는 관계로 전환된 것과 같다. 도시생활로 치자면 아파트의 오랜 담장을 허물고 공동생활을 시작하는 것이다. 이 소란스럽고 혼란스러운 공동생활에서 항상 좀 더 세련된 도시에서 이사 온 우두머리가 마을을 다스렸고 그는 책임감있는 이주민이었다. 때로는 이웃끼리 매우 심각하게 다투는 일도 있었다. 접시를 깨고 험악하게 싸웠다해도 적어도 추운 날씨에 미국의 '인디언보호구역'으로 누구를 내쫓거나 하지는 않았다.

11-13세기 슬라브족이 만약 드네프르강에서 북동쪽으로 미래의 모스크바인 야로슬라블와보다 위쪽 아르한겔스크까지 확장했다면 슬라브인과 피노-우그르족이 현재 영토에서 가장 가까운 이웃으로 살았을 것이다. 그러나 고대 루시의 일부 부족연맹들은 공식적으로 슬라브인과 핀-우그르족, 예를 들어 오카강 유역의 뱌찌친족을 포함시켰다. 루시인은 터키어권의 쿤(Kun)족과 연맹을 체결하고 교

역을 하며 핀-우그르족[114]과 했던 것처럼 집단으로 혼인을 맺었다. 조약과 친족관계(쿤족의 왕인 카찬은 루시 공후인 므스찌슬로프 우달로이와 매우 가까운 사이였다) 때문에, 유명한 칼카강 전투가 일어났을 당시 루시인은 쿤족을 도와 '몽골연합군'에 대항하여 싸웠다고 알려져 있다. 타민족이 루시족에 포함되었을 때, 그 민족의 내부 상황은 크게 변하지 않았다. 민족의 전통과 생활방식을 어느 누구도 방해하지 않았던 것이다.

고대 루시는 러시아에 관한 '검은 낭설'을 지어내기 위한 소재가 되지 않는다. 타 민족과 루시의 병합에 관한 얼토당토않은 이야기들(우랄, 시베리아, 극동, 북방계 민족에 대한 대(大)러시아인의 '식민지화'와 '노예화')은 16세기부터 나돌기 시작했다. 이와 관련하여 첫 번째 극명한 예로 카잔칸국 정복을 자주 언급한다.

러시아사 전문가 리차드 파이프스 하버드대학 교수의 말에 따르면, 러시아는 타타르(오늘날의 몽골)의 민족해방 운동을 진압하며 잔혹하게 카잔칸국을 정복했을 뿐만 아니라 볼가강 유역의 거주하던 타타르의 독자적 문화발전의 가능성을 영원히 차단시켜 버렸다고 한다. 특히, 그는 "불청객은 타타르인보다 나쁘다"라는 러시아 속담을 인용하여 타타르 민족을 영원한 숙적으로 만들었다고 하였다. 그러나 러시아의 역사 그리고 러시아에 관한 낭설을 만드는 과정 속에서 몽골침략, 킵챠크 한국(汗國), 카잔칸국와 북 카프카즈는 실타래처럼 얽히고 설켜버렸다. 우리는 이에 대해 특별히 짚어 볼 필요가 있다.

114 사람들은 전반적인 외관상으로 볼 때 현대 러시아인의 얼굴이 '고대 키예프'의 슬라브인과 매우 큰 차이를 보인다고 생각한다. 그 이유는 타타르, 쿤족 그리고 특히 핀-우그르족과 피가 섞인 것으로 알려져 있다. 따라서, 블라지미르 스뱌토슬라프시대의 '전형적인' 슬라브인과 비교한다면 미래 모스크바의 기원민족들부터 보통의 하얀 피부, 하얀 얼굴, 좀 더 넓은 광대 그리고 뚜렷한 눈을 갖게 된 것이다.

1장. 과연 제국주의적 이었을까?

14세기만 해도 작은 공국이었던 모스크바-러시아가 급속히 확대된 데에 놀라지 않을 수가 없다. 그렇다고 해서 카잔, 아스트라한, 쿠춤 군의 저항을 영국이 아일랜드, 북아프리카, 미국과 벌인 무력분쟁과 과연 동등하게 비교할 수 있을까?

패전 후 카잔의 운명은 어땠는가? 서방의 식민지 정책과는 완전히 달랐다. 전쟁 후 카잔은 러시아의 행정기관으로 바뀌었다. 친터키계 무르자(공후)의 영토는 러시아 이주민에게 분배되었지만 무르자인은 처형되지 않았다. 가족, 친위병과 함께 모스크바-러시아 포로로 보내져 그곳에서 동화되어 살았다. 힌두귀족이나 더 나아가 미국에서 조상대대로 물려받은 토지를 잃고 영국인들과 평화롭게 섞여 살도록 자신의 부족을 브라질로 보내는 미국의 휴론족, 아파치족, 모히칸부족의 족장들을 나는 상상할 수 없다.

러시아 노선을 의식적으로 지지했던 타타르 무르자의 운명은 훨씬 더 나았다. 실제 이들은 러시아 귀족과 동등한 대우를 받았고 신앙의 자유도 보장받았다. 카잔전쟁 당시 회교사원 파괴와 기독교에 대한 탄압은 대대적이고 가혹했지만 의식적인 장기정책이 아닌 전쟁의 잔혹성 때문이었다고 설명할 수 있다. 머지않아 카잔에는 사원과 종교학교가 다시 세워졌고 이슬람 성직자들은 법적으로 그리스정교 사제직과 동등한 위치로 점차 올라갔다. 처음에는 이슬람 타타르인이 도시에 사는 것이 허용되지 않았다. 도시외곽의 마을에서만 자유롭게 살 수 있었다. 18세기 말에 이르러 카잔 타타르인의 마을은 도시와 합쳐졌다. 늘어나는 타타르 민족은 도시의 구심점이 되었다. 카잔은 거대한 영토의 중심이 되었고 러시아 동부의 수도가 되었다. 카잔전쟁 이후에 북카프카스에서 시작해 페름, 바쉬키리아까지 이르는 광대한 지역이 모스크바에 세워진 카잔궁전의 왕실의 칙령 아래에 놓이게 되었다. 그렇다면, 이와 같은 사실이 증명하는 것은 무엇일까?

1. 러시아 제국의 중심을 러시아 민족국가로 보는 것은 무의미하다. 루시는 처음부터 다민족적 성격을 띠고 있었다.
2. 러시아는 서방 식민지제국과 전혀 다른 방법으로 영토를 확장해 나갔다. 완전히 차별화된 과제와 목표를 가지고 다른 행보를 했다. 군사력을 동원한 연합도 있었지만, 공통의 역사적 운명과 상업·문화적 관계, 왕실결혼까지 오랜 세월 긴밀히 연결된 민족들을 포괄하는 연합정책이었다.
3. 모스크바-러시아의 적국 역시 다민족 국가였다. "러시아인들이 타타르 민족을 정복했다"는 말은 터무니 없는 소리이다.
4. 좀 더 자세히 살펴보면 '러시아인의 잔인한 만행'과 침략의 '믿기 어려운' 잔인함에 대한 모든 이야기들은 폐물로 여길 수 밖에 없을 것이다.
5. 모스크바-러시아가 동쪽으로 확장될 때 그곳에 살고 있던 민족들은 자발적으로 러시아로 들어 왔다. 이러한 자발적인 가입(카잔, 시베리아, 아스트라한)은 루시에 적의를 품고 있던 오스만투르크제국이나 중앙아시아 한국(汗國)의 음모로 무산되기도 했다. 위의 국가들은 처음에는 모스크바와 우호적인 관계를 가지고 있었고, 심지어는 모스크바의 종속국(카잔, 아스트라한)이기도 했다. 하지만 모스크바-러시아로의 강제적인 영토병합, 자치제 폐지, 러시아 행정기관 설립은 러시아의 식민지정책 때문이 아니라, 식민지 국가가 충성의 맹세를 져버린 결과였다. 하지만 대부분의 경우 자치제로 다시 수복되었다.
6. 가장 중요한 항목이다. 러시아가 점령한 지역은 결코 서구적 의미의 식민지가 아니었다. 모스크바-러시아의 새로운 영토의 지위는 로마제국의 지방과 가장 흡사했다. 사실상 모스크바-러시아는 이미 자치정책을 위한 초석을 다져 놓았었다. 뿐만 아니라 점령한 땅과 민족에 대한 자치는 모스크바-러시아에게 있어 가장 일반적이고 당연한 일이었다.

대영제국, 프랑스제국, 폴란드제국과는 전혀 같은 점이 없다! 이 제국들은 '남의 것'을 희생해 '자신의 것'을 늘리며 만들어졌다. 20세기까지 제국의 경제정책은 오직 식민지에서 본국으로 자원과 재원을 보내는 것, 더 정확히 말하자면 식민지로부터 물질적 재화를 몰수하는 것이었다. 극명한 예로 영국의 대대적인 인도 약탈과 스페인의 중남미 약탈이 있다. 당시만해도 영국과 스페인의 식민지 약탈은 자연스러운 현상이었다. 침략을 감행할 어떤 이유가 더 있었겠는가? 전쟁은 엄청난 돈을 필요로 하지 않나. 투자금은 회수해야 한다. 이자까지 붙여서 말이다.

이러한 경제정책은 '백인' 우월주의에 대한 지배적인 인종차별에 근간한다. 서방의 전통적인 식민지제국은 식민지국의 엘리트와 절대 평등한 협정을 맺으려 노력하지 않았고 거짓말, 매수, 테러에 기반한 정책을 폈다. 영국이 대양을 지배하던 시기에 인도, 아프리카 공주와 결혼한 영국 왕이나 귀족들이 많았을까? 영국에서 순수 영국귀족과 같은 권리를 행사하였고 의원으로 선출되어 상원회의에 참석했으며 각료가 된 인도 라쟈가 많았을까? 영어에 힌디어나 중국어에서 차용된 단어들이 많이 있는가? 위와 같은 질문구성 자체가 서방의 식민지제국과 러시아의 국가체제 간에 현격한 차이가 있었음을 보여준다. 이와 같은 러시아 국가체제를 무엇이라 불러야 할지 적합한 용어가 없다. 끝으로 다음과 같은 짧은 결론을 내릴 수 있다.

러시아의 카잔이나 아스트라한 '점령'과 시베리아 '정복' 등은 프랑스의 부르고뉴, 앙주 '점령'과 같은 것이었다. 또는 영국의 웨일스 점령이나 스페인의 말라가, 세비야 점령과도 비슷하다. 이는 영국이 인도를, 프랑스가 인도차이나를, 스페인이 마야, 아즈텍 국가를 정복한 것과는 차원이 다르다.

2장. 러시아제국–제국인가?

앞서 언급한 내용 중 대부분은 18-19세기의 러시아제국에 대한 것이었다. 러시아의 영토확장은 동유럽 전역에 걸쳐 이루어졌다. 흑해, 카프카즈, 중앙아시아 지역병합 시 해당 민족의 특권계층은 대체적으로 러시아 귀족계급의 모든 권리를 빠르게 얻을 수 있었다. 서민의 경우는 어땠을까? 아르메니아, 타타르, 우즈베키스탄, 몽골 상인들도 러시아인과 동등한 권리를 부여 받았다. 우크라이나, 발트제국, 카프카즈, 시베리아 주민들은 소시민계급에 들어가기 시작했다.

식민지의 농민 역시 러시아 농민과 동일한 권리를 부여받았을 뿐 아니라 '새롭게' 점령한 지역 어디로도 농노제가 확산되지 않았다. 오히려 정반대로, 모스크바-러시아에서 보다 다른 민족이 살고 있는 지역에서 온갖 인적 종속관계의 형태가 서서히 사라져갔다. 러시아제국민들은 타민족을 지배하는 러시아라고 생각하지 않았다. 새로운 땅과 민족을 통해 더욱 커지고 강해졌지만 그 땅과 민족을 대 러시아라는 오케스트라의 평등한 참여자로 보았다. 비록 제국 안의 완전히 새로운 형태였지만, 점령당한 민족이 자민족의 계획과 프로젝트를 실현시킬 가능성을 얻는 역설적인 상황이 만들어진 것이다.

19세기 영국의 커리커쳐
19세기 서구 만화가들의 그림 속에서 러시아의 곰은 매우 다양하게 묘사된다.
지극히 혐오스러운 괴물에서부터 상당히 매력적인 등장인물까지 등장한다.
이 모든 것은 정치적 상황에 좌우되었다.

동쪽으로 진출하려 했던 독일의 팽창정책 드랑나흐오스텐은 동프로이센과 쿠를란트가 생겨나게 했다. 하지만 리보니아 기사단 소속 독일인은 나르바지역 바깥으로 나가지 못했다. 하지만 프스코프, 노브고로드, 스웨덴의 국민이었던 독인인들은 더 먼 동쪽 네바강[115] 근처까지 들어갔다. 발트제국의 '포로로 잡힌 독일인'은 러시아제국의 국민으로 러시아군에 소속되어 중앙아시아 및 극동국가[116]까지 나아갔다. 독일인들은 이렇게 러시아제국의 국민이 되어 대규모 '드랑나흐오스텐'을 이어갈 수 있었다.

타타르와 바쉬키르 민족이 서방으로 나가길 원했을 때 이들은 자신의 염원을 러시아군에 소속되어서야 이룰 수 있었다. 바투 칸과 러시아 연대의 바투 군에 속해가지고서는 아드리아 해와 지금의 헝가리, 폴란드까지 밖에 가지 못했다. 하지만 이반대제 시대에 타타르, 체레미스, 바쉬키르인은 리보니아 기사단의 지역까지 쳐들어갔

115 17세기 말에 많은 독일인들이 미래의 페테르부르크가 세워질 장소인 니옌샨쯔와 프리드리흐스-하브나에서 살았다.
116 메인도르프는 러시아 장교로 하바와 부하라를 여행했다. 렌넨캄프 장군과 글라제나프 장군은 코칸드 정복전쟁에 참가했다. 브란겔 남작은 유라시아대륙의 최 북단지역에서 새로운 섬을 발견하고, 자신의 이름을 붙인다. 미덴도르프는 시베리아 북쪽과 타이미르를 탐방했다.

다. 타타르계 러시아 장교들은 7년전쟁 당시 베를린을, 1814년에 파리를 점령했다. 이렇게 비러시아 민족들은 러시아제국의 국민이 되어 칭키스칸과 그의 측근들의 꿈을 실현시킬 수 있었다.

이슬람교도가 기독교신자에게 자신의 종교를 전도하려 할 때도 그렇다. 그들에게는 종교전파의 자유가 있다. 예카테리나 2세 때 이슬람신자들은 국내외를 돌아다니며 자유롭게 상업활동을 할 수 있었다. 사원을 건설할 수도 있었고 설령 그곳이 페테르부르크일지라도 어느 곳에서나 이슬람교를 믿고 전파할 수 있었다. 1880년대 초반에 페테르부르크에 살던 이슬람은 대대적인 선교활동을 벌였다. 당시 이슬람신자의 대표로 코란의 가르침과 유럽문화를 조화롭게 결합시키려 노력했던 A. A. 바야지토프(1844–1911)가 있었다. 바야지토프는 많은 러시아 작가, 철학자들과 친분을 쌓았는데, 그 중에 절친한 친구로 종교철학자 V. S. 솔로비요프가 있었다. 솔로비요프의 저서 *모하메드의 삶과 가르침*은 바야지토프의 영향을 크게 받았다. 1905년 8월에 제1차 전러시아 무슬림회의가 니즈니 노브고로드에서 개최되었다. 뒤이어 두 차례의 회의가 각각 1월과 8월에 페테르부르크와 니즈니 노브고로드에서 열렸다. 1904년에는 페테르부르크에 사원을 건설하는 문제가 대두되었다. 부하라 군주는 토지매입을 위해 31만 2천 루블을 기부했다. 타메를란(티무르)의 사원인 사마르칸트의 구르아미르가 사원의 모델이었다. 이렇게 세워진 사원에서 1913년 2월에 처음으로 성대한 예배가 올려졌다. 많은 러시아인은 자모스크보레치예의 따따르스까야 거리의 오래된 사원을 기억하고 있다. 19세기 초 알렉산드르 1세 때에 수도 중심부에서 세워 진 것이다. 사원의 부지는 나폴레옹과의 전쟁에서 용맹함을 보여준 타타르와 바쉬키르인들에 대한 '존경과 감사의 표시'로 황제 알렉산드르 1세가 이슬람단체에 하사한 것이다. 사원건설 비용도 직접 헌납했다. 사원은 현재 예배를 드릴 수 있도록 열려있다.

폴란드인들이 러시아 영토 내의 땅만 갖길 원한다? 그들은 이미 시베리아까지 각 도시마다 집과 땅을 보유하고 있다. "위대한 폴란드가 캐나다에서 토볼스크까지 살게 내버려두어라!"라는 유명한 폴란드 건배사가 있다. 하지만 실제 폴란드는 토볼스크는 말할 것도 없고 하얼빈과 블라디보스토크에서까지 '살았었다'.

다른 민족들도 마찬가지다. 기독교세계의 일부가 되길 원하지만, 이슬람교도들에게 몰살될까 두려워했던 그루지아인들은 러시아제국 전역에 살고 있으며 제국이 이들의 삶을 보호해주고 있다. 아르메니아인들은 세계 곳곳으로 이주하여 교육받고 국제무역과 수공업에 종사하려 한다. 로스토프, 오데사, 모스크바, 니즈니 노브고로드에 아르메니아인 거주지가 생겨나고는 있으며 많은 아르메니아인들이 러시아제국의 행정부와 군부에 진출하고 있다.

영토와 민족을 병합하면서 러시아제국은 자국영토의 번영과 타민족의 역사적 운명의 후원자가 되었다. 러시아는 한 번도 영토확장에 열을 올리지 않았다. 때문에 영토를 넓혀야 할지 말아야 할지 종종 고민했다. 왜냐하면 새로운 지역을 병합하면 지역의 향후 운명에 대한 책임을 떠맡아야 했기 때문이다. 자카프카지예 기독교인의 운명을 책임지면서 러시아제국은 수 차례의 전쟁에서 엄청난 돈과 수천 명의 병사를 잃었다. 카프카스 독립부대를 유지하면서 그루지아를 관리해 나가는데도 많은 돈이 들었다. 비용은 수백만 루블에 달했지만 돌아오는 이익은 하나도 없었다.

한 러시아 고위급 외교관(솔직히 밝히자면, A. S. 그리보예도프이다)이 러시아 황제에게 열대과일을 재배하는 대규모 러시아-카프카스 회사를 설립할 것을 제안했다. 유명한 영국의 동인도 회사의 영업방식을 본보기로 삼자는 의견도 나왔었다. 오늘날 잘 알려지지 않은 이 사업계획은 러시아에 수익을 가져다 주는 국가로 그루지아를 탈바꿈시키자는 것이었다. 밝혀진 바에 따르면 니콜라이 1세가 단 한 가지 이유로 이 제안을 거절했다고 한다. 그루지아가 완벽한 식민지가 될 것이라는 것이었다. 일반적인 황제의 논리로 봤을 때 도무지 이해할 수 없는 일이다! 이토록 '이상한' 제국이 러시아였다. 식민지를 원하지 않은(최소한 공식적으로 대외정책상으로는) 제국 말이다. 사회평론가 F. V. 라주모브스키는 지나치게 감상적으로 들리겠지만, "러시아제국은 러시아인의 제국이 아닌, 러시아 영토의 제국이었다. 러시아지역에는 타인도 소외된 자도 없었고 모든 사람이 우리민족이며 모두가 형제다"라 말한 적이 있는데, 이것은 사실이다.

서방제국 식민지에서 기아는 일상적이었다. 영국의 침략 전까지만해도 기근이라고는 없었던 부유한 인도도 마찬가지였다. 인도귀족도 영국인과 마찬가지로 적지 않은 세금을 거두어들였다. 하지만 규모가 달랐다. 영국인들이 말 그대로 모조리 털어갔다면, 인도귀족들은 수확량에 따라 차등을 두어 세금을 걷어갔다. 수확량이 많으면 세금도 높아졌다. 어쨌거나 인도귀족들은 국민이 다음 수확

철까지 연명할 수 있도록 수확물의 일부를 남겨주었다. 영국인들도 적어도 이론상으로는 인도의 이전 군주들보다 많이 가져가고 싶지는 않았을 것이다. 영국인들은 이스라엘 식으로 '융통성이 없었다'. 가장 풍작이었을 때 내는 세금만큼 흉작일 경우에도 매년 동일한 세금을 거둬들였다. 그 결과 기아가 일상이 되어버렸다. 1850년에서 1947년까지 영국 식민지 하에서 약 수백만 명의 인도인이 아사했다. 기아는 인도차이나, 부유한 섬이었던 자바, 아프리카, 마다가스카르, 중남미로 확산되었다.

러시아제국에는 이러한 기근이 없었다. 러시아제국에 드물게 흉년이 들면 다른 주에서 빵을 가져오도록 했다. 이는 러시아가 비러시아 지역의 수확물에 대한 어떤 특별한 권리를 가졌기 때문이 아니라, 당장의 식료품지원이 필요했기 때문이다. 하지만 일반적으로는 반대의 상황이 더 많았다. 빵은 러시아로부터 볼가강 유역, 중앙아시아, 북 카프카스나 동 카프카스로 보내졌다. 러시아제국에 병합된 후 러시아 어느 지역에서도 기아가 창궐하지 않았다.

이 같은 사실이 증명해주는 것은 하나다. 러시아제국에서 본토와 식민지를 나누는 데에 제약이 있다는 것이다. '러시아는 대륙적 특성상 국가 중심부와 변방을 구분짓기가 매우 힘들었다'고 현대 영국 사학자 도미닉 리벤은 밝힌 바 있다. 유럽제국의 본토는 식민지국들 덕분에 윤택해져 갔다. 러시아 본토는 병합된 국가들과 나누어야 했기 때문에 상황이 나아지기는 커녕 더 나빠질 때가 많았다. 1905년 혁명 후, P. A. 스톨리핀 총리는 변방의 러시아 대표부 수를 늘리는 국가두마 선거법 수정안을 통과시켰다. 그렇지 않았다면, 변방을 지원하느라 이 바보 같은 러시아 제국주의자들이 더욱 자신을 힘들게 했을지도 모른다.

3장. 자치제의 문제점

"디카야 디비지야(Savage Division)"
'디카야 디비지야'는 전적으로 지원병들로만 구성되었다. 이슬람계 병사에게는 정교회 성자 G. 포베다노세츠가 아닌 쌍두독수리가 그려진 훈장을 수여했다. 하지만 이들은 공손하게 카프카스의 기마단 '쥐기트'라 높여 부르며 원래의 쥐키트 문양을 돌려달라고 요청했다.

러시아제국에 병합된 민족들은 민족적 모욕을 당하지 않았다. 귀족도, 서민도 자신의 오랜 전통대로 살 수 있었으며 그 누구도 그들의 전통풍속을 고치려 들지 않았다.

러시아 내의 모든 민족은 전통적인 삶의 방식을 유지해나갔다. 오늘날 러시아 지방자치제는 대도시나 지방행정부를 제외하면 우습게 돌아간다. 지자체는 거의 아무 일도 하지 않는다. 그러나 불과 십 년 전만 해도 지자체가 러시아에서 얼마나 중요한 위치를 차지했는지 현대인은 상상하기 어려울 것이다. 모스크바-러시아 시대부터 지방자치 전통은 국가의 규범으로 자리잡았다. 지방자치법은 보다 명료해지고 구체화되며 완성되어 갔다. 하지만 이것이 법의 통일을 가져오지는 않았다. 러시아제국은 모두가 똑같아지는 것을 원치 않았기 때문이다. 러시아제국이 중요하게 생각했던 것은 국민의 충성심이었고, 자신의 충성의 의무를 다할 것인지 그 여부였다. 충성을 다할 준비가 되어있지 않은 민족의 경우, 러시아제국은 엄벌에 처했다. 하지만 지역마다 고유한 법과 전통을 가지고 있는 것이 러시아 제국에서는 매우 일반적이었다.

러시아제국의 중앙기관으로는 군대, 행정기관의 수뇌부, 법원이 있었다. 1860년대까지 신병을 모집했다. 일부 민족은 징집대상에 속하지 않았다. 귀족, 성직자, 지식인 대표도 병역의 의무를 지지 않았다. 지방귀족과 러시아제국에 편입된 민족의 성직자도 마찬가지였다. 부랴트, 카자크, 알류트인의 자식도 고등학교를 나오면 병역이 면제되었다. 징병제가 시행되었을 때에도 일부 민족은 예전과 마찬가지로 면제되었다. 병역제도가 러시아제국 전 민족을 대상으로 확대된다 해도, 장남과 독자는 면제였다. 이외의 징집대상자들은 자신의 종교에 따라 충성 서약을 했다.

바이칼호수 지역의 토착민 세 명이 당시 어떻게 서약을 했는지에 대해 읽은 기억이 있다. 이들을 위해 부랴트 마을에서 특별히 샤먼이 왔다. 샤먼은 방울이 달린 북을 들고 춤을 추며 접신 의식을 행했다. 의식은 매우 진지했고, 아르메니아 지휘관들도 비웃지 않았다. 샤먼은 큰 빵 한 조각에 이상한 주술을 걸었고 입대자들 옆 부대 사령관이었던 러시아 대령을 불러 의식에 참여시켰다. 의식에 참여하는 그 순간, 대령은 입대자들에게 '군 사령관'이었을 뿐만 아니라 아버지였고 샤먼이었고 부랴트 신의 화신이 되었다. 그렇게 25년간 사령관을 숭배했다. 이 '이교도적인' 이야기는 아르메니아 사령관이 위와 같은 의식을 얼마나 진지하게 대했는지 알게 한다. 이교도적 의식은 천 년의 종교 · 군사적 전통에 근간한 소비에트군의 선서와 함께 러시아군 내부의 소수민족 군인들의 절대적인 기강 확립에 크게 기여하였다.

실제로 이는 어눌한 러시아어를 구사하며 때때로 이상하게 보였던 타타르, 바쉬키르, 칼미키, 아드이게인이 진실된 신념을 가지고 프랑스 포병대의 산탄에 정면으로 맞서 나가게 한 이유였다. 이들은 한 번도 본적 없는 러시아의 황제를 위해 목숨을 바쳤다. 1812-1815년에 카자크 외에도 러시아의 칼미키아, 바쉬키르인 기병대가 유럽인들에게 어떤 공포감을 불러 일으켰는지 기억해보라.

다시 충성서약 이야기로 돌아가서, 당시 샤먼의 지시대로 러시아 대령은 군도를 뽑아 빵 조각을 찔렀다. 입대자들은 손을 사용하지 않고 입으로만 칼 끝의 빵을 빼내 먹고는 오른손을 들고 모국어로 러시아제국에 대한 충성을 맹세했다. 세 명의 바이칼 토착민들의 서약은 이와 같이 끝났다. 이슬람교인들은 물라의 참여 하에 코란에 손을 얹고 불교신자들은 해당 종파의 수도원에서 온 성직자의 참여 하에 충성 서약을 한다.

병사들에게 그들 종교의 계율을 저버리라고 강요하는 것은 생각할 수도 없는 일이었다. 이슬람을 믿는 병사에게 돼지기름을 넣은 죽을 먹일 수 있다는 생각 자체가 러시아제국 병사에게는 야만적인 것이었다. 앞서 말한 바 있듯이, "영국인들은 소총과 탄약을 닦는데 소와 돼지 기름을 사용한다"고 인도의 혁명 선전원들이 퍼뜨린 바 있다. 이것이 영국제국 역사상 가장 격렬했던 민족봉기의 기폭제 역할을 했다. 1917년, '역사가 · 지식인'의 군대선전 교시를 너무 많이 읽은 한 볼셰비키 당원이 얻어 터진 적이 있다. 러시아군이 총탄에 돼지기름을 채운다고 했던 것이다. 이를 들은 '디카야 디비지야' 사단의 이슬람병사들은 "거짓말을 하려거든 제대로 해야지"[117]하며 그에게 주먹을 날렸다.

각 지역은 고유한 지방자치의 관습과 법을 가지고 있었다. 러시아

117 소비에트연방에서도 이슬람 군사들에게 돼지고기를 보급해 몇 차례 폭동이 일어난 적이 있다.

제국의 지역 간 격차는 독일이나 미국보다 컸다. 지역격차는 러시아제국에 병합한 국가 간 뿐 아니라 러시아의 각 주에도 존재했다. 러시아의 시베리아, 폴타브쉬나, 세미레치예, 빌렌스키 크라이, 올로네츠카야 지방 북쪽, 꾸바니의 토지법은 서로 크게 달랐다. 예를 들면, 러시아의 북쪽에는 나무를 베고 토지를 개간하고 회사의 주식처럼 사고 팔 수 있는 공유지가 있었다. 농민 개인이 사실상 공유지의 소유주였고 농민들은 자신의 지분을 잘 이용할 줄 알았다. 오브쉬나에서 나올 경우, 지분을 팔면 되었다. 지금의 카프카스 남부와 세미레치예의 경우 농민이 오브쉬나에서 나올 때에는 이를 허락해주고 문서를 정정해주는 대가로 돈을 지불해야 했다.

시베리아의 숲은 '신의 것'이어서 농민은 이를 개인소유물으로 취하거나, 다른 사람이 그곳에서 나무를 베는 것을 신성모독이라 여겼다. 반면, 빌렌스크 크라이에서 숲은 농민의 개인 소유였다. 경작지는 정기적으로 분배되었지만 숲은 그렇지 못했다. 숲을 이용하는 대가로 미르는 숲 소유자에게 사용료를 지불해야 했다. 아직 토지가 오브쉬나의 소유였을 때, 농민공동체 미르는 경작지, 목장, 목초지, 숲을 나누어 재분배하는 역할을 맡았다. 토지는 매년 재분배하거나, 5년, 10년, 15년마다 한 번씩 분배할 수도 있었다. 1861년 이래 1900년도까지 토지를 단 한 차례도 재분배하지 않은 오브쉬나도 있었다. 사실상 개인소유였던 셈이다.

대체로 토지소유 문제는 오브쉬나 담당이었으며 어떤 국가관리도 오브쉬나의 일에 관여할 수 없었다. 오브쉬나 외에도 볼로스트 자치단체가 있었다. 각 볼로스트는 대표를 선출했고 선출된 대표는 관할구역의 시골마을에서 발생하는 여러 문제들을 해결했다. 볼로스트법은 토지공통체가 없던 발트해연안국, 중앙아시아, 필란드, 폴란드에도 존재했다. 오브쉬나가 약해질수록 볼로스트자치제의 영향력은 더 커졌다. 볼로스트와 구베르니아는 지역세를 거둬들였고 이를 어디에 어떻게 사용할지 자체적으로 결정했다. 중앙정부는 이에 관여할 수 없었고 그럴 권한도 없었다. 게다가 그루지아, 우크라이나, 중앙아시아, 발틱3국의 토지법과 볼로스트법이 각각 달랐다. 뿐만 아니라 모든 변호사들이 복잡하게 얽히고 설킨 페르가나의 토지, 물에 관한 권리와 아브하지야의 지역수도승의 첫 번째 양에 대한 권리 문제를 다 해결할 수는 없었다.

러시아인과 비러시아 민족과의 이해충돌이 발생할 경우, 지역관리들은 법이란 오래될수록 신중하게 따라야 한다는 단순한 이유로 주로 비러시아 민족의 편을 들어주었다. 한 번은 하카스에서 이런 일이 있었다. 러시아 농민들이 샘터 중 한 곳에 울타리를 쳐 놓았다. 주변의 샘이 모두 말라버리자, 러시아 농민들은 샘을 3년에 한 번, 5년에 한 번 정도로 이용했다. 하카스인들은 소송을 걸어 가볍게 승소했다. 법원은 러시아농민들에게 설명하기를 "러시아인 당신들이 시베리아 근처에도 없었을 때부터 이 사람들은 가축을 방목하고 있었다"고 했다.

교활한 사람들은 항상 법망을 요리조리 잘 피해 다녔다. G. 미하일로브스키가 묘사한 상황을 예로 들면, 교활한 러시아 농민이 돈 한 푼 안내고 바쉬키르인의 땅을 임대한 적이 있었다[118]. 당시 바쉬키르인들은 토지가격이나 법이 뭔지도 몰랐다. 그냥 놔두면 될 것을 정부는 지역민에게 이 사실을 알려, 뒤늦게 변호사에게 달려가게 했다.

도시에도 다양한 자치 형태가 있었다. 러시아제국의 도시는 1,820여개의 규정에 따라 운영되고 있다. 각 도시는 고유의 문장과 법, 때로는 지나치다 싶을 정도의 특권을 가지고 있었다. 일례로 에스토니아의 도시 라크베르 주민은 핀란드, 스웨덴과 무관세 거래를

118 M. N. 가린-미하일로브스키 저서 "한국, 만주, 랴오둥 반도 여행기"

할 수 있는 특권이 있었다. 러시아 상인이 면세무역을 하고 싶다면 라크베르 시민이 되든가 아니면 지인을 이주시키면 되었다.

카잔, 벨레베이와 우랄지역의 일부 도시도 마찬가지로 투르케스탄과 무관세 무역을 할 수 있는 권리를 가지고 있었다. 투르케스탄의 영토는 러시아제국과 중국으로 나뉘어 편입되어 있었다. 따라서 러시아제국의 일부 도시는 관세를 내지 않고도 중국과 무역을 할 수 있었다. 물론 이외의 다른 도시는 그럴 권리가 없었다. 러시아, 폴란드, 독일 상인이나 수공업자들은 특권을 가진 국가로 이주해, 그 혜택을 누릴 수 있었다. 무관세무역 특권은 카잔 한국시대에 기원을 두며 카잔한국이 모스크바-러시아에 병합될 때 당시 짜르에 의해 다시 한 번 승인을 받았다.

이 모두는 하급 자치제인 지방 자치제와 관련이 있는 것이었다. 지방자치 덕분에 수백만의 사람들이 제국의 의무교육인 초등학교를 마치고 지자체로 들어갈 수 있었다. 이 자치제 덕분에 러시아제국은 아주 다양한 방식으로 운영되었다. 수많은 지역 전통들이 법을 통해 보호되고 유지되었다는 사실은 매우 중요한 점이다. 단순한 법 통합 측면에서 지역전통을 지키는 것이 다소 불편했을 수 있다. 하지만 이는 마이너스 요인이 아니라 상호 보완적이다. 러시아인들은 제국으로 새로운 국가들을 병합하면서 법을 서둘러 바꾸지 않았고 오히려 지역 관습 법을 유지하려고 노력했다. 지역소요가 일어날 경우, 지역의 권리를 박탈했지만 그래도 많은 권리가 남아 있었다.

러시아가 폴란드에 헌법을 제정해 줄 때마다 봉기가 일어났다. 그 결과, 폴란드인은 돈도 잃고 국회도 잃었다. 이런 이유로 빌렌스키 크라이와 프리비슬렌스키 크라이는 이 경우 지역전통을 고려하여 통치하였다. 핀란드는 단 한 번도 러시아에 대항해 들고 일어난 적이 없었다. 1917년경 핀란드는 독자적인 의회를 지녔으며, 러시아와는 법도 상당히 달랐으며 심지어 화폐도 달랐다. 루블과 함께 공식적으로 지역화폐인 마르크로도 물건을 사고 팔 수 있었다. 헬싱키대학은 러시아어, 독일어, 핀란드어로 강의 했다. 쿠를란드는 이미 7년전쟁 때부터 러시아에 편입되어 있었다. 하지만 1917년까지 도시 유리예프-타르투-도르팟의 대학교에는 주로 독일어로 강의를 했다. 발트3국 관리들은 루터성경에 손을 얹고 독일어로 선서를 했고 독일어를 구사하며 러시아어와 동등하게 사무를 볼 수 있었다. 레벨이나 도르팟에 파견된 러시아인 관리는 정교회 사제의 참석 하에 러시아어로 선서를 했지만, 폴란드인 관리는 로마 가톨릭 사제의 참석 하에 라틴어로 선서를 했다.

1795년에 폴란드-리투아니아 연방은 분할되었다. 하지만 1841년까지 리투아니아대공국의 리투아니아 헌법과 법률은 벨로루시에서 그대로 시행되었다. 키예프에 마그데부르크 도시법이 도입된 것은 15세기 때다. 1499년 리투아니아 알렉산드르 대공의 헌장은 도시법의 효력을 확인시켜주었다. 이에 따르면, 자치선거기관 및 법원의 선거인단이 소시민에 대한 행정권을 행사한다. 키예프에서 마그데부르크도시법은 1834년 12월 23일까지 시행되었다.

러시아제국 대부분의 지역에 들어온 민족들에게 자치를 할 수 있는 기반이 조성되어 있었다. 카자크와 키르기즈인은 독자적인 자치권을 가졌다. 앞서 언급한 바 있는 C. 발리하노프는 1862년에 아트바사르스크 구의 최고 술탄으로 선출되었다. 제국의 관리 관등표로서 매우 재미있는 관직이지 않은가? 1863년 여름 그는 헌법개정위원회에 근무했으며 여생을 행정인으로 보냈다.

러시아 농민이 부랴티아 셀렝가 강과 초원지대 지역주민의 땅을 멋대로 빼앗은 사건이 있었다. 처음에는 러시아인이 '양보'해 내어준 땅이었다. 그 땅에 대하여 알렉산드르 3세는 토지령과 봉토하사

증서를 아긴부랴트인들에게 전해 주었다. 1888년 11월 23일 중앙 정부의 토지령에는 땅의 경계가 상세하게 열거되어 있었고 열거된 모든 땅은 아긴부랴트인과 이들 후손의 '영구소유'임이 명시되어 있었다. 이들의 토지 소유권을 지켜주라는 명령이었다. 알렉산드르 3세가 봉토하사증서를 내어줄 때, 아긴스크와 호린스크 부처 의원들이 참석한 가운데 다음과 같이 말했다. '여러분의 땅에 대한 봉토증서에 서명하였오. 당신의 민족에게 안부를 전하고, 이 증서가 소유지를 지켜줄 것이라 안심시켜주시오.'

바이칼 호수의 올혼섬은 지금까지도 성스러운 장소라 여겨지고 있다. 매년 6월에 이곳에는 부랴티아 샤먼의식이 치러진다. 소비에트 시대에는 올혼섬에 죄수수용소와 생선통조림 공장이 세워졌지만, 1917년까지만 해도 러시아제국은 부랴트인들의 올혼섬 불가침권을 보장해 주었었다. 올혼섬에는 아무도 살지 않았고 1년에 한 번 부랴트인들이 샤먼의식을 치르기 위해 모였던 곳이었다. 마찬가지로 제국은 마리인들의 성스런 숲에 대한 불가침권도 인정해주었다. 지역 토속민족이 아니라면, 숲의 벌목뿐만 아니라 러시아인을 포함, 다른 모든 민족이 해당 지역정부의 허가없이 숲 근처를 지나가는 것을 엄격히 금지했다. 부하라한국과 히바한국은 1920년대 초반까지 러시아제국의 종속국이었다. 두 나라는 외교권이 없었지만, 모든 국내정치는 지역 법과 전통에 따라 이루어졌다. 참고로 샤리아 법(!)은 전 이슬람지역에서 통용되었다. 뿐만 아니라 지역 재판관인 카디는 제국의 국고인 '연방예산'에서 나오는 봉급을 받았다. 이슬람신자는 이슬람사원에서 기도를 드렸고 자식들은 이슬람신학교에서 아랍어를 배웠으며, 샤리아 법에 따라 결혼하여 여러 명의 아내를 둘 수도 있었다. 히바한국의 법에 따라 거래를 체결하여 우즈벡어나 아랍어로 상거래를 했고 자신의 칸에게 세금을 냈으며 칸의 군대에서 근무했다. 러시아제국의 법은 이렇게 그들에게 완전한 권리를 부여해 주었다. 카잔, 시베리아, 크림타타르인들도 같은 권리를 가졌으며 제국의 법률이 그들의 권리를 보장해주었다.

아르메니아와 그루지아인들은 특별군 유지에 대한 자치권도 가지고 있었다. 이 특별군은 총참모본부의 작전통제 하에 있었지만 그루지아에서 징집되어 그루지아어로 충성을 맹세했고, 그루지아어 명령에 따라 독자적인 군기를 들고 출전했다. 게다가 그루지아는 각 구마다 다른 전통과 관습을 가졌고, 각 도시들의 법률도 서로 달랐다. 폰틱 그리스인과 아르메니아인은 자신의 민족 수가 적은 도시임에도 불구하고 전 도시에 대한 자치권을 가졌다. 또한 이들은 모국어로 교육하고 문서를 작성했으며, 독자적인 경찰도 갖고 있었다. 크림반도에 요양차 온 페테르부르크의 지식인 여성일지라도, 크림에서는 도시, 읍 또는 구역을 자치하는 그리스인, 아르메니아인, 타타르인들과 마찰이 있을 수 있었다. 지역 규칙들이 페테르부르크의 것과 상당히 차이가 있었기 때문이다. 카자크의 총 11개의 부대에는 각 독자적인 규율과 전통, 자치제가 있었다. 1918년 제국이 멸망했을 때, 카자크 부대는 제국에서 쉽게 빠져나올 수 있었다. 지역정부의 기능을 맡은 자치제가 이미 오래전부터 시행되어 오고 있었기 때문이다.

결론은 단순하다. 제국의 여러 민족과 병합국가 및 지방은 러시아제국에 들어오기 전부터의 생활방식을 그대로 유지해 나갔다. 이들은 자치권을 얻기 위해 소요를 일으킬 필요도, 민족자결권을 얻기 위해 모스크바와 페테르부르크의 정권에서 벗어날 필요도 없었다. 사정이 이러한데, 러시아가 무슨 '민족들의 감옥'이라는 건지 알 수가 없다.

4장. 소련 시대

1913년에는 캄차카와 북중국, 폴란드와 흑해지역, 북극지방에서 중앙아시아까지의 광범위한 지역에서 러시아 국기가 휘날렸다. 1897년 인구조사 자료에 따르면, 러시아 인구는 약 1억 2,820만 명으로 9,340만 명이 유럽러시아, 950만 명이 폴란드 왕국, 260만 명이 필란드 대공국, 930만 명이 카프카즈 지방, 580만 명이 시베리아, 770만 명이 중앙아시아 지역에서 거주했다. 러시아인은 제국 전체인구의 44%밖에 되지 않았지만 사무, 문화, 행정, 학술 부문의 공식언어는 러시아어였다.

이러한 나라의 정권을 얻은 뒤 볼셰비키가 나라를 온전히 유지할 수 있는 방법은 이전 러시아제국의 국민들과 합의를 보는 것뿐이었다. 내 말을 오해하는 사람도 있을 테지만, 소비에트 연방시기에 정부는 러시아제국의 정책을 계속 추진 · 발전시켜 나갔을 때 가장 좋은 성과를 거두었다. 반면, 지역의 특성, 역사, 법을 고려하지 않고 소비에트 연방 내의 모든 규칙과 법을 통합하려 할 때마다 실패했다.

볼셰비키는 민족자결권에 대한 원칙을 인정하며 소비에트연방에서 나갈 때까지 러시아 내에 살고있는 모든 민족의 주 자치제를 발전시켜 나가겠다는 결정을 내렸다. 1913년 1월에 스탈린은 주 자치제를 '어떤 이유에서든 전체의 틀 안에 남고 싶어하는 민족을 위한 올바른 유일한 결정'이라 평가했다. 그로부터 4년 후, 스탈린은 러시아민족 자치주를 만드는 것을 민족문제를 해결하는데 있어 근본적인 해결책이라고 생각했다. 소비에트연방이 민족국가를 건설하는 과정은 다음과 같았다.

제3차 전러 소비에트대회는 생활특수성, 민족구성원의 특이성, 경제지역의 최소한의 완전성을 자연스럽게 결합한 주를 연방의 주체로 보았다. 10월 혁명 이후 부활한 소비에트 공화국의 상호협력 형태의 연방기구 원칙은 과도기에 독립 주(州)가 '자발적으로 연합한 노동자들'의 단일사회주의국가로 가는데 필수적인 매개체가 되었다. '자유로운 민족의 자유로운 연합'을 토대로 민족공화국 연방을 구축하던 소비에트는 러시아의 중심부와 변두리의 강력한 연합에 대한 보장이 필요했다.

민족자결권을 '러시아의 모든 민족 노동자들의 자결정신으로' 이해한 제3차 전러 소비에트대회 결의안(1918년 1월)과 역사적, 계급적 관점에서 누가 민족자결의 의지를 갖는 대상인지를 설명한 러시아공산당(볼셰비키)의 신 계획(1919년 3월)은 민족자결권을 최종적으로 완성했다. 민족자결권 실행 형식은 다음 두 가지를 규정하고 있었다.

> 1) 특별한 생활방식과 민족구성원을 가진 완전경제지역을 대표하는 주에 정치적 자치를 주어 민족자결권을 실현한다.
> 2) 전체 국가에서 남아 있을 수 없거나, 원치 않는 민족들은 분리를 통해 민족자결권을 실현한다[119].

119 러시아 사회주의 노동당의 민족 프로그램-민족정책에 관한 문제; 민족성 또는 "지치화"에 관한 문제. 키예프: 우크라이나 폴리티즈다트, 1990년.

노동자와 농민의 국가는 절대로 제국이 될 수 없었다. 실제로 평등했던 민족들도 민족 내부의 계급 안에서는 차등되어 나뉘었다. 어쩔 수 없는 노릇이었다. 오래 전부터 공평한 민족체제라는 아이디어가 이전 러시아제국 위에서 깃발처럼 나부꼈다. 게다가 1917-1922년 사이의 혁명과 내전에서 민족해방운동의 역할은 악명 높은 '계급투쟁'보다 덜 중요한 것으로 판명되었다. 이후 이러한 사정을 최선을 다해 숨기려 했지만, 동시대 사람들도 사실을 알고 있었다.

공산주의자들은 자치제의 형태에 대해 오래도록 논쟁해왔다. 자치구를 없애거나 합치면서 지역경계가 자주 바뀌었다. 파볼쥐스야 넴치 자치주와 크림타타르 자치주가 없어졌다. 하지만 크림반도는 러시아 소비에트 사회주의 연방공화국(RSFSR)에서 우크라이나 소비에트 사회주의 공화국(SSR)으로 양도되었다. 체첸인구쉬 자치주는 없앴다가 다시 복원시켰다. 자카프카스 SSR을 만들었다가 나중에 그루지아, 아르메니아, 아제르바이잔으로 나눴다. 오랫동안 중앙아시아의 국가경계는 어찌해야 될지 몰랐다. 압하지야는 우크라이나나 벨로루시처럼 평등한 공화국으로서 연합조약에 서명했지만, 나중에 자치주처럼 그루지아의 일부로 들어가게 되었다. 카렐리안 공화국은 생겨났다가 페트로지보드스크의 수도와 함께 곧 지도상에서 사라졌다.

많은 시행착오를 통해 다양한 규모의 잘 짜인 자치제가 만들어졌다. 당시 시대와 상황에서 자치제는 완벽하고 논리적이었으며, 소비에트 정권의 다른 법규와도 조화로웠다. 어떤 국민이 자치권을 가질 수 있고 자치 주의 규모는 얼마나 되는지, 자치주에는 어떤 권한들이 있는지 매우 명료하게 명시되어있었다.

1956년 소비에트연방은 15개의 SSR로 구성되어 있었다. 각 공화국은 최소 1백만 명의 인구와 소비에트연방 국경 밖으로 나가는 출구를 가지고 있어야 했다. 이렇게 공화국은 이론적으로는 소비에트 연방에서 나갈 수 있었다. SSR은 일부 중요한 민족 간 연합부서를 제외한 개별부서와 학술연구소, 출판사, 자신들의 민족어로 출판하고 민족어로 고등교육을 받을 수 있었다. 사실상 연합 공화국이 모든 방면에서 평등한 것은 아니었다. 예를 들면, 유엔에 라트비아도 투르크메니스탄도 아닌, 우크라이나 SSR과 러시아 소비에트 사회주의 연방공화국(RSFSR)만이 들어가지 않았는가.

두 번째 등급으로 소비에트 사회주의 자치공화국(ASSR)이 있었다. 러시아 RSFSR에는 14개의 ASSR이 있었는데, 카라칼팍 자치공화국은 우즈벡 SSR로, 나히첸잔 자치공화국은 아제르바이잔으로, 아브하즈 자치공화국과 아드자르 자치공화국은 그루지아로 편입되었다. ASSR은 소비에트연방에서 나갈 수는 없었지만 자신의 상징, 학술문화기관, 정기출판물을 가지고 있었으며, 민족어로 중등교육을 받을 수 있었다.

자치주와 민족관구는 행정조직인 주(州)에 들어갔다. 러시아 RSFSR에는 7개의 자치주와 10개의 민족관구가 있었다. 남오세티아 자치주는 그루지아 SSR에, 나고르노카라바흐 자치주는 아제르바이잔에, 고르노바다흐샨 자치주는 타지키스탄에 속해 있었다. 자치주는 자신의 언어, 역사, 문화 학술연구기관과 출판사를 가지고 있었고 모국어로 정기발행물을 낼 수 있었다. 일부 학교에는 민족어로 수업을 하기도 했다. 이론상으로 민족관구는 자치주가 될 수 있었고, 자치주는 ASSR로, ASSR은 SSR로 바뀔 수 있었다. 1980년 대에 야쿠티야 ASSR이 열 여섯 번째 SSR로 완전히 바뀔 것이라는 말들이 많았다. 야쿠티야의 인구는 꾸준히 증가해서, 1984년경에 약 85만 명을 넘어섰고 1백만 명 고지가 머지 않았었다. 국경에 인접한 출구도 있었다.

계급적 역할은 다를 수 있었다. 우크라이나 또는 타타르인의 역할이 에벤크, 느가나산인의 역할과 차이가 났다. 어쩌면 이는 규칙에 매우 어긋나는 것일지도 모르나, 대체적으로 자연이나 신도 그렇게 민주적이지는 않다. 소비에트 최고회의 선거 역시 민주적이지는 못했다. 최고회의의 하원인 연방회의는 인구 30만 명 당 1명의 의원을 선출했고 어느 민족이든 어디에 살든 상관없었다. 최고회의의 상원인 민족회의는 각 SSR에서 25명, ASSR에서 11명, 자치구에서 5명, 민족관구에서 1명의 의원을 선출했다. 하지만 중요한 점은 이 논리적인 체제가 모든 민족에게 체제 내의 일정 자리를 내주었다는 것이다. 이는 동시에 민족들이 각자의 민족문화유산을 보전하는 기회이기도 했다. 이 체제는 각 민족의 수와 중요도를 고려하여 논리적이며, 엄격하게 만들어졌다.

물론 볼셰비키는 실제로는 공화국이 소비에트연방에서 나갈 생각조차 못하게 만들었다. 볼셰비키는 1924년 8월에 일어난 그루지아민족 독립 봉기를 가차없이 진압했다. 5천여 명을 처형했고 수만 명을 유배보냈다. 스탈린의 말을 직접 인용한다면, 제12차 러시아 공산당대회가 있은 후 스탈린은 '멘셰비키 편향적인 잡초로부터 그루지아를 다시 갈아엎는 일'에 착수했다. 스탈린은 "러시아 어느 곳에서든 그루지아에서 한 것과 똑 같은 일이 반복될 수 있다"[120]고 경고해 둘 필요가 있다고 생각했다. 일부 사람들은 M. 고르키가 바로 이 사건과 관련하여 "적이 항복하지 않는다면 없애버려야 한다[121]"는 유명한 대사를 만들었다고 생각한다. 여러 역사가의 의견에 따르면, "그루지아의 경험이 '소련연합은 정언명령(定言命令)'이라는 사

120 I. V. 스탈린 저서. 326-327p

121 *프라브다*와 *이즈베스티야*에 실린 내부계급의 적 근절에 대한 M. 고르키의 유명한 기사 (1930년)

실을 보여주었다".[122]

다른 한편으로, 민족의 언어와 문화에 대한 권리가 소비에트연방에는 보장되었다. 1978년 그루지아에서 러시아어 교육프로그램 확대를 반대하는 큰 소요가 일어났다. 1978년 3월 14일 젊은이들은 시위하며 정부관저로 향했다. 1만여 명의 사람이 모였다. 의대 여학생들은 의사가운을 찢어 립스틱으로 그 위에다 민족언어 보호를 촉구하는 글을 적었다. E. A. 쉐바르드나제, 미래의 그루지아 대통령이 민중 앞에 나와 헌법 제75조에 명시된 "그루지아 공화국의 국가어는 그루지아어다"라는 조항은 변함없다는 성명을 발표했다. 어쩌면 이것이 소비에트연방에서 일어난 가장 성공적인 소요, 시위의 예가 아닌가 한다.

'페레스트로이카' 시기에 각 민족어 사용이 줄고 민족학교가 사라진다는 우려의 목소리가 높았다. 하지만 이 과정은 자연스러워서 점진적으로 진행되었다. 정부는 이 현상을 강행하지도 지지하지도 않았다. 오히려 반대로 소비에트연방은 자치주 내의 민족문화를 지지했고 발전을 인위적으로 촉진시켰다. 이 시대를 좀 살았던 자로서 증언하건대, 문학 책이 부족했지만 러시아어로 된 책보다 민족언어로 된 책은 언제나 더 쉽게 살 수 있었다.

이 모든 사실은 러시아제국보다 훨씬 더 통일되고 엄격하고 덜 유연한 국가였던 소비에트연방조차 '민족들의 감옥'이 아니었음을 말해주고 있다. 애석하게도 러시아제국과는 달리, 소비에트연방으로 '선진'국가에서 한꺼번에 이주해온 사람들이 없었다. 소비에트연방은 해외로 나가려 애쓰는 자국 국민들을 온 힘을 다해 막아야만 했다. 하지만 이를 민족비하 문제로 치부할 것이 아니다. 소비에트의

122 L. 알렉세예바 저서 *소비에트연방의 이의(異意)의 역사, 최신 시대*, 버몬트: *Khronika press*, 1984년, 26p

이데올로기적 편협성과 감시, 산업 비효율 문제라는 정치와 경제의 시각에서 바라봐야 한다. 이런 것이 아니라면, 소비에트연방에는 다른 나라들이 보고 배워도 좋을 성과들 또한 있었다. 소비에트연방은 민족건설 부문에 있어 세계적인 업적의 정점이다. 두 번째 정점은 소련의 국제적 경험과 직접 관련된 민족관계 체제인 인도이다.

제6부 정반대의 제국 또는 러시아 민족 정책

1장. '민족의 감옥'으로 도망치다?

자유인이 감옥 속으로 도망치는 것을 상상할 수 있는가? '민족의 감옥인 러시아'라는 명제를 심각하게 받아들인다면, 17-19세기경 많은 유럽인들이 이 같은 도망을 감행했다. 17세기 중반 모스크바 쿠쿠이인 거주지에 약 2만 명의 유럽인이 살았다. 대다수 독일인이었지만, 폴란드, 스코틀랜드, 프랑스, 스위스, 이탈리아, 덴마크, 아일랜드인들도 있었다. 모스크바-러시아는 더 많은 외국인을 군대에 영입하려 했고 '외국 군인'들로 특별부대가 구성되기도 했다. 1651년 모스크바-러시아의 군사 병력은 다음과 같다.

귀족 기마병 - 37,569 명
모스크바 사수 - 8,122 명
카자크인 - 21,124 명
타타르인 및 볼가지역 민족 - 9,113 명
외국인 - 7,707 명
기병 - 1,457 명
용기병 - 8,462 명

이렇듯 외인부대는 러시아 군대의 큰 비중을 차지했다. 정부는 지원자 모집을 위해 특사를 파견했다. 특사는 모스크바 근무 희망 지원자들을 항상 데리고 올 수 있었다. 스코틀랜드인이 '감옥'으로 쏟아져 들어온 것은 크롬웰 군대의 원정 후이다. 당시 잉글랜드인을 포함한 잉글랜드 의회 지지자들은 스코트랜드를 단순히 침략한 것이 아니라 정복해버렸다. 그들은 왕을 지지했던 스코틀랜드인들, 쉽게 말해 경쟁자들을 전멸시켰다. 수십 수백 명의 무고한 시민들이 단두대의 이슬로 사라졌고 나머지 사람들은 숲 속으로 숨거나 다른 나라로 피난갔다.

1647년 모스크바-러시아에 온 윌리엄 브루스도 그런 사람 중 하나였다. 당시 부르스 아버지의 오랜 친구 델젤 장군이 혼란의 시대 때 모스크바-러시아에 와서 8년간 근무했기 때문에 모스크바-러시아에 대해 잘 알고 있었다. 이 연고로 그가 윌리엄에게 모스크바-러시아로 한 번 가보라고 제안했다는 이야기도 전해진다. 무엇이 윌리엄을 스코틀랜드에서 '민족의 감옥'으로 가게 했을까? 브루스 가문은 스코틀랜드의 오랜 귀족으로 1314년 배넉번 전투에서 잉글랜드 군을 격파하고 스코틀랜드의 왕[123]이 된 민족영웅 로버트 브루스와 친척관계에 있다. 로버트 브루스는 1328년에 잉글랜드가 스코틀랜드의 독립을 인정하는 평화조약에 서명하도록 만들었다. 참고로 브루스 가문은 바이런과도 친척관계에 있다. 부르스 가문은 러시아 시인이자 작가인 발레리야 브류소프 덕분에 러시아에서도 유명하다. 스코틀랜드에는 브루스 일가의 먼 친척들도 많이 살고 있고, 그들은 매우 활동적인 것으로 정평이 나있다. 이들은 우연히 행운을 잡은 평민이 아니라, 지난 8세기 동안 유명했던 스코틀랜드의 귀족가문출신이었다는 것을 강조한다.

엘리자베스 여왕과 에카테리나 여제, A. P. 베스투제프의 유명했던 대신의 후손인 스코트랜드인 브레스트 역시 모스크바-러시아

123 영화 "*브레이브하트*"가 바로 이 시기를 배경으로 하고 있다. 멜 깁슨의, 아니 W. 웰스의 봉기가 실패로 돌아간 후, 잉글랜드와의 전투에서 바로 이 브루스가 스코틀랜드의 연합군을 지휘한다.

(A. 미하일로미치 시대)로 오고 싶어 했다. 이유가 무엇이었을까? 잉글랜드인들이 사소한 일로 트집잡아 스코트랜드 귀족을 재판하고 지위를 박탈해 버렸기 때문이다. 하지만 러시아의 스코틀랜드인들은 눈부신 출세가도를 달릴 수 있었다.

'상비군을 만드는데 있어 표트르 1세의 첫 외국인 고문이었던 패트릭 고든 또한 슬라브인이 아니었다! M. Y. 레르몬토프는 A. 미하일로비치 시대에 모스크바-러시아로 와서 스몰렌스크 전쟁에 참가했던 스코틀랜드인 리어몬트의 후손이다. 레르몬토프 일가에는 14세기 유명한 시인이자 음유시인이었던 토마스 더 라이머에 대한 전설이 있었다. 그는 영국에서 널리 알려진 인물이며 R. 키플링이 쓴 발라드 *The Last Rhyme of True Thomas*가 그에게 바치는 것이라는 것이다. 사실인지 여부는 오늘날에도 알 수 없다. 전체적으로 보아, 러시아에는 스코틀랜드인만 수천만 명이 왔다. 이상한 사람들이다. 그들은 민주주의도 없고 시장경제도 없는 이 나라에 무엇을 찾으러 왔을까? 이 '민족의 감옥'에.

1700년경 모스크바-러시아에는 유럽인이 5만 명까지 살았었다. 북방전쟁에서 2만 명의 스웨덴 병사와 장교들이 포로로 잡혔다. 1721년 이후 모두 고향으로 돌아갈 수 있었지만, 그중 5천여 명은 원치 않았다. 러시아에 있는 동안에 그들에게 무슨 변화가 있었길레? 스웨덴에 패한 필란드와 독일 국민 또한 북방전쟁이 끝난 후 러시아 병합지역에 남았다. '러시아 침략자들'을 피해 누구도 베를린이나 스톡홀름으로 도망가지 않았다. 만일 스웨덴이 그렇게 문명화된 나라고 러시아제국이 민족의 감옥이었다면, 왜 사람들이 남았을까?

18-19세기에도 똑 같은 현상이 일어났다. 유럽에서 이주민이 강물처럼 흘러 들어왔다. 때로는 작은 강, 때로는 큰 강을 이루면서 말이다. 쿠를란드가 병합된 후 전리품이 되어 버린 30만여 명의 독

일인은 독일로 마음대로 돌아갈 수 있었다. 하지만 독일로 돌아가지 않고 러시아에 영원히 남았으며 대부분 완전히 러시아에 동화되었다[124]. 예카테리나 2세 때 약 4만여 명의 독일, 프랑스, 스위스인이 더 몰려왔다. 그들 가운데 오래 전에 귀화한 인물인 데 리바스(오데사에 그의 이름을 딴 데리바소브스카야 거리가 있다) 남작이 있었다. 어느 날, 독일 태생이였던 예카테리나 2세가 "이제 완전히 러시아인이 되었느냐"고 물어 본 적이 있다. "물론입니다, 폐하!"라고 남작은 용감하게 대답했다.

19세기 전반에 걸쳐 폴란드, 우크라이나, 벨로루시, 에스토니아, 필란드, 라트비아, 리투아니아인들이 러시아 동부지역인 세미레치예, 시베리아, 극동, 만주로 이주해왔다. 이 사람들 역시 민족의 감옥을 자신의 거주지로 정했다. 무려 10만여 명의 나폴레옹 군대의 포로가 유럽으로 돌아갈 수 있는 모든 기회를 갖고 있었음에도 불구하고 러시아에 '영구거주'했다. 지금까지도 러시아에는 마셰로프, 마샤노프, 셰발료프라는 성을 쓰는 사람을 만날 수 있다. 공화정 유럽에서 러시아로 온 이들은 문명화되고 부유하며 교육받은 사람들이었다는 점을 밝히고 싶다. 그런 그들이 '오염된 러시아'에 왔다. 민주주의 나라에서 '노예의 나라, 신의 나라'로 온 것이다. 10만 명의 괴짜들이었나? 그렇지 않다. 아마 매력적인 무언가가 러시아에 있었을 것이다.

이주는 계속되었다. B. 카부잔의 통계[125]에 따르면, 1828-1915년 사이에만 약 420만 명이 이주해왔다. 독일(150만 명)과 오스트리아-헝가리제국(80만 명)에서 온 사람이 대부분이었다. 제1차 세계대전 초기에 우리 나라는 캐나다, 아르헨티나, 브라질, 오스트레

124 이들 중에는 브란겔, 코체부, 크루젠슈테른, 미덴도르프, 메인도르프 등등의 남작 가문의 사람도 있었다.

125 V. M. 카부잔. 18-20세기 초 러시아에서의 이주와 본국귀환

일리아를 제치고 미국 다음으로 이주인구 수 2위를 차지했다. 하지만 통계에 포함되지 못한 것이 있었다. '자연 파종'되어 들어온 폰틱 그리스인이 포함되지 않았다. 그들은 양털양모를 찾아 떠난 이아손 탐험대의 후손들이 전혀 아니었다. 그들 대다수는 19세기 터키의 아나톨리아와 본국인 그리스로부터 갖은 노력을 거쳐 이주해 왔다.

덧붙이면, 이는 영어나 프랑스어를 하는 개신교나 가톨릭신자가 유럽에서 미국으로 가는 것과는 차원이 다르다. 영화 *타이타닉*에서 보다시피 그들도 물론 힘들 때가 있었겠지만, 그래도 미국 이주자에게는 최소한 자신에게 익숙한 언어와 종교의 환경이 보장되어 있었다. 반면, 러시아 이주자들처럼 이해할 수 없는 외국어를 쓰는 동쪽 정교국가로 이주하는 것이 그보다 백배, 천배, 만배 더 쉽지 않았을 것이다.

그럼에도 불구하고 그들은 러시아 역사 전시대에 걸쳐 러시아로 왔다. 모스크바-러시아로 '러시아계 리투아니아인들이 탈출'해온 때부터 1914년까지 러시아로 오는 이주자 수는 줄지 않았다!

이러한 실증적 사실을 통해 '잔인한 민족 탄압'에 대한 모든 소설을 반박할 수 있는 결론을 이제 내릴 수 있을 것이다. 러시아가 무슨 '감옥'이란 말인가? 우습다. 다른 종교, 다른 언어를 가진 이들을 어떤 방법으로도 '민족들의 감옥'으로 오도록 유혹할 수 없을 것이다.

2장. 제국으로 건너 온 사람들

부랴티야 - 부랴트인

러시아 이주민이 개인이 아닌 한 무더기의 민족이었다는 많은 예를 들 수 있다. L. N. 구밀료프의 보고에 따르면, 부랴트인은 러시아 국민이 되길 원했던 몽고에서 왔다. 17세기 몽골은 내분으로 분열되었다. 중국의 새로운 통치자, 청조가 몽골의 일부를 정복했다. 몽골은 중국의 영토 내로 들어갔고 내몽고라 불렸다. 만주족의 신하가 된 내몽고의 통치자들은 외몽고로 쳐들어가 무기로 장악하려 했다.

1688년 외몽고의 지도자들은 쿠릴타이 집회를 열어 한데 모였다. 이들은 만주 정권 아래로 들어가는 것을 절대로 원하지 않지만 혼자 힘으로만 독립할 수는 없다는 것을 알았다. 우려는 사실이었다. 몽골은 점점 더 중국에 의존해갔고 독립은 점점 요원해져 갔다. 그러나 가장 북쪽 지역은 달랐다! 쿠릴타이의 일부 지도자들은 모스크바-러시아에 도움을 청하기로 결정했다. 북몽골 지도자는 곧바로 자신에게 러시아국적을 달라는 청원서를 썼고 모스크바-러시아 짜르에게 충성을 맹세했다. 북몽골족 중 일부는 러시아인과 살기를 원치 않아 유목생활을 하며 남부로 내려갔다. 반면, 남부에는 만주의 침입을 피해 모스크바-러시아 국경으로 도망 오는 다른 몽골이

주민들이 줄을 이루었다.

러시아 국경 안에서 살길 원했던 몽골인들은 '브라트스키예 몬골스키예 류디쉬키'라 불렀고 짧게는 브라티, 부랴티라고 했다. 이들이 사는 땅은 브라티야 또는 부랴티야[126]로 불렸다.

칼미키야 - 오이라트인

만주인은 오이라트인이 사는 서몽골을 정복하려 했다. 17세기 초 만주의 공격을 견뎌낼 수 없었던 오이라트족 일부는 지금의 카자흐스탄, 시베리아 지역인 서부로 이주하기로 결심했다. 그들이 물리적으로 생존할 수 있는 유일한 방법은 그것 밖에 없었지만 새로운 땅에서 오이라트인들은 누구에게도 필요 없는 타지인이었다. 카자크와 노가이한국은 오이라트인들을 공격하기 시작했다. 오이라트인들은 모스크바-러시아에 자신들을 보호 및 후원해 줄 것을 요청했다.

모스크바-러시아는 오이라트인이 유목생활을 할 수 있게 땅을 내주었고 노가이한국과 카자크의 습격으로부터 보호해 줄 것을 약속했다. 러시아로 이주해온 오이라트인들은 칼미키[127]라는 새로운 이름을 부여 받았다. 칼미키인들은 모스크바-러시아를 위해 정직하고 용감하게 싸웠고 정부의 신임을 얻었다. 1697년 해외로 나가기 전 표트르 1세는 '칼미키야의 유카 칸'에게 모스크바-러시아의 남쪽 국경을 수호하라는 막중한 책임을 주었다.

126 선택은 선택이다, 우리를 좋아해야 할 의무는 누구에게도 없다. 그러나 부랴트인들의 수는 17세기부터 약 12배 증가했다. 전체 몽골인의 수는 고작 5배 증가했다.

127 1608년 러시아 B. I. 슈이스키 짜르는 타이셰이 대사관을 짓는 것을 허락했다. 타이셰이 정부는 모스크바-러시아로 오는 칼미키인들을 받아들였다. 하지만 1657년 칼미키인들의 모스크바-러시아로의 이주는 금지되었다. 칼미크인들에게는 유목생활을 할 수 있도록 이르티시의 땅이 주어졌지만, 점차 이들은 이전에 살았던 볼가강 하류에 정착하기 시작했다. 1664부터 1771년 까지 칼미키 한국이 존재했고, 처음에는 칸이 통치했지만, 나중에는 현지사 통치로 바뀌었다. 러시아 국적을 취득한 칼미크인의 수는 약 27만 명이다.

러시아-스웨덴 전쟁 당시에는 스웨덴의 카를 7세가 지휘하던 왕실군대가 칼미키야 기마병에 포위당해 거의 전멸했으며 왕이 포로로 잡힐 뻔한 일도 있었다. 1812년에는 아타만 플라토프의 군단에 속해있던 칼미키야 연대는 보로지노 근처에서 나폴레옹의 기마군을 격파했고 라이프치히 전투에 참여했으며, 러시아제국 군과 함께 파리에 입성했다.

하카스인 – 키르기즈인의 납공자

17세기초 예니세이강 지역에 러시아인이 왔을 때, 키르기즈인이 건설해 놓은 몇 원시 국가를 접하게 되었다. 키르기즈인은 유목민이며 무사였다. 그들에게 조공을 바치는 키시팀인은 정착 또는 반유목 민족으로 농경, 목축, 사냥, 어업을 했다. 키르기즈인은 스스로를 '귀족 혈통'으로 여겼고, '자신'의 키시팀인에게서 조공을 받았으며 그들을 원하는 대로 할 수 있었다.

러시아인들은 키르기즈인과 키시팀에게 모피, 가축 현물세를 공물로 내도록 강요했다. 키르기즈인은 모스크바-러시아 정권에 대항해 맹렬하게 싸웠다. 그들은 두 번이나 크라스노야르스크를 점령할 뻔 했다. 키르기즈칸의 조공자였던 키시팀인들은 러시아와 전쟁을 원치 않았다. 대다수의 키시팀인이 키르기즈인이 절대 용서하지 않을 것을 잘 알면서도 러시아의 국적을 획득했다. 키르기즈의 습격을 받은 키시팀인은 죽거나 잡혀 고문을 당했고, 노예가 되었다. 그럼에도 키시팀인들은 '익숙한' 지배자인 키르기즈인들보다 타지의 러시아인에게 더 끌렸다.

1703년 예니세이강에서 러시아인을 몰아내는 것을 포기하고 준가르한국(몽골의 서부)으로 떠나기로 결심한다. 키르기즈인은 준가르한국으로 자신의 소중한 소유물인 키시팀인을 데려가려고 했지만 가지 않았다. 끌려간 이도 전력을 다해 돌아오려 했다. 남은 사람들은 모스크바-러시아의 국민이 되겠다는 청원서을 보냈다. 이전 키르기즈의 국민으로부터 키티심 민족이 분리되어 나왔고 이들은 미누신 타타르 또는 하카스인이라 불렸다. 오늘날 하카스인의 수는 7만여 명이 넘으며 이들은 크라스노야르스키 크라이와 하카시아에 살고 있다.

위구르인: 중국에서 러시아로

투르크어를 쓰는 위구르인은 티벳에서 알타이까지 이르는 중앙아시아의 토착민으로 중세기 초기부터 알려지기 시작했다. 한때 위구르의 땅이 중국[128]에 점령당한 적이 있었다. 위구르인은 민족탄압과 강제적인 중화정책을 참을 수 없어 여러 차례 반중 소요를 일으켰다. 하지만 매번 실패로 돌아갔고, 그때마다 러시아제국에 자신들을 받아줄 것을 요청했다.

동투르케스탄에서 피난오는 사람의 수가 잠시 줄었던 때가 있었다. 19세기 중반 언저리에 러시아제국이 동투르케스탄을 통치할 수도 있다는 희망 때문이었다. 고향을 떠나지 않고도 러시아 국민이 될 수 있을 거라 기대하며 러시아제국으로의 피난을 멈췄던 것이다. 대영 영국(아마 민족들의 자유와 자결권에 대해 걱정해서?)은 동 투르케스탄으로부터 러시아제국이 군대를 철수할 것을 강요했다. 그러나 위구르의 땅에서 러시아제국이 물러나지 않을 것이 분명해지자, 러시아제국으로 향하는 위구르인의 행렬이 다시 줄을 이었다.

20세기 후반 중국 민족혁명이 승리한 후 신장위구르자치구가 세

128 위구르인들은 몇 개의 국가를 세웠다. 17-18세기 동투르키스탄에는 1760년경 중국의 만주 통치자들에게 정복된 위구르국가가 있었다.

워졌다. 하지만 모택동 정권 때에도 역시 위구르민족 탄압이 계속 되었다. 20세기 중반에 벌써 약 10만 명의 위구르인이 중국에서 소비에트연방으로 탈출했다. 이들은 중국정부가 고향에 남은 친척에게 복수하지 않을까 우려해, 신변이 공개되는 것을 꺼리기 때문에 정확한 수치는 알 수 없다.

아르메니아인 – 터키에서 러시아로

아르메니아인은 우라르투 고대왕국의 후손이다. 우라르투 왕국이 멸망하면서 아르메니아땅은 페르시아제국과 로마제국으로 편입되었다. 아르메니아인은 '남의 땅'에 사는데 익숙했다. 영토의 일부가 잠시 동안이나마 반종속국이기도 했었지만 말이다. 13세기부터 모든 땅은 오스만 투르크제국과 페르시아제국에 의해 분할되었다.

아르메니아 고원은 척박하고 빈약했다. 이로 인해 아르메니아인은 오래 전부터 다른 나라로 뿔뿔이 흩어져서, 주로 도시에 정착해 살았다. 러시아 역사상 여러 시기에 걸쳐 그랬다. 러시아영토 내에서도 특히 크림반도, 쿠반강, 돈강 일대에 아르메니아인의 거류지가 형성되었다. 거류지의 대부분이 아르메니아에서 온 동포로 채워졌다. 참고로, 기독교 아르메니아인은 러시아제국에서 얼마든지 높은 사회적 위치에 오를 수 있었던 것과는 달리, 페르시아와 오스만 투르크제국에서는 공식적으로 '이교도인', '주인을 무는 개'로 여겨졌다.

19세기 초 러시아–투르크 전쟁(1806–1812)과 러시아–페르시아 전쟁(1828–1829) 이후, 동아르메니아가 러시아제국으로 들어가자 러시아로 유입되던 아르메니아 피난민의 수가 줄었다. 이제 아르메니아인들은 이슬람국가로부터 러시아제국이 아닌, 러시아제국에 속해있는 동아르메니아로 피난가게 되었다. 이주민 수는 약 9만 명

[129]에 달했다. 아르메니아인들이 유럽이나 미국, 오스트레일리아나 남아메리카로도 가지 않았다는 사실을 밝혀둔다. 그들은 '민족의 감옥'인 러시아제국으로 넘어왔다.

하지만 이 1만여 명의 이민도 20세기 러시아로 쏟아져 들어온 수만여 명의 이주자에 비하면 새발의 피였다. 오스만 투르크제국이 아르메니아인에게 무차별 학살을 자행했을 때, 아르메니아인들은 다름아닌 러시아로 도망왔다. 오스만 투르크의 투르크인들은 주로 농부나 무인이었다. 기독교인인 그리스인과 아르메니아인에 의해 무역과 수공업 도시들이 생겨나기 시작했다. 번창해가는 아르메니아계 시민이 투르크 민족주의자들의 분노를 샀던 것이다.

서방에서 만들어진 '민족국가'라는 아이디어는 '자신의' 땅에서 이기민한 외국인이 무엇을 하고 있는 지 생각하게 했다. 오스만 투르크가 투르크인의 국가라면, 이는 투르크인만을 위한 국가다! 그것이 민족국가다. 이 논리를 서방제국은 잘 이해하고 있었다. 민족국가와 민족자주권에 대한 아이디어는 서방제국에게도 구미가 당기는 것이다. 투르크제국은 붕괴되었고 아르메니아 민족국가건설 문제가 대두되었다. 서방과 차이가 있다면 러시아는 아르메니아국가에 대해서 탁상공론이 아니라 아르메니아인의 보호에 대해서 논의했다는 점이다. 러시아는 행동에 착수했다!

러시아-투르크 전쟁에서 패한 1878년 산스테파노 조약에 따라서 러시아제국 군은 아르메니아가 독립국가를 건설할 때까지 그곳에 주둔해 있어야 했다. 만약 이 계획이 실현되었더라면, 아르메니아인에 대한 어떤 집단학살도 자행되지 않았을 것이다. 하지만 영국과 다른 유럽열강들은 러시아의 세력이 커지는 것을 두려워했다. 몰락하는 오스만 투르크에서 러시아가 기독교인들의 보호자가 될

129 10만 명, 20만 명이라는 수치가 있지만, 이는 비교적 확실치 않은 수치다.

것이다! 러시아의 위상과 세력은 어마어마하게 커질 것이다! 도저히 용납할 수 없다! 이런 식이 되어버린 것이다. 영국의 위협과 압력으로 체결된 1878년 베를린조약에 따라 아르메니아인에게는 구원과도 같았던 아르메니아 민족국가 건설 규정이 수정되었다. 영국은 이를 두고 '명예로운 평화'를 가져온 위대한 영국의 외교적 승리라고 찬미했다.

무엇이 명예로운 평화인지는 영국인이 알아서 결정하라 하자. 우리는 아르메니아인이 어떻게든 러시아를 억제하려는 영국 정책의 희생양이 되었음을 알고 있다. 러시아군은 철수해야만 했고 투르크 정부는 이제 아르메니아인을 마음대로 할 수 있었다. 아르메니아인이 투르크의 지배 하로 다시금 들어가게 한 주동자는 민주국가 영국이었다. 영국정부의 이 따위 정책은 19세기 말과 1909년에 일어난 아르메니아인 학살과 1915-1922년의 아르메니아 대학살을 초래했다. 그리고 매번 학살이 자행될 때마다 아르메니아인은 러시아로 도망왔다.

1909년 투르크 동부와 킬리키야의 행정기관은 아르메니아인 대량학살에 대한 결정을 내렸다. 투르크 정부는 이슬람인에게 대량의 무기와 탄약을 나눠주었고 약 500명의 투르크 범죄자들을 석방시켰다. 학살 피해자가 약 3만 명에 달했다. 수십여 곳의 아르메니아인 거주지가 파괴되고 불태워졌다. 효율적으로 자기방어를 했던 시골과 도시 주민만이 살아남았다. 수천만 명의 아르메니아인이 러시아로 도주했지만 이는 시작에 불과했다. 청년투르크당[130]에 의하면, 1914년 10월 터키가 제1차 세계대전에 참가하는 것은 '아르메니아 문제' 즉, 아르메니아인을 근절시킬 '절호의 기회'였다. 집단학살 조

130 1908년 청년투르크당은 오스만 투르크제국의 정권을 장악했다. 당원들은 "투르크에는 오직 투르크인들 만이 살 수 있고, 그리스, 아르메니아, 슬라브 인은 없애버리거나 쫓아 내야 한다"고 생각했다.

직자 중 어떤 이는 '아르메니아인'이라는 단어 자체도 망각의 강 레테[131]에 가라앉혀 버려야한다고 한다. 투르크 정부는 군사계엄령을 내렸다. 제1차 세계대전이 벌어지고 있었지만 이를 이용해 투르크 정부는 또 다시 범죄자들을 감옥에서 석방했다. 석방에 대한 보답으로 범죄자들이 민족학살에 참여하리라는 것은 자명한 일이었다.

이와 동시에 투르크 동부지역에서 시리아사막을 지나는 강제이주도 시작되었다. 청년투르크당이 아르메니아 지식인을 모두 모아 강제 이주시키라고 지시한 날인 1915년 4월 24일은 오늘날 아르메니아인 대량학살을 추모하는 기념일이 되었다. 이날 많은 아르메니아인이 살해당했다. 하루 이틀 만에 벌어진 일이 아니었다. 아르메니아인 대량학살은 1922년까지 무려 7년 동안 계속되었다. 7년 동안 약 150만 명이 사망했고, 살아남은 사람들은 도망치거나, 사막을 지나 메소포타미아와 시리아로 보내졌다. 하지만 사막을 지나며 대다수의 사람들이 배고픔과 질병으로 사망했다. 1만 명이 넘는 아르메니아 피난민이 세계 각지로 뿔뿔이 흩어졌다.

세계열강들은 또 다시 항의했다. 비록 서면상이었지만 그들은 아르메니아 민족청소[132]를 거세게 비판하는 결의안을 채택했다. 하지만 말만으로 전쟁이 끝나지 않는다. 학살에 대한 신문기사만으로 그들이 집으로 돌아가지 않는다. 서방국가의 입장은 물론 고결한 것이었고 신문은 서방국가의 가장 좋은 면만 보여주었다. 하지만 어디다 써먹나? '민족의 감옥'인 러시아는 성명서에 승인했을 뿐만

131 지금까지 아무도 터키를 민족의 감옥'이라 부르지 않는다.

132 아르메니아 집단학살은 오늘날 헤이그 국제제판소, 유럽연합, 유럽의회, UN 분과위원회 차별방지와 소수민족보호를 위한 분과위원회, 세계교회협의회가 공식적으로 인정했고 심판했다. 미국 역시 공식적으로 아르메니아인 집단학살을 인정 · 심판했으며, 4월 24일을 아르메니아 민족학살 피해자 추모일로 정했다. 1970년대 후반부터 매년 4월 24일에 미국 대통령이 미국의 아르메니아인들에게 TV 연설을 한다. 터키는 아르메니아인 집단학살을 단호하게 부인하고 있다. 터키정부는 아르메니아인들의 안전을 위해 '집단이주' 시킨 것이라 생각한다. 아르메니아인 대량학살의 인정하는 것은 터키가 EU회원국이 되는데 필수 조건이다.

터키 군인들이 아르메니아인들을 감옥으로 보내고 있다. 1915년.

아니라 '민주주의의 횃불'들이 쓸데없는 말을 지껄이고 있을 때, 아르메니아인에게 실질적인 도움을 주었다.

1915년 프랑스, 영국, 러시아는 아르메니아인 학살을 규탄하는 공동 성명서를 제출했다. 사실상 이 세 열강들 가운데 러시아만이 아르메니아인을 구한 것이다. 니콜라이 2세의 칙령에 따라 러시아군(참고로, 러시아는 당시 독일과 전쟁을 벌이고 있었다)은 아르메니아인을 구하기 위한 일련의 대책을 세웠다. 러시아군의 활약(러시아 군사의 목숨과 맞바꾼)으로 투르크제국의 165만 아르메니아인 가운데 4분의 1인 약 40만 명이 구출되었다[133]. 이들은 러시아와 러시아제국 시대에 병합된 동아르메니아에서 피난처를 찾을 수 있었다. 러시아에 있는 아르메니아 인구 수와 관련한 아르메니아의 유머가 있다.

러시아와 아르메니아 대통령이 만났다.

– 러시아 대통령: 당신 나라에 아르메니아인이 얼마나 살고 있습니까?

– 아르메니아 대통령: 150만 명쯤 됩니다.

– 러시아 대통령: 우리나라에는 아르메니아인이 300만 삽니다. 누가 아르메니아 대통령입니까?!'

수치를 강조하려는 것이 아니다. 중요한 건 이 속에 든 생각이다.

133 이에 관하여 G. 테르-마르카리안은 "어떻게 그 일이 일어났는가"에서 다음과 같이 적고 있다. "역사적 정의와 마지막 러시아 짜르의 명예를 위해 침묵해선 안 된다. 1915년 짜르의 명령으로 러시아-터키의 국경이 개방되었고 그곳에 크게 무리 지어 있던 치친 아르메니아 난민이 러시아로 들여보내졌다."

이 유머는 아르메니아인이 내게 알려 준 것이다[134].

러시아 고려인

러시아제국이 극동지역에 기반을 확립하자 고려인이 대거 이주해 왔다. 1920년경에 러시아에는 약 30만 명에 달하는 고려인이 살았다. 최, 홍, 주와 같은 성씨는 오래 전에 이미 우리 '러시아'의 것이 되었다.

134 아르메니아 정부의 자료에 의하면, 오늘날 아르메니아 인구는 약 384만 명으로 전체 아르메니아인 수의 절반 정도밖에 되지 않는다. 러시아에는 약 170만 명, 미국에는 약 70만 명, 유럽전역에는 약 50만 명, 터키에는 약 15만 명이 살고 있다.

3장. 결론

파이프스의 논문은 서방 분석가가 러시아에 대해 어떠한 인식을 심으려는지 잘 보여준다. 그들은 러시아가 민족의 감옥이라는 것을 증명하고자 한다. 어느 정도 상식이 있는 독자라면 이같이 매우 불공정하고 정직하지 못한 조작 · 왜곡에 대하여 스스로 평가할 수 있을 것이다. 사실에 근거해도, 모스크바 대공국이나 러시아 그 어떤 민족에게도 '감옥'의 예를 찾을 수 없다. 그런 예는 없었으니까.

일부 민족들이 뿌리깊은 적의와 종교적 광신으로 인해 러시아제국에서 빠져나가려 했다 해도, 그들에게 별로 덕 될 것이 없었다. 소수민족 아드이게인의 이탈은 민족의 존속여부를 의심케 했다. 체첸인의 이탈은 엄청난 비극이 되어 되돌아왔다. 반면, 한 건의 이탈에 여러 건의 유입이 있었다. 결코 단 한번도 그 어떤 민족도 러시아를 거주지로 택한 것을 후회할만한 근거가 없었다.

러시아 내의 위구르, 아르메니아, 한국, 부랴트인의 운명은 다른 나라에 사는 동포들의 운명보다 나았다. 러시아로 이주해 온 유럽인의 경우도 마찬가지이다. '문명화 된' 영국은 스코틀랜드인을 죽였지만 러시아에서 그들은 장관과 장군이 되었다. '아름다운 프랑스'에는 나폴레옹 전쟁의 참전 용사들이 거지가 되어 거리를 배회하지만, 러시아에서는 존경 받으며 풍족하게 최소한 굶지는 않으며 살아가고 있다.

러시아의 '침략' 정책은 유럽 열강의 정책과 상당한 차이가 있다. '러시아인의 러시아'가 아닌 다민족의 러시아가 주변의 영토를 병합했다. 민족국가가 아닌 다민족의 러시아가 병합한 것이다. 러시아에서는 집단학살도, 노예매매도, 침략당한 민족을 동사, 아사시키는 일도 없었다. 다른 국가, 민족을 병합하면서 러시아는 그들에게 러시아인과 동등한 권리를 주었다. 그래서 러시아로 피난왔고, 그래서 어제의 적이 공동의 국가를 건설하는데 참여자가 되었다. 사실이 그렇다. 이를 부정할 수도, 왜곡할 수도, 와전시킬 수도 있다. 사실이란 것은 매우 고집스럽다. '민족의 감옥'이라는 음울한 낭설은 러시아의 적들이 만든 것이라서 역사적 현실과는 전혀 다르다는 것을 실제 사실이 증명해주고 있다.

제7부 러시아 노예제도에 대한 낭설

민주주의 통치법에 대한 러시아인의 역사적 혐오감에 대하여
위에서부터 아래까지 전부 다 노예이다.
—N. 체르니셉스키

왜 자유가 그토록 귀한가?
자유는 가장 위대한 복지이기 때문이다.
—볼테르

1장. 민주주의란 무엇인가?

진정한 자유국가가 되려면,
그 나라의 국민은 철학자, 통치자는 재력가여야 한다.
-나폴레옹

민주주의가 좋다는 것은 누구나 안다. 민주주의가 러시아에서 제대로 뿌리를 내리지 못했던 반면, 영국과 미국에는 완전히 정착됐다는 것을 우리는 잘 안다. 누군가 당신의 차에 흠집을 냈거나 좋아하는 소시지를 사기 위해 오랫동안 차례를 기다려야 할 때 혹은 교통경찰에게 걸리거나 아파트 관리사무소에서 야박하게 굴 때, 러시아인인 당신은 양팔을 벌리며 "대체 어쩌자는 거요?!"라고 하며 정색을 한다. 러시아라는 나라는 그렇다. 이곳은 유럽이 아니다. 누구도 300년 동안 매일 당신의 집 잔디를 관리해 주지는 않는다.

영국의 '권리장전'은 언제 제정되었는가? 프랭클린, 워싱턴 그리고 링컨이 미 헌법을 언제 제정하였는가? 오늘날 미국 헌법이 자유를 보장하고 최종 개정되는데 2세기 이상 소요되지 않았는가? 러시아 헌법은 제정된 지 채 15년이 안되었다. 때로는 대통령 연임까지만 허용하는 것이 무언가 부족하다거나, 연방 주체 숫자가 너무 많다거나 하는 이유로 개정을 요구하기도 한다. 그렇기 때문에 우리의 삶도 같은 모습을 띠고 있다. 이 나라에는 소시지도 길도 자유도 없다. 교통체증, 악취, 진흙탕이 난무할 뿐이다. 거리에 소금을 뿌려대고 신발 밑창은 연신 닳아 떨어졌다. 러시아라는 나라는 그러하다. 이곳에 자유와 민주주의가 어디부터 오게 될까? 이곳은 리우데자이네루가 아니다.

현대 러시아에 민주주의가 존재하지 않는다며 으르렁대는 모양이다. 민주주의를 직접 시행하는 국내외 정치인들 뿐만 아니라 세계를 돌아다니며 돈벌이를 위해 싸우는 위대한 투사 조지 소로스와 같은 기업인, 즈비그네프 브레진스키 같은 정치학자, 역사학자 및 학자도 그렇다. 그중 학자가 두드러진다. 앞서 말한 리차드 파이프스가 대표적이다. 그는 러시아에 민주주의는 한 번도 존재한 적이 없었다고 '폭로했다'. 민주주의 기본가치와 자유가 러시아와 어울리지 않는다고 확신한다. 국민저항에 대한 상응조치로 "짜르정부는 현대 경찰국가의 방식을 훨씬 앞지르는 행정법을 개발했다"[135]고 한다. 러시아의 특징은 민주주의가 아니라, '지금까지도 정권에 핵심적 영향을 미치는 관료-경찰체제'다. 그는 이 같은 이유로 "20세기 서구 전체주의의 근원을 찾고자 하는 대다수 역사학자와 달리 나는 그것을 러시아에서 찾고자 한다"고 명확하게 얘기한다. 그에 따르면 러시아는 당 선동요원이 우리에게 가르친 것처럼 '코끼리들의 고향'이기만 한 것이 아니라 히틀러, 무솔리니, 폴 포트 및 20세기 말 신선한 인육을 먹었던 이디 아민의 모국이기도 하다.

하바드대 교수이자 러시아 연구센터소장으로 미 전 대통령들의 최측근 고문이었던 파이프스는 가장 중요한 문제인 '민주주의란 무엇인가?'에 대해서는 불행히도 입을 떼지 않았다. 결론은 내렸으나 무엇이 잘못된 것인지 설명은 하지 않았다.

135 R. 파이프스. 구(舊)체제 하의 러시아. 현대시평, 2004

'열린' 사회를 표방하는 투사 칼 포퍼[136] 역시 열린 사회가 대체 어떤 사회인지에 대해서 아무런 설명도 하지 않았다. 2권 분량의 *열린 사회와 그 적들*에서 그는 러시아 사회가 부정적이고 '폐쇄적'이라며 혹평했다. 하지만 민주주의와 개방에 대한 정의는 그의 책 어디서도 찾아볼 수 없다[137].

조지 소로스 역시 민주화 투쟁[138]을 위해 '열린 사회'라는 소로스 재단을 러시아에 설립했음에도 불구하고 민주주의에 대해서는 함구하고 있다! 재단의 활동에 관한 내용을 담은 저서에서 그는 다음과 같이 썼다.

"내가 상상하는 열린사회란 자신을 개선시키는데 있어 개방적인 사회를 의미한다. 이것은 우리의 지적 체계 뿐 아니라 이를 제도화시킨 자신의 과실을 인정하는 것부터 시작된다. 미완성은 시행착오를 거침으로써 개선될 수 있다. 열린사회는 표현의 자유를 주장하고 반대 의견을 옹호, 경청함으로써 시행착오를 통한 개선과정이 자유롭게 진행될 뿐만 아니라 이를 장려한다. 열린사회는 틀에 얽매이지 않은 진보로 나아갈 것을 제안한다[139]".

소로스야말로 용감한 사람이다! 미국의 결점을 찾고자, 부시를 비난하며, 미국의 '민주주의의 단절'에 대해 이야기한다. 하지만 그 역시 민주주의에 대한 정의를 내리지는 않고 있다. 그렇다면 우리에게 부족한 점은 대체 구체적으로 무엇이란 말인가?!

---

136 칼 포퍼는 1902년 비엔나에서 태어났다. 매우 유명한 '열린 사회'의 이론가이자 역사학자, 문화 전문가, 사회 철학자였다. 그러나 체계적이고 철학적인 교양은 없었다. 1928년 중학교 수학 및 물리학 교사 자격증을 받았다. 자유주의 철학자에 따르면 포퍼는 20세기 우수 지성인 대열의 마지막 주자였고, 그의 이름은 20세기 철학의 상징이라 할 수 있는 러셀, 비트겐슈타인, 듀이, 하이데거, 카르납, 사르트르와 견줄만 했다. 1946년부터 1994년 사망할 때까지 영국에서 일했다. 포퍼의 주요 저서는 열린 사회와 그 적들이다. 1946년 집필되었고 여러 차례 재판되었으며 러시아어로는 1994년 출판되었다.

137 K. 포퍼. 열린 사회와 그 적들., 1994.

138 소로스재단의 사이트를 보면 소로스는 12년 동안 5억 달러 이상을 재단에 투여했다는 것을 알 수 있다.

139 조지 소로스. 열린 사회에 대한 새로운 시선. 사기업 "박사출판", 1997

2장. 민주주의 제도는 무엇인가

고대 그리스 도시국가의 '순수' 민주정은 유럽 어디에도 존재하지 않았다. 대국의 경우 아리스토텔레스가 규정한 여섯 가지 통치 기술이 기가 막히게 혼합되었다. 프랑스의 경우, 1791년까지 군주제였다가 19세기에는 공화정과 왕정이 엎치락 뒤치락하였다.[140] 영국은 오늘날까지도 군주제다. 프랑스에서는 스스로 황제라 칭하던 나폴레옹 통치기가 있었다. 영국에서는 경, 재상, 호국경(Lord protector) 이라 자칭한 크롬웰 통치가 있었다. 폭정의 시대였다.

18세기 말까지 프랑스는 귀족정으로 다스려졌다. 영국은 오늘날까지도 공을 치하하며 작위와 상원의원 자격을 부여한다. 프랑스 귀족사회는 쇠퇴의 길을 걸으면서 이 사디스트의 세계에 질드레(Gilles de Rais)[141]와 사드(Sade)를 선사했다. 18세기 말 영국귀족은 악마를 숭배하며 '악마의 미사'를 올리거나 거만하기 짝이 없는 속물 신사로 변모하였다. 과두정의 시대였다. 19세기 이전 프랑스 지방에는 직접민주제가 존재하였지만 지방의 민주제는 자유시민과 부유층의 전유물에 불과하였다. 중세부터 적어도 19세기까지 강력한 봉건제와 공존하였다. 아리스토텔레스는 귀족이 다스리는 사

140 프랑스에는 제1공화국(1793-1799), 제1제국(1799-1814), 왕정복고(1815-1830), 7월 왕정(1830-1848), 제2공화국(1848-1852), 제2제국(1852-1870)으로 분류한다.

141 질드레는 140명의 어린이를 살해한 자이다.

회를 귀족정치라 했을 것이지만 13-14세기 절대왕정시기의 관료제 또한 직접민주제와 공존하였다. 14세기부터는 삼부회, 지방삼부회로 대표되는 집단형태의 대표민주제와 동거하게 된다.

영국에서는 직접민주제가 더 크게 자리잡았지만 이 역시 강력한 봉건제도와 함께였고, 이후에는 관료체제와도 공존하게 된다. 영국에 대의민주제가 등장하자 갑작스럽게 금권정치의 늪에 빠져들게 된다. 금권정치는 유럽, 특히 영국과 미국 사회를 구성하는 가장 보편적인 방법이다. 이 방법은 민주정과도 탁월한 결합을 이루는 것으로 나타나고 있다. 아리스토텔레스의 위대한 제자인 마케도니아의 알렉산더 대왕은 관료를 통해 자신의 제국을 통치할 수밖에 없었다. 아리스토텔레스만 몰랐을 뿐 전 유럽이 다 알고 있던 그 통치수단은 바로 관료제였다. 유럽과 미국에서 이 통치방법은 대의민주제와 함께 매우 보편적이다. 이 역시 아리스토텔레스에게 생소할 테지만 말이다.

그렇다면 민주제가 도대체 무엇인가? 민주제는 아주 다양하다. 러시아에서 그 수준에 이르지 못한 게 무엇인가? 지역자치 그러니까 직접민주제? 계급대표민주제? 과두정치, 금권정치에서 빼놓을 수 없는 자유대표제? 나라가 생긴 이래 여러 시기에 걸쳐 러시아사회가 어떻게 통치되었는지 한 번 알아보자. 그러면 아마도 우린 "과연 민주제란 것이 최적의 통치방식이기나 한 걸까"라는 안타까운 질문에 조금씩 접근하게 될 것이다.

3장. 낭설의 기원

예로부터 부정한 행위는 모든 범죄행위 즉,
방화, 매춘알선, 위조, 국가의 적 그 밖의 모든 범죄를 뜻했다.
-브로크하우스와 에프론 백과사전(1892년) 중-

도둑질을 할 수 있는 기회가 도둑을 만든다.
-영국 철학자 F.베이컨-

사회경제 상황과 무관하게 그저 교활하고 비양심적으로만 행동하는 민족은 없다. 그런 민족이 있다면 위대한 것은 커녕 일상적인 생활도 해낼 수 없다. 대부분 그랬듯이 낭설은 이방인의 기록에서 비롯되는 경우가 많다. 이방인이라 하면 우리가 잘 알고 있는 16-17세기의 여행가들을 말한다.

바르베리니[142]는, "그들은 매우 악한 성향이 있으며 쉽게 거짓말을 하고 도둑질을 한다"고 했으며 "그들은 유독 거짓말을 잘한다. 러시아의 다른 지방 사람보다 모스크바 사람이 더욱 교활하고 거짓말을 잘한다고 생각한다"라며 허버쉬타인[143]이 써내려 갔다. 누가, 어디서 그렇게 생각하는 지는 물어보나마나다. 러시아인이 과연 독일인이나 혹은 덴마크인보다 더 거짓말을 잘하는지의 사실여부를 밝히는

142 R. 바르베르니, 모스크바 여행기 1565년 ; 조국의 아들. 제3장. 제 7호 1842년.
143 S 허버쉬타인. 모스크바 수기, 1866년.

것 또한 무의미하다.

이반 4세의 친위대 오프리치니크였던 독일인 스타든과 모스크바 주재 덴마크 왕실의 대사였던 울펠드 생각이 틀리지 않았다는 것을 보여준다. 스타든은 "러시아 장사꾼과 사업가는 늘 거짓말을 하고 쉽게 사기를 친다. 러시아인은 돈을 돌려주는 법이 없기 때문에 빌려줘서는 안되며 빌리는 것 또한 불가능하다. 자칫하면 우리가 가지고 있는 모든 것을 훔쳐갈 수도 있다"고 했다. "정직하고 너무나도 점잖은" 스타든은 한편, 자신의 수기에서 자신 스스로 몇 교역 파트너의 "공동 재산을 횡령하고 다른 사람의 물건을 훔치며 모스크바에서 멋대로 종적을 감췄다"고 기록했다.[144] 그랬던 스타든이 모스크바에 모습을 드러냈다. 그는 전쟁에서 얼마나 많은 공을 세웠으며 유럽황실의 정치 자문가로서 얼마나 중요한 역할을 했는지 여기저기에서 떠들어댔다. 모스크바 사람들은 감탄하며 그의 말을 전부 믿었고, 그는 남의 말을 쉽게 믿는 이 '순진한' 러시아인을 경멸하고 비웃었다.

울펠드는 자신이 어떻게 리가(Riga)에서 도둑을 맞았는지 설명했다. 당시 리가는 독일인 지역이었다. 러시아인은 한 명도 없었다. 현지인인 라트비아족 더 정확히 말하면 라틴인과 리보니아인 그리고 이른바 '촌놈들'이 리가를 방문하는 것도 허락되지 않았다. 그럼에도 불구하고 울펠드는 거리낌없이 "리가에 있는 러시아인들은 교활하고 약삭빠르며 고집이 세고 신중하지 못하며 반항적이고 음란하고 방탕하고 뻔뻔스러운 것은 말할 것도 없으며 사악하고, 머리보다는 주먹이 앞서는 사람들이다"라고 결론을 내려버렸다. (외국인들은 러시아인에 대해 이야기할 때 "아! 바로 그 러시아인들 말입니까!!!"라고 계속해서 말할 것이다) 울펠드는 아주 뛰어난 도둑이

144 H 스타든. 이반 4세의 모스크바에 관하여. 독일출신 오프리치니크 1925년.

다.[145] 아무 피해도 주지 않은 러시아와 러시아인에게 그런 어이없는 판단을 내린 울 펠드는 왜 독일계 라트비아인과 발트해 민족에 대해서는 그렇지 않았을까. "리가에는 절도사건이 많지만 누가 뭐라 해도 독일인은 정직하다. 모스크바 사람들이 의심받을 짓을 하지 않았지만 나는 이미 모스크바인이 도둑질에 능숙하다는 것을 알고 있다"[146]라는 식으로 굳어진 고정관념 때문이다!

네덜란드 출신 외교관 반 클렌크는 모스크바에서 어떤 사기를 당했는지 이야기한다. 모스크바 사람이 자신에게 털이 쑥쑥 빠지는 저질 검정담비 모피를 팔았다고 했다. 누가 봐도 좋지 못한 행동이다. 하지만 왜 이 존경해 마지않는 외교관이 싸잡아서 모든 러시아인이 사기꾼에 도둑이라고 생각했을까? 곧 우리는 러시아인의 도덕적 성품에 대한 전혀 다른 증언이 있다는 것을 알게 될 것이지만, 심오한 진실을 은폐하고 신빙성 없는 편파적인 평가만 모아서 떠들어 대는 짓이 어째서 벌어지는 것일까?

물론, 편협의 메커니즘은 러시아에 관한 다른 검은 낭설을 만들어 내는 방식과 근본적으로 같을 것이다. 세상에는 가끔 이해력이 부족한 외국인도 있고 자신의 국가와 민족의 부정적인 모습을 이야기하는 불만스런 러시아인도 있다. 그리고 타인의 악의적인 농담을 마치 엄청난 진실인 양 매조키즘의 만족을 느끼며 떠벌리고 다니는 사람도 있다. 우리는 그런 태도에 대처하는 법을 스스로 익혔고 우리의 부정적인 성향을 장점으로 변화시키면서 교묘하게 낭설을 비트는

145 Y. 울펠드. 덴마크 외교관인 울펠드의 16세기 러시아 여행. 1889년.

146 이와 관련해서 1999년 운 좋게 몇 남미국가를 방문했던 때가 생각난다. 여행사에서 배웅해주며 우리 일행에게 한 가지를 당부했다. 그것은 브라질, 그중에서도 리우데자네이루에서 절도가 많이 일어나기 때문에 방심하지 말라는 당부다. 눈깜짝할 사이에 돈, 가방 소지품 한꺼번에 잃어버릴 수 있다는 것이다. 사람들은 브라질 소매치기의 수법과 대담함과 특히 코파카바나해변의 소매치기에 관한 이야기를 많이 했었다. 하지만 우리는 일주일 동안 작은 물건 하나라도 분실한 사람은 없었다. 대신 제일 평안하고 안전하다는 아르헨티나에서 시계를 도둑맞았다. 어리석게도 가장 훌륭한 관광지로 소문난 해변에서 주의 깊게 살피지 못한 것이다.

법까지 배웠다. 꼭 장점이 아니더라도 살아가는데 방해가 되지 않을 정도의 괜찮은 민족적 특성으로 바꾸었다.

보리스 아쿠닌의 *알튼-톨로바스*를 보자.[147] 이 소설은 두 개의 시간대를 기준으로 사건이 전개된다. 하나는 18세기, 하나는 20세기이다. 18세기에 사는 네덜란드인 반 도른이 러시아로 온다. 러시아 땅을 밟자마자 처음 묵은 여인숙에서 도둑을 맞는다. 물론 여행객에게 그런 일이 일어날 수 있다. 러시아에서도 어쩔 수 없다. 핵심은 거기에 있지 않다. 반 도른은 상황을 빠져나갈 방법을 찾아낸다. 심증이 가는 범죄자를 골라 죽도록 패는 것이다. 그리고 도둑맞은 물건도 되찾는다! 반 도른에게 일어나는 이후의 모든 사건은 이런 식이다. 그는 관리에게 '뇌물'을 주는 것을 잊어버린다. 해외의 모든 문명화된 나라에서는 관리가 뇌물을 받지 않으며 양심적이지 않은가. 러시아에는 뇌물이 당연하고 국가적 전통이다. 뇌물을 받지 못한 관리는 반 도른에게 화를 내고 상관에게 알리는 조치를 취할 수밖에 없다.

반 도른의 후손인 영국인 판 도린은 20세기에 살며 러시아를 방문하게 된다. 그에게도 똑 같은 일이 일어난다! 여행마차가 러시아에 도착하자마자 도둑을 맞는 것이다. 대처방법도 같다. 심증이 가는 도둑을 폭력으로 제압하고 물건을 되찾는다. 그리고 이후 수없이 범죄가 등장한다. 마피아, 총격전, 야심한 밤의 클럽, 고용된 전문 킬러, 마피아, 저격수, 식당의 시퍼런 칼과 대부 등. 물론 이 모든 사건이 모스크바에서 일어난다.

독자는 반 도른이나 판 도린에게 일어나는 사건을 유쾌하게 본다. 하지만 나라의 이미지가 어떻게 그려질지 짐작이 간다. 결국 우리는 잠재적인 흉악성, 사기, 범행성향 국가로 유럽과 비교되는 것

147 B. 아쿠닌의 소설, 알튼-콜로바스 2003년

이다. 현재 어디에도 존재하지 않으며 과거에도 없었지만, '무법성'은 러시아의 이미지가 되는 것이다. '그 대신' 이 모든 게 얼마나 재미있고 유쾌한가! 러시아는 즐겁고 유쾌한 '무법자'의 거주지다. 국가 이미지를 아작내는 반면 오락을 선사하는 소설이다. 이곳에서는 법이 아닌 러시아인의 오랜 관습에 적응하며 러시아만의 방식대로 살 수 있다. 소설 속 도둑도 그렇게 위험하지 않으며, 판 도린이 고용한 전문 킬러도 좋은 사람이다. 도둑은 대충 괜찮은 청년이고 킬러는 그냥 단순한 직업인이다. 러시아인은 대체로 괜찮은 사람들이며 이들과 함께라면 모든 게 쉽고 유쾌하다.

18세기의 반 도른도 그의 먼 후세 사람인 20세기의 판 도린도 러시아에서 우연히 살다가 죽은 것이 아니다. 러시아는 재밌고 선하다. 그러나 범죄소굴이다. 소설 한번 참으로 잘 쓰지 않았는가! 러시아인 중에는 도둑도 많고 러시아는 무법천지라는 점을 부정하지 않고도 작가는 능수능란하게 매우 흥미로운 러시아 이미지를 만들어 낸다. 다시 한 번 놀랍다. 이제 우리는 러시아 지식인의 또 다른 놀라운 특성을 살펴볼 것이다.

4장. 자물쇠와 열쇠

당신의 문을 잠그지 마라. 언제든 열릴 수 있도록 해두라.

-B. 오쿠자바-

심리를 틀어 버리는 고정관념과 사고, 태도, 사람에 대한 신뢰와 불신이 국민의 일상생활과 역사적인 관습에 아주 깊게 뿌리 내려져 있다. 국가, 국제 정치의 허상에서 벗어나자. 높은 관직의 사람, 위인을 압도하는 초월적인 왕의 생활방식과 사고방식에서도 잠시 벗어나자.

현대 러시아 국민의 80-90%, 이전 국민의 99%가 농민이었다. 농민은 많은 노동을 하며 가진 것을 매우 소중하게 다룰 수 밖에 없다. 그래서 다소 구두쇠 같은 농민도 있다. 가난 때문에, 가진 모든 것이 너무나도 힘든 노동의 대가였기 때문에 그런 것이다. 하지만, 여기서 러시아 농민의 천성적인 탐욕과 속물근성 또는 반대로 선량함과 소유한 것에 감사하는 마음에 대해서 얘기하지는 않을 것이다. 옛날부터 도둑을 무서워했든 자신이 가진 것을 잃을까 전전긍긍했든 혹은 미국의 개척자처럼 손에 라이플총을 쥐고 집과 재산을 지키기 위해 순간순간 생명의 위험을 무릅쓸 준비가 되어 있었든지 간에 말이다. 지금 이런 대화를 하는 것도 무의미하다. 예나 지금이나 똑같은 사람은 없으니 말이다. 농민도 개척자도 그러했을 것이다. 그들은 서로 다른 삶의 환경을 가지고 있었고 다른 시대, 다른 풍습 속에서 생활했다. 이런 이야기를 하다 보면 정치적 논의에서 시작해 심지어는 철학적인 논의로 빠지며 결국에는 역사적인 상관관계까지 들추어 비교하게 된다. 이 또한 무의미하다. 더 이상 존재하지 않는 사회집단을 이야기하고 숭고한 사유재산권을 들먹이며 나설 것이다. "우리는 전제정치, 그리스 정교회와 민중성으로 대표되는 절대권력의 역사적 특징이 있지만 미국인은 2차 헌법수정[148]만을 했지 아마?……"하며 논쟁이 오고 갈 것이다.

자물쇠와 열쇠를 보자. 사유재산은 전 세계적으로 확산되지 못했지만 열쇠와 자물쇠는 다르다. 열쇠와 자물쇠는 많은 옛 도시와 2-3천 년 된 주거지에서도 발견되고 있다. 중국의 황하강부터 대서양까지 전 지역에서 발견되는 것이다. 사람들은 자신의 재산을 보호하기 위해 여러 형태의 잠금 도구를 만들었는데 갈대, 천, 목재와 금속 등을 이용해 자물쇠와 열쇠를 만들기 시작했다. 자물쇠와 열쇠는 바빌론과 이집트의 고대신화, 구약성서 그리고 예언자들의 책에까지 등장한다. 고대학자들은 이집트의 람세스 2세 고분에서 가장 오래된 열쇠를 발견했다. 톱니모양의 매우 평범한 목재 열쇠였

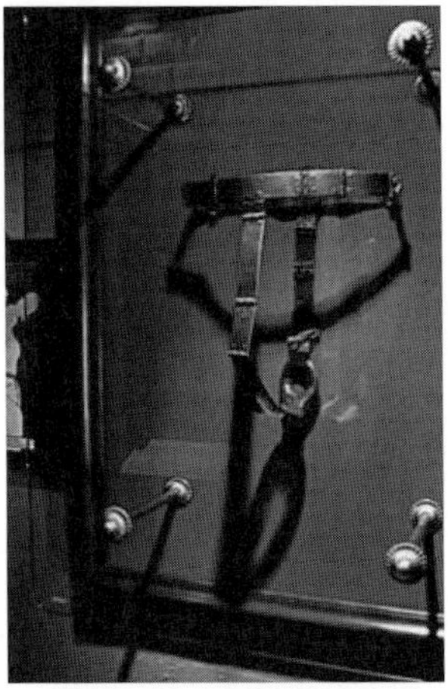

중세 이탈리아 사람들이 사용하던 정조대.
있는 것은 모조리 잠그고 싶어하는 유럽인들의 욕구가 사람의 육체에도 반영된 것이다.

148 흥미롭게도 우리에게 자세하게 알려지지 않은 사건이다. 누구나 알다시피 200년 전 건국 주역들이 만든 미국 헌법은 단 한 차례도 개정되지 않았다. 몇 차례 중요한 수정만 있었는데 그중 1차 수정은 우리가 잘 아는 언론의 자유 보장이다. 그러나 순서만 보아도 매우 중요한 것임에 틀림없지만 이상하게도 2차 수정에 대해서는 잘 알려지지 않았다. 그것은 국민의 총기소지에 관한 것이었다.

다. 전제군주 파라오도 다른 군주와 마찬가지로 무엇인가 자물쇠로 채워 놓아야 했나 보다.

고대 동양의 자물쇠는 원시적인 형태에 머물러 있었지만 서양에서는 급속도로 발전한다. 고대로마에서는 열쇠를 회전시켜 자물쇠를 열었다 잠갔다 했다. 우리에게 매우 친숙한 맹꽁이 자물쇠다. 뿐만 아니라 로마사람은 자물쇠의 구조를 개선시켰다. 비슷한 모양의 열쇠로 자물쇠가 열리는 것을 방지하기 위하여 자물쇠 내부에 홈을 팠다.

최초의 금속 자물쇠는 영국의 한 기술자에 의해 제조되었다. 당시 러시아는 류릭 왕조가 통치하던 때였는데, 이런 형태의 응용기계분야에서 영국 기술이 슬라브 기술을 확실히 앞섰다는 것을 말하지 않을 수 없다. 열쇠구멍 주위에 여러 개의 홈을 만들어 사용한 레버 텀블러형 자물쇠였다. 이후 서양의 기술자들은 대문이나 현관문, 나무상자와 장식장의 열쇠를 개발하기 시작했다. 보통 우리는 집안의 주인이라하면 집 열쇠를 쥔 사람을 떠올린다. 네덜란드 화가의 오랜 그림에서 보여지며, 에르미타쥐 박물관에서도 볼 수 있다.

러시아 대도시에 거주하는 우리도 지난 20년 동안 열쇠와 자물쇠에 열광해 왔다. 철이나 일반나무 및 특수나무 또는 발포고무 같은 간단한 소재를 섞은 인조가죽 문을 설치하는 업소가 대도시의 전 지역에 성업 중이다. 이렇게 된 지는 20년밖에 되지 않았다. 페레스트로이카가 시작되면서 범죄가 급속하게 늘어났다. 특히 아파트 절도가 빈번하게 발생하면서 자물쇠를 사용하기 시작한 것이다. 이전까지는 튼튼하지 못한 출입문이나 현관에 쉽게 열릴 수 있는 자물쇠를 달았다고 문제를 겪는 사람은 없었다.

서구 각 가정에는 집의 내부에도 자물쇠 문이 달려있다. 러시아인은 오늘날에도 이러한 서구문화에 약간 놀라워한다. 서양인은 끊임없이 무엇인가를 잠그려 한다. 장롱, 장식장, 방 심지어 주방 문도 잠가놓는다. 무엇 때문인지는 몰라도 유럽인의 머릿속에는 보이는 것은 모조리 잠가야 한다는 생각이 수세기에 걸쳐 굳어진 것 같다. 그러나 우리는 열쇠를 대수롭지 않게 생각하며 때로는 눈에 잘 보이는 곳에 보관하여 집안 식구나 손님에게 열쇠가 있는 장소를 감추지 않는다.

유럽의 출입문 자물쇠는 하나의 예술작품으로 승화되기도 했다! 장식을 달거나 문양을 새겨 아름답기도 하며 게다가 튼튼하기까지 하다. 생각해보라. 이미 17세기 유럽에서 디지털 방식의 코드입력 자물쇠가 등장했다. 현재 은행 금고에서 사용되는 코드 입력 자물쇠가 바로 여기서 비롯된 것이다. 만약 자물쇠와 열쇠가 왜 필요한지를 묻는다면? 자신의 재산을 보호하기 위해서? 맞는 말이다. 시시각각 만반의 준비가 되어 있어야 한다. 다른 사람들이 무슨 범죄를 저지를 지 모르기 때문이다.

자물쇠가 필요 없는 경우는 딱 한 가지다. 절도가 없을 때다. 자물쇠와 열쇠는 어떤 심리적인 지지대이며 타인에 대한 불신에서 비롯된 것이다. 또한 대문과 현관문의 자물쇠가 타인에 대한 불신을 뜻한다면 집안의 방과 장식장 또는 작은 서랍장의 자물쇠는 자신의 가족에 대한 불신을 상징한다.

고대러시아에는 이렇게 여러 종류의 자물쇠가 존재했던 적이 없었다. 옛날 고대 러시아를 살펴보자. 아랍의 여행가들은 고대 슬라브 민족에 대해 "그들 집에는 빗장이나 자물쇠가 없다"[149]고 했다. 눈여겨 볼 점은, 슬라브인의 집에 자물쇠가 없다는 것에 아랍사람이 '자연스럽게' 놀라워한다는 것이다. 잠그는 것이 습관화 되어있던 이들이니 말이다. 고대러시아 도시에서 발굴된 슬라브인의 열쇠와 자

149 F.베스트베르그. 동유럽에 관한 동양의 사료 분석, 문교부 잡지 1908년 2월3월호

물쇠는 매우 평범하고 원시적이기까지 하다.[150]

러시아에는 아무데서나 발견되는 종류의 것도 아니다. 많이 발견되는 곳은 프스코프와 노브고로드이며, "노브고로드는 러시아도시 중 가장 유럽적인 도시이지만 프스코프는 유럽의 가장 러시아적인 도시이다"[151]라고 학자들은 말한다. 이상하게도 루시시대 동쪽과 남쪽에 치우친 도시 그리고 유럽으로부터 멀리 떨어진 도시에서는 자물쇠와 열쇠가 거의 발견되지 않는다. 16-17세기(코드자물쇠 발명)조차 모스크바의 대문이나 현관문 열쇠와 자물쇠는 여전히 드물었다. 르바코프의 말에 따르면 이는 출입문 열쇠라기보다는 작은 금고나 보석함을 여는 열쇠와 더 흡사하다. 고대 러시아에는 자물쇠를 만드는 전문적인 기술자도 전무했다.[152]

고대 러시아인은 자물쇠 없이 어떻게 생활할 수 있었을까? 그것은 오래된 관습 때문이다. 즉 집을 비울 때는 막대기를 이용해 문을 받쳐놓았다. 그러면 누군가가 마당에 들렀다가 막대기로 받쳐진 문을 보고 주인이 없다는 것을 바로 알 수 있었다. 20세기 초에도 시골과 소규모 도시에 사는 러시아인들은 문을 잠그지 않았다. 대체적으로 그랬다.[153] 도시에는 자물쇠를 사용하긴 했지만 보석함의 열쇠처럼 아주 작은 열쇠가 많았다. 문을 잠그기는 했지만 열쇠는 보통 발판깔개 밑이나 혹은 우체통에 보관하였다. 전쟁 이후 삶은 급속도로 변화하기 시작했고 일부 사회치안문제는 악화되었다. (왜? 그것은 따로 이야기해볼 필요가 있지만 당시 대중의 음주 문제 때문이었다). 치안기관은 경찰들에게 부가적인 업무를 줄 필요가 없다며 열쇠를 보이는 곳에 두지 말라며 국민들에게 호소문을 쓰기 시작했다.

150 N.G.파르피리도프. 고대 노브고로드. 11세기-15세기 러시아 문화의 역사론집. 1947년 출판.

151 A.M.브로프스키 저. 러시아 도시의 기원. 2007년 출판.

152 B.A.르바코프. 고대루시시대의 수공업. 1948년 출판.

153 내가 1960년도와 70년도에 처음으로 지방에 파견을 나갔을 당시 시골에서 집 주인이 1-2주 정도 집을 비울 때 문을 대걸레로 받쳐놓는 것을 보았다.

국민이 이 호소에 따르게 하기 위해서는 도둑도 경찰들도 많은 노력이 필요했다.

개인적인 이야기를 잠깐 할까 한다. 우리 할머니의 이름은 발렌티나 미하일로브나 사마로트스카야다. 소련시대로 치면 굉장히 부유한 편이었다. 오랫동안 교장으로 근무했고 한 동안은 사회당 지역위원회 비서로 일하기도 했다. 할머니가 산 지역은 우크라이나의 체르카스카야에 위치한 스멜라라는 작은 도시이었다. 약 6만 명의 주민이 거주하던 도시는 부유하고 번화했으며 외관도 꽤 잘 정돈되어 있었다. 할머니는 그중에서도 도시 중심부 방 두칸짜리(소련시대에는 매우 좋은 아파트에 속했다) 아파트에 살았다. 어릴 적 나는 여름이 되면 할머니 댁에서 한 두 달 지내곤 했었다. 스메타나를 곁들여 먹던 우크라이나의 딸기 향, 5층짜리 아파트 창문 높이까지 자라던 뽕나무, 거리에 심어져 있던 살구나무의 열매…모두 평생 잊지 못할 추억이다. 내가 하고 싶은 이야기는 지금부터다. 할머니는 당연히 아파트 문을 잠그고 다니셨다. 하지만 현관문은 속이 텅텅 비어있어 매우 약했다. 자물쇠가 달려있었는데 달랑 하나였다. 집안열쇠는 우리가 흔히 아는 '돈을 보관하는 곳'에 넣어두었다. 그것도 오직 하나였다. 하나의 열쇠로 할머니, 나, 여동생 그리고 아버지, 어머니까지 사용해야 했다. 방식은 간단했다. 제일 마지막에 나가는 사람이 문을 닫고 열쇠는 발판깔개 밑에 넣어두는 것이다. 이게 끝이다. 집안의 보안시스템이 이렇게 간단히 해결되는 것이었다. 자물쇠는 자동으로 잠기는 고리에 달려 있었고 열쇠가 없으면 문을 열 수가 없다. 그래서 가족 모두가 열쇠를 두고 나갈 경우(하루가 멀다 하고 일어났다)를 대비해서 할머니는 항상 발코니의 창문을 열어두는 것을 잊지 않으셨다. 당시 할머니의 집은 2층이었고 발코니 바로 옆에 아파트출입구 지붕이 있었다. 열쇠를 집에다 두고 오면 키가 큰 동네

꼬마에게 출입구 지붕으로 올라가서 발코니 창문을 열어 달라고 부탁했다. 그러면 집안으로 들어가서 문을 열수 있었다. 월담은 동네 아이들도 몇 초 안에 후다닥 해치울 수 있었다. 1970-1980년대에 있었던 일인데도 아직 기억이 생생하다. 할머니가 돌아가시고 난 뒤 아파트가 국가소유로 넘어갔을 때 우리는 할머니의 물건과 책을 그대로 남겨두었다. 어떤 뻔뻔스러운 입주자가 거주 허가서를 들고 나타나기 전까지 말이다. 현재 그 아파트의 모든 창문과 발코니에는 두꺼운 방범용 창살이 달려있다. 그것은 불안한 우리 시대를 보여준다.

벼룩시장에 가서 소련시대나 보다 더 재미있는 이전 시대의 자물쇠를 살펴보라! 이탈리아 또는 영국 기술자가 만든 자물쇠와 비교해 보면 허탈한 웃음밖에 나오지 않는다. 일리프와 페트로프가 1928년에 쓴 소설, *12개의 의자*를 읽어보라. 주인공인 오스타프 벤제르는 손톱을 이용해 잠긴 문을 열고 기술공 슈키나를 자신의 방으로 들어오게 한다. 그는 환호를 지르며 집 안으로 들어간다. 허무하다. 손톱으로도 열리는 것이 무슨 자물쇠란 말인가?! 이 황당무계한 이야기를 동양사람도 서양사람도 절대 이해하지 못할 것이다.

오늘날도 러시아의 작은 상점이나 외각 시장에 가서 한 번 둘러보라. 판매되는 자물쇠 90%가 완전히 형편없는 제품이다. 이들 중 혹시 손톱으로 열리지 않는 것이 있다해도 나사를 풀면 분명 열 수 있을 것이다.

왜 신중한 방범대책이 필요한가? 쓸데없는 짓이다. 이웃끼리 함께 지내기 위해 지켜야 할 정직성이 거의 사라져가는 러시아 지방에서조차 절도 사건이 그리 빈번하게 일어나지 않기 때문이다. 1985년부터 올바르지 못하고 비양심적인 지방정부가 주민의 돈을 뜯어내 생활이 어려웠는데도 말이다. 이는 관영통신의 사건, 사고를 연구하는 사람에 따른 정보다.

우리나라의 부랑자도 추운 날에는 남의 다차에 숨어 들어간다. 한때는 정상적인 삶을 살았지만 현재는 형편없는 부랑자가 되어 버린 그들에게 무슨 양심을 기대할 수 있을까? 무슨 염치를 바랄 수 있을까? 그럼에도 비록 남의 다차를 이용해 좀더 따뜻하게 겨울을 나지만 그들은 그곳에서 아무것도 훔치지 않고 빈손으로 떠난다. 이것이 바로 유럽이 말하는 문명화되지 못한 사람이 사는 방식이다. 반면 문명화된 사람은 다르게 산다. 외국에 가서 한 번 둘러보라. 얼마나 인상적이고 튼튼한 자물쇠가 있는지 말이다. 그곳에서 파는 자물쇠가 진짜 자물쇠다! 혼신의 힘을 다해서 만들었고 자신의 재산을 지키기 위해 전전긍긍하는 사람이 자물쇠를 산다. 결국 주변을 믿지 못하는 것이다.

오해하지 않았으면 좋겠다. 나는 현재 암울하기 그지없는 러시아의 상황을 미화하거나 국내에서 발생하고 있는 절도사건을 부정하고 싶은 생각이 전혀 없다. 러시아 지하철에서 승객의 가방이나 주머니를 소매치기 하고 돈가방을 날치기하기도 하며 자동차의 유리를 깨거나 또는 운전자의 시선을 딴 곳으로 끌어 차 안에 있는 가방을 훔치기도 한다. 내가 아는 모스크바 지인 중 수십 명이 앞서 말한 방식으로 운전 중 귀중품과 돈을 잃어버린 적이 있다. 실상은 유럽화 된 러시아 대도시에서는 더욱 빈번하게 일어난다. 그러나 첫째, 영화감독처럼 상황을 극적으로 만들 필요는 없다. 둘째, 선입견을 모두 버리고 우리의 역사를 한 번 돌아보자.

우리 선조의 생활방식을 살펴보면 국민의 정직함에는 부끄러울 게 하나도 없다는 것을 확신할 수 있다. 선조에게서 배울 점이 있다. 러시아 귀족이자 역사가이며 소설가인 카람진이 러시아에 대해 한 마디로 "~로부터 도둑질 하고 있다" (그가 결코 그런 말도, 생각하지도 않았다는 것을 우리는 확신한다)라고 말했다면 그는 정확하게 러시아민중을 이해하지 못한 것이다.

절도, 자물쇠와 빗장과 관련해서 세 가지 일화를 이야기할까 한다. 첫 번째는 19세기 말 모스크바에서 있었던 일이다. 얼마 전, 작가 길랴로프스키의 *모스크바와 모스크비치*라는 아주 재미있는 책을 여러 번 읽은 적이 있다. 그는 모스크바의 범죄세계를 매우 생동감 있게 묘사하였다. 배경이 되는 곳은 히트로프카다. 사법, 민법, 형법은 커녕, '도덕관념'이라는 개념이 아예 존재하지 않는 곳이다. 혁명 이전의 범죄가 한데 모인 타락한 세계였다. 소련당국은 그 도시를 단박에 없앨 수도 있었지만 그렇게 하기 위해서는 볼셰비키의 강한 정치적인 힘이 필요했다. 로마노프 왕가와 오늘날 러시아 연방의 조직범죄소탕 시에도 전혀 찾아 볼 수 없는 그런 정치적인 의지 말이다. 재미있는 이야기가 하나 있다. 길랴로프스키가 어느 오후 히트로프카를 구경하기 위해 친구와 함께 나왔다. 위험한 '빈민촌 관광'이 친구 사이에서 인기가 있었다. 어느 날 담배를 잊고 온 한 친구를 위해 길랴로프스키는 시장 주위를 배회하던 수백 명의 부랑자들 중 한 소년에게 1루블(오늘날 1000루블과 같다)를 건네며 담배 심부름을 시켰다. 그러자 친구가 큰 소리로 웃으며 이렇게 말했다. "이제 그 돈은 버린 셈 쳐야겠군. 책임지고 임무를 수행할 다른 심부름꾼을 찾아보지 그래". 그러나, 5-7분이 지나자 아이가 군중 속에서 한 손에는 담배와 다른 한 손에는 정확한 거스름돈을 들고 헐레벌떡 뛰어왔다. 친구는 충격을 받지 않을 수 없었다. "너 정말 담배를 사온 거니? 돈을 갖고 달아나지 않았던 거야?"라고 친구가 물었다. 그 아이는 "돈을 갖고 달아나다니요?라고 대답하며 심히 불쾌해했다.

두 번째 이야기는 좀더 짧지만 바로 얼마 전에 있었던 이야기다.

2008년 8월 나는 네덜란드가 가장 세계적이고 발전한 도시라고 생각했었다. 자전거를 타고 암스테르담을 구경했다. 가는 곳마다 자전거도로가 놓여있어 빠르고, 편리하고 친환경적이기까지 했다. 단점이 한 가지 있다면 빈번하게 일어나는 절도였다. 네덜란드에서 자전거 절도는 심각한 범죄사건이었다. 여러분도 그곳에 가면 도착하자마자, 역 근처 어딘가에서 수상쩍은 흑인이 다가와 훔친 자전거를 10유로에 사겠냐고 제안할 것이다. 그리고 네덜란드의 거의 모든 주민이, 훔쳤거나 혹은 여러 번에 걸쳐서 몰래 되판 자전거를 타고 다닌다는 사실을 알 수 있을 것이다. 암스테르담에서 자전거를 보면 그래서 기가 막힌다. 솔직히 말하면 아주 가난한 국영농장 소브호즈에서 온 클라바 아주머니도 암스테르담의 자전거를 타고 싶지는 않을 것이다. 아무리 배 고픈 부랑자라도 탐내지 않을 것이다. 네덜란드 사람은 이렇게 생각할 수도 있다. "뭣 하러 그렇게 조바심을 내는가? 어쨌든 오늘 혹은 내일 당신의 자전거는 어차피 도둑맞을 것이다. 10유로만 있으면 거리의 한 모퉁이에서 '새 자전거'을 사게 될 것이다." 이런 빈번한 절도로 인해 네덜란드 사람들은 자전거에 강력한 자물쇠를 조심스럽게 채워놓는다. 잠재적인 도둑과 싸우는 것이다. 한 지방신문에서 읽은 칼럼을 소개하고자 한다.

> **질문: 네덜란드 어디 와 있는 지를 어떻게 알 수 있죠?"**
> **대답: 주변에 자물쇠가 채워진 자전거를 살펴보세요. 자물쇠가 하나면 조용한 네덜란드의 시골마을에 있는 겁니다. 두 개가 채워져 있으면 그냥 평범한 도시구요. 만약 세 개가 채워져 있다면, 축하합니다! 수도인 암스테르담에 와 있군요!**

마지막 세 번째 이야기도 개인적인 경험담이다. 이미 이야기 했듯이 아주 옛날, 자물쇠를 잠그지 않던 좋은 시절은 아! 사라진지 오래다. 현재 모스크바에는 튼튼한 문이 인기며 가장 이상적인 문은 철제다. 얼마 전 내가 직접 철제문을 주문한 적이 있었다. 나이 들어 보이는 외판원이 입에 침을 튀겨가며 끈질기게 설득하길래, 마음이 동해 문을 바꾸었다. 나중에 보니 러시아 것이 아닌 이탈리아에서 건너 온 자물쇠가 달려 있었다(참고로, 국내에서 개발된 자물쇠는 없었으며 독일의 기술을 이용해 국내에서 생산했다). 외판원의 설명은 이랬다. 믿지는 말기 바란다.

"아직도 러시아 자물쇠를 이용하십니까? 아니죠? 국내에는 아직 자물쇠 기술이 없으니까요! 국산 자물쇠는 문틈을 막기 위한 단순한 곳에만 사용되죠. 이탈리아 자물쇠가 전통입니다! 이탈리아 공장은 이미 500년 넘게 자물쇠를 만들어오고 있습니다. 공장도 수 백 개나 됩니다! 거의 유럽 전 지역에서 이 자물쇠를 사용하지요! 우리나라 도둑은 어쩐지 좀 엉성하고 수법도 뻔하고 철 막대기를 이용해서 자물쇠의 나사를 돌려서 털죠. 유럽에는 자물쇠 전문가가 정말, 정말로 많습니다. 우리 회사 문은 아무도 열지 못합니다. 제가 보장합니다!"

5장. 비정상적으로 정직한 소련 사람들

도둑은 감옥에 있어야 한다!

–영화 *만남의 장소를 바꾸지 마라*

소비에트정부는 처음부터 국가의 사회생활 전 분야를 통제하기 위해 노력했다. 몰락하는 로마노프 황실의 그 누구도 러시아를 건드리지 못하도록 하기 위해 애썼다. 그들은 식량, 비누, 성냥과 아파트를 배급하고 변기 청소당번을 지정하며 욕실 빗자루를 공급하는 등 상상할 수 없을 정도의 많은 관리를 동원했다. 내전(1917-1921) 동안 소비에트 관료는 제정러시아시대보다 몇 배는 더 많았다. 1920년대 말 러시아의 국가공무원은 약 이백오십만 명에 달했다. 제정러시아 시대에 있었던 관리를 모두 합한 것보다 열 배나 더 많은 것이다.

관료적 통치는 매우 나쁜 것이다. 소련시대에서 가장 놀라운 점은 그럼에도 불구하고 부패 수준이 매우 낮았다는 것이다. 그도 그럴 것이 사회주의 시대에 돈은 큰 의미가 없었다. 부패라 한다면 기껏해야 소소한 것을 사기 치거나, 아는 사람끼리 결탁하여 일을 처리하고 가망성이 없어 보일 뿐만 아니라 별 큰 의미도 없는 것에 매달렸다. 소련시대에 국가의 돈을 '넘보는 것'은 불가능했으며 투자할 곳도 쓸 곳도 없었다. 영화 *12개의 의자*의 주인공, 오스타프 벤제르가 백만 달러가 든 가방을 들고 모스크바로 도주했는데 그래서 어쩌겠다는 것인가? 모스크바 호텔에 묵을 수 있는 사람은 백만 달러를 가진 그가 아니라 모범노동자 집회에 참석한 노동자들이었다.

불법 밀수업자는 어마어마한 액수의 돈을 벌 수 있었다. 그러나 영화 *다이아몬드의* 손의 주인공을 보면 외제차 벤츠도 아닌 국산 모스크비치 구입허가를 받기 위해 보석을 나라에 바치고 포상금으로 보석가격의 25%만을 받아야 한다.[154] 그렇지 않으면 그는 보석을 써볼 기회조차 갖지 못한 채 가지고 있어야만 한다.

그렇다. 소련관리의 모험담은 어쩐지 시시하게 들린다. 고골 시대에 살았던 관리의 생활과 비교해도 그렇다. 페레스트로이카 시대에 사람들은 더 했다. 소련 지도자의 '병적인 부패'에 대해 더 자주 신경질적으로 언성을 높이며 이야기 하는데, 만약 모두 사실이라면 우리는 아마도 엄청난 양의 법정사건을 보았을 것이다. 브레즈네프의 '부정한 짓'에 대한 국민의 비난이 얼마나 많았던가! 그러나 사실은 어땠나? 브레즈네프가 멋진 자동차와 권총을 소유하고는 있었다. 사람들은 그에게 고가의 선물을 주기도 했다. 그러나 주변사람들은 그런 방식으로 그의 환심

N.A.숄로코프.
소련 당시 최고권력을 가졌던 내무부장관으로 10-15만 루블을 횡령하였다가 소련 최대 부패스캔들의 주인공이 되었다. 코웃음 밖에 나오지 않는다. 결코 웃을 수 없는 사실은 스캔들 직후 스스로 목숨을 끊었다는 것이다.

154 현대 기업인 여러분! 잠시 생각해 보시길. 현재 신고소득의 75%을 허가해준다. 이것으로도 부족한가?

을 사려고 하지 않았다. 개인적인 화답을 기대하며 존경을 표했다. 그뿐이었다. 소란은 단지 소란일 뿐이었고 브레즈네프의 상속자들이 그가 '받았던' 선물을 국가에 되돌려주면서 싱겁게 끝났다. 국가원수시절 받았던 선물 외에는 그에게 아무것도 없었다.

소련시대에도 물론 많은 부패 사건이 있었다! 브레즈네프가 사망한 뒤 유명한 '숄로코프 사건'이 터진다. 내무부장관이던 숄로코프가 1984년 12월 13일 스스로 목숨을 끊은 것이다. 당시 설명에 따르면 그는 56만 루블(당시 말 그대로 시장경제 환율로 따지면 10만–15만 달러 정도다)을 착복했다. 소련 전국이 들썩였다! 그러나 보다시피 반응이 뜨거웠다고 해서 사건이 심각했던 것은 아니다. 이 사건으로 오직 한 가지가 드러났다. 국민이 이런 사건에 익숙하지 않았다는 것이다. 나는 모든 굵직굵직한 부패사건이 믿기 힘들고 현실이 아닌 것 같았다. 그리고 이런 느낌은 전 러시아국민이 공유했던 것이다.

엘리세프스키 백화점에서 물건을 빼돌린 '엘리세프스키 사건'도 있었다. 가로챈 액수는 앞선 사건의 액수보다 더 초라한, 고작 몇 천 루블에 지나지 않았다. 가로챈 것이라고는 캐비어와 훈제통조림, 핀란드산 소시지와 햄 그리고 값이 좀 나가는 사탕이다. 소련시대의 장사꾼이 파나마 장사꾼을 쫓아가려면 아직 멀었다. 제정러시아시대 정말 가난했던 납품업자보다도 못한 것이다.

텔만 그들랸과 니콜라이 이바노프 검사가 수사한 '우즈베키스탄 사건'은 좀 더 규모가 크다. 솔직히 말하면 이 사건은 하나부터 열까지 매우 정치적이다. 사건의 발단을 보면 다음과 같다. 브레즈네프 집권시기 중앙정부는 우즈베키스탄측에 목화수확량을 늘릴 것을 계속해서 요구했다. 우즈베키스탄 정치인들은 개간 면적과 목화 수확량을 거짓으로 늘려 보고하였고 결국, 수치는 계속 올라가 생산량이 실제보다 높게 조작되었다. 아직까지도 이에 관한 여러 가지 수치가 존재한다. 보고서에 부풀려 올려잡은 목화량이 50만에서 100만 톤 정도다. 결과적으로 우즈베키스탄의 지도부는 중앙정부로부터 거액의 추가 예산을 받았고, 이것으로 칸의 궁전을 짓고 사치품, 그림과 외화를 사들였다. 주로 자신의 배를 채우는데 사용했다. 일부는 당연히 모스크바 최고 권력자의 뇌물로 쓰였다. 그러나 우즈베키스탄 제1서기장 라시도프가 사망하자마자, 중앙정부는 그들랸과 이바노프를 타쉬켄트에 파견하여 사건 조사에 착수했다. 소련에서 거의 마지막 조사가 이루어질 당시 우즈베키스탄 대다수 지도부는 철창신세를 졌다. 이 사건과 관련해서 브레즈네프의 사위도 투옥되었다.

여기서 두 가지 생각이 든다. 그들랸과 이바노프가 우즈베키스탄을 앞서 분리시킨 모스크바의 부당성과 소련전역에 부패가 만연한다는 사실을 19차 전당대회에서 직접 발표해야겠다고 확신했을 지 모른다는 점이다. 두 번째는 우즈베키스탄은 다소 자비심 많은 소비에트 지역에서 유난히 높은 부패수준을 보여왔는데 당연한 처벌을 받은 것이라는 점이다. 중앙정부가 그런 부정한 짓을 참지 못할 만큼 막강한 파워를 가지고 있다는 점도 결과적으로 부각시켰다. 세 번째 견해는 조금 억지스러운 면이 있다. 출세지상주의자 그들랸과 이바노프가 페레스트로이카가 곧 있을 것을 감지하고 사회주의 경제에는 지극히 평범한 수치조작으로 전 소비에트적인 스캔들을 일으켰다는 것이다. 모스크바가 준 막강한 권한을 이용하여(때마침 당시 고위공직자들이 뇌물수수 근절의 정치적인 의지와 결단을 내렸다는 점을 언급해야 한다.) 그들랸과 이바노프는 무고한 사람을 잡아들이고 수백 명의 운명을 망가뜨렸으며 우주베키스탄의 성실한 노동자의 이름을 더럽혔으며 자신의 검찰조직의 배를 채우거나 정치적 야심 때문에 일을 했다는 것이다. 이 세 가지 중 무엇이 더 진실에 가까운 것인지는 말하지 않겠다. 그러나 우리끼리의 이야기지만, 이 세가지 모두 러시아만의 뇌물이야기는 아니다. 즉 '러시아식 부패'가 아니란 말이다. 우즈베키스탄 사건을 이야기하면서 다른 크기와 특유의 색채가 느껴졌다. 바로 동양적인 것이다!

6장. '문명화된 세계'와 비교하다

유럽국가의 언어를 구사할 줄 아는 사람은 서양의 신문과 TV를 통해서 재미있는 소식을 많이 접할 수 있다. 아주 따끈따끈한 소식이다. 2008년 7월 CNN의 보도에 따르면 태풍 '카트리나'로 피해를 입은 미국 수재민 국가지원금이 다섯 배나 부풀려졌다. 실제 금액은 1,850만 달러였지만 8,500만 달러로 계산이 된 것이다. 이것은 무슨 액수를 뜻하는가? 수재민에게 공급된 화장지, 수건, 일회용 접시, 기타 다른 생필품을 사는데 들어간 비용을 뜻하는 것이다. 사람들은 각 품목의 가격을 포장지 가격과 동일시 했다.

이 기사를 이해하기 쉬운 말로 다시 설명하겠다. 즉, 수재민 돕기 성금으로 할당된 8,500만 달러 예산 중 실제로는 5분의 1만 쓰고 나머지 80%는 어디론가 가져갔거나 '새어나갔거나', 공무원이 딴 주머니를 찼던지 아니면 서로 나눠먹었다는 것이다. 이제 좀 이해가 되는가? 초토화된 뉴 올리언스에서 그 돈이 어디로 갔을까! 뉴욕시장이 워싱턴 정기 출장 당시 '최고급' 매춘부를 호텔로 부르는데 얼마를 썼는지 수치가 나왔다. 평균 만 달러였다. 뉴욕시장 월급에 알맞는 수치인 것 같다.

뉴욕 또는 시카고 혹은 나폴리에 쓰레기 수출을 계약하는 시스템에 관한 이야기도 있다. 나폴리가 나온 김에 이탈리아에 대해 조금 언급할까 한다. 국가 고위공직자의 부패로 말하자면 무엇보다도 요즘 주춤하는 이탈리아 마피아와의 전쟁 역사가 매우 인상적이다. 1980년대 말 시칠리아의 팔레르모에서 온 두 명의 판사가 이탈리아 마피아와의 전쟁을 이끌었다. 그들은 대대적인 마피아 퇴치작전을 성공적으로 수행하였다. 그러나 1992년 모두 살해당했다. 이후 죽은 두 명의 판사는 이탈리아 최고 인기드라마인 스프루트의 훌륭한 경찰국장 카타니아의 모델이 된다. 이들이 죽고 난 뒤 안토니오 디 피에트로 검사(현재 이탈리아 한 정당의 대표)가 사건을 이어받았다. 그가 지휘하는 작전을 '마니 폴리테(깨끗한 손)'라고 불렀다. 작전으로 조사를 받게 된 사람이 자그마치 2만 명에 달했고 그중 2600명은 구속되었다. 이탈리아 전 총리와 정치의원이 많이 포함되어 있었다. 50년간 여당 동맹에 속했던 모든 정당이 마피아와 연루되어 있었던 것이다. 물론, 이탈리아는 예전부터 마피아의 본거지로 유명했다.

그렇다면 과연 유럽의 다른 나라에는 이런 정치적 스캔들이 없을까? 예를 들어 불법으로 자신의 정당에 재정지원을 벌인 독일의 전 총리 헬무트 콜 사건은? 또 친구에게 돈을 빌린 혐의를 받고 자살한 프랑스 총리이자 미테랑 대통령의 친구인 피에르 베레고부아는 어찌 된 것인가? 그는 경호원의 총을 뺏어 해변가 옆에서 스스로 목숨을 끊었다. 언론에는 사건을 연신 보도하며 떠들어댔다. 왜냐하면 베레고부아라는 성이 슬라브족의 조상을 연상시켰기 때문이다. 그는 백러시아의 후손이었다. 그러나 그는 자신의 부패스캔들이 많은 사람에게 여파를 끼쳤다고 해서 자신의 생을 스스로 마감한 유일한 프랑스 총리였다. 소련시대 전반에 걸쳐 부패수준은 같은 시대에 가장 '문명화된' 국가의 수준과 비교한다면 어린아이 옹알이 수준이다.

1990년대의 우리의 쇼킹했던 '민영화' 정책은 유럽 근대사와 상관

관계가 있다. 영국 공화당이 선거에서 패배한 원인 중 하나는 철의 여인 마가렛 대처의 재임 기간 동안, 공화당원들이 너무 '자유주의'에 물들었기 때문이다. 국영기업 민영화를 원하는 많은 사람에게 소위 '보상금'[155]을 지불하도록 강요했다. 영국의 역사도 그리 깨끗하지 못했다. 대처집권시기에 1년간 이루어진 민영화는 고작 1% 미만이다. 하지만 옐친과 추바이스 집권시기에는? 바로 계산해 보시길 바란다. 거의 전부 이뤄졌다!

동양은 어떠한가?

남의 열쇠를 훔친 자는 사형에 처하지만
왕의 권력을 훔친 자는 권력자가 된다.
–장자(莊子)

중국의 부패수준은 이웃국가인 인도에 비해 매우 높다고 생각한다. 인도에는 영국으로부터 물려받은 아주 훌륭한 사법시스템이 있기 때문이다. 소소한 것이라도 걸려든다면 누구든지 법정싸움까지 가게 된다. 중국에서는 당위원회로부터 당장 전화가 온다. 소송이 취소되는 것이다! 우리에게 잘 알려진 '윗선의 압력'(telephone justice)이다. 아직도 중국에서는 유효하다. 그러나 국제투명성기구 같은 비 정부기구의 평가에 따르면, 인도의 부패 수준은 유럽인이 흔히 생각하는 수준보다 훨씬 높다. 훨씬 높다는 것은 분명 이탈리아인의 생각일 것이며 그들은 자신의 '마니 폴리테', 마피아 소탕영화 *스프루트*, 마피아 조직원들 사이의 비밀누설 금지약속, '오메르타' 그리고 미국 마피아식 비밀범죄조직 '코자노스트라'와 인도의 부패수치를 비교했을 것이다.

155 현재 국내의 많은 유명 정치인이 이와 관련하여 헛된 요구를 끈질기게 한다. 나는 이 문제에 있어 우리가 문명화된 '영국의 길'로 들어가게 될 까 두려울 뿐이다.

한국의 경우는 말해서 무엇하랴. 그냥 아무 검색 사이트에나 들어가서 검색 창에 한국-국가부패-부패 등을 쳐보라. 수 천 개의 수도 없이 많은 결과물이 나올 것이다. 예를 들어 1995년 '대통령 비자금 사건' 때문에 한국사회가 발칵 뒤집혔다. 사건의 주인공은 노태우와 전두환 두 전 대통령이었다. 노태우는 현대, 삼성, 대우, 엘지와 같은 기업체로부터 약 5천억 원(6억5천만 달러)규모의 뇌물을 직접 받아 비자금을 조성했다. 한국내 36개의 유명기업에 대해서 조사가 시작되었다. 9명의 기업인이 기소되었으며 그중 대우와 삼성회장을 포함한 5명은 실형을 선고 받았다. 동양 국가에 대한 부패를 소개하려면 끝이 없다. 이래도 설명이 더 필요한가?

7장. 놀라운 법칙

매일매일 바뀌는 세상에서나 살아라!

–남을 저주할 때 사용되는 중국관용어

'표트르대제 둥지의 관리들': 모방하지 말아야 할 것까지 모방한 서구화 정책

지금까지 다룬 내용만으로도 "러시아가 병적으로 남에게 사기를 치는 부정직한 나라가 결코 아니다"라는 중요한 사실이 충분히 입증되었으면 좋겠다. "부정이라는 게 무엇을 뜻하는가?"라고 묻는다면 대답은 이렇다. "거의 비슷하지만 세가지로 나눠서 정의할 수 있다. 첫째로 사회에서 일어나는 범죄 수준으로서 부정한 짓이 있고 두 번째는 일이나 비즈니스상에서 저지르는 부정직한 행동이 있으며, 마지막으로는 국고를 횡령하거나 국가의 부를 가로채는 행위가 있다". 이 세 가지 뜻을 놓고 볼 때, 역사 속에서 우리 러시아가 저지른 '부정한 짓'은 유럽보다 많지 않다. 그리고 거의 대부분 그들보다 아주 적었다.

모든 법칙에는 반드시 예외가 있는 법! 러시아의 역사 속에서도 유럽보다 더 많이 부정한 짓을 저질렀던 시기가 있었다. 특히, 앞서 말한 그 세가지 의미로 부정한 짓을 해석한다면 범죄는 무척 많았고 일에 있어서의 정직성은 꽤 적었고 마지막으로 국가의 재산을 가로

챈 적도 많았다. 러시아에서 이 '부정한 시기'는 서구화 정책의 시기와 일치한다. 놀라운 법칙이다. 다시 말해 러시아는 적극적인 서구화 정책이 필요했고 정책실행자는 끊임없이 사기나 범죄를 저질렀다. 모든 일의 승패는 지도자의 올바름에 달려있다. 한 나라의 지도자가 사회는 관심이 없고 자기 배를 불리기 위해서 지위를 이용한다면 아랫사람은 더욱 이기적이고 불손하고 뻔뻔해진다. 범죄의 세계로 들어가기까지 탐욕과 이기심이 생존수단으로 뒤바뀌는 것이다.

예를 들어보자. 표트르 1세 때 러시아에서는 뇌물과 절도가 성행했다. 그가 아무리 근절시키려고 해도 소용이 없었다. 자신의 성격적인 단점과 약간의 정신적인 허약함에도 불구하고 표트르 1세 자신은 정의를 위해 과욕을 부리거나 사치 또는 과소비하는 법이 없었다. 상트 페테르부르그의 여름정원에서 대제가 가끔 쉬었던 집[156]을 보면 소박하기 그지없다. 그는 화려한 옷과 보석, 호사스런 마차를 좋아하지 않았고 돈도 아주 적게 쓰는 습관이 몸에 배어있었다. 그의 연회는 볼품없고 난잡하며 대체적으로 무질서해 보였다. 귀족이 값비싼 접시에 푸짐한 음식을 차려놓고 멋진 공연을 즐기며 성대하고 호화스러운 파티를 벌일 때, 그는 대장장이나 수공업자 또는 젊은 장교들과 조촐하게 술판을 벌였다.[157]

156 여름정원에 표트르는 2층짜리 여름궁전이 있었고 이 집은 네바강변에 세워두었다. 그는 정말로 '검소'했다. 현재 그 표트르의 집은 상트-페테르부르그, 아르한겔스크(현재는 모스크바에 콜로멘스크), 페리슬라블-잘레스키, 볼로그다 그리고 니쥐니노브고로드에 있다.

157 상트 페테르부르그가 생긴지 1년쯤 지나 대제가 한 네덜란드 선장과 친해지게 된 일화가 전해지고 있다. 그 선장은 상트 페테르부르그로 향해 중이었고 표트르는 손수 운전하여 네바강 하구로 배를 몰고 있었다. 표트르는 배를 모는 동안 자신을 '수로안내자 베드로'로 신분을 속인 채, 선장과 인사를 하고 함께 럼주를 마시며 친구가 되었다. 표트르는 선장을 자신의 배로 초대하여 아내를 소개하였다. 고마움을 느낀 선장은 표트르의 아내에게 옷을 만들 때 사용하는 베천을 선물로 주었다. "그것으로 만든 옷을 입으면 당신은 바로 황후처럼 될 것이요!"라고 표트르가 말했다. 그때 멘쉬코프 장군이 왕실 옷차림으로 나타나 표트르에게 보고를 하기 시작했다. 선장은 표트르가 자기와는 사회적으로 완전 다른 신분의 사람이라는 것을 눈치 채고 당황하였다. 그러나 표트르는 상트-페테르부르그에는 수로안내자와 선장이 황실사람들과 가까이 지낼 수 있다고 거짓말을 하여 그를 안심시켰다. 다른 관료들이 표트르에게 와서 보고를 시작하자 마침내 선장은 자신이 속았다는 것을 알고 매우 상심했다. 작별인사를 고하고 선물을 도로 챙겨가려고 했다. 하

A.D. 멘쉬코프
멘쉬코프는 뇌물을 받아 표트르에게 전해주었고 그는 그것을 국고로 되돌려 놓았다. 국가예산을 충당하는 그런 시스템이 존재했다. 물론 이상할 수도 있지만 표트르대제 때는 모두 가능했다.

표트르는 아랫사람이 돈을 탐내고 뇌물을 주고받는 것을 매우 혐오스럽게 생각했을 가능성이 크다. 소위 부패라는 것이 러시아로 유입되는 것을 막고자 최선을 다했을 것이다. 그러나 혼자서 노력한다고 해서 되는 것은 아니다. 대제의 주변은 항상 부패한 사람들로 들끓었고 이는 당연한 결과였다. 그의 측근 중 한 사람이 다른 관리의 부정한 행동을 폭로하기도 했지만 그 역시 깨끗하지 못했다.

다음의 일화를 보면 알 수 있다. 행정 교도감인 니스테로프는 시베리아 주지사인 가가린을 조사한 끝에 부패 혐의를 찾아내 교수형에 처했다. 그는 가가린의 옷을 모두 벗겨 교수대에 매달았다. 그러나 3년이 지나 그 자신도 뇌물 수수 혐의로 사지가 찢겨 죽임을 당했다. 전반적으로 대제의 최 측근 대부분은 인생을 아름답게 마감하지 못했다. 조사를 받거나 감옥에 갇히고 또는 사형을 당하는 식이었다. 때로는 대제도 그들을 용서해 주었다. 아니면 명백한 부정행위를 눈치채지 못했다.

가가린의 뇌물수수 사건은 절대 권력을 가지고 있던 멘쉬코프와 직접적인 관련이 있었다. 가가린의 사건을 조사하다 멘쉬코프의 국고횡령혐의가 드러났고 결국 이 사건은 대제의 또 다른 관리 중 하나인 발콘스키공작에게 위임되었다. 그런데 이것이 화근이었다. 발

지만 표트르는 받은 선물을 돌려주지 않고 술값으로 그에게서 받은 은동전에 구멍을 뚫어 부적처럼 목에 걸었다. 그리고 나서, 그 항해를 평생 잊지 않고 편안하고 무사히 상트 페테르부르그를 항해할 수 있도록 선장에게 후한하고 값진 선물을 내려 주었다.

콘스키는 멘쉬코프에 대한 혐의를 밝혀낸 것이 아니라 덮어주기로 한 것이다. 잘되면 발콘스키에게 실익을 가져다 줄 수 있었던 그 부담스러운 일로 인해 발콘스키는 톡톡한 댓가를 치른다. '조직적인 범죄를 눈감아 준 혐의'를 받은 범죄인이자 수사관이었던 발콘스키가 가가린 문제로 혐의를 받던 동료를 대신해서 처형된 것이다. 웃기지 않은가? '우즈베키스탄 사건'을 놓고 보면 그들랸과 이바노프를 공범죄로 한꺼번에 총살시키는 것과 마찬가지다. 재미있는 사실은 모든 범행 즉 공금횡령에 연루 되어 있던 멘쉬코프는 늘 위기를 빠져나갈 수 있었던 것이다.

많은 부하를 거느리고 대외정치를 이끌었던 대제의 측근 샤피로프 또한 같은 짓을 저질렀다. 겉옷과 가발을 벗기고 그를 단두대에 세웠을 때 그는 무릎을 꿇고 교수대에 머리를 올려놓았다. 그러나 그의 두꺼운 배가 말썽이었다. 사형집행자가 그에게 다리를 뻗었고 그는 간신히 자신의 배를 내려다 볼 수 있었다. 사인이 있자 사형집행인은 도끼로 단숨에 그의 머리를 내리쳤다. 그러나 그의 머리에서 겨우 1인치를 비켜나가 맞았다. 황실은 그의 공로를 감안하여 사면했다. 역사가들은 이런 일화를 많이 소개하고 있다.[158]

멘쉬코프로부터 몰수한 재산은 약 1400만 루블이었다. 하지만 이것은 현금뿐이고 500만 루블에 해당하는 금괴와 900만 루블이 네덜란드와 영국 은행에 보관되어 있었다. 그 당시로 치면 정말 어마어마한 액수이다. 고가품은? 집은? 공장? 땅은?

1720년대 러시아 황실의 연간 예산 총액은 1500만 루블을 초과하지 않았다. 관리와 장교는 한 달에 2-14루블을 받았다. 아니, 받아야 했다. 국가에서 돈을 제 때 지급해 준 적이 거의 없었다. 큰 시골집은 3루블 정도, 도시의 벽돌 이층집은 100루블이면 살 수 있었

158 마시 저 표트르 대제 1-3권. 스몰렌스크 1996년.

다. 식료품을 예를 들면, 루블의 아랫단위인 코페이카로 계산된다. 메밀 26kg에 34-40 코페이카, 완두콩이 40-45, 귀리가 15, 호밀 가루(16kg)가 26-27, 호밀알갱이는 75-80, 거위간이 12, 절인 소고기가3, 양고기 1파운드가 2-3 코페이카였다.[159]

로스차일드 가의 한 명이 이렇게 말했다. "부자란 자신이 가진 재산에서 이자를 받아 사는 사람이 아니라 그 이자에서 또 다른 이자를 불려 사는 사람이다." 그렇게 따지면 멘쉬코프는 굉장한 부자였다. 1400만 루블에서 단 1%의 이자만 있어도 상트 페테르부르그에서 매우 잘 살수 있었다. 더구나 재산은 계속해서 늘어났을 것이다. 현금과 고가품 외에도 부동산과 9만 명의 농노, 6개의 도시 및 러시아, 폴란드, 오스트리아와 프러시아에서 많은 영지를 몰수하였다. 그가 무죄라고 보는 사람들은 가끔 이렇게 말한다. 상트 페테르부르그에 있는 건물을 유지하고 관리하였고 대제의 궁전과는 달리 그의 궁전은 외교적인 행사와 회의를 위해 사용되었다는 것이다. 그는 실제로 스스로 주머니를 털어 연회와 파티를 열었다. 그는 아마도 죽을 때가 다되어서도 어디까지가 자신의 돈이고 나랏돈인지 가리지 못한 것 같다.

안나 이바노브나(1730-1740)가 통치하던 시기까지 부정은 계속되었다. 여제시대에 주요 부정행위자가 누구였을까? 비론과 그의 두 형제와 아들, 레벤볼제의 삼 형제, 새배르크 그리고 멘그젠이다. 성이 그다지 러시아인 같아 보이지 않는다. 바이런은 그들에 대하여 다음과 같이 말했다.

"그는 악을 위해 악을 사랑하는 타락한 괴물이 아니었다. 그러나 러시아에서 그는 낯선 존재였고 다른 사람 즉 윗사람 때문에 자신을 억누르지 않

159 압센코 저. 상트-페테르부르그의 역사 1703-1903. 역사론집 1998.

는 사람이었다. 그는 자신에게 주어진 상황과 시간, 윗사람으로부터 얻은 신뢰를 이용하고 싶어했다."[160]

표트르시대의 그 현실성 없는 부정을 오로지 러시아인만이 했던 것은 아니다. 당시 러시아인이 한 부정이라고는 엘리자베스 여제시대에 베스투제프 귀족이 여왕의 폐위 음모를 꾸민 것, 예카테리나 2세 치하에서 오를로프와 파촘킨이 권력을 잡았던 것인데 그들은 대규모 영지를 소유했고 결코 청렴한 사람이 아니었다. 하지만 어떤 바보가 권력을 바꾸고도 남을 자기재산을 훔치려고 할까? 러시아는 그들의 국가고 자신도 그곳에서 살았고 자신의 자식들과 후손도 그곳에서 살 것이라고 생각했을 것이다.

그렇다면 실제로 누가 앞선 세 가지의 부정한 짓을 할까? 누가 양심의 가책 없이 '자신의 집 물건'을 훔치려 했을까? 무엇보다도 자신을 주변사회와 국가로부터 분리시키는 사람일 것이다. 러시아를 조국으로 생각하지 않고 '다른 사람을 이용해 자신의 배를 불릴 수 있는 땅' 정도로 생각하는 위정자 '브레멘쉬크'다. 또한 러시아의 흑토지대가 아니라 영국의 이튼(Eton)이나 외부접촉이 적은 스위스의 어느 비밀스러운 기숙사에서 자식의 인생을 준비시키는 무능력한 사람은 러시아가 아닌 프랑스의 라주르늬 해변 또는 런던의 유명지역에 있다. 그리고 이는 바이런과 아브라모비치 그리고 18세기 독일의 브레멘쉬크 그리고 21세기의 대다수의 과두재벌도 포함한다.

양심의 가책이나 도덕적 수치심을 전혀 느끼지 않고 나랏돈에 손을 대기 위해서는 국가와 국민으로부터 자신을 분명하게 분리시켜야 한다. 과거에도 그랬고 오늘날에도 그렇다. 옛날부터 내려오는 이야기가 있다. 상트-페테르부르그의 어느 한 관리에게 그가 사는

160 솔로비요프 저. 고대 러시아 역사. 1963.

도시에 도움이 될만한 계획을 제안하였다. 그러나 거절하였다. 뇌물을 주었으면 계획을 추진했을 것이다.

"자네가 살고 있는 도시에 도움이 되는 일 아닌가!"
"제가 이 도시는 아니지 않습니까"

바로 "제가 도시는 아니지 않습니까"라고 말하던 사람이 우리나라 살림을 계속해서 훔쳐간 것이다. 오늘날에도 이런 사람이 나라살림을 갉아먹으며 이런 행태는 200년 동안 변한 게 없다. 미래를 보지 않고 현재에만 급급해서 생활하는 사람은 불성실하고 건설적이지 못하다. 만약 미래에 대한 계획이 없고 일 년 후 혹은 십 년 후, 사람들이 당신을 어떻게 보고 당신의 후손들을 어떻게 평가할 지 그리고 당신이 물려준 유산을 소유하는 것을 사회가 당연한 일이라고 평가해 줄지에 관해 크게 신경 쓰지 않는다면 그렇다. 내가 단 24시간을 위한 계획만 세운다면 사람을 죽이거나 남의 물건을 왜 훔쳐서는 안 되겠는가? 내가 31일 간의 계획을 세운다면, 32번째 날에 대한 계획이 있는 것과 없는 것은 나에게 어떤 차이가 있는가?

근시안적인 멘쉬코프는 미래의 계획을 세우지 못한 대가로 왕의 총애를 잃었다. 재산을 몰수 당했고 유배지인 베레조프에서 비참하게 생을 마감해야 했다. 그의 후손까지도 그를 의심스러운 눈으로 바라본다. 시대와 민족에 부정한 짓을 저지르는 자에게 이보다 더 좋은 교훈이 있을까? 반면, 베스투제프는 세대와 세기를 위한 계획을 세웠다. 황실 또는 귀족의 재산을 갖지 않았을 뿐만 아니라 필요로 하지도 않았다. 러시아를 위한 그의 부단하고 성실한 노력은 땅과 돈뿐만 아니라 기나긴 일생 동안 사용할 수 있는 기회와 명예, 후손으로부터의 존경심을 얻었다.

V. E.수리코프의 1883년 作 베레조프에서의 멘쉬코프
그는 평생 벌을 받으며 끝내 유배지에서 생을 마감했다.

특이한 점은 매우 평온했던 엘리자베스와 에카테리나여제 시대에 와서 유명한 "러시아인은 ~로부터 훔친다"라는 말이 생겨났다는 것이다. 우리는 스스로에게 너무 엄격했다. 실제로는 그것이 잘못된 것이다.

부패수준이 표트르대제 시대의 수준에 가장 근접했던 시기가 역사에서 몇 번 있었다. 수직적 권력이 강하게 대두하고 관리들이 국가운영에서 중요한 역할을 맡던 때이다. 실제로 관리는 자신이 아니라 국가와 사회에 연관한 일을 수행한다. 그는 자신과 국가를 분리시킨다. 그는 '국가의 주인'인 동시에 '하인'이기 때문이다. 그리고는 또 한편 사회로부터 자신을 분리시킨다. 조만간 은퇴하게 될 것이기 때문이다. 만약 훌륭한 정부가 은퇴 후의 생활까지 보장해 준다면 좋겠지만, 국가는 예전 그대로고 관리는 국가의 보잘 것 없는 일부가 되어 버리면 그는 더 이상 충직한 관리가 되지 못한다. 관리는 자신의 의지와 상관없이 '브레멘쉬크'가 된다. 이것이 관리의 어쩔 수 없는 특성이다.

관리라는 것은 원래 해로운 존재다. 수가 많고 관료주의가 국가 주요 통치 수단으로 자리 잡았을 때 더 그러하다. 그러나 루시시대 때 관료가 얼마나 적었는지, 유럽에는 얼마나 많은 관리가 있었는지 생각해보자. 표트르대제 시대부터 전통적인 '국민자치'를 강하게 거스르며 루시 땅에 관료적 통치가 급격하게 확산되었다. 그의 통치 기간 동안 전체 인구는 25% 감소하였던 반면, 관료는 4배로 늘어났다. 정부는 관료없이 정책을 실행하지 못했었던 듯하다. 국민은 그의 정책을 수용할 수 없었으며 흥미로워하지 않았다. 예카테리나2세 시대에는 겨우 두 배였지만 인구가 증가하는 가운데 관리의 수가 최소 3배 증가하였다.

1796년 예카테리나 2세가 세상을 떠난 이후부터 니콜라이 1세의 통치 말기까지 관료의 수는 6배 늘었다. 같은 기간 동안 인구는 2배 증가했는데 말이다. 니콜라이 1세는 자신의 통치기간 동안 수직적 권력을 구축하려 부단히 노력했다. 1847년 그가 처음 만든 관등을 가진 관료는 총 61,548명이었다. 서류관리자, 배달원, 주방장 그 밖의 소소한 관리인과 같이 관등표에 속하지 않거나 관직을 부여 받지 않은 하급사무원도 있었다. 그들까지 모두 다 합치면 총 8-9만 명에 달했다. 니콜라이 1세 치하에서 국민은 처음으로 관리에게 불만을 갖기 시작했다. 국가공무원을 좋아하지 않았으며 심각한 무질서를 일으키는 관리의 규모에 놀라워했다. 국가 관리들은 아무것도 책임지지 않고 자신의 행동이 어떤 결과를 낼 것인지 개의치 않았다. 타인의 재산이나 돈을 관리하며 부정한 짓을 자연스레 했다.

관리의 수는 이후로도 계속 늘어났지만 증가속도는 예전만큼은 아니었다. 니콜라이 2세의 개혁으로 자치행정의 길이 열렸던 것이다. 많은 수의 러시아관리가 더 이상 필요하지 않았다. 1897년 인구조사에 따르면, 제정러시아 시대 인텔리겐치야는 총 87만 명이었다. 기술자가 4,000명, 수의사 3,000명, 도로 및 항만관리 공무원 23,000명, 통신 및 우편 관리 공무원 10,300명, 학자와 문학가 3,000명, 교사 79,500명, 교외활동 교사 68,000명, 가정교사 11,000명, 의사 18,800명, 간호사, 약사와 산부인과 의사 49,000명, 예술가, 배우 및 음악가 18,000명이었다. 421,000명의 사람들이 산업과 지주농장을 관리하는 기구에서 근무하였다. 국가의 대민 행정 업무를 위해 151,000명의 공무원과 43,700명의 장군 및 장교가 근무하였다.

다른 통계에 따르면 19세기 말 제정러시아의 국가관리원은 총 170,000명 이었다. 현대인이 들으면 정말 황당하고 어이가 없을 것이다. 민중도 관리를 좋아하지 않았고, 러시아의 지도자들이 힘들게 싸웠지만 극복하지 못한 공무원의 뇌물관행은 국가적인 문제였다.

다시 한번 문제의 심각성에 대해 생각해보자. 양적인 면에서 우리보다 훨씬 많은 국가공무원이 있는 유럽국가와 비교하진 않을 것이다. 현대 러시아의 상황과 비교할 것이다. 오늘날 러시아의 관리는 합계 결과, 최소 1,700,000명 이상이다. 러시아 인구는 100년 전과 마찬가지로 1억 4천만 명이다. 바로 이런 것이다. 영토는 1,5배 줄어들었다. 최대로 쳐도 당시 관료의 수는 170,000명이었다. 당시에는 팩스, 프린터, 컴퓨터, 휴대전화, e-메일 그리고 깜박이가 달린 자동차도 없었다. 하지만 오늘날에는 관리가 넘쳐난다!!!

존경하는 독자 여러분, 제가 여러분들을 위해서 결론을 꼭 내려야 할까요 아니면 스스로 생각해보시겠습니까?

8장. 결론

나는 러시아가 부정한 짓을 결코 하지 않았다고 생각하지 않는다. '문명화 된' 다른 나라처럼 그랬는지는 정확히 모르겠다. 물론 우리 역사에 대하여 분노, 거북함, 부끄러움이 밀려오는 순간이 있다. 그러나 러시아를 꼭 그런 쪽으로만 관련 지어서 생각하는 것은 옳지 못하다. 분명 우리 역사에는 국가적 뇌물관행, 부정한 행위, 일반적인 범죄가 유럽역사에서 보다 많지 않았으며 오히려 적었을 수도 있다. 동양과 러시아를 비교한다면 확실이 더 적었다.

각 역사적인 시대마다 특히 중세시대와 17-19세기 러시아의 부패 수준은 그 어디에서보다도 훨씬 낮았다. 부패가 국가 차원의 큰 문제가 되었던 적도 몇 번 있었다. 18세기 초와 니콜라이1세 시대 그리고 20세기 초가 그러했다. 유감스럽게도 그런 현상이 현재에도 나타나고 있다. 오늘날 러시아의 부패는 무시무시한 국가 재난이며 러시아사회 깊숙이 침투해 엄청난 민족적 그리고 사회전반적인 문제가 되어가고 있다.

최근 100년 동안 유럽 국가들이 부패척결을 위해 힘겨운 싸움을 벌였다. 그 결과 현재의 부패수준이 러시아보다 훨씬 낮다. 매우 슬픈 현실이지만 사실을 부정하는 것은 어리석고 멍청한 짓이다. 유럽사람이 특별히 유전적으로 좋은 점을 가지고 있어서가 아니라 역사 속에서 러시아의 시작이 좋지 못했기 때문이다. 유럽상황은 러시아보다 더 나았다. 그들은 사회단체 및 야당, 선거, 재선거, 견제 시스템, 독립적인 언론과 사법시스템이 발달해 있었다. 그중에서 가장 중요한 것은 관료에 대한 의존도가 우리보다 훨씬 낮았다. 국가의 간섭도 훨씬 적다.

우리는 늘 부정한 짓을 저질러왔을까? 이는 우리와 뗄 수 없는 부분인 것일까? 전혀 그렇지 않다. '~부터 훔친다'는 것은 '~가 꾸며낸 이야기'에 불과하다. 그 이상이 아니다. 우리 과거 중 유럽보다 부패수준이 눈에 띄게 낮았던 적이 있었다. 그것은 소비에트시대, 19세기의 대부분과 그리고 17세기 전체가 그랬다. 그 이전 역사에 대해서는 평가하지 않을 것이며 알지도 못한다.

"부정한 행동. 이것은 러시아인의 유전적 특성이다"라는 명제를 당연한 사실로 받아 들인다면 우리나라의 부패는 치유될 수 없으며 손 쓸 도리가 없다. 한 마디로 '게임 끝'인 것이다. 우리가 부도덕한 민족이고 혐오스러운 국가의 국민이라고 생각하는 것과 다를 게 없다. 만약 부패했던 시기에 대해 해명할 수 있고 그런 시기가 있었던 원인이 역사적이라면 그것은 전혀 게임 끝이 아니다. 아직 모두 잃은 것이 아니며 러시아는 죽지 않은 것이다. 병은 깊지만 나을 수 있다. 내가 그 처방전을 제안하고 싶다.

첫째, 자치행정이다. 무엇보다도 지방자치제가 첫 번째 방법이다.

둘째, 사회가 국가 의사결정과정과 국가적인 계획 감독에 참여하는 것이다.

셋째, 언론의 자유 및 강한 야당의 구축이다.

넷째, 독립적인 사법권이다

다섯째, 국가에 대한 기업과 전문단체의 독립성이다.

여섯째, 부정행위자에 대한 공개적인 재판이다.

이 공개적인 재판은 그 자체가 무엇을 해결하지는 못하지만 좋은 본보기가 될 수 있다. 극단적이지만 소소한 뇌물수수라도 위험하고 좋지 못하다는 점을 보여 줄 수 있을 것이다. '뇌물 0'라는 숫자는 경제, 사회, 문화 등 우리사회 전반을 움직이는데 있어 국가와 관리 역할을 줄임으로써 가능하다.

마지막으로 정말 중요한 것이 있다. 부패를 척결하겠다는 정치적인 의지이다. 말이 아니라 진실한 결단력이 있어야 하며 정부는 가혹할 정도로 스스로에게 엄격해야 된다. 나의 처방전이 누구에게는 엄청나게 쓴 약이 될 수도 있다. 그러나 역사가 말해준다. 병에서 회복되지 못하면 부패가 우리를 파멸시킬 것이라고 말이다.

제8부 러시아만의 길

러시아는 수수께끼 속에 싸인 수수께끼다
–윈스턴 처칠

러시아 애국자의 가슴을 울리는 러시아만의 '특수성'과 '독자성'에 관한 낭설은 태어날 때부터 따라 붙는 꼬리표와 같다. 그리고 러시아인의 마음 깊숙이 파고들어 고통을 준다. 러시아인이 술을 마시지 않거나, 술 마시고 안주는 입에 대지 않거나 혹은 술친구에게 뽀뽀하려 안기지도 않는 것, 다른 잡스런 행동들 중 가장 나쁜 것은 '종잡을 수 없는 러시아의 마음'을 서로 믿지 못하는 것이다. 우리답지 못한 것! 이것은 목욕탕, 부엌에서 나누는 정겨운 대화, 보드카에 곁들여 먹는 오이 절임을 싫어하는 것보다 더 나쁘다. 이건 올바르지 않을 뿐더러 애국적이지도 못하다.

차아다예프(유리 셀리베르스토프 作, 석판화)
한 시대를 풍미했던 지성인(요즘 말로 '잘 나가는 오빠'였던) 차아다예프는 자신의 저서에 얼마나 이상한 말들을 많이 써놓았던지 후대 사람들이 "이런, 이 양반 완전히 맛이 갔구만"하고 단정짓게 되었다.

그런데 놀랍게도 '종잡을 수 없는 러시아의 마음'에 관한 낭설은 러시아인한테만 특별한 게 아니다. 러시아의 경쟁자들(앞서는 적이라 표현했지만 이제부터는 쓰지 않으련다) 또한 적잖이 마음에 들어 한다. 왜냐고? 이것이 '단순한 낭설이 아닌 황금빛 낭설'이기 때문이다.

러시아가 종잡을 수 없다면, 근본적으로 그리고 언제까지나 나머지 세계와는 구분되니 말이다. 말하자면, 서구에 대한 러시아의 근원적인 '열등감'에 관한 설은 아직까지도 '서구를 따라잡자' 내지는 부분적으로나마 '문명국가처럼' 되자는 희망 같은 것을 던져준다. 반면 '러시아만의 길'에 관한 설은 러시아에 그 어떤 길도 열어 주지 않는다.

그렇다. 개혁이나 현대화를 향한 모든 시도는 애초부터 의미가 없다. 남을 따라잡지도 못할 것이요, 따라잡는 것도 의미가 없을 것이다. 우리만의 길을 가기 때문이다. 어디로 가느냐고? 어디로 가는지 우리 자신도 알 수 없다. 어떻게 되든지 간에 다른 문명이 거친 곳은 아니다. 요컨대, 러시아는 대단히 비정상적이라 하는데 이는 어찌할 도리가 없다.

이와 같은 견해가 유럽에는 그리 널리 퍼져있지 않다. '러시아의 종잡을 수 없는 속성'은 18-19세기 유럽에 한 번 알려졌다가, 1차 세계대전이 끝나고 이내 식어버렸다. 대중문화에 활용하기가 다소 난해했거나, 아니면 보다 구체적인 다른 이유가 있을 수도 있다.

한편 러시아에는 국가적인 '특수성'과 '독자성' 개념이 갑작스럽게 자리잡게 되었다. 놀랄 일도 아니다. 때에 따라 '종잡을 수 없는 러시아의 길'을 자부할 수도 있는 것 아닌가. 이것이 바로 우리의 국가적인 특수성이다. 즉 우리는 유럽도, 아시아도 아닌 다른 무엇인 것이다! 표도르 튜체프의 말을 빌리자면, 러시아는 전 역사에 걸쳐 오로지 "알 수 없는 운명을 시험해 볼 뿐이다". 그리고 알 수 없는 운명은 독자성과 나란히 함께 하였다.

차아다예프 역시 '세계시민 교육'에서 러시아만 고립된 것을 한탄하였다. 모두가 교육을 받는데 우리만 빠진 것이다. 차아다예프는 정신적 침체가 러시아를 덮쳤고, 이러한 지성의 마비로 인해 위에서(?) 내려 받은 역사적 임무를 수행할 수 없게 되었다는 의견을 내놓았다. 차아다예프는 한때 헤겔의 저서를 탐독한 것으로 보이나 그의 견해를 재해석한 것은 의외이다. 헤겔의 '세계정신'은 전 세계를 떠돌며 여러 민족에게 구현되었다. 고대 이집트를 거쳐, 그리스-로마, 그리고 프랑스에 짧게 정착하였다가 헤겔이 활동하던 시기의 프러시아 제국에까지 이르게 되었다. 차아다예프가 주장한 '절대이성'의 주 목적은 이 땅에 '신의 제국을 건설'하는 것이었고 이 같은 정의로운 사회는 이미 서구에서 형성되고 있다고 보았다. 하지만 러시아는 하느님의 소리를 제때 듣지 못했다고 그는 주장한다.

러시아는 그런 나라다. 믿기 힘들 정도로 특별하고 이러한 특별함으로 말미암아 '우린 서양에도 동양에도 속하지 않는 특별한 민족'이라 주장하는 구제불능이다. 여기서 '특별하다'는 아주 나쁜 의미에서다. 우리는 한번도 그 누구한테 뭘 해준 적이 없고 뭘 배운 적도 없다. 러시아는 과거에나 현재에나 역사의 변방에 있다. 차아다예프가 주장하는 핵심[161]은 "러시아의 존재가 가지는 의미는 '이렇게 하면 안 된다'는 예시로서 전 인류에 교훈을 던져주고 있다"는 것이다.

믿기 힘든 점은 이런 글을 쓴 작자가 러시아의 아들이자 진정한 애국자요, 유서 깊은 가문의 후손이라는 것이다. 사실은 어디까지나 사실이다. 우리 시대에는 차아다예프의 작품은 인기가 있어서 많이 쏟아져 나오며 누구나 접해볼 수 있다. 작품의 어조로 본다면 정말로 진심이 묻어져 나온다. 물론, 표트르 차아다예프를 단순히 미친 사람으로 취급했던 러시아 사회도 이해 못하는 것은 아니지만 말이다. 그리보예도프가 지혜의 슬픔'을 발표했을 때에도 똑같은 상황이 벌어졌었다. 차아다예프를 미치광이로 몰아 세운 건, 그의 정직한 비판에 어떤 응답도 할 수 없었던 '짜르의 총신'들이었다는 평이 아직도 건재하다. 실제로는 정부와 사회도 이에 동조했고 말이다. 우리끼리니까 하는 말인데, 이들에게도 그럴만한 이유는 있지 않았던가? 헌데 그것이 어떤 사상이던가?! 우리는 특별하다. 다만 열등하

161 이 생각은 현대 러시아 자유주의자들 사이에서 많은 호응을 얻는다. 그가 사망한지 150년 후의 일이지만 말이다.

고 덩치만 크고 구제불능이란 점에서 특별하다는 것이다.

러시아의 독자성 개념은 이전부터 오늘날까지도 꾸준히 환영 받는다. 비평가, 야당 의원뿐만 아니라 지도부 대표들 조차도 이를 받든다.

짜르와 보수집단은 "정교신앙. 전제주의. 민족성" 공식을 매우 마음에 들어 했다. 보수집단은 아직도 이 공식을 좋아한다. 헌데 공식처럼 잘 안 되어서 어쩐다.

세르게이 우바로프 백작이 고안한 유명한 공식 "정교신앙. 전제주의. 민족성"을 한 번 살펴보자. 교육을 담당하는 민족계몽장관에 취임하면서 니콜라이 1세에게 바친 보고서가 '민족계몽부 지도 아래 지침이 될만한 기본요소에 관하여'다. 그는 다음과 같이 썼다.

"본 주제에 대한 검토를 심화하고 러시아의 자산에 속하는 원칙을 연구하면서 보다 확실해지는 점이 있다. (어디든지 각 나라마다 이런 게 하나쯤은 있기 마련이다) 러시아가 번영을 누리고 부강하기 위해 꼭 필요한 요소가 있는데, 다음의 세 가지로 압축될 수 있다. 첫째 정교신앙. 둘째 전제주의. 셋째 민족성이다."

"정교신앙. 전제주의. 민족성" 공식은 1834년에 등장한다. 당시 모스크바에서 비잔틴양식의 구세주 사원 건설이 막 시작되던 때였다. 국가가 도약하는 바로 그 시기에, 러시아는 그리 알려지지 않은 두 번의 전쟁에서 승리를 거두었다. 페르시아와 터키와의 전쟁에서였다. 평화조약에 따라 결국 러시아는 '영구적으로'(당시에는 통상적으로 이런 문구를 삽입하였다) 아나파에서 바투미에 이르는 흑해안을 차지한다. 흑해의 절반에 달하는 해안(오데사에서 시작하여 크림과 압하지야를 지나 아드자리야에 이르는 땅)이 남카프카스의 새로운 주와 함께 러시아에 편입되었다. 이로써 역내 지정학적 판도가 급격히 뒤바뀌었고, 우바로프 백작의 "정교신앙. 전제주의. 민족성"

공식은 의미심장하게 등장했다.

굴복하지 않은 곳은 북카프카스였다. 그러나 이 지역 고유의 기운을 활용하여 향후 전쟁에서 승리의 밑거름을 가져다 준 이는 1812년 조국전쟁의 주역 에르몰로프 장군이었고 그는 그로즈니 요새*를 세웠다.

우리의 독자성을 설명하는 '우바로프 식' 이론은 정교신앙에서 비롯된 러시아의 차이뿐만 아니라 러시아의 우월성까지도 의미하였다. 헌병대장이었던 바론 두벨트[162]는 부하를 가르칠 때 다음과 같이 말했다.

"서구의 어리석음에 전염되지 마라. 고약한 냄새 말곤 얻을 게 없는 더러운 오물구덩이에 불과하니까. 서구의 지적교양에 현혹되지 마라. 너희에게도, 그 누구에게도 득 될 게 없다... 낡아 썩어빠진 노년의 유럽보다는 아름다운 젊음의 러시아가 낫지 않은가? 유럽은 반세기 동안 완벽을 추구해왔지만 어디 성공했는가? 그에 비해 우리는 군주 밑에서 평온하고 행복하지 않은가.[163]

'러시아의 특수성'은 말도 안 되는 실험을 자행하는 밑거름이 되었고 이것이 사실상 러시아를 망치고 있다. 러시아만의 길에 대한 믿음이 절대적이었던 인물로는 알렉산드르 헤르첸이 있다. 그는 러시아가 상상도 못 할 방법으로 전 세계를 능가할 것이고 농민공동체는 자연스럽게 발생한 사회주의라고 생각했다. 배우지 못한 러시아 농

*** 그로즈니시는 1818년 카프카스전쟁에서 이긴 제정러시아의 알렉세이 에르몰로프 장군에 의해 세워진 도시이다. 이 도시는 당시 에르몰로프 장군이 체첸인들을 비롯한 남부 산악지역 원주민들을 징벌하러 나갈 때 요새로서 사용할 목적으로 건설되었다. 러시아어로 무시무시하다(terrible)는 의미를 지닌 그로즈니(Грозный)란 도시 이름도 이 지역 주민을 겁주기 위한 의도에서 지어진 것으로 전해진다.

162 전체주의 의식의 기원에 부쳐: 역사적 현상으로서의 전체주의, 세도프, 1989

163 바론 두벨트는 우바로프와 마찬가지로 대단한 보수주의자로서, 그가 살고 있던 러시아의 실제상보다는 자신이 원하는 허구의 모습을 주장했던 것으로 보인다. 이는 레닌과 그 동지들도 마찬가지였다. 가짜 마르크스주의자라 불리는 이들 역시 이론을 먼저 세우고 실천에 옮기는, 자신만의 길을 걸은 것이다.

민에게 이 점을 주지시키기만 하면 모든 게 잘 될 것이라고 주장하였다. 솔직히 말해, 헤르첸에 대한 유럽 사회주의자의 반응은 차가웠다. 한편 마르크스와 듀링의 견해가 서로 일치하는 경우는 드물었지만, 러시아 국가주의자의 눈으로 바라본 헤르첸의 시각에 대해서는 똑같이 우호적으로 평했다. 이들은 헤르첸이 언변이 좋은 사회주의자이며 "러시아('그의 신성한 루시'라고 표현했다)는 유럽보다 낫다"는 것을 특별히 강조하기 위한 목적으로 사회주의를 말한다고 지적했다.

러시아만의 길은 나로드니키의 라브로프, 바쿠닌과 마흐노에 이르기까지 러시아 무정부주의자들도 고민했던 주제였다. 유명한 영국 소설가 서머셋 모옴은 러시아인과 러시아에 대한 흥미로운 기록을 남겼다. 그의 *작가수첩*에 나오는 러시아 부분은 1917년 그가 영국 정보국의 비밀임무를 수행하기 위해 러시아에 잠입했을 때 쓰여졌다는 것을 지적할 필요가 있다. 당시만 하더라도 그는 스파이였다. 그가 격앙된 어조로 우리 나라에 대해 쓴 걸 보면, 작가의 스파이 활동이 생각만큼 잘 풀리진 않았나 보다. 그럼에도 그가 쓴 글에는 이 책의 내용과 부합하는 부분이 몇 군데 있다. 물론 그걸 제외하면 러시아에 대한 부정적인 낭설을 보여주는 대표적인 예일 뿐이지만 말이다.

"러시아의 애국주의는 무언가 독특하다. 자만의 극치다. 러시아인은 자신이 그 어느 민족과도 비슷하지 않다고 여기며 이 점을 자랑스러워 한다. 러시아 농민의 처참함을 자랑스럽게 떠벌린다. 자신의 종잡을 수 없는 속성과 불가해성을 찬미한다. 한 쪽으로는 서쪽, 한 쪽으로는 동쪽을 향해있다는 점을 자꾸 반복 강조하고, 천성적인 천민과 같이 자신의 치부까지도 자랑스러워한다. 자기 잘난 맛에 산다. 스스로 술꾼이고 교양없는 것을 인정하며 자신이 뭘 원하는지도 모른 채 극에서 극으로 치닫는다. 다른 민족에는 있는 아주 난해한 감정, 애국정신이 그들에게 결여되어 있다."

흥미로운 얘기이다. 이 글에서 호의라곤 전혀 찾아볼 수 없어도, 내가 보기엔 정확하게 꿰뚫고 있는 것 같아 지금 당장 모욤을 비난할 수는 없을 것 같다. 공산주의는 러시아혐오증 즉, 러시아 역사 속 발전상의 모든 특수성을 부정하는 데서 시작하였다. 하지만, 러시아민족성의 특징을 잘 살리면 '일국사회주의 건설'이 가능할 것이라는 의견을 두고 끝없는 논쟁을 펼쳐지면서 '근본도 모르는 세계주의'를 마르크스-레닌 이론에 빠르게 가져다 붙였다.

20세기로 들어와 튜체프의 시구처럼, 러시아의 '뭔가 특별한 것'을 즐겨 강조하던 이가 있었으니 바로 스탈린과 드미트리 리하쵸프 박사였다. 윤리적인 관점에서 완전히 정반대인 두 사람도 이 문제에 관해서는 놀라우리만큼 일치했다. 스탈린은 제2차 세계대전에서 러시아인이 한 일은 오로지 러시아인이었기에 가능했다고 말하곤 했다. 이 특별한 러시아인은 동쪽에도 서쪽에도 속하지 않는다며 말이다. '세계 그 어디에도 속하지 않는다'는 점에 오직 차아다예프만 감점을 주었을 뿐, 스탈린은 가장 높은 점수를 매긴 셈이다. 리하쵸프 역시 러시아에서 생기는 일은 "과거에도 없었고, 지금도 없으며, 앞으로도 생겨날 수 없는 일"이라고 보았다.[164]

물론 오늘날까지도 약삭빠른 사람이라면 모두 러시아의 '독자성'에 기대고 있다. 유명한 정치학자 알렉산드르 두긴은 민족주의자는 아니었다. 그는 러시아가 칭기즈칸 제국의 후예라는 점을 인식하길 바라던 유라시아주의자였다. 이 점에 대해 그는 두껍고 난해한 책 몇 권을 썼으며[165] 러시아와 CIS국가 정치인 다수도 당연히 유라시아주의자임을 강조하였다.[166] "뭐니뭐니해도 유라시아가 제일!"[167]이라는 것이다.

---

164 리하쵸프 러시아인에 대한 기록, 1988
165 두긴, 절대자의 길, 1990), 완전한 조국, 2000
166 두긴, 누르술탄 나자르바예프의 유라시아 미션, 2007
167 비공식자료에 따르면, 나자르바예프 카자흐스탄 대통령은 두긴의 저서를 평하면서 정치인답지 못한 표현을 썼다고 한다.

놀라운 러시아, 세계사의 특이한 현상이 알렉산드르 프로하노프라는 재능 있는 작가의 작품, 특히 *제5의 제국*[168]을 통해 서서히 일어나고 있었다. 소설의 주인공인 사라파노프는 새로운 러시아, '제5의 제국'을 예언한다. '제4의 제국'이었던 소련이 붕괴하자 무질서와 쇠퇴가 찾아오고 그러다 새로운 제5의 제국이 들어서는 것이다!!! 히틀러조차도 제5의 제국까지는 미처 생각하지 못했으며, 이것으로 러시아의 독자성이 또 한 번 발현되고 있다.

이처럼 '러시아만의 길'은 꾸준히 인기 있는 관념이다. 부분적으로 소비에트국가, 유라시아, '제5의 제국' 등등 다른 명칭을 사용하더라도 말이다. 글쎄, '러시아의 행진'[169]은 아예 건드리지 않고 싶다. 그렇게 되면 내 블로그에 여러 댓글이 쏟아질 거다. 내가 크레믈린을 지지한다느니 백악관(러시아 의회)을 지지한다느니, 백악관(러시아 말고)을 지지한다느니, '나시(청년 민주 반파시스트운동단체)', '통합 러시아당', KGB, CIA, MI-5, 러시아정교회, 국영철도공사, 니키타 미할코프, 망명중인 로마노프왕가, 알렉산드르 솔제니친 팬클럽, 검과 독수리 연합을 지지한다는 글 말이다. 쓸 데 없는 것은 언급하지 않아도 이 정도일 것이다.

이해가 안 되는 것은, 그렇게 러시아의 독자성을 희석하려면 이 개념이 왜 필요한가 하는 점이다. 낭설이란 게 아무것도 없는데 저절로 생겨나는 것은 아니지 않은가? '러시아만의 길'이 생겨났다는 것은 꼭 필요했기 때문 아니겠는가.

168 프로하노프, 제5의 제국, 2007
169 정확하게 말하자면, 세상물정 모르는 고달픈 애국자나 국가주의의 진정성을 믿는 자 말이다. 정작 이들은 러시아의 행진에 대해서 전혀 알리 없겠지만. 행진은 '강경파 vs 온건파', '친정부 vs 반정부' 두 가지 버전이 있다.

1장. 종잡을 수 없는 러시아의 마음

러시아는 머리로 이해할 수 없고 만국의 척도로 잴 수 없다.
그 만의 특별한 무언가가 있으니 러시아 자체로 오직 믿을지어다.
–튜체프

'종잡을 수 없는 러시아의 마음'도 마찬가지이다. 러시아 마음에서 무엇이 그다지도 믿기 힘든 것일까? 이 질문에 답하기란 쉽지 않다. 사실 지금껏 누구도 답해본 바 없다. 이 '종잡을 수 없는 속성'을 믿는 자들이 원인과 근원에 대하여 열띤 논쟁을 펴고 있다. 도대체 어디서 생겨난 것일까? 러시아의 광활함? 유럽과 아시아의 중간이라는 위치? 이해 불가한 러시아의 길? 아니면 기후? 끊임없는 전쟁? 한꺼번에 사방에서 밀려드는 적의 무리? 정교?

1812년의 폭풍이 몰아치는구나
그 뉘가 우리를 도울 수 있으랴?
국민의 분노, 바르클라이 장군, 겨울 아니면 러시아 신?[170]

독일 지성인들은 '종잡을 수 없는 러시아의 마음' 얘기가 나왔을 때 매우 기뻐했다. 독일인 역시 상당히 종잡을 수 없는 민족임을 자처했기 때문이다. 이는 독일의 사고방식에서도 상당한 부분을 차지

170 A.S.푸시킨. 예브게니 오네긴, 1960)

하기에 비단 역사학자나 민속학자가 읽는 전문학보 뿐만 아니라, 여행가이드북에서도 다뤄진다.

"독일인은 남으로부터 이해와 사랑을 갈구하면서도 속으로는 자신에게 실현 불가능한 꿈이 있다는 점에 대해 자긍심을 느낀다. 실제로도 그들 자신이 아니라면 누가 그토록 난해하고 감수성 예민한 민족을 이해할 수 있겠는가?..선한 독일민족...마음속으로는 자신의 불가해성을 자랑스러워 한다."[171]

독일인의 '종잡을 수 없는 속성'이 러시아가 주장하는 것과 뭐가 다른지 나도 파악하기 힘들다. 독일인도 러시아인과 마찬가지로 종잡을 수 없는 마음이 어디서 표출되는지 분명하게 설명할 수 없을 것이다.

현재 독일에서 자국의 '특수성'을 추종하는 이들은 열외이다. 나치시대에는 아리아인의 비밀스런 속내, 북방인종의 종잡을 수 없고, 이해할 수 없는 특징에 관한 논의까지 공식정책의 한 단면이었다. 초등교육기관에서도 가르쳤고 평가서나 그 밖의 공식문서에서도 다뤄졌었다. 특히 '가장 열등한 인종'과 '하등 인간'에게는 종잡을 수 없고 이해할 수 없는 존재가 되는 것이 북방 '아리아인'의 원칙이었다.[172]

한편, 미국인도 그 못지 않게 종잡을 수 없는 민족이다. 잭 런던의 단편작품에도 바로 나와 있듯이 '백인'은 정말로 이해할 수 없는 존

171 바르코우, 이상한 독일인, 1999)

172 왜 독일인만 그러하겠는가? 어떤 학술회의에서 핀란드 학자가 미소를 띠우며 말하길, "시수('종잡을 수 없는 러시아의 마음'을 두고 핀란드에서 일컫는 말이다)가 뭔지 설명할 수 있었으면 좋겠지만 그렇게 못할 것 같다. 설명 가지고는 안되고 직접 느껴보아야 하는데, 오로지 핀-우그르 민족의 입장에서 느껴야 한다"고 한 바 있다.

덴마크용 히틀러 선전포스터
나치주의자는 덴마크인을 두고 '망가진 독일어를 사용하는 아리아민족'이라 여겼으며 그래도 같은 선조를 둔 점을 기억하라고 호소하였다.

히틀러 선전포스터
히틀러를 풍자한 그림이 아니다. 전시상황에서 만들어진 진짜 독일 포스터이다. 볼품없는 독재자가 백색의 갑옷을 입은 기사로 묘사되어 있다. 즉, 히틀러가 현대판 오토황제요, 게르만민족은 신성로마제국이 향유한 기사도의 정통 후계자라는 말이 된다.

재이다. 미국인의 특별함에 대한 설명은 많이 찾아 볼 수 있다.

첫째, 미국인의 종잡을 수 없는 속성은 시공간에서 기인한다. 유럽의 어떤 민족도 나서지 않은 신대륙 개척이라는 거대한 과제, 그 '특징'과 '영향'에서 비롯된다. 타락하고 약해빠진 유럽인이 뭘 하겠는가! 미국인 같은 부자나 되어야 뭐든 할 수 있다는 것이 안하무인 미국인의 속성이다.

둘째, '성격', '정신적인 부분'에 관한 것이다. 미국은 야만족이 아니다. 신앙심 깊은 앵글로색슨족이 세운 나라다. 현 시점에서 보았을 때, 신의 뜻에 대한 깊은 성찰이 도대체 어떠했길래 이들을 아메리카의 원시림으로 인도했는지, 어떤 최고선의 종교사상이 이들에게 찾아 들었는지 이해할 수 없다. '금송아지'를 원했다 해도 잘못된 건 아니고, 바랬던 모든 것이 알고 보니 신을 믿지 않는

'야마토의 혼'은 곧 공군으로 하여금 인간폭탄이 될 것을 요구한다.

인디언으로 하여금 예수를 믿게 하는 것이었다 해도 잘못된 것은 없다. 하여간 이해가 가지 않는다는 것뿐이다.

셋째, 주로 비앵글로 색슨족 계통 미국역사학자는 인종과 민족의 독특한 혼합을 꼽는다. 알려져 있다시피 미국은 인종의 용광로이다. 그 안에 어떤 좋고 나쁜 것이 끓고 있는지 자신도 알지 못하는 용광로말이다.

일단 미국인의 종잡을 수 없는 속성과 드러나지 않는 복잡성의 기원 역시 깊숙이 감춰져 있다. 자민족의 종잡을 수 없는 속성과 독자성에 관하여 중국인과 일본인은 또 무슨 생각을 하는가!!! 참고 싶지만 할 수 없다. 이 주제는 역사학자, 사회학자, 인류학자, 심리학자, 성(性)과학자들의 학술지에서 많이 다룬다. 중국인은 스스로 유럽인과 완전히 다르게 사고한다고 믿는다. 그들의 영혼은 다른 형태로 생겼고 주변의 미개인은 그 영혼을 절대 이해할 수 없다. 더욱이 중국인의 기원 자체도 특별하다. 중국인을 제외하면, 나머지 민족은 죄다 아프리카 대륙의 유인원이라는 말이다.[173] 일단, 중국인은 1920-1930년대 북경 근처에서 발굴된 북경원인에서 유래한다. 그러니 이미 60만 년 정

일본 공군 조종사들
카미카제, 회고사진. "우리는 저 먼 땅으로 날아간다네, 전우여, 자네도 나도 카미카제가 된다네"

173 그렇다고 내가 정말로 이걸 믿는다고 생각하지 말아달라. 세상은 단순하지 않다. 교과서에 실린 다윈의 그림처럼 뭐든지 간단하다면 좋을 텐데 말이다.

도는 나머지 세계와 별개로 존재해 왔다는 것이다. 그렇게 아주 먼 옛날에 기원을 둔 고도의 영혼을 일개 이방인이 어떻게 이해할 수 있겠는가?! 이방인, 그들에게는 이른바 서양도깨비인 '양귀자(洋鬼子)'들은 아예 인간이 아닐지도 모른다.

카미카제의 공격

일본인에 대해 얘기가 적잖게 나오는 주제는 '일본 섬주민의 혼', 즉 '야마토의 혼'이다. 우리 시대에는 이런 주제를 자제하거나 조심스럽게 다룬다. 자칫 인종주의자로 몰릴 수 있기 때문이다. 일본작가 가와바다 야스나리는 노벨 문학상을 받으며 "우리의 영혼은 구조 자체가 다르다"고 했다. 그 근거로서 일본인은 미학, 미의 이해를 바탕으로 삶을 건설한다는 점을 들었다. 느끼는 바가 다른 민족과는 다르다는 것이다. 실제로 1965년 도쿄의 모든 전시회장에 미국인을 들여보내지 않은 적이 있다. 비밀스러운 게 있던 것은 아니었다. 문제는 다른 데 있었다. 흰둥이들이 그곳에 뭣하러 가느냐는 말이었다. 그곳엔 외국인이 아무리 보아도 이해하지 못할 정교한 일본예술품밖에 없었으니까.

1945년 일본이 패하기 전 독일에서 '북방 기질'이 다뤄진 것처럼 일본에서도 '야마토의 혼'에 대한 논의가 이뤄졌었다. 이 '야마토의 혼'이야말로 우리의 머리로는 도저히 이해할 수 없는 부분이다. '야마토의 혼'에 대하여 어느 일본작가가 다음과 같이 썼다.

"야마토의 혼이 곧 야마토의 혼이라고들 하지. 그리고서 말이 많아. 세모난 것이 야마토의 혼이냐, 네모난 것이 야마토의 혼이냐? 아! 야마토의 혼이란 텐구 같은 것이란 말인가!"[174]

174 나쓰메 소세키, 나는 고양이로소이다. 1960

덧붙이자면 텐구란 일본 산속에 사는 요괴다. 정해진 모습이 있는 것은 아니지만 불그스름한 얼굴에 길다란 코를 가지고 있고 하늘을 날아다니는 모습으로 자주 등장한다. '종잡을 수 없는 러시아의 마음'과 '러시아의 혼'도 일본식 논리로 보면 도깨비나 여자귀신의 형태로 나타나지 않을까 생각된다. 계속해서 다음으로 넘어가 보자.

아프리카를 보면, 세네갈의 시인이자 대통령이었던 생고르가 유려한 프랑스어로 흑인의 가치 '네그리튀드'라는 아주 흥미로운 개념을 정립하였다. '흑인은 머리가 발에 달렸다'는 것도 춤출 때만 그런 것이었다. 정신없이 춤추고, 생각하고. 발에서 나오는 흑인의 사고는 이해가 불가능하고 비밀스러우며 때로는 그들 자신도 제어할 수가 없는데 하물며 이방인들은 그에 범접조차 못한다. 그런 것이다.

이처럼 스스로를 종잡을 수 없는 이로, 역사적 행로를 이해 불가한 것으로 여기는 민족이 넘쳐난다면, 상식적으로 우리가 사랑하는 '러시아의 독자성'이 어떻게든 의심을 받게 된다. '종잡을 수 없는 속성'에 대한 권리란 게 있다면 그 권리는 민족마다 있을 텐데, 그렇게 되면 독자성이 다 무슨 소용인가? 지구상의 모든 민족이 제각기 비밀스럽고 이해 불가하다면, 종잡을 수 없는 속성이 다 무슨 소용이냔 말이다. 자신의 종잡을 수 없는 속성을 확실하게 설명할 수 있는 자는 아무도 없으니 러시아인이라고 별 수 없다.[175]

---

175 2008년 에스토니아 타르투시에서 열린 제14회 유럽 개인심리학에 타르투 대학이 러시아인에 대한 고정관념에 관한 연구결과를 발표하였다. 조사에 총 40개 러시아 대학이 참여하였고 러시아 전역에 걸쳐 총 11000명의 정보를 수집하였다. 유리 알리크 교수는 도스토옙스키나 솔제니친이 러시아민족을 특별하다고 여겼음에도 불구하고, 유전자나 성격 면에서 러시아인도 다른 민족과 유사하다는 결과를 제시했다. "정치적 관점에서도 분명하고 중요한 메시지이다. 러시아인이 어떤 민족인지, 또는 민주주의나 그 외 서구식 삶의 형태가 러시아인에게 맞지 않다는 점을 들어 정치체제를 정당화하려던 시도가 순전히 민중선동이었음을 말해준다. 일반 러시아인도 라트비아, 리투아니아, 에스토니아, 그 외 민족과 별반 다를 게 없다". 이는 러시아 영혼의 독자성을 부정하는 결과였다. 더욱이 조사대상자는 모두 러시아인이었다.

구체화하려는 시도

러시아의 종잡을 수 없는 속성에 대해 말할 때 자주 등장하는 '특별한' 특징 몇 가지가 있다. 다른 데서는 찾아 볼 수 없고 오직 러시아에만 있다고 여겨지는 것들이다.

일단 첫째, 옵시노스티와 소보르노스티다. 글쎄, '옵시노스티'로 말할 것 같으면 일반인은 달(Dahl) 사전 없이는 이해조차 못할 것이다. '소보르노스티'는 솔직히 쉴 때도 자료를 찾아보고 이 주제에 관한 부분을 따로 다루기도 했지만, 창피하게도 나 스스로도 무엇인지 분명하게 알지 못한다. 고로 까탈스러운 독자에게 고백하건대, 다음 장의 '소보르노스티' 부분에서 보이는 확신에 찬 서술방식은 본인의 얄팍한 이해를 감추기 위한 시도다. 말할 것이 없어서 그랬다. "MGIMO finished?", "Ask!"식의 자기비판적인 유머나 던질까?[176]

둘째, 러시아의 정신성이다. 이 또한 평균 지식으로는 이해하기 어렵다. 물질보다 이상을 추구하고 정신적 가치를 위해 물질적 가치를 포기하는 러시아인의 성향을 의미하는 말로 자주 쓰인다. 종잡을 수 없는 러시아의 길은 또한 '별난' 아량을 지닌다. 러시아에는 항상 아량이 법보다 더 큰 힘을 발휘하며 러시아인은 법보다 윗사람의 아량에 더 의지한다.

셋째, 러시아에서 국가(조국)의 역할, 국가에 대한 러시아인의 유별난 태도 역시 끊임없이 입에 오르내린다. 어디에서도 절대 찾아볼 수 없는 국가다. 오로지 훌륭한 러시아국가만이 국민의 진정한

176 오래 전 유행했던 유머 중에 엘리트 교육기관인 MGIMO(모스크바국립대학교 국제관계대학)의 수준을 비꼬는 일화가 있다. 소련 단체관광객이 가이드와 KGB요원을 끼고 런던 구시가지를 돌고 있었다. 모두가 국회의사당을 바라보고 있는 사이 민첩한 관광객 하나가 구멍가게로 가서 닫힌 문을 손으로 세게 잡아 당겼다. 문에 안내판이 있었다. 관광객은 그 안내판을 읽어보았다. "클로제드(CLOSED)". 그 다음 우연히 지나가던 사람을 붙잡고 말했다. "헤이, 투데이, 홀리데이?"(어이, 오늘, 휴일?). MGIMO 졸업생이자 현지 대사관에서 근무하는 이 행인은 똑 같은 수준의 영어로 물었다. "후 유?"(당신 누구?). 관광객이 놀라서 되물었다. "후 아?"(나 누구?). 행인은 그제서야 '동문'을 알아보고 말했다. "아아! MGIMO 피니쉬!!"(아아! MGIMO 졸업!). 관광객이 자랑스럽다는 듯이 뻐기면서 말했다. "애스크!"(진작에 물어봤어야지!)

아버지[177]였으며 국민은 자식된 자로서 존경심을 가지고 재산과 목숨을 국가에 맡기었다. 영화 *레드 히트*를 보면, "증거는 있소???", "이게 바로 증거요!!!"하는 기가 막힌 장면이 나온다. 이 대사를 기억하고 있을 주인공 형사 역의 아놀드 슈워츠제네거에게 거꾸로 '우리만의 길' 추종자들이 말한다. "이게 바로 증거요!!!"라고. 이제 그 '증거'에 대해 하나하나 파헤쳐 보자.

177 국가(Государство)라는 단어도 군주(Государь)에서 유래한다.

2장. 옵시노스티와 소보르노스티

우린 다른 길을 갈 것이다

–볼로쟈 울리야노프(레닌), 그의 형이 사형당한 뒤

시작에 앞서 '공동체'가 러시아에만 있던 것이 아니라는 점을 강조한다. 공동체는 모든 민족에게 어떤 형태로든지 존재해왔고 지금도 존재한다. 말 그대로 모든 민족에게 말이다. 자율적인 인간의식과 개인주의는 역사적으로 아주 후대에 발현된 현상이다.

고대 그리스로마 문화는 인간을 신성시 했으며 뛰어난 사람을 받들고 영웅을 신과 동일시하였다. 그리스 도시의 광장에는 올림픽 대회 우승자들의 조각상이 세워졌다. 로마인의 저택에는 조상을 기리고 예를 갖추기 위해 조상의 반신상을 세워두었다. 하지만 고대서양인은 오랫동안 인간을 '개인'으로 인식하지 않았다. 폴리스 공동체의 일원으로만 인식하였다. 거대한 제국의 도시국가가 붕괴한 뒤에는 지방의회의 일원으로, 로마 또는 이탈리아 시민으로, 교회공동체의 일원으로 자신을 인식하였다. 사람은 교육을 받고 아는 게 많아질수록 인격의 의미가 더 커진다. 하지만 사람이 공동체, 단체에서 멀어질수록, 즉 '나홀로' 생각이 강해질수록 자신을 어느 곳의 한 부분으로 인식하고자 하는 바람이 더 커진다.

농민공동체 또는 이웃공동체는 도시에서 어떻게든 사라지게 되어 있다. 로마에는 농민공동체가 아예 없었다. 독일과 폴란드에는 14세기에 접어들면서 농민공동체가 사라져갔다. 러시아에는 19세기 후반 - 20세기 초에 모습을 감추기 시작했다. 스톨리핀은 농민공동체를 남김없이 쓸어버렸다. 한동안 '콜호스'라는 이름으로 부활하는가 싶더니만 그 이후에 완전히 해체되었다. 동양, 남미, 아프리카의 많은 나라에는 아직까지도 원래 모습 그대로 남아있다.

한편 단체는 거주지, 가족, 단체별 노동조직, 모임, 코뮌[178]의 형태로서 전 대륙, 모든 나라에 오늘날까지도 남아있다. 단체는 구속력이 덜하다. 가입이 자의반 타의반으로 이루어진다. 단체에 소속되어 있으면 기댈 수 있고 누군가와 공유할 거리가 생기며, 지원 및 도움을 받고, 남을 도우면서 자신의 가치도 느낄 수 있다.

단체생활은 모든 문명에서 일반적이고도 극히 평범한 부분이다. 일본기업을 언뜻보면 보통 부르주아 자본주의 회사인 듯 하다. 하지만 여기에 이른바 미묘한 차이가 존재한다. 첫째로, 임금을 결정할 때 능력뿐 아니라 경력까지 엄격하게 따진다는 점이다. 회사에 대한 '충성심'의 대가가 '탁월한 실력'보다 더 크게 작용한다. 대기업에는 제각기 사가(社歌)가 있어 직원들은 사가를 부르면서 그날 업무를 시작한다. 기업마다 유니폼이 따로 있어서 의무적으로 입어야 한다. '연공'과 '모범적인 근로'로 부여 받은 군대식의 명칭(!), 보다 정확하게 하자면 외교사절단의 '직급'같은 것도 있다. 일을 하는 동안 윗사람을 떠받들어야 하는데, 사회집단에서의 '직급'은 본인이 더 높을 수도 있다. 사무실 밖에서 함께 어울릴 때면 '낙하산 타고 들어온 어린 상관'보다는 더 대우받게 될 테니 말이다. 한편 일본대기업은 자체의 보건제도, 보육시설, 초등학교, 급식소, 콘도를 갖추고 있다.

178 서구에는 보통 주택소유자, 이웃간의 모임을 코뮌이라 부른다. 반면, 소련의 코뮌은 공산자치단체를 의미한다. 재산공유를 원칙으로 공동생활을 하는 사람들의 단체이다.

일본인에게 기업 제도 속의 삶은 아주 자연스러우며 누구도 이를 미개하다고 생각하지 않는다.

한국의 대기업, 이른바 '재벌'은 국가의 지원 아래 혈연을 바탕으로 형성되었고 기업 내 혈연이 차지하는 비중이 일본보다도 높다.[179] 일본인이나 한국인의 단체생활에 비하면 짜르 시대의 촌락 공동체든, 스탈린 시대의 콜호스든, 집단 노래를 부르면서 하루 일과를 시작하고 유니폼까지 입고서 일 나가는 모습을 상상할 수 없다는 걸 믿어주었으면 한다. 우리의 옵시노스티와 소보르노스티는 펑펑 노는 수준이었다! 우리는 그래도 공동체와 개인의 의견을 융통성 있게 결합시켰다. 개인주의가 있으면 집단주의가 있는데 두 가지 모두 각 민족, 사회계층, 개인의 삶에 나타난다.

교회공동체를 포함한 단체는 고대 후기에 이미 생겨났다. "미르를 통해 신께 기도드리자!"고 사제가 소리 높여 외친다. '미르를 통해' 즉 신자의 모임, 단체를 뜻한다. 이때부터 단체의 수와 종류가 계속해서 늘어났다. 소보르노스티(이 용어를 알아듣기 쉽게 설명한 바에 따르면) 보통 공동체의 차원을 넘는 모임의 러시아명칭으로서 교회공동체를 말한다. '소보르(собор)'라는 러시아단어는 도시 전체 시민이 모일 수 있는 사원을 뜻한다. 한편 사원은 루시에서만 생겨난 게 아니다. 유럽의 모든 사원은 모든 시민이 한 곳에 모여 예배할 수 있도록 생겨났다. 로마의 성 베드로 성당, 파리의 노틀담 성당부터 시작해서 최근에 세워진 아일랜드 시골의 조그만 교회까지 말이다.

사실, 이렇게 기본적인 얘기를 쓸 때면 스스로도 무언가 이상한 기분이 든다. 러시아 '정신'과 '소보르노스티'는 어떻게 다른 것일까? 물론, 전 세계에서 우리나라에 제일 많은 공동체가 있었다거나 무언가 특별하다거나, 혹은 다른 나라보다 더 오래 살아남았다고 할 수

179 안드레이 란코프, 한국인처럼 되기, 2006

는 없다. 공동체는 그저 공동체일 뿐 다른 공동체보다 높고 낮음이 없다. 러시아에는 악명 높은 집단주의, 그리고 이것과는 완전히 다른 '옵시노스티'와 관련한 격언이 많이 존재한다. "독불장군은 없다"고 주장하는 측도 있고, "공동체가 있는 곳, 모두에 멸망이 있으라"라고 신랄하게 외치는 측도 있다. 사람들 사이에서도 항상 '옵시노스티'에 대한 이중적인 태도가 존재해온 듯 한데 이는 구비문학에서도 잘 나타나 있다.

러시아인의 의식 속 집단주의는 유럽인보다 더 강한 것일까? 이것 역시 분명치 않다. 역사를 보면 러시아 공동체-집단 체제가 유럽보다 더 단단했던 것으로 보인다. 이를 두고 혹자는 후진성의 증거 또는 일가친척의 도움 없인 생계를 꾸려나가기 힘들었던 나라의 지리적 특수성에 따른 결과라고도 볼 수 있을 것이다. 어찌되었든 일찍이 소보르노스티를 비롯한 러시아의 집단주의의 관점에서 보았을 때 전혀 특별할 것이 없었다. 오늘날의 상황은 상당히 흥미로울 수 있는데, 현대 러시아 사회는 유럽보다도 훨씬 개인주의적이기 때문이다.

놀라울 일도 아니다. 사회주의 하에서 조합부문별로 대대적인 '모집'을 했다. 모집이 시작되자마자 민중의식은 급격히 정반대방향으로 흘러갔다. 다른 조합에 가입하는 게 이득일 때도, 많은 러시아인이 타인으로부터의 '자율성'을 유지하길 원했고 다른 단체에는 다니지 않았다. 그러나 오늘날 러시아, 적어도 대도시 사람은 같은 층에 사는 이웃조차 잘 모른다. 하물며 집 바깥은 말할 필요도 없다. 서구에는 보통 동네 이웃을 보면 정중하게 목례하거나 모자를 들어올리거나 미소 짓기라도 한다. 우리나라 사람은 아무리 오랫동안 가까이 살아도 남인 양 행동한다. 러시아에서 이웃의 사회생활이나 직장, 사생활에 관심을 갖는 것은 무례한 일처럼 받아들여진다. 집 앞

벤치에 앉아 있는 할머니라면 모를까. 이것이 집단주의라고 생각하는가? 현대 러시아인은 사생활에 흠뻑 빠져있는 듯 하다. 타인의 사생활에는 끼지 않으며 남이 자신의 사생활에 끼어들까 봐 노심초사한다.

유럽은 개인주의를 어찌나 많이 누렸던지 관심분야, 거주지에 따라 적극적으로 모임을 가지거나 심각하게는 각종 종교집단이나 '비밀모임'에 나가고 있다. 놀랍냐고? 이상할 것 없다! 만일 이 세상에 나 혼자라면, 타인과의 모든 관계가 단절되고 만다면, 난 누구고 무엇인가? 어디서 정보를 얻고 어디로 가야 하는가? 혼자 사는 세상은 넉넉하지 못한 법이어서 어떤 뿌리, 소속감이라도 찾으러 나서게 된다.

유럽에서 일어난 자아 정체성의 위기는 가공할 수준이다. 사람들은 어디든지 소속되기 위하여 반상회, 교회모임, 팬클럽, 익명이 보장되는 알코올중독자 모임, 애견동아리 등 이런 저런 옵시노스티 속에 뛰어든다. '과잉 개인주의'의 결과요, '대도시 주민의 고독' 현상이다. 더 나아가 보자. 특정 웹사이트에 사람이 몰리는 플래시 몹, 실시간 뉴스, 유행하는 소셜 네트워크.[180] 이러한 예가 과연 '인간은 사회적 동물'이라는 오래되고 진부한 진실을 증명하는 바가 아니란 말인가? 사회, 집단, 공동체 속에서만이 인간은 자기표현을 할 수 있으며 정신적 평온을 얻을 수 있다. 미국인, 유럽인이 아무리 '개인주의자'라고 해도 정말 '아무하고도 대화하지 않는다'면 이는 비극이다. 그렇게 되면 이들은 자신과 비슷한 사람들이 귀 기울여주고 이해해줄 만한 어느 공동체라도 들어가려고 할 것이다. 아니면 시간당 150-200달러에 개인적으로나 직업적으로나 자신에게 귀 기울여주

180 'odnoklassniki.ru', 'vkontakte.ru' 등 러시아 사이트는 이미 서구에서도 선풍적인 인기를 끌고 있다.

고 이해해줄 만한 심리상담가를 찾아가던가 말이다. 그런 것이다. 직접 한번 알아보시라.

이처럼 서양이든, 산업 붐이 일고 있는 동양이든 현대인의 의식 속 소보르노스티는 러시아보다 더 크게 자리잡고 있다. 오늘날 우리는 제국주의자 키플링이 살던 시대의 영국인보다, 서부개척시대의 미국인보다 무서우리만큼 개인주의적이다.

3장. 정신성

나는 너를 사랑한다, 러시아여,
우리의 소중한 루시여,
소진되지 않는 힘이여.
헤아릴 수 없는 슬픔이여.
너는 그 크기로서 무한하여
너의 그 무엇도 끝이 없구나.
너를 오래토록 이해할 수 없으리,
타국의 현자라 하여도.
–미하일 노시킨

정신은 육체적, 물질적, 속세적인 것보다 고결하고 인간에 가까운 것처럼 받아들여져 왔다. 그렇다면 '정신성은 국가의 단면과 같은 러시아만의 특수성'이라는 주장이 의아하게 들릴 것이다.

이 세상에는 100% 물질주의자도 100% 정신주의자도 없다. 극히 추상적이고 이론적인 사상에 사로잡힌 심각한 이상주의자라도 마실 땐 마시고 잘 땐 잔다. 신체적, 정신적으로 별 이상이 없다면 세수도 하고, 속옷도 갈아입고, 면도도 하고, 사랑도 나눈다. 전 유럽 민족의 문화 속에는 공허함과 이기주의, 일상적인 것들 위에 사람을 붕붕 뜨게 하는 영혼 깊숙한 감정으로서의 사랑이 가득 차 있다. 아름다운 여성에 대한 동경, 신이 맺어준 사람끼리의 결합이라는 결혼에 대한 동경, 힘든 고통을 이겨내고 남을 위해 죽음도 불사하는 교훈적인 이야기가 여기에 포함된다. 이런 사랑의 감정이 있다 해도 선물을 주고, 자신에게 신경을 쓰고, 꾸미고, 아내나 애인을 '꾸며주는' 일이 매우 중요하다. 물질과 정신이 함께 이뤄지는 과정이 사랑이다.

물질적인 것과 정신적인 것이 아주 묘하게 엮이는 경우도 드물지 않지만, 신성한 것을 두고 모독하지는 말자. 정신적인 것이 최고이고 백 번은 더 중요하다. 그렇지 않을 경우에 사랑은 이제 '계산적인 관계'[181], '돈으로 산 사랑'이 되어버린다. 그렇다고 해서 '여성에게 돈을 쓸 수록 사랑도 커진다'는 생활 속의 지혜가 가려질 수 있을까?[182] 어찌되었든 사랑하는 이와 가족에 물질적인 안정을 가져다 주려 애쓰는 것이야말로 영혼의 동반자에 대한 첫 번째 사명이 아닐까? 사람이란, 정신적인 삶에 대한 성향과는 상관없이, 가족을 갖게 되면 돈을 벌고, 아이를 위해 먹을 것을 사고, 자장가를 불러주고, 기저귀를 갈아준다. 애가 좀 크면 가르치고, 일을 시키고, 옷 입히고, 신발 신기는 게 수월해질 것이다. 이것이 바로 '삶의 진리'이다...

히틀러는 "진정 동물을 사랑할 줄 아는 이는 독일인뿐"이라고 말하곤 하였다[183]. 이는 히틀러에게 있어 독일의 별난 정신세계를 보여주는 근거였다. 하지만 개를 키우고 정신적인 교감을 하는 것도 일단, 먹이를 줘야 하고 먹이를 주려면 돈도 벌어야 한다, 밥그릇을 닦아야 하고, 깔개를 빨아야 하고, 산책을 나가야 하고, 놀아줘야 한다. 그러니 정신만으로 살 수가 없고, 물질적인 것이 없이는 되는 일이 없다[184].

---

181 풍자유머 중에 다음과 같은 일화가 있다. "돈보고 결혼하는 게 좋은 일일까?", "그럼. 돈만 확실하다면야"

182 경험많은 신흥러시아인 친구가 언젠가 한숨을 쉬며 다음과 같이 말한 적이 있다. "휴… 난 술집 여자가 좋아. 애인보다 싸게 먹히거든. 물론 애인은 마누라보다 돈이 덜 들어가지만 말이네"

183 히틀러 좌담, 트레버-로퍼 X, 2004

184 히틀러가 키우던 개는 독일산 검은 세퍼드 종이었으며, 이유는 알 수 없지만 블론디(금발미녀)라는 이름으로 불렸다. 개의 최후는 썩 좋지 않았다. 주인이 개를 너무도 사랑한 나머지 저 세상

다른 한편, 경제활동의 주 목적은 물질적 부의 축적에만 그치는 것이 아니라고 여겨진 지 오래다. 이는 자아실현이자 자기긍정이요, 물불 안 가리는 용기요, 실력과 능력을 과시하는 것이요, 경쟁에서 승리하는 것이요, 또한 민족, 단체, 계급, 팀, 회사의 가치를 확인시켜주는 것이다. 물건을 소유하는 것도 물질적 행위라고 딱 잘라 말할 수 없다. 이는 명예이자 자신의 업적을 보여주는 것이다. 비싼 고급 샴페인과 양철통에 담긴 저렴한 샴페인을 둘 다 마셔본 사람도 'Вдова(과부) 보다 'Советское полусухое(소비에트 half-dry)'가 훨씬 맛이 좋다[185]는 것을 증명하기 어려울 것이다. 어쨌든 인간은 언제나 모든 시대에 걸쳐 물질과 정신 사이에서 균형을 잡아왔다.

만일 정신을 러시아인의 특수한 성질이라 한다면 우리나라에서 정신적인 것을 선택하는 경우가 다른 나라보다 더 많다는 것을 뜻하는 걸 거다. 다음은 이를 보여주는 전형적인 주장이다.

"러시아인은 항상 불가능한 것을 바랬다. 끝없이 영혼에 굶주려 무언가를 갈구하며 살아왔다. 아직까지도 행복한 러시아인은 있을 수 없다. 왜냐하면 항상 자신의 꿈에 미치지 못한 상태로 남아있기 때문이다. 그래서인지 러시아인은 많은 것을 이루어낸다. 집단에서 나와 이기적인 무리 속에 묻혀버린 러시아인의 모습은 가련하고 어리석어 보인다. 제 일이 아닌 일에 손을 대면서 러시아인은 항상 속임과 배신을 당한다. 제 앞가림을 못하는 게 바로 러시아인이다. 하지만 자신의 실수를 깨닫는 순간, 능력과 힘이 나오던 그

에 갈 때도 함께 데려갔던 것이다(사랑하는 연인 에바 브라운도 함께 말이다).

185 어떻게 술 이름을 이렇게 지었는 지 모르겠다. 여하튼, 나와 함께 12편짜리 다큐멘터리 특집 *러시아를 둘러싼 낭설에 관하여*의 공동집필을 맡았고 좋은 친구이기도 한 블라디미르 아리스타르호프가 언젠가 이런 얘기를 들려준 적이 있다. 1990년대 초 공동집필 초기 '처음으로' 원고료를 받은 그는 아내와 함께 파리여행을 갔다. 그곳에서 '막심'이라는 유명한 레스토랑에 들어갔고, 이들은 말도 안 되는 가격에 제일 비싼 샴페인을 시켰다. 몸서리치며 나는 "왜?"하고 이 '신흥러시아'인에게 물었다. "글쎄, 그런 것도 한번 맛 보고, 추억할 거리를 남기기 위해서 랄까"라고 블라디미르가 대답했다. 난 "그래, 맛이나 기분이 어떻디?"라며 관심을 보였다. 그러자 블라디미르가 답했다. "시고, 뒷맛이 깨끗해. 5. 50루블 정도의 소련 샴페인이랑 별반 다를 것 없더군."

의 낯선 얼굴을 집어 던지고 만다! 그는 자기자신을 잊으며, 의심이 그를 괴롭히지도 않는다. 그러면 거인이 발을 옮기는 것마냥 모두가 길을 비켜주는 것이다".

어쨌든 러시아인은 천성적으로 정신을 중요시하는 집단주의자이다. 이런 러시아인이 '집단을 버리고서는' 개인의 성공을 이룰 수 없다. 이런 딱 하나의 단점 때문에 결국 아무것도 안 되는 것이다. 흥미로운 얘기이지만 이에 대해서 데미조프, 스트로가노프, 구치코프, 랴부신스키, 트레찌야코프 등 18-19세기 우리의 위대한 상인들이 뭐라 할 것인가? 자지러지게 웃어 넘길까? 상인의 방식대로 내 목을 꽉 누를까? 고상한 사람한테서 아주 멀리 떨어지라고 술집의 큰 형님을 부를지도? 원래 상인이란 인종을 원칙적인 관점에서 보면 1920년대 선전 포스터에서 희화적으로 묘사되던 '부르주아' 정신을 가진 순 욕심쟁이에 불과하지 않든가. 그러나 가장 부유했던 이 상인들은 자신의 조국과 민족을 위해 진심으로 열과 성의를 다 하였다. 러시아의 학문, 문화, 교육을 위해 자신의 재산을 선뜻 바칠 수 있었다.

4장. 굳이 이해해야 하는가?

러시아의 불가해성에 관한 낭설은 학문으로 자리잡지 못했다. 러시아의 길만 하더라도 결코 쉬운 일이 아니다. 이를 가장 많이 떠올릴 때는 러시아인이 자신에게 걸었던 기대를 충족시키지 못하거나, 서구의 눈으로 납득하기 어렵지만 실은 기대하지 못한 위대한 결과를 가져오는 경우 둘 중의 하나이다.

'러시아의 수수께끼'가 독일에서 다뤄졌던 때는 1813년 러시아 군대가 나폴레옹을 쳐부수고 독일을 지나 파리까지 진격하던 때였다. 독일은 나폴레옹을 상대로 이기기는커녕 진격을 저지하지도 못했다. 그러나 러시아인은 해냈다. 어째서인가? 종잡을 수 없으니까. 그가 가는 길은 상상을 초월하니까. 요새를 지키고 앉아 용맹하게 싸우는 것도 아시아적인 사고방식이자 야만적인 러시아 신의 뜻이다. 정부에 순종적이고 인내심이 강한 믿기 힘든 사람들이다. 러시아인에게서 뭘 바라는가? 그들에게는 모든 일이 일반적인 사람에게 일어나는 것과는 언제나 다르게 일어난다. 놀랄 일만 남은 것이다.

프랑스 작가 피에르 다니노스의 집에는 프랑스인을 대변하는 듯한 문구가 적힌 회랑이 있다고 한다. 문구는 다음과 같다.

"영국인은 거만하고, 미국인은 지배를 꿈꾸며, 독일인은 사디스트요, 이탈리아인은 알다가도 모르겠고, 러시아인은 이해가 불가능하며, 스웨덴인은 그냥 스웨덴인이다. 프랑스인만큼 사랑스러운 사람도 없다. 그런데도 모두가 그들을 못살게 군다."[186]

러시아인들이 가장 많이 이주한 나라는 언제나 프랑스였고, 피가 많이 섞였다는 걸 생각한다면 다니노스의 회랑은 아주 묘한 뉘앙스를 풍긴다. 여러 자료에 따르면 프랑스인 10%가 2대에서 5대까지 거슬러 올라가면 러시아인 조상을 두었다고 한다. 그러니 프랑스인은 우리를 아주 나쁘게 표현할 수는 없었던 것이다. 결국 이해할 수 없는 게 바로 러시아인이고, 그걸로 된 것이다.

러시아도 러시아를 이해하지 못한다

더 놀라운 사실은, 러시아인의 종잡을 수 없는 속성에 대해 가장 말이 많은 사람이 바로 당사자인 러시아 사람들이란 점이다. 그것도 고위층에서 말이다. 우리 정부는 유토피아를 실현하려다가도(물론 항상 실패하지만) 문득 이런 딴지를 건다.

"아, 그렇지. 우리 민족은 하도 이상해서 이성으론 이해할 수 없어. 러시아인이 잘되길 바라지만 정작 뭐가 좋은 것인지 조차 알지 못하지. 영국이나 독일만 하더라도 논리적이고 다 잘되지 않던가. 우리와는 다르니까 말이다."

1830년대 '감자 봉기' 때만 해도 그렇다. 당시 농민은 감자재배를 거부했다. 재배가 무엇인지, 감자가 무슨 쓸모가 있는지, 어떻게 요리해먹는지 이해하지 못했기 때문이다. 감자 열매가 아니라 감자에 난 싹을 먹는 경우도 더러 있었다. 감자의 싹에는 독이 있으니 식

186 피에르 다니노스, 톰슨 장군의 회고록, 1970

중독에 걸리는 건 불 보듯 뻔한 일이었다. 남정네들은 국가가 땅에 쓸 데 없는 농작물을 심으려 한다느니 농민을 우습게 보느니, 더 나아가 "우리를 독살하려 한다"느니 하며 들고 일어났다. 반면 국가와 지성인들이 보기에는 농민의 행동이 이해하기도 힘들었을 뿐더러, 자신의 어리석음으로 말미암아 정부가 내놓은 최상의 정책을 무산시키려는 우스꽝스런 시도처럼 여겨졌다.

20세기에도 상황은 마찬가지였다. 1990년 '이즈베스티야' 신문에는 "소련국민 70%가 돈을 웬만큼 가지고 있어서 더 벌려고 하지 않는다"는 기사가 실려 정치에 관심이 많은 구독자를 당혹케 했다 (아쉽게도 기사제목과 기자이름이 생각 나지 않지만). 무엇이 잘못된 것인가? 그러나 기사가 풍기는 뉘앙스로 보았을 때, 어떻게 70%나 되는 국민이 '돈을 가능한 많이 벌어야 한다'는 걸 이해하지 못할 정도로 우둔할 수 있을까, 지식층 구독자들은 이를 믿지 못하는 기색이 역력했다.

자유주의자가 공산주의자의 논리를 이해하지 못하는 것과 마찬가지로 극우파인 '지리노프스키 추종자'들은 옐친을 따르는 민주주의자에 대하여 미심쩍은 논의를 한 적이 있다.[187] 정부나 '교육받은 계층'이 내부적인 신화를 만들려 하고 그러한 집단신화에 의하여 러시아를 '개선'하려 들때마다 '이해할 수 없는 러시아의 마음'이 매번 모습을 드러내곤 한다. 이상과 현실의 충돌이 그러하듯이, 사람을 '개조'하는 일은 결국 무위로 끝나기 마련이다. '종잡을 수 없는 러시아의 마음', 그에 못지 않게 종잡을 수 없는 '러시아의 길'이 어디선가 또 다시 세상밖으로 나오려 한다.

187 1998년 선거운동 당시 크라스노야르스크 주지사에 레베디 장군이 선출되자 신문은 "예니세이강의 선거인들이 전 러시아를 놀래키다"라는 기사제목을 내보냈다. 일반인이 이해하기 힘든 시골사람들은 대체로 똑똑한 사람 말은 귀담아 듣지도 않고 이상한 행동을 많이 했다.

5장. 결론

'러시아의 길'이란 언어 조합 자체도 내가 보기엔 무언가 찝찝하다. '길'을 보자면, 걷든지, 기든지, 날든지, 뛰든지 이 놈의 나라가 어디론가 향해야 한다는 걸 의미한다. 그렇지만 어디로? '길'의 방향을 종잡을 수 없다. 우리가 어디로 향해야 하는지, 누구도 쉽사리 말 할 수 없다. 세상사람들처럼 러시아인들도 일이 단단히 잘못된 후에라야 길을 떠올린다. '잘 되길 바랐는데 또 이 모양'인 일이 벌어졌을 때에도 러시아의 길을 떠올린다. 그럴 땐 그냥 이마를 한대 탁 치고서 "아아! 그럴 줄 알았어! 역시 이번에도 남달라. 러시아의 '길'이었어!" 하면 그만이다.

러시아 내에서 누가 우리의 '특별함'을 물고 늘어지는지 알아보는 것도 매우 유익한 일이다. 정치인이라면 대개 외국인 혐오증을 이용하여 사람을 움직이려는 약삭빠른 포퓰리스트일 공산이 크다. 그가 일반인이라면 더 나쁘다. 술꾼, 겁쟁이, 낙오자가 그러하다. 빈민, 건달, 불량배나 이 '특별함'에 목숨을 건다. 자기정당화다. "난 불쌍하고 가난한데다 교육도 못 받았고 제대로 할 줄 아는 게 아무것도 없다. 하지만 '대신에' 나에겐 러시아의 정신이 있다는 걸 똑똑히 보아라" 이런 식이다. 한 마디로, 더러운 외모에 고약한 냄새가 날지라도, 내면만큼은 끝내준다는 것이다. 러시아의 특별함에 대한 낭설이 가장 위험한 것은 러시아 내부에서 쓰일 때이다.

러시아 역사 속에서 진짜 특별하다 할 수 있는 것은 사실 거의 없다. 극우 애국자들이 소보르노스티, 러시아 정신세계라고 일컫는 모든 것은 동양뿐만 아니라 서양의 여러 나라에서도 유사한 사례를 찾아볼 수 있다. 강한 국가, 정해진 법을 거부하는 현상과 같이 우리만의 독자적인 특징이라 일컬어지는 것은 기후, 지리, 시대적 상황을 통해 경쾌하고도 논리적으로 풀이될 수 있다. 다른 민족에게서 어.떻.게.도. 찾아볼 수 없는 것은 러시아 역사 속에서 결.단.코. 없었다.

러시아에서 생각해 낸 것 또한 모두 다른 나라에서 잘 실현되었다. 무정부주의와 공산주의만 하더라도 러시아에서 뿐만 아니라 유럽과 동양에서도 시험대에 올랐던 것이다. 러시아인[188]과 나머지 '문명세계' 민족을 확실하게 구분지어야 한다는 생각은 진작에 버렸어야 했다. 물론 우리에게는 남들과 조금 다른 구석이 있긴 하지만 말이다. 하지만 그들이라고 다르랴?

"우리는 기독교문명에서도 근본적이고 이상적이며 정상적인 범주에 속해 있다. 더 큰 범주에. 영광스러운 범주에 말이다. 그러니 우리를 우러러 보라. 두려워하는 게 더 익숙하다면 그렇게 하라."

우리는 외계인도, 땅에서 솟은 아리아인의 직계후손도, 태양숭배자도, 메시아 민족도, 인류의 유일한 희망도 아니다. 반대로 '정상적인 유럽'에서 비껴간 비정상도, 덜 떨어진 나라도, 이반을 비롯한 바

188 다시 한번 강조한다. 내가 '러시아인'이라는 단어를 사용하는 것은 오로지 인종적인 관점에서다. 내가 생각하는 '러시아인'이란 러시아 문화와 문명을 대표하는 자이다. 모국어로 러시아어를 쓰는 자, 집에서 가족끼리 러시아어로 대화하고 러시아어로 사고하는 자, 꿈도 러시아어로 꾸는 자를 말한다. 쉽게 말하자면, 자기 스스로 진정 러시아인이라 생각하는 자, 이런 사람이야말로 피부색, 눈의 생김새, 소련 여권기록과는 상관없이 진짜 러시아인이다.

보의 천국도, 다른 세계에 '이렇게 하면 안 된다'는 걸 보여주는 '경종'도 아니다. 우리도 정상이다. 러시아인도 선조의 영광에 궁극적으로 근접하고자 노력하는 유럽인이다.

그렇다. 이 발언으로 인해 헤르첸과 차아다예프 학파를 비롯한 자유-서구주의자, 그리고 애국-슬라브주의자의 화를 자초할 것이란 걸 안다. 익숙해지지 않으리란 걸 인정해야 한다.

제9부 러시아인의 인내심과 순정에 관한 낭설

나는 세 시간 동안 꼼짝 않고 앉아있었다.

화상을 입을까 두려웠다.

신문은 갈색으로 변해갔고 가장자리는 그을렸다.

그렇게 세 시간 동안 앉아있으면서

나는 인도인의 인내심이 어떻게 강해졌는 지 알게되었다.

–L. B. 알라예프, *내가 인도에서 본 것* 중에서

1장. 러시아인의 인내심에 관한 낭설의 기원

군복도 무장상태도 엉망이었던 이바노프의 군대는 독일군의 기관총이 고장날 때까지 시체가 그득한 들판을 행군하고 또 행군했다.
–옥스포드 대학교 교수 노먼 데이비스, *유럽의 역사*, 1944- 1945년 소련군의 자유를 향한 행군 중

낭설의 핵심

'인내심'이 항상 나쁜 뜻으로 쓰이는 것은 아니다. 인생에서 힘든 일을 감내하고 악천후를 견디며 흉작을 버티고 질병을 이겨내는 능력, 기다리는 일을 마다하지 않고 속단하지 않는 능력. 이러한 능력은 시대를 막론하고 모든 민족에게 중요했다. 하지만 여기서 말하는 것은 최악의 상황을 견디는데 탁월한 러시아인의 심성이다. 인내할 상황을 견디는데 러시아인은 따로 노력할 필요조차 없다.

인내심은 물질, 정신, 사회생활 등 삶의 모든 부분에 적용된다. 정치도 예외가 아니다. 물질적인 면을 본다면, 러시아인은 많은 것을 필요로 하지 않는다. 별 필요도 없는 것을 위해 열심히 일을 하느니 차라리 없이 사는 것이 낫다고 생각한다. 나에게 무언가가 없다는 것은 내게 불필요하다는 뜻이다. 가난한 도시 사람 특히, 시골사람은 고대부터 참고 기도하고, 기도하고 참는 것이 일상이었다. 열심히 일해 가난을 극복해야만 하는 상황에서도 그들은 참고 기도했다.

사회생활을 보면 러시아인이 정말 인내심이 강하고 순종적이라는 것을 알 수 있다. 러시아인은 유럽인과 비교가 안될 정도로 심한 모욕과 폭력을 견뎌냈다. 남자 농노는 거친 주인을 참아냈고 잔인한 폭력에도 순종적이었다. 그러한 짐승 같은 삶이 곧 자신의 모습이었기 때문이다. 유럽인 그 누구도 러시아의 이런 일상생활을 견디지 못했을 것이다. 이미 언급한 서머셋 모음의 *작가수첩*에는 러시아인의 생활이 언급되어있다.

"과거 러시아에는 기사계급이 없었고 고상한 낭만주의자도 없었다. 문학은 너무 졸렬했다. 고대 러시아가 몽골의 지배를 그토록 오래 견딘 것도 우연은 아니었다."

기사계급에 대한 언급은 살펴봐야 할 문제다. 모음의 수첩은 영국의 인도지배 전성기 시대에 작성되었다. 당시 인도에는 영국 기사가 있었다. 인도인 포로가 폭탄을 던지기라도 하면 진정한 영국의 아들, 낭만주의자 귀족이 어디선가 불쑥 나타나곤 했다. 존경받는 영국의 사자왕 리처드를 떠올리지 않을 수 없다. 사자왕은 기사단을 거느렸고 우아하게 투구 안에 복면을 착용했다. 월터 스콧의 발라드 아이반호에 딱 맞는 모습이었다. 사라센 요새를 포위했을 때, 고상한 사자왕은 사라센 포로에게 비싼 보석을 내놓지 말고 먹으라고 했다. 그리고는 삼천여 명의 영국 병사에게 포로의 배를 갈라 다이아몬드와 금반지를 찾아내라고 시켰다는 이야기가 전해진다. 그는 과연 직접 뱃속의 보석을 꺼냈을까? 아니면 멀리서 지켜보기만 했을까?

모음이 말하는 위대한 러시아의 졸렬한 문학에 대해서는 뜨거운 논란이 있었다.[189] 물론 모음은 작가다. 독자가 아니다. 그의 일은 글

189 러시아를 백 년 먼저 다녀간 다른 영국인은 러시아 문학에 대해 완전히 다른 의견을 냈다. 그의

을 쓰는 것이어서 영국 정보기관이 러시아에 그를 보냈다면, 러시아가 몽골의 지배를 받았다는 사실 외에 무언가 아는 것이 있었을 것이다. 판단은 신의 몫이다. 러시아인에 관한 이야기로 돌아가자.

병적으로 참을성이 강하고 순종적인 민족, 국가를 끊임없이 견뎌내는 러시아인이 국가를 알 턱이 있을까? 러시아 정부는 비민주적이고 뻔뻔스러우며 국민을 공개적으로 무시한다. 복지와 국민의 의견을 경시한다. 국민이 생존에만 관심을 쏟고 아무 불만을 표출하지 않기 때문에 국가가 이러는지도 모른다. 러시아 병사에게 식량도 주지 않고 머나먼 행군에 가라고 하고, 추잡스럽고 쓸데 없는 명령을 수행하라고 시킬 수 있다. 러시아인에게는 인간이 살 수 없는 곳에 가서 지내라고 할 수도 있다. 자신과 개인의 이익 그리고 집단의 이익을 생각하는 게 낯선 러시아인은 그냥 명령에 따른다. 어떤 모욕도 참아내며 지도부의 횡포, 크레믈린과 겨울궁전의 이해할 수 없는 정책, 무의미한 전쟁이 가져오는 손실과 부담, 무거운 세금, 육체적 노동 모두를 견뎌낸다. 정말 순종적인 민족이다. 뿌리 박힌 성질이다. 유럽인이라면 이미 오래 전에 반란을 일으켰을 텐데 러시아인은 조용히 참으며 기도하고 눈물을 흘린다. 예전부터 그래왔고 지금도 그러하고 앞으로도 그럴 것이다.[190]

이렇게 본다면 인내심이라는 것은 민족의 발전에 있어서 걸림돌이 되는 해로운 성질이다. 용감함과 강건함을 표출하는 것이 아니라 가축이 조용히 주인에게 복종하는 것과 같다. 러시아인이 정부의 어

말에 따르면 유럽인은 러시아어를 잘 모른다는 이유로 훌륭한 러시아 문학을 자주 접하지 못했고, 러시아 작가의 어휘력 또한 매우 제한적으로 번역되었다. 그래도 사회 고위층 사이에는 러시아 문학이 간간이 소개되었다.

190 근거가 있다. 이반4세의 친위대원이었던 독일인 폰 슈타덴은 요새가 포위당했을 때 러시아인은 아주 믿을 만하다고 했다. "러시아인은 물, 밀가루, 보드카만 있으면 오래도록 요새 내에서 지낼 수 있다. 러시아인에게는 가능한 일이지만 독일인에게는 불가능하다". 독일인 친위대원의 기록, 슈타덴, 모스크바. 2002. 리보니안결사단의 충실한 독일군은 무언가를 위해 싸우는 게 아니었기 때문에 쉽게 요새를 내줬다. 반면, 러시아 군은 무언가를 위해 싸웠는데 그게 뭔지는 슈타덴 자신도 알아내지 못했다.

떤 정책에도 반기를 들지 않는 것은 문명국가가 보기에 불쾌한 일이다. '러시아는 전통적으로 타국에게 공격적이다'라는 이야기에 힘을 더할 수 있기 때문이다. 정부는 잔인한 침략전쟁에 러시아 국민을 언제든지 보낼 수 있고 러시아인은 조용히 전장으로 갈 것이다. 자유로운 민족을 권력의 정신적 노예로 만들기 위해서.

2장. 소박함의 시간, 공간적 기원

러시아인은 빵을 사러 갈 때 택시를 타지 않는다.

영화 *다이아몬드의 손* 중에서

러시아인은 유럽인보다 적은 물질적 복지를 누리고도 잘 지낼 수 있다는 것이 낭설 중 하나다. 그렇다면 의문은 언제, 어디서 이 특징이 생겨났느냐는 것이다. 고대 루시의 역사를 살펴보면 러시아인이 특별히 검소하다거나 지도자나 처한 상황에 매우 순종적이었다는 기록은 찾을 수 없다. 게다가 루시는 유럽에서 가장 부유한 땅이었다. 이들의 부와 자긍심에 대해서는 비잔틴과 독일의 여행가도 언급한 바 있다.[191] 독일 공국으로부터 노브고로드로 건너온 상인들은 러시아인이 검소하다는 이야기에 동의하지 않았다. 검소한 건 독일인이었다. 슬프지만 어쩔 수 없는 가난이 이유였다. 그러나 러시아인은 아끼고 절제해야 할 필요성을 못 느꼈다. 러시아인에게는 모든 것이 풍족했다.

러시아인이 참을성 강하고 운명과 정권에 순종적하며 인내심이 대단하다는 이야기는 러시아에 관한 낭설이 봇물처럼 터져 나온

191 14세기 독일 브레멘의 상인, 아담은 스몰렌스크, 폴로츠크, 프스코프를 방문했다. 아담은 러시아인이 지도부에게 조용히 충성하고 지도자들은 독일의 지도자처럼 국민을 무시하지 않는다고 말했다.

16-18세기에 처음으로 언급됐다. 외국 외교관, 여행자, 특히 모험가들이 말을 풀었다. 흥미로운 사실은 러시아인이 끈기가 강하고 요새 안에서 오래 지낼 수 있는 능력을 가졌다고 쓴 사람이 당시 외국에서 고용된 마가렛[192]이라는 사실이다. 1612년 크레믈린을 장악한 외국군대가 한 요새를 포위했는데, 그는 요새에 오랫동안 갇혀 지냈었다. 그는 러시아인의 끈기에 대해 이야기 할 때마다 '다른 방법이 없기 때문에'라고 말했다. 살아남을 것이라고 확신하지 못했기 때문에 끝까지 싸울 수 밖에 없었다는 것이다. 트로이체 세르기예프 수도원이 동란의 시기에 침략자에 맞서 거세게 저항했을 때, 무장한 수도사와 자원한 일반인이 수도원 벽에서 죽도록 싸웠을 때를 두고 마가렛은 러시아인의 인내심이니 검소함이니 떠들었다. 한 입으로 두 말하는 꼴이다.

러시아인이 복종을 잘한다는 이야기는 17세기 말 라이프니츠도 기록한 바 있다. 그는 스웨덴이 러시아를 정복했을 때 국민이 쉽게 외국 통치자에게 복종했다는 사실을 언급했다.[193]

"그들을 정복하는 것뿐만 아니라 문명화 시키는 것도 그리 어렵지는 않다. 러시아인은 누가 정치를 하든지, 어떤 정책을 펼치든지 반항하지 않기 때문이다."

'상실'에 적응했다는 것은 삶에 강하다는 것일 수도 있다. 당시에도 이 말은 칭찬이었다. 프러시아의 프리드리히 대왕은 러시아 병사를 보고 아주 솔직하게 표현했다.

"러시아 병사는 큰 일을 이룰 줄 알고 굳건하다. 우리 병사에게는 불가능

192 러시아는 17세기를 시작했다: 마가렛 선장의 기록. 모스크바. 1982년
193 G.W. 라이프니츠, 철학저서 모음집. 상트 페테르부르크. 1890년

한 것을 그들은 할 수 있다." [194]

프리드리히 대왕은 '러시아인은 할 수 있지만 독일인은 못한다'고 말한 슈타덴과 같은 생각이었다. 그리고 역시 같은 실수를 저질렀다. 러시아 민족 병사를 유럽 전역에서 모은 자신의 다민족 병사와 비교한 것이다. 유럽에서 모집된 병사들은 적의 탄환보다 하사의 몽둥이를 더 겁냈다. 나폴레옹도 러시아인의 소박함에 대해서 다음처럼 이야기한 적이 있다.

"러시아의 저항을 막는 데는 큰 힘이 들고 무자비해야만 한다. 러시아인은 작은 것에 만족할 줄 알지만 작은 공격에는 꿈쩍도 하지 않는다."

이 모든 이야기는 19세기경 러시아에 대한 정설이라고 여겨졌다. 러시아인도 그 낭설을 믿었다. 러시아인은 '맞아, 우린 인내심이 많고 순종적이지'라고 동의한다. '우리는 일을 못할 뿐더러 하고 싶어하지도 않아. 왜냐면 많은 것을 원하지 않으니까". 러시아인은 자신을 깎아 내리는 단점을 이렇게 장점으로 승화시켰다. 1855년 표도르 이바노비치 튜체프의 시를 감상해보자.

이 가난한 마을
이 헐벗은 자연
기나긴 인고의 고향 땅
너 러시아인의 땅이여!
다른 종족의 오만한 시선은
너의 겸손한 빈곤 속에
무엇이 희미하게 보이는지 신비로이 빛나는지를
알지도 눈치채지도 못하리.

194 F.A. 코니. 프리디리히 대왕. 모스크바. 1997년.

무거운 십자가를 지고
하느님은 노예 차림으로
조국의 땅, 너의 모든 것을
축복하며 떠도셨으니.[195]

실제로 알렉세이 콘스타노비치 톨스토이 백작은 위대한 애국자이자 제국주의자인 튜체프와 직접 열띤 토론을 벌였다. 1869년 그의 시다.

풍요로운 땅을
내려주신 예수는
모두 풍족하고 강해지라고 하셨다.

마을이 쇠약해지고
밭이 텅 비어버리라고
예수는 우리에게 그런 축복을 내리시지 않았다.

우리는 만사태평하고 게으르다.
뭐든 잘 되는 일이 없다.
하지만 참을성은 강하다.-
이건 자랑이 아니다.[196]

튜체프도 러시인이 지나치게 낙천적이고 게으르고 심하게 인내심이 강하다는 사실에 동의한다. 자랑은 아니다. 이제 러시아를 부강하게 만들어야 한다. 물론 현재 러시아는 부강하다.

러시아에 대한 낭설은 19세기 내내 존재했고 20세기에도 계속됐다. 독일의 원수, 용감한 동맹군, 영국군, 미군 등 많은 사람이 2차 대전에서 러시아 병사들이 보여줬던 소박함에 대해 이야기 했다. 소

195 튜체프 F.I. 시모음집. 레닌그라드. 1957년.(말로 표현한 사상은 거짓말이다. 조주관 옮김. 서울:새미)
196 톨스토이 A.K. 작품모음집. 4권. 모스크바. 1968년.

박하다는 말에는 어리석다는 의미도 있고 놀랍다는 의미도 있다. 토르 헤위에르달이라는 노르웨이 모험가는 1944년 영국군에 쫓겨 노르웨이의 최북단, 핀란드와의 국경 부근에 불시착했다. 그는 따뜻한 옷 하나, 서류꾸러미, 무기 하나만 소지한 어떤 러시아 병사에 대해 "러시아 병사들은 따뜻한 음식이나 난방기구 없이 북극의 겨울과도 같은 환경에서 공격을 감행했다. 러시아 병사들은 자신의 기지에서 순식간에 적에게 달려들었다"[197]고 썼다. 하지만 그들이 전쟁 내내 따뜻한 음식, 난방기구 없이 있었던 것은 아니다. 공격을 시도하는 며칠뿐이었다. 사실 1944년 병사들은 비교적 괜찮게 먹고 지냈다. 좋은 말을 써준 것에 대해 헤위에르달에게 감사의 말을 전해야겠다. 조금 틀리긴 했지만 말이다.

*세뇨르 콘티키*라는 책에서 노르웨이 빨치산에 관한 좋은 말은 찾을 수 없다. 노르웨이 빨치산은 사실상 집도 따뜻한 음식도(위치 노출을 꺼려 모닥불도 피우지 않았다) 없는 상태로 몇 달씩 산속에서 지냈다. 학자와 작가들은 그들의 공적을 잊었는가 보다. 노르웨이인과 핀란드인이 아주 소박하고 지휘관에게 복종을 잘하기 때문에 난방과 따뜻한 음식이 필요 없다는 꾸며낸 이야기마저 없으니 말이다.

소박함에 대한 이야기는 지금까지 전해지고 있다. 러시아인은 어떠한 상황도 견뎌낼 수 있는 능력을 믿고 소박함을 자랑스러워한다. 한편으로는 불편하더라도 생활이 가능한 자신의 능력을 덜 문명화된 것이라며 부끄러워하기도 한다. 하지만 자랑스러워하는 쪽이 더 많다. 어떤 면에서는 러시아가 서방을 앞서기도 한다. 러시아인은 남극에서라도 무엇이든(못이나 감자 깎는 도구라도 괜찮다) 있다면 생활할 수 있다. 그곳에서 위대한 일을 이룰 수도 있을 것이다.

197 야코비 C. 세뇨르 콘티키, 모스크바 1969년

3장. 낭설의 뿌리

하인을 완벽하지 않게 만드는 두 가지가 부와 존경이다.
인간은 억눌린 상태에 있으면 흐트러지지 않을 것이다.
-18세기 일본작가 야마모토 츠네토모, 하가쿠레, 혹은 나뭇잎에 숨겨진 것

현재 러시아에 관한 소문은 문맹률이 낮고, 기후가 혹독하며, 인구밀도가 낮고, 오염되지 않은 광활한 숲, 산, 초원이 있다는 것 등이다. 유럽과는 소비생활이 다르게 나타날 수 밖에 없다. 고대 루시의 서쪽 지방, 현재의 우크라이나와 벨로루시 지역은 기후나 토지의 비옥도 면에서 유럽과 더 유사하다. 하지만 현대 러시아인의 민족적 성질은 대러시아가 출현할 당시 볼가강과 오카강 사이에서 형성되었다. 여기에서 사람들의 행동과 대중 심리가 근본적으로 변했던 것이다. 그곳은 인구가 적고 끝없는 숲으로 덮여 있어 루시의 남쪽이나 서쪽지방보다 자연이 훨씬 더 초라하다. 농사를 짓는데도 과감한 도전이 필요했다. 몇 년 만에 한 번씩은 꼭 흉년이기 때문이다.[198] 이런 땅에서 인간이 편하게 지내려면 생활에 필요한 물질에 무심해져야 한다. 전보다 먹고 살기 힘들다 한들 어쩔 수 없는 일이다. 허리띠를 졸라매야 하는 때도 있는 것 아닌가!

198 지역의 수확능력은 아주 낮았다. 18세기 1헥타아르의 독일 농지에서 7-8 첸트너(50kg)가 수확됐던 반면, 모스크바 지방의 수확능력은 더 낮아 수확량이 파종의 3배, 2배 적은 경우도 있었다.

먹을 것 앞에서 절제하고 조심스럽고 수수한 옷차림을 추구하는 일이나 정신적 가치를 육체적 쾌락보다 더 중시하는 경향은 어떤 문화권에서도 높이 평가 받는다. 러시아에는 정신이 아주 중요한 위치를 차지한다. 러시아인은 수세기에 걸쳐 재물에 무관심하는 법, 아니 재물 앞에서 평정을 유지하는 법을 익혔다.[199]

숲은 아주 중요한 의미를 갖는다. 시골 농가에서 나오면 숲으로 이루어진 벽과 위로 뾰족뾰족한 나무들의 스카이 라인이 지평선과 이어져 있는 광경을 볼 수 있다. 숲은 경제적인 의미도 가진다. 열매가 있고 버섯이 그곳에 있다면 밭을 왜 경작하겠는가? 숲에 야생 짐승들이 산다면 가축을 무엇 때문에 기르겠는가? 사슴, 멧돼지, 새가 숲속에 많기 때문에 기를 필요가 없다. 새는 도살될 가축보다 싸게 거래된다. 맛과 영양도 뒤지지 않는다.[200]

야생상태의 자연은 작은 마을과 도시를 에워싼다. 러시아인은 배를 댈 곳이 없고 강변 도로가 없는 연안에 거주했다. 숲에는 도로나 사람이 거주한 흔적이 전혀 없고, 사람이 지나다녔던 오솔길만 끊임

---

199 좋은 점만 있는 것은 아니다. 러시아에는 노력과 결과 사이에 심리적 관계가 적은 편이다. 흉작은 힘들여 일한 노력의 열매를 모두 망친다. 여기에 어떠한 심리가 개입할 수 있겠는가? 일은 해야 하지만 농토의 부자는 그만큼 일한 사람이 아니다. 그냥 운이 좋은 사람이다. 하지만 유럽인들, 특히 미국인은 연관관계가 강력하다고 생각한다. 노력은 돈보다 훨씬 귀하다. 노력을 했는데 보상을 못 받을 수는 없다. 하지만 러시아인들은 못 받을 수도 있다고 생각한다. 결과적으로 백수가 사회적으로 존경 받을 수도 있다. 왜냐하면 게을러서가 아니라 현재 상황이 좋지 않기 때문에 백수가 된다는 논리가 성립되기 때문이다. 단지 운이 안 좋았을 뿐이다.
우리는 박물관에서 30-50cm정도되는 멧돼지 송곳니를 볼 수 있다. 멧돼지는 가축이 아니다. 현자 야로슬라프가 괜히 자신감에 넘쳐서 '혼자 멧돼지를 타고 거닐었느니라'라고 쓴 것이 아니다. '쌍총이나 엽총을 들지 않고 창과 칼만 지녔다.' 이는 과연 잔인함을 기르고 얼마간 금욕생활을 하며 자기 자신 및 타인의 고통, 피, 육체적 노력, 위험에 무관심해지기 위한 훈련이었을까?(편집자 주)

200 사슴, 곰, 멧돼지의 뼈는 중세 러시아 부엌에서 자주 발견된다. 큰 짐승 사냥이 아주 자연적인 일상생활이었다는 뜻이다. 사냥용 창을 갖고 곰이나 멧돼지를 사냥한다. 사냥을 즐기기 위해서가 아니라 자신과 가족의 생계를 책임지는 입장에서 용맹함을 과시하는 것이다. 사슴은 약 500kg으로 강한 몸집에 소보다 더 큰 발굽을 갖고 있다. 사슴의 뿔은 땅을 팔 수 있을 정도로 튼튼했다. 다친 사슴은 사람에게로 곧장 달려든다. 보통 사슴 사냥은 늦가을에 한다. 결혼시즌이다. 성난 사슴은 킁킁거리며 콧구멍으로 김을 내뿜고 핏줄이 터진 눈은 붉게 변한다. 이런 사슴을 잡을 때는 창을 옆에 놓고 반드시 받침대를 사용한다. 잊을 수 없는 광경이다.

없이 이어진다. 오솔길은 위험한 짐승이 있는 길로 접어들기도 한다. 이런 환경에서 러시아인은 생활하고 일해야 했다. 환경을 사랑하고 거기서 만족을 얻는 것이 최선이었다. 여차하면 삶이 고통으로 변할 수 있었으니 말이다.

땅은 이미 오래 전부터 개간되어 있었다. 러시아인은 숲이나 숲 속에 있는 호숫가에 가려 하지 않았다. 풀에서 뒹굴거나 자작나무를 안고 서있거나 숲의 끝에서 풀 냄새 나는 바람을 맞는 것은 원치 않는 일이었다. 비소츠키가 술에 취해 파리를 헤맨 것처럼.

나는 숲으로 자연으로 뛰어들었다.
풀에 눕고 싶었고 물에 뛰어들고 싶었다.
프랑스의 악마 때문이었다.
악마는 자연을 사랑하지 않았다.[201]

유럽에서는 프랑스인이, 동양에서는 중국인이 그런 생각을 지녔다. 러시아인이 들판에서 휴식을 취하는 것이 이상하다고 생각하는 것이다. 프랑스인과 중국인은 그런 바람이 전혀 없다. 러시아 도시나 마을 밖에서 일도 하고 쉬기도 하려면 편리함은 일부 포기해야 했다. 들판에 누워 머리 위에 줄지어가는 학 떼들을 보는 것이, 맛있는 식사를 하고 고상한 와인을 마시는 것보다 중요하다면, 새의 지저귀는 소리와 작은 짐승들이 사각사각 대는 소리가 도시 광장에서 음유시인의 공연을 보는 것보다 즐겁다면, 중세의 루시는 안성맞춤이었다.

러시아의 귀족과 지식인은 원한다면 자신을 유럽계 러시아인이라고 부를 수 있다. 토종 러시아인 사이에서 유럽 문화 전도사인 척 하는 것이다. 하지만 그들의 생활습관이나 문화를 보면 유럽인과는 거

201 B. 비소츠키의 시, 나의 벗 미하일 쉐마킨에게, 1978년

리가 멀었다. 귀족일가의 삶은 모스크바나 페테르부르크보다 덜 편안했다. 귀족은 기회만 생기면 치유할 수 없는 편집증적 망상을 가지고 이 마을 저 마을을 떠돌아 다녔다. 지식인은 다차에서 따뜻한 계절을 보내려고 했다. 버섯을 따는 식상한 일도 유쾌한 가족 놀이였다. 이를 위해서는 집에서 떠나 멀리 가야했다. 사람의 손길이 닿지 않은 나무가 속삭이는 어둠 속으로 지팡이로 나뭇잎과 풀을 헤치며 가고 또 가야 했다. 버섯 너머로 쓰러지고 또 쓰러져야 했다. 다리가 젖고 피로가 쌓이는 일이었다. 일은 나중으로 미루면 안되고 해가 질 녘에 해야 했다. 촛불이나 램프가 빛을 밝히면 수확량을 계산하고 세척하고 손질해야 한다. 물고기 잡이, 배타기, 사냥은 모두 육체적인 힘과 소박함, 준비를 필요로 하는 놀이이다.[202]

러시아인은 정말 유럽인보다 검소하고 끈기가 있을까? 유럽인보다 인내심이 있어 편안함을 덜 추구하는 것일까? 서두르지 말자. 유행잡지[203]의 매력적인 인물과 비슷해질 필요는 없다. 남프랑스의 코

202 백년 전 야생의 자연이 러시아인의 생활에 얼마나 영향을 끼쳤는지 예상하기 쉽지 않다. 푸시킨은 미하일로프스키 영지로부터 근처의 트리고르스코예 영지(트리고르스코예는 오시포바야의 소유였는데 오시포바야는 푸시킨의 친구 알렉세이 불프의 어머니였다. 전해 내려오는 이야기에 따르면 트리고르스코예는 예브게니 오네긴의 이야기가 전개되는 곳이다)까지 산책을 즐겼다. 사각거리는 소나무 숲(소나무 숲 깊은 곳의 여인)을 지나 마을과 묘지 옆의 목장을 거치는 총 거리는 불과 4km 였다. 산책길에는 그림 같은 풍경이 펼쳐졌었다. 푸시킨은 늘 집에서 지팡이를 가지고 나왔다. 숲에는 늑대가 살고 있었기 때문이다. 푸시킨은 늑대와 마주친 경험에 대해 글을 쓴 적은 없었지만 늑대가 실제로 있었기 때문에 지팡이를 들고 다니는 게 현명했다. 가을에는 두 번 대낮에 늑대의 울음소리가 퍼져 지나가는 말을 놀래키기도 했다.

차가운 어둠 속에서 아침 노을이 떠오른다
밭에는 노동의 소리가 멈춰있다
굶주린 암늑대와 함께
늑대가 길가로 나온다

이 시는(예브게니 오네긴 4장 XLI 연- 편집자 주) 개인적인 감정을 기록한 것으로 푸시킨이 살던 곳의 자연을 모사한 것이다. 불가코프는 20세기 초 늑대무리가 어떤 의사의 썰매를 공격하는 장면을 묘사했다. 의사는 겨우 도망쳤다. 역시 개인적인 인상을 쓴 것이었다

203 다른 주제에 대해 이야기 한다. 자신을 반성해볼 수 있을 것이다. 보그, 글래머, 인스타일, 코스모폴리탄, 맥심, 지큐 등 현재 발행되는 수십 개의 두꺼운 잡지(수는 많지만 하나같이 같은 종류다)중 아무거나 최근 것 하나를 집어보라. 물론 이것을 '잡지'라고 부르고 싶지 않을 것이다.

트다쥐르에서 결성된 세계화 모임에 참가한 사람들을 유럽인이라고 여길 필요는 없다. 유럽에는 아주 다양한 나라, 다양한 민족이 모여 있다.

소련의 기자 오브친니코프는 참나무의 뿌리라는 책에서 영국귀족이 왜 말을 이용한 스포츠를 좋아하는지, 야외에서 활동적인 스포츠를 즐기게 됐는지, 들판과 목장을 빠르게 산책하기를 좋아하는지 설명했다. 이유는 간단하다. 날씨 때문이다. 영국의 날씨는 물론 러시아와 다르다. 눈도 금방 녹고 2월은 봄으로 간주된다. 그래도 영국의 날씨는 습하고 서늘하다. 우산이 영국 남자 화장실에서 흔하게 목격되는 것은 다 이유가 있다. 날씨가 맑아도 30분 후에 비가 올 수 있다. 두 시간 후 다시 맑아질지도 모른다. 남자 화장실에서

'글'이라고 간주할 수 있는 것이 거의 없으니 말이다. 사진만 덕지덕지 붙어있고 광고만 끝없이 계속된다. 이렇게 광고로 떡칠한 사진책은 농담 따먹기에 등장하는 금발머리 여자를 위한 것일 뿐이다. 잡지 한 권의 무게가 2kg씩 나가기도 한다. 내가 보기에 이런 잡지의 장점이 있다면 체력 단련할 아령으로 쓸 수 있다는 것이다. 어떻든 간에 무거운 짐 아닌가? 잡지 출판사 중 몇 말을 잘 듣는 회사는 자사의 잡지를 '정기간행물'이 아니라 '광고 출판물'이라고 솔직히 말하기도 한다. 출판사들이 러시아연방 '광고에 관한 법률'을 준수하며 이렇게 해야 되는 이유가 있다. 언론 매체에 허용되는 직접광고비율이 이미 오래 전에 기준을 훌쩍 넘어섰기 때문이다. 이들 잡지 속에서 '지구의 행사'에 관한 '사진보고서'를 한번 주의 깊게 들여다 보라. 자잘한 사진을 함께 실어 보통 책의 끝부분에 몇 페이지 차지하고 있다. '1루블 인생' 시리즈에 실린 모임을 주의 깊게 살펴보라. 초기 브레즈네프시대를 풍미했던 늙은 대형 팝스타의 모스크바 방문을 환영하는 사람들, 새로운 옷가게, 카페, 뷰티살롱 오픈을 축하하는 사람들, 라디오 방송국의 기념일을 축하하는 사람들, 담배나 BMW, 속옷의 신상품 출시를 축하하는 사람들은 모두 같은 인물들이라는 것을 알 수 있을 것이다.

게다가 그들은 오스탄키노미디어사의 리얼리티쇼 돔1, 돔2에 출연해 유명세를 탄 애증의 소브차카, 즈베레프 루드콥스키와 말리노프스키다. 이들과 함께 있는 사람은 TNT, MTV, musTV 채널의 광 팬이라도 모르는 사람인데, 예를 들면 촬영 모델 미스 아무개, 아트 갤러리 소유주 마담 아무개, 스타일리스트 미스터 아무개 이런 식이다. 그들이 매일, 정확히 말하면 매일 저녁에서 밤까지 '지구의 행사들'에 참여하는 것은 그냥 일하러 가는 것일 뿐인 듯하다. 속세의 카메라 앞에서 말끔한 용모를 보이는 것이 이들의 인생목표인 거다. 후에는 친구에게 "봐, 근사한 곳에 갔었어"라고 자랑한다. 안톤 파블로비치 체홉이 살던 시대와 달리 지금은 신문에 실리기 위해 말(馬) 밑으로 기어들어가지 않아도 된다. 당신의 삶이 진짜라고 생각하지만 않으면 된다. 여기가 진짜 러시아라고 생각하지 않으면 된다. 그리고 주위 사람이 진짜가 아니라고 여기면 된다. 단지 삶의 모조품이고, 모조품의 더러운 진열창으로 생각하라. 암스테르담 붉은 전등 아래 전시되어 있는 쇼윈도우 창녀와 같은 거다. 이게 진짜 네덜란드는 아니지 않은가? '니스에 있는 크루아제트 해안가 도로는 프랑스가 아니다. 코트다 주르는 유럽이 아니다' 그렇게 생각하면 된다.

또 하나 흔한 것은 지팡이다. 아름다운 공원길이 숲과 늪으로 이어지는 경우가 있다. 바스커빌씨는 바스커빌가의 숲속에 사는 무시무시한 개 때문에 죽었다. 공원의 쪽문이 늪으로 직접 이어졌기 때문이었다. 선조가 공원을 잘못 설계한 탓으로 모든 영국인이 유기견과 맞닥뜨리는 것은 아니다. 하지만 늑대, 사나운 개, 방랑자는 실제로 존재하고 그들을 만날 경우를 대비해 지팡이는 휴대하는 게 좋다.

영국 귀족은 조국을 사랑했고 자연을 사랑했다. 그들은 많은 시간을 야외에서 보내기를 좋아했다. (그렇다면 이점에서 러시아인과 다른 특징은 무엇인가? 각자 답을 찾아보자) 하지만 야외에서 시간을 보내며 만족하려면 계속 움직여야 했다. 움직이며 열을 내야 했다.[204] '발의 공'이라는 뜻을 가진 신체접촉이 많은 축구는 영국 연안에서 탄생했다. 뛰어서 몸에 열을 내야 했기 때문이다. 축구는 러시아, 심지어 시베리아에서도 인기 스포츠 종목이 되었는데 역시 이유는 같다.

영국의 실내는 서늘할 뿐만 아니라 습하고 춥다. 연중 대부분이 그렇다. 벽난로는 요리가 아니라 방을 데우는 용도다. 벽난로가 타는 동안은 따뜻하다. 영국의 귀족과 지식인, 셜록홈즈와 왓슨박사 역시 발을 난로 쪽으로 쭉 뻗으며 가까이 앉길 좋아했나 보다. 서늘한 실내 때문에 영국인들이 위스키 잔을 밤새 놓지 않은 것 같다. 알코올로도 열이 나기 때문이다. 영국인은 벽난로의 불에 몸도 쏘이고 위스키도 마시며 유쾌한 이야기를 이어간다. 그렇게 데워진 몸으로 각자의 서늘한 침실로 흩어진다. 19세기에도 영국침실에 난방을 하는 것은 비도덕적인 행위였다. 따뜻한 이불을 덮고 길고 촘촘한 나이트 가운을 입은 채 자는 것이 옳았다. 하지만 침실 내의 온도는 실외 온도와 같았다. 보통 영국인이 잠자기 전 하는 일이 매트리스 밑

204 오브친니코프 B. 사쿠라의 가지. 참나무의 뿌리. 모스크바 1990년

에 아주 뜨거운 물을 담은 난방도구 몇 개를 놓는 것이다. 침대가 조금 데워지면 파자마를 입고 실내모를 착용한 채 침대에 눕는다(요즘도 작은 호텔, 특히 북쪽지방에는 이런 식으로 잘 준비를 한다).

2년 전 런던에서 12월을 지냈던 적이 있었다. 시내 중심에 있는 4성급 호텔임에도 로비에 앉을 자리가 없었다. 바깥 온도는 5-6도였는데 문은 엉성하게 닫혀있었다. 홀의 온도는 아무리 높게 잡아야 15도였다. 프론트에서 일하는 영국인은 셔츠만 입고 있었다. 나는 러시아 출신이지만 스웨터에 점퍼를 입고도 추웠다. 길거리는 역시 5-6도에 축축한 바람마저 불었다. 그런데 부모들은 즐겁게 공원을 산책하며 야외 인공 스케이트장에서 스케이트를 탔다. 서너 살의 아이들은 모자나 점퍼도 쓰고 입지 않았다. 스웨트셔츠 위에 공기조끼를 입고 목도리를 한 아이가 가장 따뜻하게 입은 것 같았다. 러시아의 엄마들은 말도 안 된다고 생각할 것이다. 이는 영국인이 수세기 동안 추위에 적응한 결과이다. 일반 학교와 유치원 권장 실내온도는 19도다. 러시아 군의 숙사 온도가 19도였다면 병사들은 얼어 죽는다고 밤마다 불평을 늘어놓았을 것이다. 단련된 영국인을 보고 나는 중얼거렸다. "괜찮아, 진짜 시베리아인은 얼어 죽지 않는 사람이 아니라 따뜻하게 입는 사람이야."

여러 영국작가들은 다양한 작품에서 남녀 주인공과 하인이 아침에 세수를 하기 위해 대야의 얼음을 깨는 장면을 묘사했다.[205] 이런 행동은 장면효과를 위한 것이 아니라 그저 일상의 한 부분이다. 평상복으로 갈아입고 따뜻한 벽난로가 있는 홀로 나가기 전에 이를 부딪치며 세수를 해야 했다. 영국 귀족과 지식인의 가운은 사라사 옷이었는데, 우리가 보면 마음에 들지 않을 것이다. 셜록홈즈는 딱맞

205 브론테 C. 제인에어. 모스크바., 2006년. 보이니치 L. 신발을 벗어라. 전집 2권. 모스크바. 1959년. 코난도일 A. 로드니 스톤 전집 8권. 모스크바 1991년. 크리스티 A. 거인의 빵. 전집31권. 노보시비리스크 1997년.

는 쥐색의 가운을 걸쳤다. 옷 대신 입는 게 아니라 옷 위에 입었다. 왜 그랬을까? 멋을 부리려던 것은 확실히 아니다. 보온 때문이었을 것이다.

일반 사람들은 좀 더 초라했고 덜 세련됐다. 가운 대신 일상복 위에 외투를 걸쳤다. 외투를 입은 채 서늘한 집안도 돌아다녔다. 축축하고 서늘한 아침에 벽난로 근처에 모여 새로운 산책(지팡이 혹은 우산을 지참하는)이나 골프경기를 준비하거나, 배를 타려고 채비를 하는데, 영국인은 안개 속 이슬비가 내리는 상황 그리고 어느 때라도(온도가 낮다 하더라도) 배를 타려 준비한다. 얼마나 소박한가! 인내심도 강하고 악천후나 어려운 생활환경에도 아주 순종적이다. 왜 영국인에게는 짐승과 같이 우둔하다거나 상황에 순종적이라고 이야기하지 않을까? 영국 내에는 물론이고 다른 나라도 그렇게 여기지 않는다. 어떤 민족의 생활양식과 특징은 이처럼 자연과 기후에 따라 상당히 달라진다. 자연적으로 제약이 따른다.

스칸디나비아 반도에서 바나나를 따먹으며 살 수 없다. 같은 맥락에서 아프리카에서 사슴을 사냥할 수 없다. 아프리카에서 오래도록 행복하고 싶다면, 바나나만 생각하고, 사슴은 잊는 게 좋다. 논리적이지 않은가? 유럽의 어느 나라 문화를 보던 자연에 적응해 사는 모습을 찾을 수 있다. 자연 앞에서 절제한다. 자연을 거슬러 편안함과 편리함, 즐거운 일 혹은 비용이 많이 드는 일은 포기한다.

중세시대 프랑스인은 조개 껍데기를 긴 손톱으로 긁어가며, 죽어가는 젤리형태의 달팽이와 산호충을 먹었다. 자연에 적응하는 방법은 영국이 러시아와 유사하지만, 따뜻하고 풍족한 프랑스를 예로 드는 것이다. 프랑스는 양파 수프, 달팽이와 개구리 요리가 유명하다. 날씨가 따뜻하고 다채로운 색깔이 존재한다. 또한 풍부한 자연과 천혜의 남쪽지방을 거느리고 있다. 다만 음식이 부족할 뿐이다. 러시아인은 비계로 맛을 낸 죽을 먹고 걸쭉하고 기름기가 있는 수프를 먹는다. 영국인은 두툼한 비프스테이크와 푸짐한 푸딩을 먹는다. 우아한 프랑스의 요리에는 온갖 종류의 풀이 음식에 이용되는 것 같다. 달팽이는 담장에서 잡아 반죽을 입혀서 튀긴다.

프랑스는 비극적인 역사와 자주 맞닥뜨렸다. 켈트인과 갈리아인, 라틴인과 로마인, 게르만인과 프랑크족, 부르고뉴인, 바이킹인과 노르만인이 모여 살았고, 끝날 줄 모르는 백년전쟁과 유럽 전역에서 일어난 30년전쟁의 무대이기도 했다. 종교재판도 벌어졌으며 쟈크리 농민 폭동을 비롯해 크고 작은 민란이 끊이지 않았다. 이런 상황을 통해 프랑스인은 달팽이, 노래하는 새, 늪에서 잡은 개구리를 요리하는 법을 배웠다. 프랑스인은 얼마나 인내심이 강한가! 가난하고 굶주린 조국을 떠나지 않았다! 국민을 굶주리게 한 폭군을 단번에 몰아내지 않았다! 노예 같이 순종적인 프랑스인은 다른 정상적인 사람이라면 먹지 않았을 것을 먹었다.

사람이 자신의 조국에 적응하다 보면 단지 상황에만 익숙해지는 게 아니라 특징을 장점으로 발전시키고 남과 차별화한다는 사실을 여기서 알 수 있다. 위대한 심리학자 데일리 카네기는 "만약 운명이 레몬을 허락한다면, 국민은 레몬을 레몬에이드로 변화시킬 수 있다"고 했다.

영국인의 선조는 강하게 단련되었고 강건함이 돋보였는데 영국인은 이를 매우 자랑스러워 한다. 그들은 자연에서 혹독하게 사는 게 편하게 사는 것보다 중요하다고 생각했다. 혹독한 삶은 영국의 조상으로 하여금 위대한 업적을 이루게 했고, 대제국을 건설하는데 이바지 했다. 가스와 전기가 쉽게 보급되는 오늘날에도 영국의 명문학교나 가장 귀족적이고 폐쇄적인 학교라 해도 환경이 아주 열악하다. 침실은 난방이 안되고 강당도 없어 스포츠 경기는 야외에서 해야 하며 날씨와 관계없이 오랫동안 산책을 해야 한다.

위대한 영국인이 옳았다. 필요한 준비과정을 거친 사람들이 훌륭한 근로자나 훌륭한 병사가 된다. 영국인은 조국의 날씨와 자연에 적응했고 거기서 만족을 얻으려 했다. 자신을 계발시키는 것도 소홀히 하지 않았다. 왜 러시아는 그렇게 될 수 없는가? 러시아인을 인내심 강한 민족이라고 보는 이유 중 90%는 자연과 날씨에 대한 러시아의 적응력을 보고 하는 말이다. 러시아의 생활양식은 러시아인을 강하게 만들었다. 이미 17세기에 시베리아의 끝없는 동토를 지나 대양까지 세력을 뻗쳤고, 18-19세기에는 카프카스지역과 중앙아시아를 정복한 전력이 있다. 하지만 '러시아는 문명화된 영국이 아니다'라는 어리석은 자기비하 논리에 빠져 이를 자랑스럽게 여기지 않는다.

러시아인의 인내심과 검소함에 대한 낭설을 믿으면 안 되는 이유가 또 하나 있다. 러시아에서 허리띠를 졸라매는 상황은 심한 낭비를 줄이는 데에 목적이 있었기 때문이다.

4장. 결론

우리가 러시아에서 관찰할 수 있는 것은 결론적으로 인내심과 온순함인가? 정권에 대한 복종인가? 혹은 노예적인 순종인가? 어느 것도 아니다. 우리는 주어진 환경에 잘 적응해 그 환경에서 필요를 충족시키는 러시아인의 능력을 봤다.

러시아인은 자연을 바꿀 수 없거나, 나라를 더 살기 좋게 바꿀 수 없을 때 강한 인내를 보여준다. 혹한과 질퍽거리는 길이 인내심을 가르쳐 불가능한 일에 함부로 도전하지 않는다. 추워서 농사를 지을 수 없다면 그것은 물에 떠다니는 얼음덩이 때문이다. 자연 때문이다. 러시아인은 차라리 썰매를 타고 눈부시게 파란 3월의 하늘 아래서 물과 얼음의 자연을 감상할 것이다.

하지만 러시아인은 춥든 멀리 떨어져 있든지 간에 자신에게 가장 편안한 환경을 조성할 줄 안다. 겨울 숲을 따라 산책하는 도중 강가에서 얼음덩이를 맞닥뜨리면 러시아인은 집으로 돌아와 파이와 미리 만들어놓은 뻴메니(러시아식 만두 – 역자주)를 가지고 계속 산책을 한다. 시베리아인이 전해준 바에 따르면, 긴 겨울이 오기 전에 시골 여인은 뻴메니를 수천 개씩 미리 만든다고 한다. 뻴메니는 맛도 영양도 좋다. 창문밖에 두면 되니까 냉장고는 필요 없다. 4월 해빙기까지 상하지 않는다.

난방이 거의 안 되는 집에서 몸에 열을 내기 위해, 축축한 날씨에 끊임 없이 움직여야 하는 영국 귀족의 인내심보다 러시아인의 그것이 강하다고 할 수는 없다. 그럼에도 불구하고 유럽의 졸렬한 비평가들은 왜 그러는지 모르겠지만, 러시아의 기후와 자연에 적응하는 데에만 강한 인내심이 필요하고 순종적이어야 가능하다고 이야기한다. 완전히 비논리적이다.

포위된 전쟁 요새 내에서 러시아인이 보여준 인내심과 순종적 성향은 유머일 뿐이다. 비교될 수 없는 것에 비교를 한 격이다. 가벼운 식민 전쟁 중에 한 행동과 민족적 비극의 성격을 띤 전쟁 중의 행동은 비교 불가하다. 빠져나갈 구멍이 없다면 다른 외국인은 어떻게 대처하겠는가? 러시아인과 똑같았을 것이다. 스페인 또한 나폴레옹군과 러시아만큼 꽤 용감하게 싸웠다. 스페인에서의 저항은 아주 비극적이었다. 러시아는 국가가 무너지지 않았기 때문에 외국군의 점령 하에 놓이지 않았다. 러시아 민족은 급조된 비정규군뿐 아니라 정규군까지 모두 나서 싸웠다. 하지만 스페인 저항군은 세력을 합치지 못하고 따로따로 적군과 목숨을 걸고 싸웠다. 여기서는 러시아의 어떠한 특징도 찾을 수 없다. 무자비한 지도부와 이성을 잃은 정부를 앞에 두고 인내심을 어디서 찾는단 말인가?

러시아인이 육체적 한계를 넘어서 끝까지 인내심을 보이는 경우를 찾아볼 수 없다. 하지만 유럽에서는 사람의 자기보존 본능을 완전히 짓밟는 비극적인 상황까지 치달은 소요사태가 여러 번 있었다. 인상적인 것은 유럽인이 러시아 내에서 농민폭동이 끊임없이 일어났던 사실을 인정한 것이다.

러시아에서 위와 같은 비극적인 상황이 아주 드물었음에도 말이다. 러시아인은 참지 않았기 때문에 소요가 일어나면 즉시 퍼져나가 전개가 빨랐다. 러시아의 소요사태는 대부분 체제에 대한 불만에서 촉발됐다. 그런데 양상을 보면 무릎을 꿇고 청하는 형태였고 일종의 소요사태 예방차원이었다. 진짜 소요사태가 일어나기 전의 소요사태였다고나 할까. 러시아의 역사를 보면 여러 이유로 많은 봉기가 일어났다. 봉기는 근거가 생기면 아주 빠른 속도로 시작됐다. 그래서 무혈사태가 대부분이었다. 소요사태에 국가도 차분히 대응했고, 반란자를 제거하기보다 협상하는 쪽을 선택했다. 짜르 알렉세이는 민중과 직접 손뼉을 치며 합의했으며 민중은 자신에게 허용된 한계를 더 잘 인식할 수 있었다.

잔인하고 무자비한 소요사태가 일어난 경우는 민중이 정부에 대한 신뢰를 잃고 진정한 루시의 짜르가 아니라고 생각했을 때였다. 거짓투성이인 악한 정권을 몰아내야 한다는 필요성이 제기되고 완전히 다른 통치 시스템을 도입해야 한다는 이야기가 흘러 나올 때이다. 날조된 가짜 드미트리는 민중에 의해 살해되었다. 스텐카 라진의 난, 볼로트니코프의 난, 콘드라티 불라빈의 난, 푸가쵸프의 난과 같은 반란을 러시아는 농민전쟁이라고 부른다. 이런 농민전쟁을 자기보존 본능을 짓밟힌 사람들의 절망이 폭발한 폭동이나 프랑스의 쟈크리 농민봉기, 영국 와트 타일러의 반란, 토마스 뮌처의 난 등과 동일시 할 수 없다.

불법이거나 합리적인 방법으로 검증되지도 않은 권력의 공정성이나 정당성에 관한 아이디어에 다양한 의견이 있을 수 있다. 하지만 이러한 아이디어는 1905-1907년 혁명 및 1917년 2월 혁명 기간, 1918-1920년 내전 기간에도 계속 회자되었다.

결론을 내리자면 러시아 민족의 끈기와 온순함은 또 하나의 잘못된 오해일 뿐이다. 러시아는 유럽과는 종류가 다른 반란이 일어났던 나라라는 것이 정확한 사실이다. 반란은 무자비한 경우도 있었고, 오래 지속된 적도 있었다. 정권에 대한 도덕적인 권리가 있을 때, 정권이 비정상적일 때 이야기다. 이런 반란은 돈을 요구하거나 옷의 문장에 장미 장식을 달아 달라거나 비관세 무역을 허가해 달라고 일어난 것이 아니었다. 고결한 진실은 다양한 정치세력에게 다양하게 존재하기 마련이다. 1605-1612년 동란의 시대에 연루되었던 사람들이나 1918-1920년 내전에 참여했던 사람은 협상할 기회조차 갖지 않은 채 서로를 죽였다. 자신의 진실을 포기하는 것은 목숨보다도 중요한 높은 가치들을 버리는 것이었기 때문이다. 물론, 진실을 얻기 위해 일어난 반란으로 진실이 넘쳐났던 건 아니다. 하지만 이 말을 기억하자.

러시아인이 조금이라도 인내심이 있는가!
러시아인이 노예 같이 순종적이라는 소문은 어디서 들었는가!

제10부 누가 누구에게 뒤쳐졌는가

'후진성'이라는 개념을 생각해보자. 공예품이나 미술 또는 시문학에 이 개념을 포함시키지 않는 것은 당연하다. 아프리카 종족 아이콘은 '평범한 서구인'에게 이상하고 기형적으로 보이기까지 한다. 그러나 아프리카인에게는 중세 유럽 성당의 예수 조각상이 조야해 보인다. 18세기 프랑스 운문은 훌륭하지만 일본의 단가나 하이쿠보다 좋다 할 수 있는가? 단지 다를 뿐이다.

최근 몇 년 동안 유럽의 화가들은 표현력이 풍부하고 엄격하며 간결한 아프리카 미술 양식을 터득하고 있다. 음악과 춤에서도 오랫동안 아프리카는 유럽 양식을, 유럽은 아프리카 양식을 차용했다. 1920년대에 재즈가 미국을 비롯하여 유럽을 강타했다. 재즈는 흑인노예 후예인 미국흑인의 예술이다. 록음악도 따지고 보면 아프리카에서 비롯되었다. 멜로디가 아닌 리듬을 기반으로 하는 모든 음악예술은 약간 과장해서 말하면 아프리카의 탐탐에서 유래되었다. 프리댄스(하우스 등)라고 불리우는 것도 아프리카에서 시작되었다. 중세유럽의 야유회 춤, 커플댄스, 중세 이후의 카트릴, 마주르카, 왈츠, 폴로네즈 등과 공통된 부분이 없다. 이러한 춤은 유럽음악문화에 뿌리를 두고 있다. 타악기가 주를 이루는 리듬음악과 프리스타일 댄스는 유럽의 것이 아니다. 브라질의 것은 더더욱 아니다. 바로 앙골라! 아프리카다!

유럽이 아프리카에서 현대음악과 춤을 차용했다고 보는 것이 논리적이다. 아프리카는 항상 춤을 추었던 반면 유럽은 아프리카와 교류 이후에 춤을 추기 시작한 것처럼 보인다. 그렇다고 해서 선진 아프리카와 후진 유럽이라고는 아무도 말하지 않는다. 논리적이지 않다.

유럽은 일본의 미닫이 문과 실내화 문화를 차용했다. 실내복은 오랫동안 '기모노'라고 불렸다. 참고로 기모노는 농업복이다. 러시아인에게 가장 익숙한 스냅단추가 달린 실내복은 기모노가 아닌 '레트닉'이다. 16-17세기 러시아의 전형적인 여성복으로, 이름 그대로 따뜻할 때 입는 옷이다. 타타르어에서 온 '할라트'는 점차 모든 실내복을 지칭하는 명사가 되었다. 타타르에서 온 남성복, 이와 비슷한 여성용 샤워가운, 가벼운 조직으로 만든 단추달린 여름 옷이 여기에 포함된다. 서구는 러시아의 레트닉을 차용했지만 일본어인 기모노라고 부른다. 아무튼 러시아가 아닌 일본에서 차용하는 것이 더 좋다고 본 것이다. 일부 유럽 젊은이들이 일본에서 들어온 선불교를 믿는다. 다도, 남성용 부채, 초밥 등 유럽인이 즐겨 찾는 이국적인 것이 같이 들어왔다.

너도나도 모방하는 유럽의 행동을 따라 잡을 생각은 전혀 없다. 어쨌든 유럽은 발달했고 아시아와 아프리카는 뒤쳐졌다. 러시아 생활도 마찬가지로 뒤쳐졌다. 문명화된 유럽은 한 지역에서 생성된 자신만의 잣대를 다른 세상에 끼워맞추고 있다. 유럽(그 뒤 미국에서도)의 잣대는 과학과 기술이다. 아프리카와 아시아, 러시아는 수공업, 탐탐, 카드의 다이아몬드, 발라라이카가 잣대다. 현대사회는 완전히 영국청교도와 독일 문명의 과학기술로 이루어진 것이다. 하기야 조금은 로마 가톨릭의 영향도 받았으리라. 그것이 전부다.

떡을 떼어주듯이 서구가 인정하는 슬라브족속 석학을 더듬어 보면 오호라! 유럽과 미국에서 석박사 학위를 받은 이들, 혹은 테슬라(배터리에 고마움을 전한다), 멘델레예프(오, 예스! 보드카를 발명하였다) 그리고 사하로프(원자폭탄, 고르바쵸프, 페레스트로이카). 이 정도가 그들에게도 전부다. 석박사 학위가 없는 '평범한' 미국인 혹은 유럽인은 테슬라가 마이크로소프트의 계열사이고, 전기는 에너자이저(Energizer)라는 독일 학자가 발명했으며, 그가 다른 유명한 독일인 슈워제네거(Schwarzenegger)의 가까운 친척이라고 말하면 놀라며 쉽게 확신하게 될 것이다[206]. 테슬라-메슬라… 삼-슬라-트이-슬라-크르이-슬라. 이 이상한 슬라브 성은 영어권에서는 구분이 가지 않는다. 누구라면 어떠랴? 과학 기술인은 무조건 서구인이면 되는 것을.

러시아와 러시아인의 기술적 후진성, 자연과학의 후진성에 대한 낭설은 단순한 이유에서 생겨났다. 러시아에는 유럽과 견줄만한 과학기술의 성과가 없었기 때문에, 현재도 없다는 것이다. 설령 있었다고 쳐도 조잡하고 별 가치가 없는 것이다. 러시아는 항상 서구를 배웠고 이것이 러시아의 운명이다. 러시아 스스로 과학기술 발전에 전혀 또는 거의 기여하지 않았다. 러시아와 유럽과의 차이는 이렇게 운명으로 결정됐다는 것이다. 러시아인은 서구의 학생이며 성적표는 서구와 미국인에게 받는다. 1829년 영국인 J. 알렉산더는 페테르부르크의 기술 박람회를 방문했다. 그리고 재미있는 반응을 보였다.

"전시장의 진열품을 보고나서 놀라지 않을 수 없었다. 진열품은 영국의 최근 기술을 모방한 것이다. 나는 거기서, 최첨단(라틴어로 주 원동력이라는 뜻)인 증기차 수출정책이 과연 적절했던가 자문하게 됐다. 수출을 금지하는 편이 영국에게 나았을 것이다" .

오늘날로 치면 그는 완강한 보호무역주의자며 20세기에 들어서 잭슨-베닉 수정안을 지지했다. 러시아 전반을 주의 깊게 본 사람이라면 러시아의 기술이 영국에 뒤쳐지지 않았다는 사실에 극도로 화가 치밀어 오를 것이다. 러시아는 모방하지 않았으며(통신이 오늘날 같이 발달하지 않았다) 단지 그들과 평행하게 발전을 이루었던 것이다.

206 용서를 빈다. 캘리포니아 주지사는 독일인이 아니라 오스트리아인이다. 대체적으로 오스트리아인은 훌륭하다. 모짜르트는 오스트리아인, 히틀러는 독일인이라고 전 세계를 설득할 수 있었기 때문이기도 하다.

1장. 멘델레예프 주기율표

러시아는 드미트리 이바노비치 멘델레예프 덕분에 화학 분야에서 확실한 우위를 점하고 있다. '진보적인' 사람을 약 올리기라도 하듯 멘델레예프는 종교적이고 보수적이었다. 절인 사과와 양배추를 잘 먹었고 정교회 미사에 즐겨갔으며, 사모바르에 둘러앉아 인생과 학문에 대한 대화를 즐겼다. 진정한 러시아인이었다. 동시에 보수적이었다. 헌신적인 군주주의자이자 전통주의자이며 러시아 민족과 짜르의 충신이었다. 러시아의 생산력에 관한 저서에서 멘델레예프는 20세기 중반 인구가 3억을 상회하고 러시아는 세계에서 가장 강하며 부유한 문명국가가 될 것이라고 예언했다.

그의 '러시아성'은 학술적으로도 드러났다. 멘델레예프는 일반과학으로서의 자연과학을 추구했고 화학원소를 개별적으로 연구하기보다는 모든 원소를 정리해 인간의 지식을 엄격한 시스템으로 전환하는 것을 목표로 삼았다. 그는 성공적으로 목표를 이루었다[207].

멘델레예프하면 떠오르는 이야기가 한 가지 더 있다. 그를 현대

207 멘델레예프의 취미도 매우 러시아적이었다. 그는 여행가방을 즐겨 만들었다. 왜 꼭 여행가방이어야 했을까? 사람들이 이를 잘 모르던데, 들어보라. 하루는 지인이 여행가방 가게에서 멘델레예프를 발견했다. 멘델레예프는 가게 주인에게 주문받은 가방을 건네주고 품삯을 받고 있었다. 가게 주인은 예의 바르게 인사하고는 멘델레예프를 멀리까지 배웅했다.
- "저 사람이 누군지 아나요?" 지인이 가게 주인에게 물었다.
- "물론이죠! 대단하신 분입니다. 바로 솜씨 좋은 여행가방 장인 멘델레예프 씨죠."

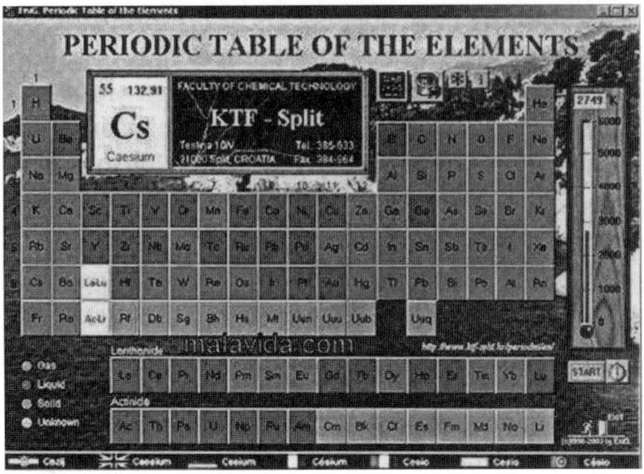

주기율표
해외에서 사용하는 전형적인 주기율표. 보시다시피 멘델레예프에 대한 언급은 전혀 없다.A

보드카의 발명가로 부르기도 한다. 물론 사실이 아니다. 이는 이미 앞에서 자세히 설명했다. 보드카는 러시아 음료가 아니라 이탈리아에서 상인을 통해 수입해온 것으로 추측된다. 러시아에서는 포도가 재배되지 않았기에 술을 빚을 수가 없었다. 보드카의 원래 이름은 '아쿠아 비타'였다. 생명의 물 '아쿠아 비타'에 연관하여, 멘델레예프와 보드카와의 2차적 연관성이 있긴 하다. 그가 성분의 무게를 이용해 알코올과 물의 이상적인 비율을 발견한 장본인이라서 그렇다. 전에는 물과 알코올을 섞어 정확한 도수를 맞추지 못 했지만 그 덕에 물과 알코올의 혼합용액 제조원칙의 이론적인 근거가 탄생했다. 그게 다다. 그 외에 학문을 벗어나는 어떤 발명도 없었지만, 멘델레예프가 보드카의 제조자라는 명성은 러시아뿐 아니라 다른 나라에서도 여전하다[208].

208 멘델레예프 전에는 무게를 각기 따로 달아서 물과 알코올을 섞었다. 멘델레예프는 물-알코올 액체의 물리적 성분이 상호농도에 따라 결정된다는 사실을 발견했다. 알코올을 물에 부으면 물과 알코올의 혼합물이 아니라 화학적 결합에 따라 알코올 수화물이 탄생하지 않는가? 알코올 수

그건 그렇다고 치자. 다른 나라는 마치 약속이나 한 듯 멘델레예프의 가장 큰 업적이 바로 주기율표라는 사실은 모른다. 더 정확히 말하자면 서양의 중등학교에서 작가 미상의 '주기율표'를 배우고 외운다. 가끔씩은 이것을 그나마 보어-멘델레예프의 주기율표라고 부른다.

별 것 아니라고? 러시아의 위대한 화학자는 사라지고 술에 취한 러시아인 연금술사가 그 자리를 대신하며, 알코올에 물을 섞어 입맛 다셔본 것이 그의 최대 업적이 되어버렸는데 별 것이 아니란 말인가. 러시아에서라도 아직까지는 멘델레예프의 이름이 주기율표와 관련해 언급되어 다행이다.

화물 분자는 물과 알코올 각자의 분자보다 더 작다. 그렇기에 물과 알코올을 섞으면 각자의 무게를 더한 것보다 더 가벼운 결과가 나온다. 이러한 이유로 물과 알코올의 비율을 몇 퍼센트만 바꾸어도 혼합물의 품질이 완전히 달라진다. 새로운 함수의 화합물이 생성되는 것이다. 게다가 새로이 만들어진 함수화합물은 고유의 물리적, 화학적, 미각적 성질을 지닌다. 물 대비 알코올의 비율이 43퍼센트와 46퍼센트일 때는 맛이 차이 나지 않지만 43퍼센트와 40퍼센트는 차이가 난다. 40도 보드카 1리터의 무게는 953그램이어야 한다. 무게가 951그램이면 41도로 도수가 높아지고 954그램은 39도로 낮아진다. 이와 더불어 보드카의 도수에 따라 신체에 미쳐지는 영향 또한 다르다.

2장. 토양이란 무엇인가?

바실리 바실리예비치 도쿠차예프는 멘델레예프보다 더 대단한 러시아인이었다. 가난한 시골 성직자의 아들로 태어나 어린 시절 평범한 농부로 보냈다. 그의 아버지도 밭일을 했고 어린 바실리도 가족을 먹여 살리기 위해 가축을 몰고 버섯을 땄다.

'뒤쳐지고 야만적인' 러시아는 이런 소년에게 학문의 길을 열어줬다. 페테르부르크 대학 교수가 된 후에도 도쿠차예프는 수염을 기르고 파이를 좋아했으며 민요를 즐겁게 부르고, 여러 번 나선 탐험에서 농부의 대화를 즐겼고, 시골 결혼식에서 먹고 마시며 춤 췄다[209].

도쿠차예프는 동식물 및 자연의 무생물이 만들어내는 특별한 자연체에 대한 학문, 토양학의 영역을 개척했다. 훗날 그의 위대한 제자 블라디미르 베르나트스키는 토양을 '바이오코스'[210]의 개체라고 불렀다. 도쿠차예프는 토양이 살아있는 생물과 같다고 여러 번 강조

---

209 도쿠차예프의 제자 중에는 블라디미르 이바노비치 베르나트스키와 같은 이론가도, 전문가도 있었다. 나의 증조할아버지 바실리 예고로비치 시도로프도 그중 한 명이었다. 도쿠차예프의 지시에 따라 할아버지는 우크라이나 남부의 벨리코아나돌스크 숲에 오크나무를 분포하는 일을 맡았다. 어떻게 했을까? 방법은 간단했다. 어린 오크나무는 식재 후 첫 3년 간, 남부의 햇살을 못 견뎌 타버린다. 독일은 이런 이유로 황야에는 오크나무 재배가 불가능하다고 보았다. 도쿠차예프는 매우 단순한 방법을 제시했다. 어린 오크나무를 황야에서 키우되 처음 3년 간 더운 시기에는 차일을 이용해 그늘을 치는 것이었다. 그는 '단순하고 농부 같이' 행동해야 된다고 말하곤 했다. 키예프 지사가 도쿠차예프를 이너서클로 대하기 시작하자 고깃덩어리를 던지며 무시했다는 이야기가 가문 대대로 전설처럼 전해 내려온다. 도쿠차예프는 '바닥에서' 자수성가한 것을 자랑스러워했고 일반 서민 출신이었던 우리 증조할아버지도 아끼셨다.

210 생물권(biosphere)과 우주(cosmos)의 합성어.

했다. 도쿠차예프는 토양을 러시아식으로 분류했다. 체르노젬, 세로젬, 졸토젬, 글리노젬, 포드졸 등 토양의 분류명은 현재까지 러시아어로 통용된다. 이는 러시아의 깊은 민족의식에서 비롯된 것이며 우리 '야만적이고 후진적인' 민족의 토심으로부터 나온 것이다. 이 단어들이 학문용어가 되자 '선진적인' 유럽인은 멘델레예프의 주기율표와 마찬가지로 이를 사용하고 학교에서 가르치고 있다.

3장. 누가 생태학을 만들었을까?

G. 타일러 밀러가 쓴 생태학 교과서 *환경과 삶*은 소로스재단의 지원을 받아 출간되었다. 이 책은 러시아 전국의 학교에서 사용하도록 권장받은 교과서다. 한 마디로 잘 나가는 책이다.

하지만 생태학을 창시한 러시아의 위대한 학자 세베르초프에 대한 언급이 없다. 내가 보기에 이는 러시아의 세계적 우위에 대한 뻔뻔한 도전이다. 왜냐하면 세계 최초 생태학 관련 서적은 바로 니콜라이 알렉세예비치 세베르초프가 쓴 *보로네즈 주의 동물과 새, 파충류 삶의 주기적 현상*이기 때문이다.

이 책은 1856년에 발간, 1950년에 재판되었다. 생태학이라는 낱말 자체는 1866년 에른스트 헤켈이 처음 사용했다. 그는 생태학을 '생물과 환경의 관계에 대한 학문'이라 규정했다[211]. 그의 아들도 다녔던 세베르초프 대학은 세계 최초의 생태학 학교였다. 이 학교는 베를린이나 파리가 아닌 모스크바에 위치했다. 1941년에는 세베르초프의 손자 알렉세이 S. 세베르초프가 할아버지의 아이디어를 발전시켰다. 아직도 많은 서양 학자가 출처없이 그의 논문을 이용하고 있다.

시인 타라스 세프첸코는 위대한 러시아인, 소러시아인, 우크라나

211 헤켈 일반 생태학, 1884. 헤켈은 러시아어도 세베르초프의 책도 알았다. 우리는 헤켈의 도덕성에 대해 잘 알고 있다. 그가 아이디어를 베껴간 것은 뻔한 일이다.

인(우크라이나 평의회 정기총회의 결과에 따라 필요없는 단어는 지워도 된다)이라며 세베르초프를 표현했다. 우크라이나 악기 '코브자' 연주가였던 세베르초프를 '모스크바 놈들'이었던 주코프스키, 브률로프, 로비치가 돈을 모아 농노신분으로부터 해방시키고 평생 돌보아주었다. 당시에는 러시아와 우크라이나의 지식인이 서로 사귀었다. 사실 우크라이나 인텔리겐치아라는 것이 따로 존재하지도 않았다.

4장. 러시아식 생리학

이반 미하일로비치 세체노프는 비엔나, 베를린, 하이델베르크와 라이프치히의 연구소에서 수습기간을 보냈다. 그는 독일 스승에 대한 존경심과 외국 동료와의 좋은 관계를 평생토록 유지했지만 러시아식 종합학문의 정신을 계승해 이를 마음껏 발휘했다.

세체네프는 뇌가 신체운동에 미치는 영향을 연구해, 화학약물이 생물의 활동을 억제하는 '세체노프의 억제작용'을 발견했다. 그는 임상의학, 중독학, 생물과 환경의 관계를 중심으로 생리학을 연구했다. 1866년 '뇌의 반사작용'이라는 논문을 담은 소책자를 출판, 감각중추에 영향을 미치는 흥분제를 투여하면 인간의 정신활동을 자극할 수 있다고 주장했다. 그의 주장은 현대 자연과학적 심리학의 근간이 되었다.

러시아 심리학의 발전은 이렇게 생리학 및 의학과 긴밀히 연관되었다[212]. 이반 페트로비치 파블로프는 고차신경활동에 대한 연구로 러시아 심리학의 발전을 이어나갔다. 주변인의 성격을 쾌활(sanguine), 냉담(phlegmatic), 다혈(choleric), 우울(melancholy) 네 가지로 분류해본 적 있는가? 파블로프가 고안한

212 이반 파블로프는 개를 대상으로한 실험만 백만 번 가까이 했다. 그 결과, 동물의 활동에 대한 자세한 이해뿐만 아니라 본능, 조건반응과 무조건반응 등 여러 고차신경활동과 의존성에 대한 연구를 할 수 있었다.

것이다. 상담가를 찾아가거나 심리학관련 서적을 읽은 적 있는가? 그렇다면 세체노프가 판 우물물을 마신 것이다.

대다수의 현대 심리학은 자신을 지그문트 프로이트의 후손으로 여긴다. 현대 심리학파는 이론적으로나 실제적으로나 모두 프로이트의 심리분석으로 비롯됐다. 하지만 위대한 러시아인 선구자 세체노프와 파블로프가 없었더라면 프로이트도 존재하지 않았을 것이다. 프로이트는 이 사실을 말하지 않았다. 러시아정교회에 다니는 턱수염 난 선생이 부끄러웠는지, 창시자 자리를 차지하고 싶었는지 모르겠지만 사실은 부정할 수 없다. 심리학은 바로 우리나라 사람이 시작했고 이를 바꿀 수는 없다.

프로이트 얼굴 슬리퍼.
좋은 아침! 아침부터 기분 나쁜일이 없길

프로이트는 삶과 죽음에 대한 문제를 헐값에 사서 비싸게 팔 수 있는 사회에서 살았다. 그의 연구는 학술적이기는 하지만 많은 부분 샤머니즘의 분위기를 풍기고 있다. 주술사가 하는 일이 무엇인가? 병자의 모든 질병이 막대기로 옮겨졌다고 주장하며 그 막대기를 불 속으로 던져버리는 것 아닌가? 병자는 질병이 파괴되었다고 믿고, 몸이 회복됐다고 설득 당한다.

모스크바 의학 아카데미는 세체노프의 이름을 따서 지어졌고 모든 전공의 과학발달사 수업에서 그에 대해 가르친다. 하지만 이 러시아용 위대한 학자와 세계용 주술사 프로이트의 시끌벅적한 명성을 비교할 수 있는가? 서양의 심리학과 같이 러시아에서도 의학 및 생리학과 연계된 러시아 심리학이 계속 존재하고 발전해왔다. 세체노프를 완전히 잊어버린 것은 아니다.

위대한 의사이자 신경과학자인 블라디미르 미하일로비치 베흐테레프는 인간에 대한 통합적인 연구를 목표로 삼았다. 베흐테레프는 인간에 대한 융합적 연구를 통해 '인류의 문제'를 해결할 수 있다고 보았다. 그는 뇌의 기능을 제어할 수 있다면, 이를 정상 교육에 활용할 수 있을 것이라고 예측했다[213].

융합적인 방법으로 학문에 접근하고 여러 학문을 하나의 연구로 통합하면서 서양학문을 수십 년 앞섰다. 그러나 우리는 우리 역사의 위대한 업적도, 위대한 인물도 소중히 여기지 않는다. '베흐테레프카'라도 없었다면 베흐테레프를 벌써 잊었을지도 모른다. 그의 업적을 더욱 기려야 한다. 그의 비열한 제자 프로이트보다 더 기억해야 한다. 모스크바에 동상이라도 세우면 좋으련만[214]. 베흐테레프 학파는 소련 시절에도 이어졌다. 그리고 오늘날까지도 이어지고 있다. 그러나 속상할 만큼 조금만 알려졌다. 서점 진열대는 에릭슨, 아들러, 융과 같은 서양 심리학자의 창작물로 가득하다. 코즐로프와 나르베코프의 저작물은 전단지 마냥 인쇄되어 나온다[215].

심리학 서적을 즐겨 읽는 독자 중에도 베흐테레프의 뒤를 이은 그의 손녀 나탈리아 페트로브나 베흐테레바[216]를 아는 사람은 별로 없다. 상트페테르부르크에 위치한 러시아 과학아카데미 인간뇌연구소는 러시아의 세계적 우위를 재증명하고 있다. 외국학자를 바지 지퍼 채우는 방법을 배우는 데만 200년이나 보낸 덜 떨어진 사람들로 치부할 만한 훌륭한 연구가 많이 진행되었다.

213 '베흐테레프카'라고도 불리우는 '베흐테르프의 융합'은 그의 실용적인 성과 중 하나다.

214 베흐테레프의 기념비는 2007년 옐라부가에 처음으로 세워졌다. 전부터도 카잔 시 볼코프 거리의 광장과 상트페테르부르크 시 베흐테레프 거리에 기념비와 흉상이 있다.

215 유명한 러시아 학자가 그렇게 없던가? 베흐테레프는 아마 코즐로프와 나르베코프에게 '재교육'이라는 수업을 가르쳤을 것이다. 아마 뇌수술을 했을 지도 모른다. 파블로프는 아마 그들이 바른 사람이 되도록 조건반응을 형성시켰을 것이다.

216 러시아과학아카데미 출신의 나탈리아 베흐테레바의 흉상은 그가 2008년 9월 명예교수로 재직했던 상트페테르부르크 인도주의 노조 대학 명예의 전당에서 제막됐다.

N.P. 베흐테레바.
프랑스인 베르나르 베르베르의 소설 뇌에 등장하는 의사 나탈리아와 우리 나탈리야 페트로브나 베흐테레바는 동일인물 같다. 인간 뇌의 비밀을 풀러 출발!

그녀가 지휘했던 연구원들은 생체의 특정 반응과 정신 생리학적 기능을 담당하는 뇌의 일부를 발견했다. 이 부분을 수술해 마약이나 게임 중독자를 치료할 만큼 정확했다. 수술비용은 저렴하지 않지만 마약중독자의 뇌의 일부만을 '얼려서' 정상적인 삶을 살도록 할 수 있다. 환자의 성격은 그대로 유지되고 저주받은 중독성은 사라진다. 이를 주제로 한 프랑스 SF소설이 베스트셀러가 되기도 했다[217]. 소설에 등장하는 '레닌그라드 출신 나탈리아 의사'는 인간의 뇌에 놀라운 실험을 한다. 러시아 의사들을 둘러싸고 모든 범죄가 일어난다.

이런 일이 있을 때마다 답답하다. 왜 프랑스인이 프랑스인에 대해 쓰는 소설 속에 단역으로 베흐테레바가 등장해야 할까? 우리가 직접 우리의 훌륭한 학자를 소설이라도 써서 기억할 수는 없는가? 어쨌든 우리의 역사적 우위를 뒷받침하는 아이디어와 대발견은 계속 도난 당하고 있다. 여러 번 그랬듯이 외국의 학자는 우리의 성과를 뺏고 있다.

어찌 보면 그렇지 못할 이유도 없다. 러시아 학자는 아직까지 자신이 전문가로서, 지식인으로서 사회를 위해 존재한다고 생각한다. 자신을 마치 한 기업의 '학자 부서' 직원으로 여긴다. 지성인이라면 지식을 보존하고 대중을 계몽시켜야 한다고 생각한다. 무언가 새롭고 흥미로운 걸 발견했다면 한시라도 빨리 나누고 전해주고 발표해

217 베르나르 베르베르 뇌 2006.

야 한다. 당연히 새로운 발견을 병으로 고통 받는 자들을 해방시키기 위해 사용해야 한다고 생각한다. 포포프도 마찬가지로 자신이 발명한 라디오 안테나를 서둘러 실용화하도록 했다. 특허를 낼 때까지 그랬다. 사회와 국가에게 의미가 있는 일이 아닌가?

반면 서양 학자는 다르다. 이기적이다. 지식도, 교육도, 공익도 아닌 돈을 우선으로 하는 사회에서 자랐다. 사회의 일원이나 계몽가가 아니라 사업가이자 개인주의자다. 학문을 빠르게 발전시킬 수 있다는 러시아 바보의 이야기를 들으면 서둘러 주워와야 한다. 떨어진 물건인데 줍는 사람이 임자 아닌가? 정신 프로세스의 뇌코드라는 책이 1977년 출판된 후 벌어진 사건에 대해 베흐테레바는 여러 번 자신의 저서에서 언급했다.

'연구가 점하는 우위와 거기에 딸려오는 돈 냄새를 맡은 한 외국 학자가 이미 우리 연구를 여러 번 인용했지만, 종국에는 우리를 인용에서 빠뜨렸다. 이제는 연구만 열심히 해서는 안 되고 이룬 것을 지키기 위해 싸울 줄도 알아야 한다.'[218]

이룬 것을 지키기 위해서는 정말 싸울 줄 알아야 할 것 같다. 그런데 왜 학자가 싸워야 하는가? 저작권보호 기구는 어디 갔는가? 정부는? 다들 바쁜가 보다. 전혀 다른 일 하느라 바쁜가 보다.

218 N.P. 베흐테레바 뇌의 마법과 인생의 미로 2007.

5장. 러시아 발명품: 지상에서

러시아인 대다수는 부유하고 문명화된 서양에서 철도가 들여왔고 철도개발과 러시아는 아무 상관이 없다고 생각하지만 틀린 생각이다. 현실적으로, 철도가 제 역할을 하려면 무엇이 필요할까? 우선 기관차가 필요하다. 최초의 기관차는 증기 동력으로 움직였다. 두 번째로 열차가 다니는 궤도, 즉 철로가 필요하다. 기찻길은 15세기부터 존재해왔다. 광산입구에 나무나 철길을 깔아 화물을 운반했다. 채굴현장에서는 사람이 광차를 밀었고 지상이나 큰 길에서는 말을 이용했다. 유럽 도시(상트페테르부르크 포함)에는 말 네 마리나 여섯 말이 끄는 '콘카'라는 일종의 시가전차가 있었다.

1803년 세계 첫 증기 기관차가 철로를 달렸다. 영국 기술자인 트레비식이 바퀴 넷 달린 프레임에 증기기관을 장착한 것이다. 이 기차는 광산에서 짧은 기간 사용되었는데 너무 무거워 주철 레일이 빨리 닳는 문제가 생겼다. 광산 담당자들은 운영비용이 너무 비싼 반면, 레일만 손상을 입는다고 결론을 내렸다. 그로부터 11년이나 지난 1814년 조지 스티븐슨의 블루허 호가 탄생하면서 기관차가 다시 달리기 시작했다. 기관차는 총 무게 30톤의 화차 8칸을 시속 6km로 끌 수 있었다.

여기서 중요한 것은, 영국인이 1803년 바보 같은 결론을 내렸음에도 불구하고 그들의 멍청함과 기술적 무능에 대해 아무도 지적을 하지 않았다는 점이다. 1815년 스티븐슨은 기관차를 한 단계 발전시켰다. 1823에도 한 번 더 업그레이드해 영국 철도에 상용화되었다. 체레파노프 부자의 기관차는 1833년 빛을 보았다. 영국의 기관차가 탄생한 때와 큰 차이가 나지 않는다. 영국기관차는 게다가 1824년까지 철로 없이 달렸다. 기관차는 발명했지만 적합한 철도레일을 만들어내지 못한 것이다.

영국의 첫 철도는 15km 길이로 1825년 건설되었다. 1830년에는 리버풀과 맨체스터를 잇는 60km 길이의 철도가 개통되었다. 같은 해 미국에서도 첫 철도가 운행되었다. 러시아를 보자. 러시아에는 페테르부르크와 짜르스코예 셀로 구간을 잇는 철도가 1837년 처음으로 운행되었다. 7년이나 뒤쳐진 것이다. 이러한 경우를 뒤쳐진 것이라고 표현한다면 말이다. 세계 선진국은 새로운 발명과 함께 발전해왔다. 러시아도 그러한 나라 중 하나로, 우리가 이뤄낸 성과도 세계에서 우위를 점한다고 할 수 있다.

이곳은 당연히 여행의 보호자인 니콜라이 우고드니크가 아니라 철도건설자의 후원자 니콜라이 1세의 이름을 따 지어졌다. 하지만 이 기차역은 아직까지 레닌그라드스키로 더 유명하다

모스크바-페테르부르크 구간은 우리에게 너무나도 익숙해서 새삼스레 놀라거나 엄청난 것이라고 생각하지 않는다. 1851년 러시아는 당시 세계 최대 규모의 철도공사를 마무리했다. 272개의 구조물과 184개의 교량을 짓고, 600 베르스타(약 6,400 km)에 달하는 철도를 건설했다.

유럽과 미국에서도 이런 규모의 철도를 찾아볼 수 없었다. 1860년에서 1870년까지 미국은 동부와 태평양 연안을 잇는 대륙횡단 철도를 건설했다. 총 길이 1200km로 러시아의 기록을 깨뜨렸다. 그

기차에 탄 니콜라이 2세.
러시아 철도는 고품질과 안정성으로 유명하다. 니콜라이 2세 황제는 기차여행을 즐겼다.

러나 러시아는 벌써 모스크바에서 키예프(800 km), 브레스트(1000 km), 첼랴빈스크(1400 km)까지 가는 철도를 짓고 있었다. 러시아가 다시 한 번 전 세계를 앞지른 것이다. 하지만 그 업적을 아무도 인정은 커녕 생각하지도 않았다. 좋은 것은 무조건 영국에서 왔다고 생각한 것이다.

그 사이 유럽인은 대단한 계획을 세웠다. 프랑스 칼레에서 파리를 거쳐 바그다드까지 가는 철도를 건설하는 것이다. 또 바그다드에서 중앙아시아의 사막과 광야를 거쳐 중국까지! 베를린에서 바르샤바를 지나 태평양 연안까지! 아시아횡단철도 건설계획 중 하나만이 -유럽에서 바그다드까지- 일부 완성되었다. 아가사 크리스티의 오리엔트 특급살인에서도 바그다드에서 출발하는 열차에서 사건이 전개된다[219]. 거기선 그게 다다.

한편 러시아는 대규모의 계획을 정말로 실현했다. 모스크바-첼랴빈스크 구간만 해도 거의 1,500 베르스타(1,600,000 km)에 달한다. 첼랴빈스크에서 타슈켄트까지도 1,500 베르스타가 넘는다. 이는 미국의 어떤 구간보다도 길다. 게다가 유럽인의 꿈이었던 아시아철도 건설이 실현된 것이기도 하다. 꿈 꾸는 사람 따로, 실천하는 사람 따로다. 1895년 시베리아 횡단철도(TSR)가 모스크바에서 3,500 베르스트 거리인 크라스노야르스크까지 연결되었다. 1904년에는 블라디보스톡까지 운행을 시작했다(모스크바에서 7,000 베르스타). 베르흐네우딘스크(부랴티야 공화국 수도, 1934년 울란우

219 아가사 크리스티 오리엔트 특급 살인 1994.

데로 개명)에는 남쪽으로 뻗어 몽골의 수도 우르가(1924년 울란바타르로 개명)까지 연결됐다. 치타에는 TSR가 두 갈래로 나뉘어져 남행선은 만주지역을 지나 하얼빈까지 갔다.

유럽은 바로 이런 철도를 꿈꿨다. 유럽에서 중앙아시아를 넘어 중국까지 가는 열차 속에서 벌어지는 사건을 소재로 한 판타지소설도 많이 출판됐다. 이번에도 소설 쓰는 사람 따로, 환상을 현실로 바꾸는 사람이 따로 있다. 유럽인은 철도를 100km만 깔았지만 이에 대해 자랑한 신문을 연결해보면 1,000km나 될 것이다. 우리와는 반대다. 태평양까지 가는 길을 건설하고도 침묵한다. 아니면 우리가 얼마나 낙후되었는지 또는 외국의 도움 없이 기관차를 운영할 수 없다고만 기록한다.

우리가 유럽인보다 못했고, 못하며, 앞으로도 못할 것이 딱 하나 있는데, 그건 바로 철도구간의 밀도다. 제롬이나 코난 도일이 쓴 영국소설의 주인공은 기차만 타면 영국 어디든 갈 수 있다. 왓슨[220]이 마차를 타고 바스커빌 홀의 기차역까지 가는데 한 두 시간이 걸린다면 말도 안 되는 이야기다. 정말 15-20 베르스타만 가면 기차역에 도착할 수 있다. 우리나라 같이 커다란 나라는 밀도에 있어서는 영국과 비교할 수 없다. 그런데 이것을 뒤쳐진 것이라고 할 수 있을까?

하지만 철도건설 규모에서는 우리가 유럽보다 한 수 위다. 품질도 높다. 적어도 1960-1970년에는 우리 철도가 세계 최고였다. 왕복차선에다가 선로는 훌륭하게 만들어졌고 믿음직스럽고 완벽한 상태로 유지되었다. 1918-1920 내전 때도 많은 구간의 열차가 운행을 멈추지 않았다. 속도도 빨랐고 터보엔진 기관차와 전기차, 강력 디젤기관차를 운행할 수 있었다. 디젤기관차도 유럽인이 바라던 것 중

220 셜록홈즈의 닥터 왓슨

하나였지만 소련에서는 1,000마력의 기관차가 1924년에 처음 운행하기 시작했다. 어쨌든 유럽은 이런 강력한 디젤기관차나 빠른 속도를 필요로 하지 않았다[221].

물론 여기에는 철도에 대한 러시아의 남다른 애정도 한 몫 한다. 유럽 산업은 바닷길로 연결되어 해운을 통해 저렴하게 이동할 수 있다. 유럽 자체도 그리 넓지 않아 교역 국가가 서로 가까이 있다. 반면 우리는 한 대륙을 차지하는 나라로 바다 근처에 있는 도시가 훨씬 적다. 러시아인은 여행을 오래동안 많이 할 수밖에 없는 나라에 산다. 우리는 모두 편안한 여행을 흉내나마 내고 싶다. 여행은 우리 삶의 매우 중요한 일부이기에 우리만의 방식으로 여행한다. 아마 같은 이유로 우리 철도가 오랫동안 세계 최고였던 것 아닐까? 자꾸 물어봐서 미안하지만, 우리가 뒤처졌다는 게 무슨 말인가?

221 1950년대 소련은 증기기관차 생산을 중단하고 디젤기관차만 사용했다. 영국은 1970년대까지 증기기관차를 생산했다. 열차, 특히 객차도 러시아산이 더 좋다. 침대차도, 쿠페도, 간이침대차도 다 편안했다. 객차는 내부에서 오랜 시간을 보낼 것을 염두에 두고 설계했다. 유럽에서 기차를 타본 사람이라면 유럽의 쿠페가 비교적 불편하다는 걸 안다. 겉으로 봐서는 아름다워 보이고, 거울, 세면대, 양탄자까지 있다. 하지만 침대가 한 벽에 2개나 3개씩 달려있고 사이 간격이 다 같다. 1등석 열차에는 러시아 쿠페차같이 침대가 2개다. 침대가 3개인 2등석의 경우, 한 사람이 자면 나머지 사람도 잘 수밖에 없을 만큼 비좁다. 한 프랑스 영화에서 주인공이 이런 쿠페 2등석을 타고 남부로 여행한다. 뚱뚱하고 나이 많은 주인공이 자리에 누운 장면은 코미디 같다. 프랑스인은 이런 침대칸이 괜찮을지 모르나 우리는 글쎄, 러시아철도 때문에 버릇이 없어졌나 보다. 유럽에는 침대가 아래쪽에만 두 개 있는 쿠페칸이 없다. '쿠페룩스'라는 등급의 열차칸이 있지만 누구와 같이 가자고 하기 어려울 만큼 가격이 비민주적이다.

6장. 활용되지 못한 발명품에 대해

활용되지 못한 발명품이라니, 너무나도 슬픈 주제다. 러시아가 낙후되었다는 말을 할 때마다 이반 이바노비치 폴주노프의 증기기관을 예로 든다. 18세기 중반 알타이 광산에서 폴주노프는 당시로는 완벽한 증기기관을 만들었다. 너무 열심히 작업한 나머지 발명품을 실험하기 일주일 전 폐렴으로 숨졌다. 주인이 없어지니 발명품도 쓸모가 없어졌다. 아무도 그것을 어디다 쓰는지 몰랐다.

슬프지 않는가? 정말 슬프다. 이반 페트로비치 쿨리빈의 이야기도 있다. 그의 대다수 프로젝트가 완성되지 못할 운명이었다. 1779년 발명한 투광기는 적은 에너지로 강력한 빛을 만들어냈지만 공장 작업실 조명으로만 사용됐다. 쿨리빈은 여러 용도로 사용할 수 있는 시계, 서로 다른 크기를 가진 시계도 발명했지만 장난감으로 전락했다. 선박 이동을 위한 증기기관은 설계도만 남았다.

작가미상 이반 페트로비치 쿨리빈 초상 1818년.

쿨리빈은 자신이 평민이라는 것을 최대한 강조했다. 학회에 갈 때나 여제가 베푸는 만찬회에 갈 때나 수염을 길게 늘어뜨리고 농민외투 카프탄을 걸치고 장화를 신었다. 자서전에는 자신의 젊은 시절에 대해 이렇게 썼다. "민사소송 때문에 모스크바에 갈 일이 있었는데 간 김에 시계수리점에 한 다섯 번 들렀다. 갈 때마다 30분에서 한 시간씩 머물러 벽시계와 회중시계를 수리하는 모습을 구경했고 고장난 부품을 사왔다." 당시 학자는 많았지만 '독학자'는 혼자였다. 자신만의 방법으로 옳게 산 것이었다.

1779년 계획했던 네바 강의 아치형 교량도 설계도로만 남았다. 다리의 스팬길이는 원래 계획했던 교량보다(5-60m) 훨씬 더 긴 298m이었다. 실제보다 1/10 크기의 다리 모형을 만들어 특별위원회가 검토했다. 그러나 정부는 실현 불가능한 것으로 판단하고 예산 배정을 불허했다. 매우 아쉽다.

평생 동안 쿨리빈은 세 가지의 목재다리와 세 가지 철재다리를 개발했다. 모든 계산은 타당했고 계획은 현실성이 있었다. 하지만 하나도 이뤄지지 않았다. 다시 한 번 말하지만 쿨리빈에게는 운이 따르지 않았다. 하지만 이런 불운이 러시아가 '기술적으로 낙후됐다'는 주장을 뒷받침하지 않는다. 기술적인 이유든 둔해서 그렇든, 인간적인 준비성이 없는 탓이든 어느 사회에서나 적용 불가능한 발명품이 있는 것이다. 어쨌든 로마인도 증기기관을 만들 줄 알았다. 이천 년 전 유럽 해안에 세계 최초 기선이 다녔다. 쿨리빈의 운명보다 절대로 덜 기구하지 않은 사람이 한 명 더 있다. 바로 시라쿠즈 시민이자 유명한 현자 아르키메데스다.

프랑스의 유명한 발명가이자 기술자였던 드니파팡도 1680년 아무도 원치 않았던 증기기관을 만들었다. 그리 즐겁지는 않은 이야기다. 뛰어난 인물을 제대로 활용하지 않은 역사는 언제 들어도 슬프다. 하지만 누구도 드니파팡의 실패 이유를 17세기 프랑스의 과학 기술적 낙후함이라고 보지 않는다. 재능 많은 파팡은 시대를 초월했을 뿐이다.

쿨리빈도 그렇지 않았을까? 러시아가 낙후되고 야만적이어서가 아니라 그의 천재성이 자신의 시대를 앞서간 것이 아닐까? 사실 당시 사람들도 쿨리빈을 천재로 여겼다. 그 또한 천재이자 지식인, 발명가로 살아갔다. 그는 니즈니노보고로드 시골에서 소상인의 아들로 태어났다. 34살이 되던 1769년 예카테리나 여제가 가난한 무명의 쿨리빈을 페테르부르크 과학아카데미 기계작업소장으로 임용했다. 그를 해고한 사람은 자신의 어머니가 이룬 모든 것을 파괴한 파벨 1세였다. 모든 것을 잃은 쿨리빈은 고향으로 돌아가 지독한 가난 속에 살았다. 정말 슬픈 이야기다.

그런데 이 사실이 러시아의 낙후함과 무슨 상관인가? 고래 싸움에 새우등 터지는 전형적인 왕가 싸움일 뿐이다. 그럼에도 몇 세대 동안 쿨리빈은 '러시아의 과학기술적 낙후함'의 상징이었다. 서구는 기계발명이나 인재를 필요로 하지 않는 봉건국가로 러시아를 업신여겼다. 하지만 쿨리빈의 운명은 사회가 그의 아이디어를 받아들일 준비가 되지 않았다는 것뿐만 아니라, 창의적인 사람이 존경받고 양성되고 있다는 매우 긍정적인 모습도 보여준다. 쿨리빈은 자신의 아이디어가 실현되지 않더라도 발명을 계속했다. 그에 대한 러시아 사회의 존경심은 대단하다. 그는 존경을 받아 마땅하다[222].

222 19세기 초 프랑스 오베르뉴의 가난한 농부가 있었다. 그는 농업부 건물 앞 계단에 앉아 위대한 발견을 했다고 공무원에게 이야기했다. 알고 보니 이 무식한 사람이 발견한 것은 뉴턴의 이항식이었다. 그것도 혼자서. 그는 1을 '막대기'로, 0을 '동그라미'라고 불렀고 혼자서 현대수학을 정립했다. 그는 자신의 발견을 진심으로 사회에 전파하고자 했다. 근데 왜 농업부? 이항식을 들고 어디로 갈지 고민하던 그에게 누군가 파리 유관부처로 가면 된다고 했단다. 파리에 도착한 농부는 부처가 여러 개라는 사실은 생각도 못했었다. 자나가던 사람에게 부처가 어디 있는지 물었다. 농부모습을 했으니 누군가 농업부 쪽을 가리키자 그곳으로 온 것이다. 이미 늦었다, 훨씬 전에 다른 사람이 벌써 등록했다는 설명을 듣자 늙은 농부는 울음을 터트리며 자신이 살던 시골로 돌아갔다. 당시 교육받은 프랑스인은 그를 어리석고 웃긴 사람으로 보았다. 한편 같은 시대 러시아인이 보기에 쿨리빈은 흥미롭고 재치있는 사람이었다. 스페란스키와 알렉산드르 1세의 대화가 떠오른다.

– 스페란스키, 프랑스인은 어떤가?

7장. 러시아 발명품: 강 위에서

자동차나 기차를 타고 강과 계곡 위를 지날 때 우리는 다리를 건설하기 위해 얼마나 많은 노력과 재능이 투입되었는지는 생각하지 않는다. 러시아가 낙후되었다는 말도 안 되는 소리만 되풀이한다.

러시아 철도 중에 교량을 2,000개나 지어야 했던 구간이 있다. 몇 미터밖에 되지 않는 짧은 다리에서부터 예니세이 강을 건너는 2,400m의 다리까지 종류도 많다. 이 교량은 우리나라의 기술자가 지었다. 유럽인이 도와주지도 않았는데 여하튼 잘 지었다. 파톤다리 같은 걸작도 있다. 이 다리는 키예프의 드네프르 강을 건너는 철재로 전체를 용접했다. 기술자 예브게니 오스카로비치 파톤의 기념하기 위해 그의 이름을 다리에 붙였다. 외국인은 이를 엔지니어 예술의 걸작이라고 부른다. 우리는 파톤에 대해 들어본 적도, 그의 이름을 반쪽이라도 언급하는 교과서도 본 적이 없다. 기억하지도 자랑스러워하지도 않는다. 영국이었다면 수십 년간 이야기했을 것이다.

호주의 시드니의 하버브릿지에 대한 호주인의 사랑은 끔찍하다. 입구를 포함해 2km 길이다. 두 해안을 연결하는 다리로서 커다란 선박도 지나갈 만큼 높다. 하버브릿지는 쿨리빈의 실현되지 않은 네

– 사람은 우리보다 못하지만 법은 우리보다 낫습니다.
– 그렇다면 우리 법이 프랑스 법보다 뒤쳐지지 않고 우리 사람들도 더 나빠지지 않도록 해야겠군.

바강 다리와 같이 하나의 아치로 만들어졌다. 훌륭한 다리라는 사실은 부정하지 않는다. 그런데 크로스노야르스크의 예니세이 강을 건너는 다리는 하버브릿지보다 더 길고 높이는 같다. 크로스노야르스크 다리 밑으로도 20-25m 높이의 선박이 지나다닐 수 있을 것이다.

우리도 시드니 사람들처럼 자랑할 수 있다. 그런데 왜 안 할까? 우리 본성이 이렇다. 한 두 세기 이런 게 아니다. 바자로프의 말을 빌리자면 그게 러시아인의 유일한 장점이기도 하다.

8장. 러시아 발명품: 수중에서

러시아는 소총과 전구뿐만 아니라 세계최고의 탱크와 철도, 함대와 뇌격기, 어뢰의 고향이기도 하다.

1904년 러시아 잠수함의 발전과정

잠수함 '델핀' 제작 모습

잠수함 '델핀' 출항 장면

유명한 스테판 오시포비치 마카로프 제독은 1877-1878년 러시아-터키전쟁 당시 어뢰정으로 터키함대 공격을 실현시킨 인물이다. 그는 세계 최초로 자동 어뢰를 사용했다. 러시아는 또한 잠수함의 고향이다. 정확히 말하자면 유럽의 여러 국가에서 잠수함을 발명했지만 러시아 잠수함과는 꽤 차이가 났다.

초기 잠수함 개발은 단발적이었고 다음 단계로 이어지기까지 시차가 있었다. 네덜란드인 반 드레벨이 1620년 런던에서, 1776년 미국의 부쉬넬, 1801년 프랑스의 풀턴도 잠수함을 만들었다. 이 잠수함들은 이론적으로 전투양식을 갖추고 있었지만 실전에는 투입되지 않았다. 1724년 페테르부트크에서 발명가 예핌 니코노프가 설계한 잠수함도 여기에 포함된다. 그는 유일하게 잠수함에 증기엔진을 설치하려 했지만 별 성과는 없던 것 같다[223].

유럽과는 달리 러시아는 잠수함에 대해 계속 연구하고 발전시켜 나갔다. 유럽에는 단발적이고 흥미로운 실험이었던 반면, 러시아에서는 반드시 실현시켜야 하는 프로젝트였다. 1834년 군 기술자 K. A. 실데르에 의해 잠수함이 만들어졌다. 실험은 계속되었다. 1866년 I. F. 알렉산드롭스키의 감독 하에 잠수함이 지어졌다. 이는 세계 최초로 기계엔진을 장착해 현대잠수함의 모태가 되었다.

1879년 알렉산드롭스키의 잠수함이 C. K. 제베츠키에 의해 업그레이드됐다. 새로운 잠수함은 공기정화 시스템, 잠망경, 전자배터리, 잠항 시 잠수깊이 유지 시스템을 보유했다. 러시아 기술자들은 다용도의 잠수함도 만들어냈다. 1912년 M. P. 날료토프의 프로젝트를 통해 세계 최초의 기뢰부설 잠수함 크랍 호가 탄생했다. 잠수함을 사용한 북극해 탐험도 계획했다. 얼음 밑으로 잠수해 북극에서 무슨 일이 일어나는지 밝혀낼 계획이었다. 하지만 참가자의 안전을 고려해 프로젝트는 연기됐다.

흥미진진한 쥘 베른의 소설에 등장하는 잠수함 노틸러스 호와 비밀에 싸인 네모선장을 떠올려 보자[224]. 이 잠수함은 러시아잠수함이 갖춘 모든 것을 갖고 있다. 잠항 속도와 잠수시간 부분에서 쥘 베른

223 유럽은 잠수함을 군용으로 사용하려 했지만 엔진은 사용하지 않았다. 인력으로 움직이려 하다 보니 불안정하고 효율도 낮았다. 미국 남북전쟁 당시 호레이스 헌리라는 사람이 길이 10.5m, 너비 및 높이 각각 1.7m의 잠수함을 만들었다. 9명의 탑승객이 스크루 추진기를 손수 작동시켰다. 이 잠수함은 북군의 휴사토닉 호에 가까이 다가가 폭약 45kg을 탑재한 활대기뢰로 격침시켰다. 잠수함도 함께 침몰했고 한동안 미국에는 아무도 잠수함을 만들려 하지 않았다.

224 쥘 베른 해저 2만리 1956.

은 약간 과장한 바 있지만 미래를 내다봤다. 러시아에는 이미 가능한 일이었다. 하테라스 선장도 네모 선장과 마찬가지로 북극에 가고 싶어 안달이었지만, 상상하느라 시간과 수고를 써버린 몽상가 쥘 베른에겐 혼자만의 몽상이었다.

러시아인은 전통적으로 자신이 로맨티스트나 몽상가적인 삶을 사는 반면, 유럽인을 실용적이고 현실적인 사람이라 생각한다. 사실은 다르다. 쥘 베른이야말로 꿈꾸고 상상했다. 잠수함을 개발했지만 장소는 공상과학 소설 안이었다. 실용적이고 바쁜 러시아인들은 개발했다. 상상이나 두뇌게임으로가 아니라 계획하고 이론을 실천으로 옮겼다.

쥘 베른의 동화를 읽으며 위로 받는 낙후된 프랑스를 기술선진국가라고 소개하기 위해 얼마나 노력했는지 놀랍기만 하다. 프랑스의 꿈을 실현시킨 역동적이고 앞서가는 러시아를 낙후된 국가라고 소개해야 한다니. 잠수함의 예를 보면 모든 게 반대라는 것이 증명된다.

9장. 러시아 발명품: 공중에서

비행기와 항공 발명도 같은 이야기다. 많은 이가 증기력을 이용해 비행기를 개발하려고 시도했다. 하지만 증기 기관은 너무 무겁고 힘도 부족했다. 1894년 드디어 영국의 유명한 기술자 하이람 맥심(기관총 발명자로 더 유명함)이 증기기관을 이용해 거대한 비행기를 만들었다. 하지만 이륙할 때 사고가 나고 말았다. 사망자가 없는 것만으로도 다행이었다. 프랑스의 클레망 아데르는 비슷한 기계를 만들어 겨우 몇 미터 비행했으나 크기는 더 작았다.

러시아는 어땠는가? 항상 그렇듯이, 1881년 11월 3일 자신이 개발한 '공중부양 발사물', 즉 비행기로 특허를 따낸 러시아의 알렉산드르 표도로비치 모자이스키를 아무도 기억하지 않는다. 페테르부르크 남단의 크라스노예 셀로에서 모자이스키는 각각 20, 10 마력의 증기기관을 두 대 장착한 비행기를 제작했고 1885년 실험 비행을 했다. 결과는 실패였다. 하이렘 맥심과 같이 모자이스키는 날지 못했다. 중요한 것은 바로 러시아도 이런 실험을 했다는 사실이다![225] 항공역사에서도 러시아는 비행기의 시초와 관련이 있는 그룹에 속한다[226].

225 적어도 소련 시대에는 이를 주제로 영화도 만들었다.
226 우리 선조는 유럽보다 앞서갔다. 1897년 러시아에서 K. E. 치올콥스키가 세계 최초의 풍동터널를 만들어냈다. 두 번째 것도 N. E. 주콥스키가 1902년에 제작했다. 서구는 "세계 최초 풍

1903년 12월 17일 미국의 라이트 형제가 내연엔진을 '비행 선반'에 장착하고 인류역사상 최초로 수십 미터를 날았다. 1908년 형제의 비행기는 1시간 반까지 비행할 수 있게 되었다. 프랑스의 루이 블레리오는 영국해협을 횡단해 런던까지 비행했다. 이는 몇 번이나 강조되지만 동시대인 1907-1913년 사이에 러시아의 비행실험에 대한 기록이 항공역사에서 왠지 모르게 지워졌다. 야코프 가켈, 드미트리 그리고로비치, 바실리 슬레사레프, 이반 스테글라우의 비행기도 내연엔진을 사용했는데 말이다[227].

제1차 세계대전 발발 전 러시아는 다발비행기도 개발했다. 1913년 이고르 시코르스키의 '루스키 비쨔지'와 얼마 후 제1차 세계대전 당시 가장 강력했던 4발 쌍엽비행기 '일리야 무로메츠'가 탄생했다. 일리야 무로메츠는 800kg의 폭약탑재가 가능했으며 기관총 3-7대와 탑승객 8명까지 수용했다. 독일에도 용맹스런 동맹국에도 이런 무기는 없었다.

제1차 세계대전 전체를 통틀어 일리야 무로메츠는 한 대만 격추당했다. 이마저도 말도 안 되는 이유로 그랬다. 작전을 끝내고 돌아오던 전투기에서 군인들이 카드게임을 하다가 사고를 당한 것이다. 웃기지 않는가? 어떤 적도 일리야 무로메츠를 막지 못한다는 자신감에서 비롯된 일이었다. 당시 그들은 바닥에 코트를 깔고 앉아 카드를 나눠 갖고는 코냑을 한 잔씩 걸쳤다. 독일군이 코 앞에 와서 공격을 시도할 때에야 이를 알고 허둥거리다가 격추당한 것이다.

동터널 중 하나가 러시아에서 만들어졌다"고 말한다. 하지만 우리 것은 최초 중 하나가 아니라 세계 최초다. 나중에야 런던 국립물리연구소의 T.샌튼(1903년)과 독일 헤팅엔의 L. 프랜틀(1907), 프랑스 파리의 G. 에펠(1910)이 풍동터널을 만들었다. 모자이스키가 실험도 했다는 흥미로운 이야기도 있다. 말 뒤에 비행기 모형을 달고 뛰게 해서 비행기 모형의 움직임을 관찰했다. 우리는 세계 최초로 비행기 모형으로 실험을 하고 비행기의 기체를 이해하려 노력한 나라다. 러시아인은 될 때까지 실험했다. 그럼에도 러시아의 우위를 언급하는 것을 정치적으로 옳지 않은 것으로 여긴다.

227 1909년 블레리오는 120 km를 비행했다. 같은 해, 가켈은 150 km까지 비행했다. 하지만 항공역사는 블레리오만 언급할 뿐 가켈은 온데간데 없다.

러시아는 수상기의 고향이기도 하다. 1913년 비행 보트 '그리고비치'가 개발됐다. 소련시대 항공은 서양보다 뒤쳐지지도 나쁘지도 않았다. 서방은 아주 오랜 기간에 걸쳐, '보잉' 비행기는 매우 좋은 반면 '일'과 '야크'는 매우 좋지 않다고 우리를 설득하려 했다. 요즘은 러시아인도 이렇게 생각하기 쉽다. 러시아 국내선에 미국의 '보잉'과 유럽의 '에어버스'가 다수 운항되고 있다. 그렇지만 러시아와 외국의 비행기를 비교하는 것은 어렵고 무의미하다. 왜냐하면 러시아를 운항하는 '보잉'은 대부분이 신형이거나 1990년대에 제조된 것이다. 반면 러시아산 비행기는 대부분 1970년대나 가장 최근이라도 1980년대에 제작되었다. 자동차에 빗대어 보자면 1960년대 러시아의 '볼가 21'과 지금의 '메르세데스 SL'의 승차감을 비교하는 것과 같다. 여기서는 다른 것을 봐야 한다. 우리의 오래된 국산 비행기는 최신식 서양 비행기보다 편안함이나 경제성, 환경성 부분에는 뒤질지라도 비행부분에 있어서는 그리 뒤쳐지지 않았고(러시아 비행기가 완전히 구세대 물건인 점을 기억하라!) 신뢰감이나 보존성에는 훨씬 낫다는 점이다![228]

보다시피 러시아는 항공 개발에도 낙후되지 않았다. 제조한 모델도 서양보다 나쁘지 않았고 훨씬 더 좋은 게 많았다. 러시아는 서양보다 선전용 '공중비행' 전단지를 훨씬 덜 만들었을 뿐이다.[229]

228 비공식적인 통계에 따르면 '보잉'은 2-3건의 사고 당, '일', '야크', '투'는 1 건의 사고가 났다. 비행사들도 '보잉'에 대해 그리 좋은 인식을 갖지 않는다.

229 구체적인 비행기 모형과 단일 과학론보다 더 중요한 것은 바로 실험 및 이론적 항공역학이다. 이 학문분야는 러시아의 니콜라이 예고로비치 주콥스키와 그의 제자 S. A. 차플릐긴이 수립했다. 이들이 제공한 가장 필요한 지식을 서양을 포함한 전 세계가 가져가 각자 비행기를 만들었다. 그런데 우위는 누가 점하고 있나?

10장. 러시아 우주과학의 우위

과학기술적 우위 중 가장 중요한 부분은 우주과학이다. 19세기는 물론 20세기 중반까지 유럽이 우주탐험에 대해 상상도 하지 않았다는 사실은 이해하기 어렵다. 우리나라는 19세기 말부터 우주개발에 대해 생각해왔기 때문이다. 100년도 훨씬 전이다. 우리는 여섯 세대를 우주에 대한 생각으로 보냈다.

'인민의 의지 당'에 속했던 니콜라이 이바노비치 키발치츠(1853-1881)가 있었다. 1881년 4월 3일 알렉산드르 2세의 암살에 가담한 페트롭스키, 젤랴보비 등과 함께 처형됐는데 당시 그는 28살도 채 되지 않았다[230]. 처형일을 며칠 앞두고 키발치츠는 인간이 우주로 타고 갈 수 있는 비행기구, 즉 로켓을 개발했다. 프로젝트는 상상이 아니라 실질적이며 실용적이었다. 화약엔진, 운반용 로켓, 엔진 기울기를 이용한 방향제어, 기계안정성 모든 것이 고안되었다. 전반적으로 허망한 꿈이 아닌 완벽하고 실행 가능한 프로젝트였다.

콘스탄틴 에두아르도비치 치올콥스키도 우주탐험을 실현 가능한 것으로 보았다. 그는 1883년(키발치츠와 거의 동시에!)에 우주개발을 위한 로켓의 중요성에 대해 역설했다. 그러니 1880년대 초 러시

230 학문과 정치범죄의 너무나 안타까운 조합이다. 처형이 정당하다는 사실은 인정하지만 키발치츠가 나이를 더 먹었더라면 어떤 일을 했을지 궁금해진다. 사빈코프와 메나헴 베긴 수준의 테러리스트가 됐을까? 아니면 치올콥스키와 베르낫스키와 어깨를 나란히 할 세계적인 학자가 되었을까?

아 우주 프로젝트가 시작된 날짜도 기록이 된 셈이다.

유도탄 운동이론[231]을 발전시켜가며 치올콥스키는 제트 추진력에 대한 수학 이론과 로켓과 로켓연료 이론, 잡음장에서의 로켓운동 이론을 성립했다. 그는 기압이 있을 때와 없을 때 행성 착지에 필요한 강도를 계산했다[232]. 치올콥스키는 행성 간 통신, 행성 및 유성 간 우주개발, 인공위성과 거주용 및 거점용 우주정거장 개발을 위한 이론의 기초를 다졌다. 우주진입을 위해 필요한 속도를 계산하고 행성 간 비행이 가능하다는 것을 보여줬다. 치올콥스키는 우주진입의 최종목표를 인간사고의 대변화로 삼았다. 사람이 우주에서 살지 못할 수도 있다. 그래서? 사람이 아니라 플라즈모이드가 살면 되지.

클리멘트 아르카디에비치 티미랴제프도 우주개발을 머지않은 현실로 보았다[233]. 화성에서의 삶에 대해 고민하며 화성의 식물이 지구 고지대의 식물과 같다고 예상했다. 그렇기에 미래 우주인을 고지대에서 훈련시켜야 한다는 결론에 도달했다.

서양도 러시아도 서양만이 역동적이고 실용인 목표를 향해 달려간다고 믿는다. 러시아인은 생각만 날아다니지 현실성 떨어지고, 허무한 이론화에 치우치며 무의미한 고민만 한다고 본다. 이래서 과학기술적으로도 후진적이라고 생각하나 보다.

허버트 웰스의 우주소설 달에 *처음 간 사나이*(1901)[234]는 한 신사가 우연히 놀라운 금속을 발견한 덕에 달여행이 가능하다는 이야기다. 어떤 계산이나 계획, 과학적 가정이 아니라 순진한 동화이자 자유분방한 판타지다. 우리 니콜라이 노소프의 *달로 간 네즈나이카*(초등학교 저학년 추천도서)는 실용과학적인 초점으로 볼 때 미래의 우

231 이 분야는 훗날 유도탄 동역학이라고 불리워진다.

232 우위에 대해 한 마디 더 하자면, 치올콥스키의 연구활동은 대부분 1896년도 것이다. 1903년 '반작용 모터를 이용한 우주 공간 탐험'이라는 제목의 논문을 발표했다. 그는 로켓사용이 실질적으로 사용 가능하다고 보고 로켓 운동에 대한 기본 방정식인 치올콥스키의 방정식을 만들었다. 이는 지금까지 활용되고 있다.

233 클리멘트 티미랴제프, 특선 작품, 1957.

234 허버트 웰스, 달에 처음 간 사나이, 1964.

주인을 위해 훨씬 유익하다.

어쨌든 영국의 최고 작가들이 우주공상과학 소설을 지어내는 동안, '야만적인' 러시아 왕국은 이미 여러 번 실질적으로 우주여행을 계획했다. 훨씬 후 1930년대에 영국의 C. S. 루이스(최근 영화화된 *나니아 연대기*로 유명함)는 우주여행은 인류에게 전혀 필요 없다고 주장을 했다. 우주는 신이 다스리고 음식과 물, 공기, 온기를 필요로 하지 않는 영혼이 사는 곳이라고 한다[235]. 루이스는 우주개발이 전혀 의미 없고 아무런 실질적인 이익을 가져다 주지 않는다고 보았다.

루이스의 이 말은 러시아를 설명할 때 자주 언급되는 말이지만 그의 입장이야말로 종교적이며 현실로부터 동떨어졌고 그의 책은 설교와 철학, 추상적 개념을 바탕으로 씌어졌다.

반면, 소련에서는 현실적인 이론으로 가득 찬 치올콥스키의 책이 출판되었다. 평범한 소련인이 우주에서 하는 일상적이고 실용적인 일에 대한 알렉산드르 벨랴에프의 KETs 별도 출판되었다. 1881년부터 1961년까지 소련의 우주프로그램은 인공위성의 첫 등장과 가가린의 우주비행이 시행되었다. 이 훌륭한 성취물들은 '러시아 우주 프로젝트'의 연장선에 있다.

세계는 이 프로젝트를 높게 평가했다. 미국의 국민교육 패러다임까지 바뀌었다. 러시아가 우리를 이만큼이나 따라잡았으니 교육방법을 배워온다는 것이었다. 그리고는 정말 배워갔다. 우리의 빛나는 업적을 인정한다는 사실을 부끄럽게 여기지 않았다. 비행구름을 볼 때마다, 로켓발사에 대한 라디오방송을 들을 때마다(어느 나라에서 했든 상관없이), 우리 선조를 기억하자. 그들은 바로 이러한 날을 준비했다. 우리는 그들을 기억해야 마땅하다. 그럼 이제 누가 정말 뒤쳐졌는지는 말하지 않아도 알지 않는가?

235 C. S. 루이스, 침묵의 행성 밖에서, 1993.

11장. 결론

과학기술 분야에서 러시아의 우위에 대해 말하자면 끝도 없을 것이다. 의학, 기계과학, 물리, 특히 핵물리, 지질학, 지리, 천문학은 아예 건들지도 않았다. 내가 모든 것을 다 알 수는 없기 때문이다. 모든 것에 대해 다 쓰면 도서관을 하나 차릴 수 있지만 여러 분야에 지식을 갖고 구체적으로 설명하는 것은 쉽지가 않다. 이 길지 않은 책도 A. M. 부롭스키 교수님의 주제 선정과 검토에 크게 의존해 했지만 그마저도 설명하기 매우 어려웠다. 이 책에 담긴 상세한 내용을 모두 다 흥미롭게 생각하지 않는 독자에게 사과의 말씀을 드린다. 하지만 학문에 대해 쓰려면 발명 시기와 발명가도 언급해야 한다. 그렇지 않으면, 낭설이 낭설로만 남고 본인을 포함한 애국자의 넘치는 파토스가 믿을 수 없고 순진하게 비춰질 것이기 때문이다.

중요한 것은 이미 밝혀졌다. 러시아가 모든 생산적인 과학기술 아이디어의 근거지라는 것은 아니다. 러시아는 여러 과학기술 분야에서 우위를 점하고 있다. 우리는 자주 유럽과 전 세계 과학기술을 주도한다. 우위는 평생 유지되는 것이 아니다. 영국은 '세계의 작업장'이라는 이름과 세계 최초, 최고 함대 제조국이라는 명성을 잃어버렸다. 하지만 다른 부분에서 선두를 차지하기도 했다. 러시아도 마찬가지로 라디오통신과 우주개발의 선진국이였다. 선진성은 우리 역사에서 지울래야 지울 수 없는 사실이다.

선진성은 분명 사람을 기분 좋게 하지만 단기적이고 상대적이다. 모든 아이디어와 발명을 다른 이들이 낚아채고 보완하고 발전시킨다. 중요한 것은 러시아가 언제나 여러 분야에서 새로운 아이디어를 탄생시키는 국가 중 하나라는 것이다. 현대문명의 중요한 과학기술 분야 중에서 러시아가 개발에 참여하지 않거나 어떻게든 기여하지 않은 분야가 없다.

러시아는 세계 과학문명의 핵심 국가 중 하나다. 중요한 것을 대부분 베껴왔다는 건 거짓말이다. 항공과 전기, 우주선 그리고 잠수함과 화학, 생물학, 심리학, 생리학의 발전에 크고 가치 있는 기여를 했다는 것이 사실이다.

이를 자랑스럽게 생각할 이유가 우리에게 있다. 수 세기에 걸친 러시아의 과학기술적 낙후함은 악의적인 낭설이자 도로건설자에게서 기중기를, 외과의사에게서 메스를, 미생물학자에게서 현미경을 빼앗는 것과 같다. 누구든 창의적인 노동의 도구를 뺏을 수 있다. 하지만 우리에게는 빼앗기지 않을 힘이 있다.

제11부 맺음말을 대신하여

1917년까지 러시아 역사의 낭설에 대한 이야기를 이제 마치도록 하겠다. 이제 여한도 없다. '러시아의 낭설'에 관한 이 세 권의 시리즈는 어려운 작업이었지만 나는 안도의 한숨을 내쉰다. 독자와 헤어지기 싫지만 이제 그만할 때도 됐다. 물론 책은 재발행되고 매번 수정 보완할 것이 있을 것이다. 시리즈의 재판본만 보아도 1판과 많이 차이가 나고, 수정되었으며 새로운 내용이 더해졌다. 시리즈를 포켓북이나 염가용 서적, 간단한 버전과 쉬운 버전 그리고 더 편안하게 제작해 판매할 계획도 있다. 언젠가 운전자를 위한 오디오북도 만들지 않을까 싶다. 하지만 이 모든 계획은 시간과 노력을 필요로 한다.

끝으로 개인적인 잔소리를 하나 하겠다. 우리의 위대한 역사학자와 저명한 고전 편찬가들은 러시아가 광대한 영토를 개발한 것은 농노제에 따른 결과라고 믿었다. '시베리아 개발의 모든 역사는 농노제로부터 탈출한 인간의 역사'라고 한다. 억압으로부터 도망쳐 동쪽으로 전진하며 개발하고 정복했다고 한다. 이것이 핵심이다. 하지만 폰탄카나 오스토젠카의 안락한 연구실에 앉아 러시아의 넓디 넓은 들판을 쳐다보면 다른 생각이 든다.

지금은 뉘우치지만, 2008년 야쿠츠크에 가기 전까지 나도 그렇게 생각했다. 부끄럽지만 출발하기 전까지 야쿠츠크가 지도 어디에 붙어있는지도 몰랐다. 왠지 더 북쪽에, 우랄에 가까이 있다고 생각했다. 그런데 알고 보니 마가단에 더 가까운 곳이었다.

우선 우리가 중요하게 생각하는 규모에 대해서부터 시작하겠다. 러시아의 연방관구 중 하나인 우리 야쿠츠크의 영토는 서유럽 전체와 견줄만하다. 서쪽 국경에서 남쪽 국경까지 시간대가 세 개나 있다. 모스크바에서 기브랄타르까지도 세 개의 시간대가 있다. 그럼에도 인구밀도는 아마 남극 빼고 세계 최저일 것이다. 전체 인구 백만 명 중 25만 명이 수도 야쿠츠크에서 산다. 이 도시도 농노제로부터 도망쳐 온 코사크인이 설립했다고 한다. 표트르 베케토프, 세묜 제지뇨프, 페도트 포포프와 이반 모스크비틴 같은 사람들이다. 성을 보면 귀족이 아니다. 베케토프가 야쿠츠크를 세우기 전 레나 강가에는 벌써 다른 사람들이 다녀갔다. 제조업자 판텔레이판다, 코사크인 바실리 부고르, 마르틴 바실리예프, 이반 갈킨을 포함한 다른 무리였다.

교통수단을 보자. 아직까지 야쿠츠크로 가는 제대로 된 도로가 없다. 옛날에는 이르쿠츠크와 연결된 도로가 있었고, 19세기에는 말을 타고 갈 수도 있었지만 차편으로는 갈 수 없다. 제대로 된 고속도로를 건설하려는 노력이 계속되었지만 현재 도로는 아무런 성과없이 완전히 방치된 상태이다. 이론적으로 자동차용 고속도로지만 폭우가 내렸던 2006년에 이 연방도로에 물난리가 났다. 인터넷에서 사진을 찾아볼 수 있는데, 도로가 물에 씻겨 내려가 트럭 한 대도 지나가지 못했다. 야쿠츠크로 가는 철도는 아직도 없다. 항공편으로만 갈 수 있다. 아니면 레나 강에서 배를 타고 가는 방법이 있다.

기후에 대해서다. 야쿠츠크 수도의 동, 하절기 기후 차가 어떤지 아는가? 100도다. 1, 2월에는 영하 60도, 7월에는 영상 38-40도까지 올라간다. 모든 주택이 말뚝 위에 세워져 있다. 우리가 생각하는 기초공사란것이 여기에 없다. 삽 한술 뜨고 나면 그 밑으로는 영원한 동토가 기다리고 있다. 현재 25만 명이 살고 있는 이 도시는 코사크인에 의해 17세기에 세워졌다. 당시 주민에게 일괄로 이름을 붙인 덕에 야쿠츠크인은 모두 니콜라이, 니콜라예프나 알렉세이 포포프다.

교통과 기후사정이 이럴진데, 17세기에 지주가 얼마나 무서웠길래 볼로그다에서 야쿠츠크까지 걸어서 갈 수 있었을까? 제지뇨프도 그중 한 명이었다. 완곡하게 말한다 해도 농노제는 우리가 들었던 살티치흐 이야기와는 전혀 딴판이었다. 지주의 농장으로부터 조금만 달려 나가면 아무도 못 찾았다. 그저 뛰면 됐다. 도망간 곳에 주인은 없지만 대신 숲이 시작됐다. 시베리아 개발이 농노제로부터 도망쳐온 사람들에 의해 이루어졌다는 이야기가 계속 들린다. 지역을 조금만 떠나도 죽음의 땅인데 그 멀리까지 갈 이유가 없다. 이는 사실이 아니다.

그렇다면, 17세기 러시아 코사크인의 지적 호기심이 높아, 새로운 것에 대한 갈망이 심해서 그랬을까. 혹은 구밀료프의 말대로 열정적이어서 썰매를 타고, 마차를 타고, 배를 타고 이렇게 볼로그다에서 야쿠츠크까지 갔을까? 또는 우랄 남부와 돈에서 그곳까지 갔을까? 게다가 도시를 세운 후에도 사람들은 더 멀리까지 갔다. 야쿠츠크 후에 지간스크, 베르호얀스크, 자시베르스크, 스렌네콜림스크 같은 도시들도 생겼다. 현지 박물관에는 당 시대를 잘 보여주는 아기자기하고 사랑스러운 어투의 문건이 있다.

> "당 해 12월 25일 위대한 왕 미하일 표도로비치가 온 나라에 선포하노니, 짐은 위대한 왕자와 국가를 위해 종된 이들과 함께 레나 강가에 도시를 세웠다. 짐이 오기 전, 레나 강과 야쿠츠크 땅에는 다른 도시가 없었다. 나 페트루시카는 야쿠츠카의 왕 마미코프의 진영 앞에 도시를 세웠다."

이 페트로시카가 바로 30인의 코사크인 무리를 이끌고 서유럽과 같은 크기의 땅을 러시아 지도에 더한 표트르 이바노비치 베케토프다. 그는 무리의 대장도 아니었다!

미국 서부의 끝없는 대초원을 개척하는 이야기는 수 천 편의 이야기와 영화로 만들어진 영웅 서사시다. 프론티어, 카우보이와 인디언[236],

236 인디언도 낭설을 피하지 못했다. "선하고 정직한 인디언들(델라웨어족, 모히컨족, 이로쿼이족)

페니모어 쿠퍼, 클린트 이스트우드만 알면 된다. 미국인은 동부연안에서 태평양 방향으로 연속 30km 속도로 움직였다. 초록색 짐수레에 양산을 들고 나서는 소풍이 아니었다. 길도 없는 황야를 건너며 원주민과 끝없이 부딪히고, 가는 길 내내 성과 식민지를 짓는 긴 이동이었다. 최선의 안락과 야심을 위해 미개척지로 가는 여행과 한 번도 사람의 발이 디뎌본 적 없는 죽음으로의 길, 둘 중 하나였다. 하지만 우리 선조가 우랄과 시베리아, 극북지역과 극동을 어떤 속도로 개발했는지는 아무도 기억하지 않는다. 역사학자들이 계산해보니, 러시아 개척자는 연속 170km의 속도로 동쪽의 태평양 방향으로 움직였다.

우리 선조가 미국개척자보다 더 강했다. 야쿠츠크 날씨는 캘리포니아와 비교도 안된다. 우리의 코사크인은 햇볕내리는 대초원이 아니라 얼어붙은 툰드라와 척박한 타이가를 거쳐갔다. 한 번 물어보자. 제지뇨프와 아틀라소프에 대한 영화는 몇 편이나 있을까? 우리나라 학생 중 예르마크 이외의 러시아 개척자 이름을 하나라도 더 아는 사람이 있을까? 요즘 학교에서 코사크 사냥꾼 서른 명의 야쿠츠크 대장정에 대해 가르치는가? 바로 이들이 우리 나라 영토를 300㎢ 이상 확장하지 않았는가? 게다가 야쿠츠크 원주민을 몰살하거나 그들의 피를 보지 않고 말이다. 남학생들은 '위대한 승리'[237]에 대해서 말하기는 하는가? 학교는 소년에게 진정한 러시아 남성상과 애국심에 대해 가르치는가?

우리 선조는 평화로왔다. 원주민에게 이름을 줄 때도 불이나 칼

은 유럽인처럼 생겼지만 그들보다 운동신경이 뛰어났고 고결한 성격을 지녔다. 이들은 미국이주민의 서부개척과 영불간 식민지 갈등이 일어나던 때 영국인의 편을 들었다. 욕심 많고 잔인하며 기만적인 나쁜 인디언들(휴런족, 오지브웨이족)은 혼혈 중국인 같은 외모를 지녔고 프랑스 편을 들었다. 미국군과 싸웠던 시우족도 나빴다. 이들로 인해 미국의 원주민들이 낙인 찍혔고 역사 속으로 사라졌다". 이 따위 식의 낭설이다.

237 제2차 세계대전 승리

로 심문으로 하지 않고 대화로 설득했다. 라고베센스크와 이르쿠츠크의 박물관에서, 거대한 영토가 러시아 왕의 영지가 됐다는 문건을 보고 온 잘난 응석받이 모스크바인이 휘둥그래진 눈으로 "도대체 왜 우리 코사크인이 거기까지 갔나?"라며 나에게 묻는다. 모스크바에서 멀리 떨어진 그곳에가 보면 우리의 인내심과 노예제도, 게으름과 술주정에 대한 낭설들이 저절로 사라진다.

술에 취한 정신과 게을러빠진 엉덩이로는 이런 업적을 달성하지 못했을 것이다. 누가 시키지도 않았는데 러시아인은 군사적인 지원도 없이 모두와 친구가 되며 더 멀리까지 개척해 나갔다. 세묜 제지뇨프는 아시아와 아메리카 대륙 사이의 해협을 발견했고 이반 모스크비틴은 태평양의 해변까지 갔으며 야쿠츠크 원주민 블라디미르 아틀라소프는 캄차트카를 발견했다. 그 누구도 강요하지 않았다. 우리 조국은 바로 그런 나라다. 러시아를 둘러싼 숱한 낭설과 아무런 상관없는 우리 러시아인 것이다.

이 책은 Владимир Мединский 블라지미르 메진스키의 저서
"Мифы о России"

1. "О русском воровстве, особом пути и долготерпении"
2. "О русском пьянстве, лени и жестокости"
3. "О русском рабстве, грязи и "тюрьме народов"를
   저자의 허락을 얻어 발췌 번역한 것입니다.

러시아와 그 적들 그리고 거짓말

-러시아에 관한 오해와 진실-

초판 인쇄 2011년 4월 20일
초판 발행 2011년 4월 30일

지 은 이 : Владимир Мединский
옮 긴 이 : 방교영
펴 낸 이 : 박 철
펴 낸 곳 : 한국외국어대학교 출판부
130-791 서울특별시 동대문구 이문동 270
전 화 : (02)2173-2495~6
팩 스 : (02)2173-3363
홈 페 이 지 : http://press.hufs.ac.kr
전 자 우 편 : press@hufs.ac.kr
출 판 등 록 : 제6-6호(1969. 4. 30)
디자인 편집 : (주)이환디앤비 (02)2254-4301
인 쇄 제 본 : SM C&P (02)468-6100

ISBN 978-89-7464-662-2 03920 정가 18,000원
* 잘못된 책은 교환하여 드립니다.